安心感と憧れが育つ
ひと・もの・こと
－環境との対話から未来の希望へ－

齋藤政子 編著

赤沼陽子・山下晶子・小川貴代子・神代洋一・藤田久美子・柿田比佐子
石田健太郎・西垣美穂子・奥田晃久・松川秀夫・田中登志江 著

はじめに

　日本では、第二次世界大戦後急速に経済発展を遂げ、保育所や幼稚園が必要に迫られて建設されてきました。すでに、設立から数えて数十年から百年余りの伝統を持つ保育所や幼稚園があり、日本のほとんどの乳幼児が何らかの保育施設で保育を受けています。公立私立を問わず、地域の子どもたちの豊かな暮らしを築く場として期待され、遊びや生活を中心とした実践研究を積み重ねています。量的発展と質的深化を遂げつつある日本の保育は、金銭を介した単なる私的なサービスではなく、まさに「公共財（a public good）」（OECD,2006,p.36）です。保育とは、このように"ヒト"の子どもを"人間"として育てる社会的営みであるといえます。

　それでは、そこにはどんな保育実践が必要なのでしょうか。それはまず、子どもたち一人ひとりが、人間として生きているという実感を持てる保育、心の底から湧き出るような感動や意欲や感情の高まりを感じることができる保育でしょう。そして、そのためには、子どもたちが、主体性を重んじられ、あらゆる世界—本書では「ひと」「もの」「こと」という三つの枠組みで示します—と「対話」できる環境が必要だと考えます。

　「対話」ということばは、本書では「他者とのことばのやりとり」だけを意味しません。「自分ではない何か」を発見し、その存在価値を認めようとする姿勢そのものが、このことばには内包されているように思うのです。「自分ではない何か」の中にある価値を認め理解しようともがき、揺れ動く中で、真実を追い求めることに、そして新たな価値を協同で創り出していこうとすることの中に「対話」の本質が内包されていると考えます。保育者の立場からすれば、揺れ動きの連続である日常の中で変容のプロセスを大事にする保育が必要だといえます。そのためには、まず、「何か」から働きかけられて、「安心感」を育み、そして安心して「何か」に働きかける場を用意すること、心が動くような活動が展開されること、さらに、自分がなりたい、あるいはそうありたい「憧れ」を育てていけること、こうした保育が必要なのではないでしょうか。育ちの土台にある「安心感」は、こうした子ども自身の活動意欲や自尊感情、自己肯定感との関連を抜きにしては考えられません。

　本書では、こうした信念に基づいて、著者それぞれが、現場や大学で研鑽を積んで蓄積した知識や技術を、テーマに沿ってわかりやすく論述しています。保育者養成校の授業づくりに活かせるよう資料を凝縮してコンパクトに作られたものですが、多角的に保育や子どもを捉えるための新しい視点もそれぞれの章で提起しています。保育者養成校の先生方・学生のみなさんだけでなく、多くの保育者のみなさんにもご一読いただければ幸いです。

　保育学・保育実践学は、教育学や心理学、福祉学や社会学などと接点を持ち発展してきましたが、「学問の交差点に保育はある」（秋田監修,2016,p.8）と言われるように、今、学問的発展が最も期待されている分野です。本書を、子どもたちの幸せも、保育する保育者の幸せも大事にする、心豊かな保育実践のあり方を考える一助にしていただけたら、これに勝る喜びはありません。

編著者　齋藤政子（明星大学）

目次

安心感と憧れが育つ ひと・もの・こと
―環境との対話から未来の希望へ―

1章 子どもを取り巻く環境と発達

1 安心感と憧れを育てる「ひと」・「もの」・「こと」とは

1. 困難の中で生きる子どもたちと未来への希望

ふゆのかぜは さむくて つよいんだよ
きょうのかぜは あたたかくて やさしいでしょ
はるだからだよ

（いしかわゆうやくん　4歳）

妊娠中の母のおなかに耳をあてて

ママって すごーい
いまのママは
しんぞうふたつあるんだぁ

（浅賀ひでたかくん　5歳）

あぁ　あした　たのしみだなぁ

明日何かあったっけ？

なんにもないよ
なんにもないから　なにがあるか　わくわくするの
あしたがたのしみだなぁ

（上田かりんちゃん　5歳）

『ぼく　からだふたつあるといいな　安部幼稚園口頭詩集』
（安部・安部,2014）より

　子どもの声に耳を傾けると、子どもは活き活きと現在を生きていることに気付かされます。あたたかくてやさしい春の風の温度を感じとっているゆうやくん、母のとは違う心臓の音を聴きとって「しんぞうが二つある」不思議に驚くひでたかくん、「なんにもないから、なにがあるか　わくわくするの」と、「あした」への期待に胸をふくらませるかりんちゃん。このように子どもたちは、**常に驚き、喜び、発見し、毎日新たな自分や仲間**と出会いなおし、未来に向かって歩いているのです。

　しかし、一方で、今、日本の子どもたちは、多くの困難の中を生きていることを理解しておかなければなりません。本節ではそのうちの三つについて取り上げていきましょう。

　まず第一に、現代の日本の子どもたちは、生まれた時からおとなのまなざしに囲まれ管理されすぎた生活の中で生きているのではないかいうことです。まなざしの中で育つということ自体は大事なことです。温かく深い愛情に満ちたおとなからのかかわりが子どもたちに必要なことは言うまでもありません。しかし、日本社会で依然として課題となっている少子化は、単に日本の年少人口の減少についてだけでなく、家庭の中でもきょうだい数が減少し、地域の中でも子どもの割合が低くなっていることを示しています[1]。祖父母や両親など多くのおとなに囲まれ、小さい時から「頑張ること」「きちんとすること」を奨励されて育つ子どもたち。まなざしが多すぎること、まなざしが少人数の子どもに集中してしまうことは、異年齢集団の中で群れて遊ぶ体験をしてこなかった子どもたちに良い影響をもたらすとは思えません。

　また一方で、家の前で話をしていただけの小学生たちが「うるさい」と怒鳴られたり、久しぶりに地元の公園で再会した中学一年生が小学校の時に校庭でよくやっていた鬼ごっこを始めただけで、警察を呼ばれたりという事例もあります。これは、地域の中に「子ども」の遊ぶ姿が見られなくなっている典型的な事例です。かつて群れて遊んで子ども文化を謳歌してきたはずのおとなたちが、子どもというものの行動や思考の特性をすっ

かり忘れ、「子ども」という存在の特徴を理解できなくなっているということもあるのではないでしょうか。

つまり、子どもを取り巻く環境の変化として①子どもの数が、地域でも家庭内でも少なくなっているということ、②「子ども」という存在がおとなたちの生活から遠ざかっているということ、そしてそれだけではなく、③おとなが自分の生きている社会全体の問題に関心をもつことが疎かになっていることがあるのではないでしょうか。自分の身の回りの問題だけでなく社会全体の問題に、広く深く興味・関心をもつということ、それを他者の視点から捉えようとする努力が、なおざりにされているのではないかと懸念しています。

ひとつの共同体の中で他者と共に生きているという感覚－ある種の「共同体感覚」が、現代人に求められています。野田（2001,p.127）は、「共同体感覚」とは、「私は私のことが好きだ」という「自己受容」が重要であり、その上に、他者への「基本的信頼感」や、「他者の役に立ちたい」「建設的でありたい」と願う「貢献感」をもつことであると説明しています。「子ども」の近くで寄り添う人も、「子ども」とはほとんどかかわらない人も、子どもへの理解が必要であることは言うまでもありませんが、そのためには、子どもを育てる側のおとなが、自己信頼、他者信頼に基づき、誠実に、責任をもって行動する人間として育っているかどうかが問われているともいえるでしょう。

子どもが一個の独立した人格主体として自立して生きていくためには、子どもを、一人の人間として市民として捉えることが、乳幼児期にも必要です。おとなの愛情溢れたまなざしの中で育つことと、他者との共感力をもった自立した市民（共同体の一員）に育つこととは矛盾しないのです。そして、子育ては、そもそもこのような「共同体感覚」を持った人間を育てることなのではないでしょうか。

第二に、情報化社会の中で、バーチャルな世界に漬かっている子どもたちにとって、直接的に自然とかかわることが少なくなっているということです。ジャン・ジャック・ルソー（Rousseau,J.J.,1762）は『エミール』の中で、教育には「人間によるもの」と「書物によるもの」の他に「自然によるもの」があり、この「自然による教育」が子どもにとって重要だとしました。「ネット依存」「スマホ依存」の問題は3章、5章、11章、12章で触れられていますので、別の章に説明を譲るとして、ここでは、この**「自然による教育」**の重要性について少し触れておきます。

自然とかかわることの発達的意義は何でしょうか。それは、ひとつには、**多様性に富み双方向的なかかわりが子どもの感性と知性の育ちに影響をもたらすものである**ということ、そしてもうひとつは、**自然とのかかわりは直接的で自発的体験活動が多面的に展開でき、子どもたちは、その中で世界を意味づけ、あらたな意味を作り出していくことができる**ということです（図1-1）。例えば、幼児が散歩中テントウムシを見つけたとします。一本の茎の中腹からどんどん上のほうへ登っていくテントウムシを指で追いかけるかもしれません。触ろうとするとパッと羽を広げて飛び立つかもしれません。子どもは見て、聞いて、触って五感で対象に向かっていきます。目の前の世界と感性を通して「対話」し、再発見し、再構成していくのです。しかし、メディアを通した仮想現実の世界では、画面上のテントウムシを限られた情報から理解することしかできません。画面上のテントウムシの動きを観察することはできますが、画面から消えるともう見えないのです。

限られた情報からどう理解していくのか、どう取捨選択して活用していくのか、「メディアリテラシー」あるいは「情報活用能力」として今後育てていかなければいけない課題です。しかし、低年齢の子どもたちにちとっては、メディアの中の仮想現実がもたらす画一的な情報ではなく、多様で多面的な情報をもたらす自然という存在が、まずは重要なのではないでしょうか。

河崎（2015,p.157）は、育児用であっても子どもにとってDVDやアプリは、想像喚起のための

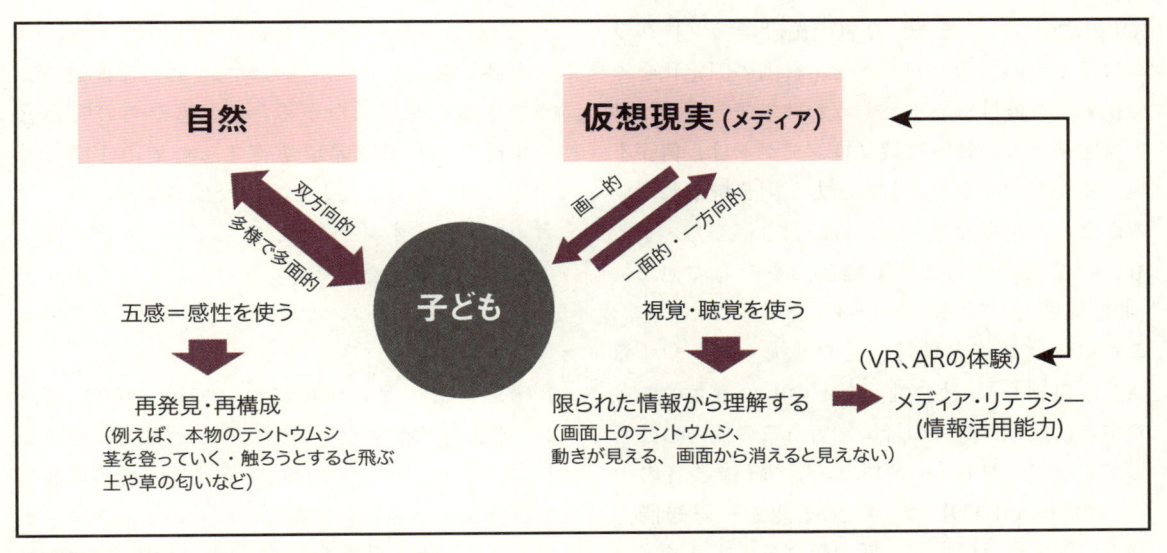

図1-1 子どもと自然・情報（メディア）との関係

「舞台」であって、そのかかわりは指先のタッチにすぎず、「鑑賞」とならざるを得ないと述べています。しかし、一方、自然とのかかわりは、多様性に富み、「ローカルで一回性の経験を積み重ねて、かけがえのないその子の内実を形成していくプロセス」となるのだと言います。人工的に作られた砂場や田んぼのような半自然も含めて、自然というものは、多様性に富んでおり、働きかけ方が百通りあれば百通りの応答を返してくれるものなのでしょう。

また、このように、自然とのかかわりは、一人ひとりの感性によって捉え方・かかわり方が違うために、「私は○○が好き」などと、他者に対して自己主張もしやすく、自発的積極的な行動を引き出すことができます。

自発的活動を重んずる教育についてピアジェ（Piaget,J.,1982,p.22）は、「理解するということは発見し発明すること、いいかえれば、再発見して再構成することである。」と述べています。子どもたち自身が、自然という大きな素材に自ら働きかけて、意味を見出し再構成しながら、ゆっくりと創造的世界を作っていく機会を、私たちは、どのくらい用意できているのでしょうか。

ところで、自然については、乳幼児期からそれとの共生を考えていくことが、持続可能な社会を

つくっていくためにも近年ますます必要になっています。2015（平成23）年にCOP21（国連気候変動枠組条約第21回締約国会議）では、世界の温室効果ガス排出量を実質ゼロにしていくというパリ協定を締結させ、2016（平成28）年度のCOP22で発効しました。情報化社会に生きるからこそ、自然の重要性を再認識し、主体的に世界と手を携えて問題の解決に臨みたいものです。

第三の困難は、貧困化と格差の拡大が進んでいるということ、そしてその中で虐待などの不適切な養育にさらされる子どもが増加しているということです。もちろん貧困＝（イコール）虐待ではありません。しかし、経済的貧困が、精神的な余裕を失わせ、なんらかの不適切な養育へのリスクを高めることも事実です（秋田他,2016）。小西（2016,p.31）は、子どもが経済的困窮によって「その社会で通常得られるモノを得られない」ことや「その社会で通常経験できることができない」ことがあまりにも多く、生活資源の欠乏、選択肢や可能性の制約によって、本人の自己信頼感の低下や学校での孤立などが起こり、貧困が固定化していく様子を説明しています。一方、多くの国際的な研究は、「早い時期からの教育介入が低所得者家庭の子どもの発達と好成績獲得への過程に大きく貢献する」ことを報告しています

（OECD,2011）。つまり、良質の施設型のプログラムは子どもの能力を向上させ、貧困の固定化をくい止める可能性があるというわけです。また、日本財団子どもの貧困対策プロジェクトは、何が不足するかだけでなく、どんな力が引き継がれないのかという視点で説明し、親が引き継ぐ力・子どもに育てていく力として経済力や学力の他に、「非認知能力」（非認知的スキル）を挙げています。これは、認知能力以外の「やり抜く力」や「意欲」、「自制心」「社会性」などの心の育ちのことですが、近年、内外の経済学者もこの能力に注目しています（Heckman,2013=2015）。経済学者の大竹（2015,pp.131-139）は、非認知能力・認知能力双方に効果を及ぼす幼少期の教育を充実させていくことが重要であり、それが子どもの将来の経済状況にも影響を及ぼすと指摘しています。

　全国の児童相談所での児童虐待相談対応件数は、1990（平成2）年度は約1100件だったのが、1999（平成11）年度には1万件、2010（平成22）年度には5万件と増加、そして2015（平成23）年度には、10万件を突破しました。子どもの前で配偶者などに暴力をふるう面前DVを含めて対応していることなどが要因として挙げられます。

　貧困問題や児童虐待に関する具体的記述は別の章に預けますが、乳幼児期の虐待は、詳細な把握が進んでいるとはいえません。2016（平成28）年に成立した改正児童福祉法と改正児童虐待防止法では、児童相談所の権限を強め強制的に家庭に立ち入る手続きの簡略化も盛り込まれました。しかし、過去10年間の解剖記録のうち21.5%が虐待関連であったという報道[2]もあります。さらに、猪熊（2016,p.144）のいうように、貧しい保育の中で小さい命が失われる事件もあとを絶ちません。病死や事故ではなく失われている命が存在している以上、子どもの安全と安心をどう守っていくのかという取り組みは待ったなしの状況といえるでしょう。

2. 子どもを取り巻く「ひと」・「もの」・「こと」

　本書では、子どもたちの育ちをめぐる前節のような困難を理解しながら、子どもたちの安心感を保障し、憧れや希望を育てるための「ひと」や「もの」や「こと」といった保育環境について考えていきます。そこで、ここでは、本書の描いている、子どもを取り巻く「ひと」と「もの」と「こと」の意味について説明しておきましょう（図1-2）。

　そもそも、保育環境については、2009（平成21）年施行幼稚園教育要領でも「幼児期における教育は・・・幼児期の特性を踏まえ、環境を通して行うものである」と明記されているように、就学前保育の基本的概念になっています。2009（平成21）年施行保育所保育指針第1章総則においては、保育の環境については、次のように説明されています。

> 保育の環境には、保育士等や子どもなどの人的環境、施設や遊具などの物的環境、さらには自然や社会の事象などがある。保育所は、こうした人、物、場、などの環境が相互に関連し合い、子どもの生活が豊かなものとなるよう、次の事項に留意しつつ、計画的に環境を構成し、工夫して保育しなければならない。
>
> ア　子ども自らが環境に関わり、自発的に活動し、様々な経験を積んでいくことができるよう配慮すること
>
> イ　子どもの活動が豊かに展開されるよう、保育所の設備や環境を整え、保育所の保健的環境や安全の確保などに努めること
>
> ウ　保育室は、温かな親しみとくつろぎの場となるとともに、生き生きと活動できる場となるように配慮すること
>
> エ　子どもが人と関わる力を育てていくため、子ども自らが周囲の子どもや大人と関わっていくことができる環境を整えること

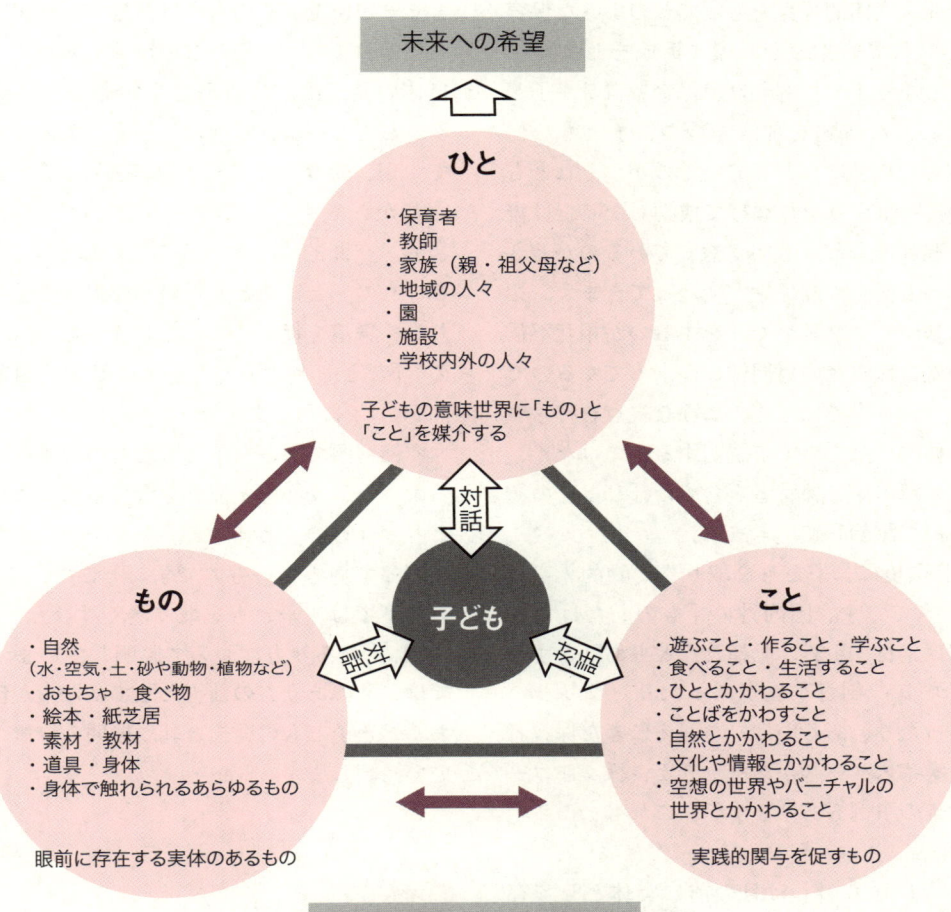

未来への希望

ひと
・保育者
・教師
・家族（親・祖父母など）
・地域の人々
・園
・施設
・学校内外の人々

子どもの意味世界に「もの」と
「こと」を媒介する

対話

子ども

もの
・自然
　（水・空気・土・砂や動物・植物など）
・おもちゃ・食べ物
・絵本・紙芝居
・素材・教材
・道具・身体
・身体で触れられるあらゆるもの

眼前に存在する実体のあるもの

対話

対話

こと
・遊ぶこと・作ること・学ぶこと
・食べること・生活すること
・ひととかかわること
・ことばをかわすこと
・自然とかかわること
・文化や情報とかかわること
・空想の世界やバーチャルの
　世界とかかわること

実践的関与を促すもの

安心感・憧れのある生活

図1-2 「ひと」「もの」「こと」と子どもとの対話的四項関係

　なお、「環境を通した保育」については、新しい幼稚園教育要領案の中でもこれまで同様基本とするとされています[3]。5歳児後半の評価の手立てとして示されている「幼児期の終わりまでに育ってほしい姿」の10項目〈①健康な心と体、②自立心、③協同性、④道徳性・規範意識の芽生え、⑤社会生活との関わり、⑥思考力の芽生え、⑦自然との関わり・生命尊重、⑧数量・図形、文字等への関心・感覚、⑨言葉による伝え合い、⑩豊かな感性と表現〉を、5領域の内容を踏まえて、いかに幼児の主体性の育ちにつなげていくかが課題となっていくでしょう。

　保育の環境の中では、人的環境は、保育者等や子どもですが、ここでいう「ひと」とは、子どもとかかわって、子どもを支援し、子どもと暮らす人々を指しています。家庭では、父母、きょうだい、祖父母、おじやおばなどがいるでしょう、保育所・幼稚園では、保育者だけでなく、園長、事務長、栄養士、調理師、保健師、用務員などがかかわっているかもしれません。もちろん、地域の人々やお年寄り、小学校の教師や児童、外国の人とのかかわりも視野に入れる必要があります。園では、友だちという存在も重要です。子ども同士がどのような関係性を作っていくのかも「ひと」という環境のポイントでしょう、しかし、保育・養育環境という視点でみた時には、やはり、保育

者が、時間・空間的視点をもってどのような保育をデザインしていくのか、環境構成をしていくのかが要となります。例えば、保育者自身が子ども一人ひとりの課題を理解しつつ、子どもを信じ、子どもから学ぼうとしているのか、それとも子どもの短所ばかりを見つけて成功した時だけ褒め、立ち遅れた子どもも切り捨てているのかどうかで、子ども同士の関係性が変わってきます。相互信頼に基づくクラスづくりをするのか相互不信に陥るのかは保育者の専門性にかかってくるのです。そこで、本書では、そのような視点を持ちつつも、具体的に章を立てて説明するのではなく、それぞれの章の中で保育者を含めた「ひと」のあり方について議論していきます。

「もの」環境は、子どもを取り巻く物的・空間的環境すべてです。園内外の「もの」だけでなく、設備、素材、用具、動植物などもあります。保育所の中に、飼育小屋があったり、ツリーハウスがあったり、あるいは、お迎えにきた保護者のための喫茶スペースがあったりと、様々なコーナーや設備の事例もありますが、これも、ここに含めます。

このように「もの」は目の前に実体として存在する対象であるのに対して、「こと」というのは、「遊び」や「文化」や「自然」や「情報」といった対象世界です、「もの」はどちらかといえば私たち人間から中立的に存在するのに対し、「こと」は、私たちがそこにかかわることを明示しています。汐見（2016）は、木村敏（1988）の「こと」と「もの」の記述を引用しながら、「もの」が「空間」に存在するのであれば、「こと」は「時間に存在するということ」であると説明し、また、「こと」は「傍観者的、第三者的な行為に関わることではなく、ある人が自らの生命の働きをかけて行う行為」なのではないかと解説しています。子どもを取り巻いているものとして「ひと」と「もの」だけでなく「こと」を入れ、図の三方に位置づけたのは、子ども自身の実践的側面を表現する対象をおきたかったからです。例えば、おもちゃは遊びの側面から捉えることもで

きますが、遊びそのものは活動であり実践です。また、おもちゃを使わない遊びもあります。遊び自体の発達論的分析や哲学的考察も必要でしょう。おもちゃは、眼前に存在する実体のあるものですが、遊び[4]は、子どもに実践的関与を促すものだからです。そこで、本書では、人的環境と物的・空間的環境という二項ではなく、「ひと」と「もの」と「こと」という枠組みで子どもを取り巻く環境を捉えることとしました。「ひと」「もの」「こと」と「子ども」との対話的四項関係の図を図1-2に示します。

本節冒頭で挙げた子どもたちの口頭詩にみられるような、安心感と憧れを育てられるような「ひと」と「もの」と「こと」を、子どもたちと一緒に創っていきたいものです。そこで、第2章以降の各章では、子どもを取り巻く「ひと」「もの」「こと」のあり方について説明しています。次節では、そのあり方の前提として私たちが理解しておくべき子どもの発達と乳幼児期の位置づけについて概観します。

2　乳幼児期の発達

1. 乳幼児の発達過程と自制心の形成

人間の発達は、受精から死に至るまで、連続性や順序性をもって行われる質的・量的な変化の過程です（図1-3）。人間は一生涯発達するという考え方は、近年、生涯発達心理学として発展しています。

乳児期から幼児期には、三つの質的転換期があります。一つ目は、ハイハイなど「移動の自由」を獲得し探索活動を始める〈6,7カ月頃〉です。この時期に乳児期前半から後半に移行していきます。二つ目は〈1歳から1歳半頃〉の時期で、「直立二足歩行」と「言語の獲得」「道具の使用」の三つを獲得し、乳児期から幼児期にゆるやかに移行していきます。人間の発達過程の中では乗り

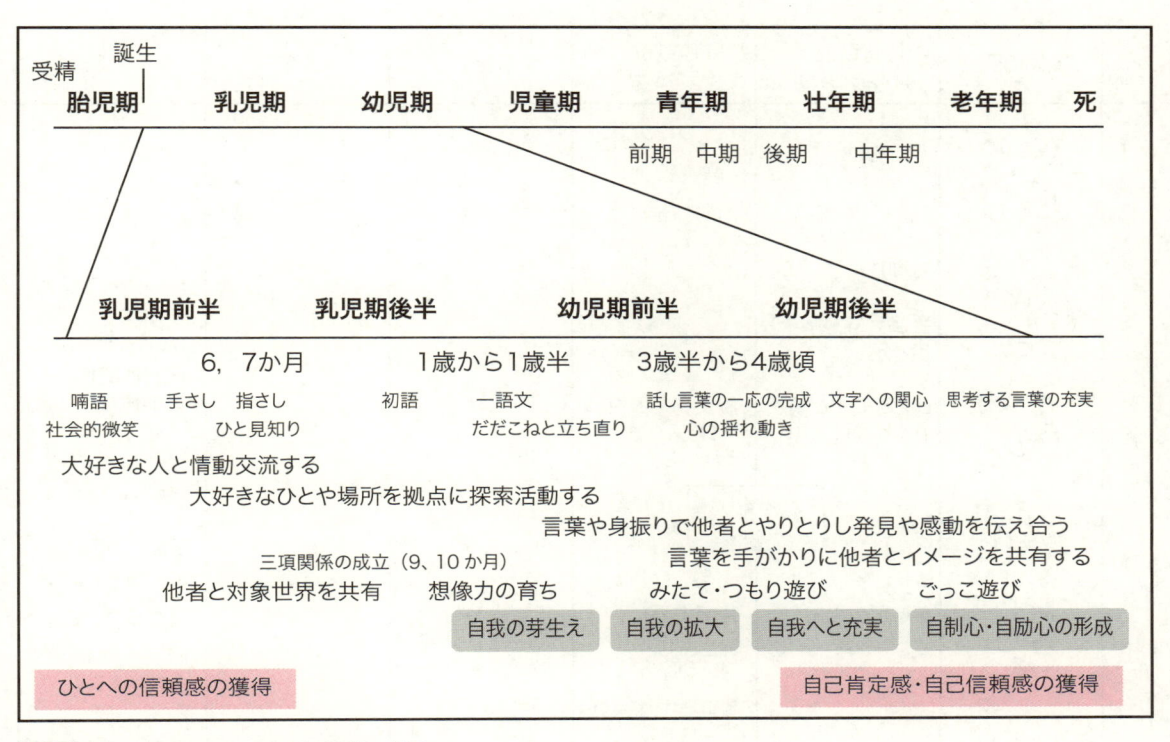

図1-3 人間の発達過程における乳幼児期の位置

越える壁が高く、何らかの障がいをもつ子どもの場合、この手前で足踏みする子どもも少なくありません。三つ目は、幼児期前半から後半へ移行する〈3歳半から4歳頃〉の時期で、言語能力が発達し、ことばを手がかりに他者とイメージを共有し始め、ごっこ遊びも盛んになります。

さらに児童期には、直感的思考から物理的実在に限定した論理的思考の段階に移行する〈7歳頃〉、物理的実在から解放された抽象的思考の段階に移行する〈10、11歳頃〉という質的転換期があります。

また、人間の発達は、「ひと」とのかかわりの中で何らかの自由を広げていくプロセスですが、特に、乳幼児期では、「ひと」への信頼感や安心感を土台にして自分づくりと仲間との関係づくりの両方が並行して行われる時期です。乳幼児期のコミュニケーションの育ちは、乳児期における、自己と他者との充実した共同的世界を土台にしています。乳児期前半に、「大好きな人（特定のおとな）」との情動交流を重ね、安心感・安全感が感

じられた子どもは、乳児期後半になると、その大好きな人を拠点にして探索活動を始めます。ハイハイやつたい歩きで「もの」とかかわりながら、「もの」を介して「ひと」とかかわり、「ひと」と「もの」との〈三項関係〉の中でコミュニケーション能力を高めていきます。〈三項関係〉とは、乳児が「ひと」と並んで「もの」に向かい、「もの」を発見して感動したり、情報を共有したり、あるいは、子どもが「ひと」と情動交流をする中に「もの」を持ち込んで「もの」を介して「ひと」とかかわることを楽しんだりといった、ことばの発達の前提となる三者の関係のことです。こうして、乳児は他者と対象世界を共有し、表象が成立してくると、相手の意図を理解するようになり、1歳半を越えると、ことばの理解力や想像力も育ち始めます。さらに、こうして乳幼児は「ひと」や「もの」との世界と向きあいながら、「こと」との対話も行い始めるのです。

2歳過ぎには、「イヤ」「ジブンデ」と、自己主張する姿が目立ってきます。いわゆる「だだこ

月齢	乳児の姿	背臥位（あおむけ）	腹臥位（うつぶせ）	座位	立位	手の活動
1		非対称性				
2			肘支持位			
3		対称性 手と手 足と足 の協応				手すい（ハンドサッキング） 手かざし（ハンドリガード） 尺側性把握（小指側で）
4		ひき起こすと頭がおくれない（45°）	腕支持で頭をあげる			
5			ねがえり（4-8か月）			指すい 目と手の協応 手にしたものをみる
6		手と足の協応	片手支持位 リーチング ヒコーキ様姿勢	手掌支持位（四足座位 or えんこすわり）		見たらつかむ 両手に持つ もちかえる
7			方向転換（ピポットターン） 腹ばい		つかまらせると立つ	熊手状把握
8			ハイハイ（7-12か月） 手つき膝つきハイハイ	長座位（ゆるやかに足をのばす）		橈側性把握（親指側） 拇指（親指）と四指が対向する
9			腹臥位から座位へ	投足座位（自由に向きや姿勢をかえる）	立位から座位へ	はさみ状把握
10			高バイ		つかまり立ち上がる つたい歩き	容器の中にものを入れる
11					ひとりだち 片手支持歩行	ピンチ把握（釘抜き状把握） ・指の腹でつまむ
12					歩行	・手のひらでもったものを指先へ送ってつまむ

図1-4 乳児の運動発達のめやす

《ねがえり》
あお向けからうつ伏せ、うつ伏せからあお向けというように身体の向きを変える姿勢転換。
目的は移動ではない。
「覚醒時の随意運動であり、神経系の発達と頸や肩、背中の筋群の発達による」[15]
肩、肘、腹、骨盤と少しずつずらしながら、回線運動が次々と波及していき、結果的に身体全体が回転していく
４.５カ月頃は、骨盤先行のねがえりであるが6か月頃になると肩先行のねがえりがみられる。

《ハイハイ》
腹バイ　手つき膝つきハイハイ　高バイという乳幼児の這う動作のこと。

〈腹バイ (crawling)〉
－最初はあとずさりになる。そのうち、肩の真下より腹部に近いところに手をつけるようになり前に出られるようになる。
全身を左右対称に動かし、進展・屈曲する。
身体をひねる運動が加わってくる。足指のけりが加わる。

〈手つき膝つきハイハイ (bear walking)〉
前後の重心運動。足指のけりは、腹バイから手つき膝つきハイハイ初期にみられるたいせつな運動。ただの進展・屈曲でなく身体の回線運動が加わる。右手→左足→左手→右足の順に手や足を動かすごとに身体のほうは、肩と反対側の股関節部が交叉する運動をしている。
目標をはっきり捉えて行動できる力が大事。
視線が切れやすく持続しない時は、工程の変化をつける。狭いところを通ったり、坂をのぼったり、右、左、まわれ右しても目標に向かおうとするように働きかける。

〈背バイ〉
あおむけのまま脚でける。
新たな運動を生みだすことはないので、移動はできても発展性はない。
身体のそりかえりがねがえりに移行せず強化されてしまった。

〈いざり (shuffling)〉
坐ったまま前進する移動の仕方のこと。
うつぶせ姿勢での活動が充実しないうちにお坐りが多くなること。
手がおしりより前についていれば手つき膝つきハイハイに移行できる可能性は高い。

〈高バイ〉
膝がのびるので腰の高さは手つき膝つきハイハイより高くなるが、頭の高さは同じ。また、戸外に出ると出現しやすい。

《姿勢転換》
姿勢とは人間が自身の身体を重力の中で一定時間安定して保つ際の身体の構えのこと。対象をしっかり捉えていて、表情もあり活動的という乳児ほど自由自在に姿勢転換をする。
おとなを頼って姿勢を変えてもらっている場合は結果として人との関係も育ちにくい。

ね」と言われるこの自己主張は、「魔の2歳児」と称されるように激しさに圧倒されることも多いものです。しかしわがままとして押しつぶしたり放任したりするのではなく、おとなが思いを受け止め、そうしたかった気持ちを認めていくことがまず重要です。こうした働きかけの中で、やがて自己の意図に気付き、相手の意図を理解しつつ行動を調整する「自制心」を獲得していくからです。

　「自制心」とは、強制的に我慢させれば身に付くものではありません。「自制心」とは、一般的には「自己の衝動的行為を押さえることのできる心が育っている状態」（清水,2006,p.127）を言います。また、楠（2005）は、「自制心」は、「大脳前頭葉の興奮と抑制の機能の成熟などをその神経生理学的基礎とし、教育的人間関係が保障されることによって、通常の場合、三歳後半から四歳後半頃に獲得されてくる自我・社会性の力」であり、「自らの感情や欲求、欲望を周りの状況に合わせてうまく調節していく力」だと説明しています。つまり、自己抑制、自己調整が重要だと一般的にはいわれている心の働きですが、筆者は浜谷（2004,p.57）が説明する「自ら豊かな要求を周囲の状況と調整しながら、粘り強く実現しようとする心の働き」という定義を理解することが重要だと考えます。子どもの中に豊かな要求が育っていて、それを粘り強く実現しようとする姿の中にこそ「自制心」が発揮されるのではないかというわけです。豊かな要求が育っているということは、豊かな体験が子どもたちの生活の中に蓄積されているということです。「楽しかったな、またやりたいな」とか「年長さんみたいにかっこよくなりたいな」というように、魅力的な体験や憧れの対象との協同の活動が存在するからこそ、それに向けて自己調整していくのです。また、自分の思いをないがしろにされず、待ってもらえる体験の中で、「自己信頼感」や「自己肯定感」を得ることも、「自制心」の土台です。

　こうした「自制心」の形成は、田中昌人・田中杉恵（1984）の理論からいえば、幼児期前期から

後期にかけて自我が育ち、充実していく中で、2次元の世界が形成され、それらの世界の中で自ら選択して統合する力が育ってくるという説明もできます。例えば、「かくれんぼ」は、「かくれる」と「かくれない」という二つの選択肢があり、また「寂しい」と「寂しくない」という二つの相反する気持ちの選択肢があって、揺れながら選択するからこそ、子どもは「寂しいけれども隠れていよう」と決断し、「かくれんぼ」が成立するのです。どちらか一方を選択してつなげ行動する力が備わってくるからこそ、「恥ずかしいけれども挨拶する」「まだ使いたいけれどもシャベルを貸してあげる」というような「自制心」を発揮することができるのだと思われます。こうした育ちは、自我が十分充実し相手と一緒に何かを楽しむことに価値を見出すことができるからこその変化であるともいえます。

2. 乳児の発達と保育

　幼児期の発達と保育については他の章に譲るとして、本節では、乳児期の発達と保育について触れておきましょう。子どもの安心感を保障し主体性や憧れを育てる「子育ち」と「子育て」の基本は、乳児期にあると考えるからです。

　乳児の運動発達にはめざましいものがあります。背臥位（あおむけ）、腹臥位（うつぶせ）、座位、立位、手の活動と分けてみてみると、**図1-4**のようになります。このうち、ハイハイは、乳幼児期の子どもたちがしなやかな身体づくりのために、また、おもちゃなど外界に向かって意欲的積極的に前に向かっていく主体性を育てるために、大切な活動ですが、近年、部屋が狭くすぐにつかまり立ちをしてしまったり、感覚過敏で掌を床につけることに抵抗があったりなどという様々な理由から、ハイハイを十分行うことが難しくなっています。子どもの特性や発達状況に応じてかかわり方に配慮や工夫が必要なことは言うまでもありません。しかし保育所では、うつぶせの時間を工夫して楽しめるようにし、子どもが、見て聴いて、「楽しいな」「おもしろそう」と思える環境を整え、積極的にハイハイの発達を促していきたいものです。豊かな遊びや描画活動の前提としても、乳児期の運動発達を理解しておく必要があります。

　乳児期は、認知・思考の発達と運動発達および自我の発達とが相互に関連しあいながら発達していきます。この全体的なバランスのよい発達を促していくためには、乳児の全生活を理解して保育計画を立てていくことが重要です。**図1-5**は、乳児の全生活を、保育の構造としてみたものです。乳児の保育は、基本的には、保育所保育指針で述べられている通り、「生活」と「遊び」に分かれます。特に0歳児の場合には、自発的に行動する時間・空間が、幼児に比べると限られるという性格上、「おとなが"握りおもちゃ"を持ってきてあかちゃんの近くで振り、リーチングを引き出す」という働きかけにみるように、自発的行動を引き出すためのおとなの具体的直接的働きかけも多くなります。しかし、「遊び」というものが、そもそも子ども自身が楽しみ、おもしろさを追求していく自主的自発的活動であるとすれば、教材の用意や環境そのものに重点がおかれていくはずです。逆に言えば、日常的に環境を充実させる努力とともに、3歳未満児クラスでも、保育者自身が、意図的・計画的に人類が築いてきた文化や科学を媒介に子どもとかかわる「課業」という取り組みも必要だと思われます。それは、乳児では必要ないのではなく、乳児だからこそ、心地よい音楽や手指・全身を使った造形活動など、様々な取り組みが系統的・計画的に用意され工夫されなければならないと考えるからです。別のことばでいえば、乳児においても、「ひと」や「もの」とかかわるだけでなく、「こと」の世界と対話することは可能であり、必要だと思われます。

3. 乳幼児期の自分づくりと
　仲間づくり・集団づくり

　乳児期には、人に対する基本的信頼を土台にして、徐々に自分自身への信頼感や肯定感を育てていきます。そして、自我の育ちの中で、前述のよ

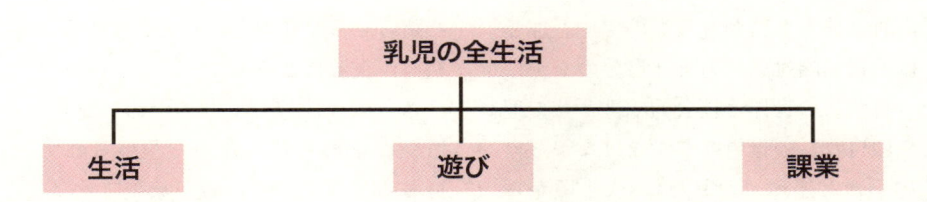

生活

生活とは、子どもの生命の保持や情緒の安定を目的とする活動であり、子どもが能動的に取り組み、それを自分のものにしていく中で、「人間独自の生活文化」を獲得し、人間的自由さを拡大していく保育の基礎となる活動

遊び

遊びとは、子どもが発達に応じて楽しみ、おもしろさを追求していく活動であり、子ども自身の自主的で自発的な活動である。遊びがおもしろいからこそ、子どもは自分の持っている力を十二分に出して遊びに熱中し、その過程で、種々の力を拡げ、結果として諸能力を育てていく。

課業

課業とは、人類が築いてきた科学や芸術、スポーツ等の文化遺産を系統的に伝える活動であり、具体的には「子どもの各年齢段階において、発達することが望まれる認識や技能などの基礎的な諸能力を獲得させるために、保育者があるねらいをもって、それを達成するのに必要な教材や場を準備し、子どもたちに系統的に働きかけていく活動」[5] 早く何かができるようにしたり、たくさんの知識や技能を身につけさせるような早期能力開発ではない。

図1-5 乳児保育の構造

うに自制心を形成していくわけですが、実際には、単純に、あやし寄り添っていけば子どもは育つというものではありません。乳幼児期には、安心感・安全感が土台になければいけませんが、乳児は、自分が受け入れられることを望むと同時に、相手に対する関心も芽生えさせています。養育者・保育者に対する関心だけでなく、家庭ではきょうだいの、保育所では友だちの、「持っているもの・していること」に、関心を寄せ、じっと見たり、手を伸ばしたりします。次第に物の取り合いからトラブルも発生します。このように、「ひと」「もの」と「こと」との対話を積み重ね、世界を広げていくのです。水遊びを一緒に楽しんでそのおもしろさを共有したり、水の冷たさに共感したりと、「イッショ」の世界を共有する中で、自分の思いや他者の思いに気付き始めます。そして、他者の思いを徐々に受け止められるようになります。

こうして、幼児期に入ると、子どもは、友だちとの協同的体験を通して、「私」の中に、別の

「私」を住まわせ、心の中で対話し始めます。これが、自己内対話能力と言われるものです。加藤（2012,p.86）は、自己内対話能力を「自分のなかに形成された『自我』の世界と社会的知性として獲得した『第二の自我』の世界とをつなげながら自己決定する力」だと述べ、おおむね4歳半頃から形成されると述べています。実は、乾孝という心理学者も、話し合い実践の構造の出発点としてこのことに触れています。「やがては、子ども自身が頭の中で一人二役をこなすようになれば、子どもは子どもなりに『考え』て行動することができるわけでしょう」と述べているのは、頭の中に第二の私が登場して私ともう一人の私が話し合うことは、多角的に物事をみて考える力の出発点になるということなのです。乾（1961）は、話し合い保育についてこうも述べています。

　「話し手と聞き手がコトバをはさんで向かい合っているのではなく、いわば肩を並べて、共通の客観世界に立ちむかいながら、お互いの持ち場を確かめ合うこと、これが相談（話し合い）なのだと思います。これは技巧の問題ではありません。姿勢の問題です。・・・コトバは信号にすぎません。それだけでは何もできないのです。また伝え合う働きの中の中心ではあるけれど、そのうちの小さい一部にすぎません。だから、コトバにコトバで答えることができたということは、それだけではまだ値打ちのあることではないのです。そのコトバが各自の体の中で、どれだけの体験を、どれほどつなぎ、整理し、働ける体制にできたかということが大切なのです」。

　話し合いというものを、「姿勢の問題」として「生き方の問題」と考えようというこの提案は、50年以上たった現在にも通じるものではないでしょうか。

　子どもが自分の体験を相手との共通軸に沿わせながら、物事を考えてみることができるようになるためには、自分の中に第二の自分―「第二の自我」が育ってくることが大切ですが、そのためにも、豊かな自然や文化など、子どもたちの心と身体を育てる環境の中で子どもたち自身の主体的活動が必要です。発想を引き出してくれる自然、心躍らせる文化や遊びなど、豊かな環境との「対話」が重要だと考えます。

　さらに、自分づくりのために重要なのは、「人に受け止められ、人から認められている実感を持てる生活」です。我が家の二女は、『こんとあき』（福音館書店）が小さい時から大好きで小中学生になっても自分で本棚から取り出しては読んでいました。「こん」という小さなきつねのぬいぐるみと一緒に遠いおばあちゃんの家までの冒険する女の子の話ですが、主人公の女の子「あき」が、最後までたどり着けたのは、「だいじょうぶ、だいじょうぶ」と常に励まし認めてくれる「こん」の存在が大きかったからでしょう。そんな「だいじょうぶ」のつぶやきは、二女にとっても心地よかったのかもしれません。子どもが前に向かって自分を奮い立たせていく時には、「だいじょうぶ」と受け止め支えてくれる存在がどうしても必要なのです。子ども自身が、人から受け止められ認められているという実感が持てる生活を送ることができた時には、冒頭で紹介した、「あしたがたのしみだなあ」とつぶやく、かりんちゃんのように、未来に「希望」を持って生きる自分づくりができるのではないでしょうか。

[注]

1　生存しているきょうだい数の平均値は1940−44年出生コーホートの3.58人をピークに徐々に減少し、現在は約2.4人となっています（国立社会保障・人口問題研究所,2016）。

2　2005年から2014年に行われた司法・行政解剖のうち14歳以下の子どもの記録4952件を対象として行われた分析。同じ10年間に亡くなった子ども約4万6千人の約1割にあたり、氏名など個人情報のない研究用の記録。そのうち、虐待関連は1067件で、その中でも産み落としは379件でした。詳細については、朝日新聞2016年8月28日朝刊「〔小さないのち〕子どもの死、防ぐために　事故・虐待の記録、朝日新聞と専門家が分析」を参照されたい。

3　「幼児教育部会の審議の取りまとめ」の中では、現行幼稚園教育要領の成果と課題が明記されており、「幼児期の教育と小学校教育の円滑な接続の在り方について（報告）」を手掛かりに整理された資質・能力の三つの柱を踏まえつつ「幼児期の終わりまでに育ってほしい姿」10項目について記述されています。ただし、この項目については、例えば、「協同性は、"対話する力"であり、協調と対立が織りなす"対

話のプロセス"を通して育つもの」であって、「規範意識の芽生え」と「協同性」を別項目で立てることで対話を定式化してしまうことにならないかという危惧も寄せられています（大宮,2017,pp.13-16）。

　また、「保育所保育指針の改定に関する議論のとりまとめ」では、5領域によって幼稚園教育要領の教育内容と整合性を図ってきた経緯を踏まえつつ、幼児教育の一翼として保育所保育を積極的に位置づけることが明記されています。

4　木村（2008,p.52）は、「"もの"が私にとって中立的・無差別的な客観的立像であるのに対して、"こと"は私たちのそれに対する実践的関与をうながすはたらきをもっている」として、「私」と「花」の関係を例に説明しています。つまり「花」が「花というもの」になるためには「ことがこととして働いていなくてはならない」と言うわけです。

　また、木村（2005,p.151）は、「こと」は「人と人、人と物とのかかわり合いによって、時間的に展開・進行する出来事、事件など」だとも述べています。

5　菱谷（1990）は、乳児集団保育の保育内容を「基本的生活」と「遊び」と「課業」に分け論考しています。図1−5は、菱谷の論考を参考に保育内容を整理したものです。ここでは、乳児の全生活を三つに分けましたが幼児についても同様な枠組みで発達や経験に応じた保育内容の提供が必要だと考えられます（菱谷,1990,p.77）。

コラム〔1〕　幼児の運動機能と遊び―運動器具との出会いを大切に―

　3歳を過ぎると乳児体型を脱し、徐々に体つきは細身になっていきます。身長の平均は、3歳では約95cm、4歳で約102cm、5歳で約108cm、6歳で約115cmになり、体重の平均は、3歳で約14kg、4歳で約16kg、5歳で約18kg、6歳で約20kgになります（厚生労働省：平成22年乳幼児身体発育調査報告書）。身体の量的発達だけではなく、基本的な運動機能を獲得し、体全体が巧みに動くようになります。

　幼児期の運動遊びは、ひとつの運動を長時間行ったり、力強さを求めるのではなく、**多様な動きを組み合わせて巧みに体を動かす指導**を行うことが望ましいと言われますが、それはどうしてでしょうか。

　人間の体力は、「行動体力」と、抵抗力としての「防衛体力」とに分かれ、「行動体力」は、運動を発現する力としての筋力系の体力、運動を維持する力としての持久力系の体力、運動を調整する力としての調整力系の体力（平衡性・敏捷性・巧緻性・協応性）に分かれます。スキャモンの発育曲線によれば、4, 5歳になると、筋力・持久力系の発達がまだ成人の30％〜40％であるのに対し、調整力系の発達が成人の約80％〜90％に達しています。幼児期は、体全体が、巧みになめらかに動くようになるために最も大事な時期であるといえます。

　また、2歳頃から7歳頃までの時期は、**基本的運動の段階**と呼ばれ、基本的な動作が充実する時期です。基本的な動作は、体育科学センターの分類によれば、立つ、立ち上がる、ねる、おきる、ぶらさがるなどの「**平衡系の動作**」、のぼる、はう、歩く、走る、もぐる、かくれるなどの「**移動系の動作**」、かつぐ、おろす、つかむ、ひく、なげる、ける、くずすなどの物を操作する能力である「**操作系の動作**」に大きく分かれます（体育科学センター調整力委員会,1980）。生涯にわたって必要な運動の基礎づくりをする時期が幼児期なのです。したがって、幼児の興味や意欲を引き出しながら、これらの基本的な動作を多様に組み合わせて行う遊びをたくさん用意することが重要だといえます。

　幼児期にはいろいろな運動器具と出会い始めます。鉄棒では、「豚の丸焼き」「洗濯物」など様々な遊び方を子どもたち同士で研究して交流しあいます。後半には、跳び上がって腕を立て、前回りをすることもできるようになります。なわとびでは、へびのようにゆらして跳ぶのを楽しんだり「郵便やさん」「たこさん」の歌を歌いながらリズムに合わせて跳ぶこともできるようになります。大なわとびで縄の動きに合わせてくぐったり跳び越えたりできるようになると、4歳児後半からは、ひとりで縄を前に回して跳ぶという一人なわとびも取り組まれるようになっていきます。5歳児クラスが竹馬に乗り始めると、それに触発され、缶ぽっくりを楽しむ3, 4歳児もいます。様々な運動器具と出会う幼児期には、「（運動器具との）出会いの印象」を大切にすることがまず大事でしょう。第一印象が良ければ関係の発展もスムーズです。できるかできないかを見るのではなく、その運動器具を使ってどんな楽しい遊びができるか、クラスの子どもたちと相談しながら進めていくと、子どもたちと運動器具との良い関係は一層深まります。

2章 子どもと文化

1 質の良い文化との出会いを

　子どもにとっての質の良い文化とは、ただおもしろく、かわいく刺激的なうけをねらった文化ではありません。悲しみ、寂しさ、せつなさ、喜び、感動、共感など心の奥底にある感情を呼び起こし、様々な想いがわき起こる文化です。それらは、空想の世界と現実の世界を自由にいったりきたりしながら、想像力をかきたて、勇気や希望がもてて、優しい気持ちになるものです。嘘がなく、子どもだましでなく、おとなも感動するもの。人間や生きることを肯定的に捉えられる文化です。そういった質の良い文化との出会いを、どの子にもつくってあげたいものです。

　「時間」「空間」「仲間」の三間が、子どもたちの生活から奪われてしまったと話題になってから、ずいぶん時間が経過してしまいました。一向に改善しないばかりか、ますます経済優先、効率優先が叫ばれ、自然破壊が進んでいます。さらに競争社会と言われる中で、ついていけないほどの早さで、多くの情報が押し寄せ、私たちの生活は、あわただしさが増し、心が置き去りにされたまま、時が過ぎているように思えてなりません。幼稚園や保育所に通いながら、いくつものおけい

こ事をしている子どもたちがいます。保育現場でもめまぐるしく活動が設定され、追い立てるように子どもが動かされ、園でも降園後も思う存分遊び込めない子ども、遊ぶ時間がない子どもの姿もみられます。

　『沈黙の春』という著書で、環境問題にいち早く警鐘を鳴らしたアメリカのレイチェル・カーソンは『センス・オブ・ワンダー』の中で次のように述べています。

> わたしは、子どもにとっても、どのようにして子どもを教育すべきか頭をなやませている親にとっても、「知る」ことは「感じる」ことの半分も重要ではないと固く信じています。子どもたちがであう真実のひとつひとつが、やがて知識や知恵を生みだす種子だとしたら、さまざまな情緒やゆたかな感受性は、この種子をはぐくむ肥沃な土壌です。幼い子ども時代は、この土壌を耕すときです。

（Carson,1965=1996,p.24）

　今こそ、私たちおとなの務めとして、この警鐘をしっかり受け止め、五感をつかい、心を揺さぶる実体験に満ちた、子どもの感性が育つ豊かな生活を、保障することが求められています。

　柔らかい感性に感動を！　人間としての誇りをもって生きていく力を育てたい！そのためにも質の良い文化との出会いは不可欠です。子どもたちに、直接かかわる仕事をしている保育者・教師の役割は重要です。本章では、子どものおかれている生活・文化環境を考察しながら、保育の中で扱うことの多い、絵本・紙芝居・その他の児童文化財についての理解を深め、活用法と意義を学んでいきます。

2　絵本

1. 絵本とは何か

絵本とは、全国学校図書館協議会絵本選定基準（1972）によれば、「書籍の形態をもって、絵または絵と文の融合から生まれる芸術」です。絵本の読み語りにおいては、読むおとなの「声」と絵本の「絵」によって物語が進行しますが、物語の展開は、ページを「めくる」ことで行われます。

絵本の「絵」は、動きません。静止しているため、読み上げるスピード、ページの移行が読み手の自由になり、読み手と聞き手がコミュニケーションをとりながら読むことができます。好きなところで、立ち止まったり、元に戻ったりしながら、繰り返し何度でも読めて、自分のペースで心おきなく楽しむことができるものです。

●テレビ、メディアとの違い

同じ物語をテレビで見る場合があるかもしれませんが、絵本よりも早いスピードで展開することが多いようです。テレビの語り手は、一定のスピードで物語を進行させていきますので、視聴者は受け身で物語を受け取ることになります。いったん立ち止まってあれこれ思いを巡らしてみることはできません。その子の目を見て心を込めて語ってはくれません。幼い子どもの場合は、その展開速度に合わせようとするため、身体は疲れないのに頭だけ疲れてしまうこともあるかもしれません。

生活の中にテレビ・ビデオ・ゲーム、特に最近話題になっているスマホの占める時間が増え、人間関係が薄くなる中で、「生（なま）」の体験が少ないまま短い子ども時代が過ぎてしまうことに危惧を覚えます。日常生活の中で、成長期の子どもが、どのようにテレビやメディアを取り入れていくか考えていかなければならないと思います。少なくとも、テレビのつけっぱなしや、テレビやスマホを子守がわりに使わないなど気をつけたいものです。

2.「読み語り」の魅力

知らない食べ物は、いくら美味しかったとしても食べたい、欲しいと思わないように、良い絵本に出会わなければ、読み語りをしてもらう機会がなければ、絵本の楽しさや感動を味わうことができません。どの子にも、良い絵本に出会う機会を作り、心がワクワク、ドキドキする心の揺れ動く楽しさ、想像の世界で遊ぶ面白さを味あわせたいものです。それは、1冊読んだから勉強好きになるだろうとか、字を覚えられるということでなく、ゆっくりとした1冊、1冊の積み重ねが、いつしか子どもを本好きにし、人の気持ちを理解し、思いやりを育て、考えを深くしていきます。また、知的好奇心を満たし、想像力、情感の豊かな人真似でない本物の自分を創っていくのだと思います。このようにどの子にも、たくさんのことを育んでくれる絵本との出会いを作り、絵本の好きな子どもになって欲しいと願っています。日常生活の中で、身近に絵本があり、いつでも気楽に絵本が手にできる環境にしていきたいものです。

（1）大好きなおとなに、「読み語り」をしてもらう喜びとともに

絵本は、必ずおとなが読み語りをしましょう。乳幼児期の子どもにとって、たとえ字が読めたとしても内容まで理解して、絵本を楽しむことはできません。絵本の面白さを実感することはできません。

大好きなおとなが、自分のために読み語りをしてくれる。聞き手は耳から入ってくる音（ことば）を聞きながら絵に集中して、空想したり、想像して心が自由に動くことで、絵本の楽しさ、おもしろさやことばの美しさを実感することができます。

さらに、お布団の中で、お膝の上で肌のぬくもりと息づかいを感じながら、その人の声に包まれて絵本の中に入っていく読み語りのひと時は、素敵なスキンシップの時間になり、子どもと向き合う時間になります。そして、子どものつぶやきから会話が生まれ、子どもの成長を実感することになりますし、その子の感じ方、その子らしさを知

ることができます。こうして、親子で絵本の世界を共有し、楽しいひとときを過ごし、物語の世界でたっぷりと遊ぶことで、目には見えないけれど豊かな成長を促します。そして、幼い頃から触れ合い、心のこもったことばで語りかけられている子どもは、情緒が落ち着き、知的好奇心も旺盛になります。ともすれば忙しさに追われる日々になりがちだからこそ、その子のためのひと時は、とても貴重な時間です。おとなになっても忘れられない大切な思い出として残ります。

絵本の読み語りを心から楽しんだ子どもは、本の楽しさを理解できる子どもに育ちます。やがて自分でも本を読みたくなります。一人読みを無理強いせず、「読んで」と持ってきた時にはなるべく読んであげましょう。高度なテクニックは必要ありません。絵本の世界を、おとなも子どもも楽しめる読み語りを続けていきたいものです。

(2)「読み聞かせ」ではなく「読み語り」に

子どもに本を読むことは、子どもと共に絵本を読みあうことです。絵本に見入る子どもたちの真剣なまなざし、喜びにあふれた顔から、読み手はたくさんのものをもらいながら絵本の世界を共有しています。「読み聞かせ」の中の「聞かせる」ということばが一方向的な印象があるので、本章では「読み語り」ということばを使っています。

3. 絵本の選び方

「こんな楽しい世界があったのか」「絵本は楽しい」「また読んで」と読み語りを楽しみにする子どもにたちに育って欲しいと願っています。そのためには、子どもたちの心や五感に訴える力を持つ絵本との出会いが必要です。絵本は選ぶことが大事なのです。次にあげた視点をもちながら絵本を選びましょう。

①文が説明的でなく、具体的な目に見えることばで美しい日本語で描かれたリズムのあるものかどうか。

②絵が本の内容をしっかり表現していて、絵をみるだけで物語を楽しむことがでるものかどう

か。芸術的、美的なセンスが感じられる鑑賞に堪えうるものかどうか。特に民話は、時代考証などを抑えたられたものであることが必要です。

③昔話は、再話の構成に普遍性や説得力があるかどうか。

昔からある伝承には意味があり、そこに込められたメッセージを子どもは、受け止める力を持っています（高橋ほか,2012,p.38）。基本の物語の内容が著しく変更されている場合は、伝承に込められたメッセージが伝わりきれていないことがありますので注意しましょう。

④子どものうけをねらっただけの底の浅いものでなく、人間性への信頼や安心、生きる力をもらえるものかどうか。

演習1
『おおかみと七ひきのこやぎ』F・ホフマン／絵　せたていじ／訳（福音館書店）では、危機を乗り越え、やっとおおかみがいなくなって、最後にこやぎたちが「おおかみしんだ、おおかみしんだ」と喜ぶ場面があります。残酷で子どもには適さないという声も聞かれます。あなたはどう思いますか。

---

(1) 絵本を選ぶ目を養うために「ミリオンセラー絵本」から学ぶ

絵本の最後のページにある「奥付」を見てみましょう。発行年が古く、版を重ねてきたものは、多くの読者の人気を集め、時間をかけて静かに愛されてきたロングセラーの絵本といえます。また、全国学校図書館協議会は、毎年「よい絵本」を選定し公開しています。2016（平成28）年は、発行年が古いものから新刊まで279点が選ばれています。これらはどれも、親子に読み継がれ、愛されてきた芸術としての「普遍性」をもつ絵本だといえます。自分の感性を信じて絵本を選ぶことも重要ですが、こうした読み継がれている絵本を手に取って読んでみることも絵本を選ぶ目を養うことにつながります。子どもや読んでいるおとなを楽しくさせるすてきな絵本ばかりです。

全国学校図書館協議会では、絵本選定基準（制

作態度について）として以下の7点を挙げています（全国学校図書館協議会,1972）。

> **制作態度について**
> 1. こどもに対する正しい愛情があるか。
> 2. こどもに興味関心のある題材が選ばれているか。
> 3. こどもの創造力・思考力を伸ばすものであるか。
> 4. 既成の概念にとらわれず、創意工夫がなされているか。
> 5. 絵と説明文がほどよく調和しているか。
> 6. こどもの生活のリズムにあったものであるか。
> 7. 著者の意図する年齢にふさわしいものであるか。

このほか、絵や文についての基準も設けられており、絵本を選ぶ際の参考になります。

（2）絵本の種類と読む環境

保育者の膝の中に入って読んでもらったり、同じ月齢の友だちと一緒に見たり聞いたりして何度も楽しみます。乳児も繰り返し出てくることばが分かってリズムを真似したり、一緒に身振り手振りで楽しむようになってきます。顔を見合わせて笑いあったりすることもあります。リズムやアクセントのある絵本、身近な動物や乗り物が出てくる絵本、お母さんが赤ちゃんをあやすような声の持っている柔らかさや温かさがある絵本が、乳児期には喜ばれます。

幼児にとっても絵本は、子どものイメージを広げます。また、読み語りをしてもらうことで、ことばや文字に親しみます。子どもは、感じたことをすぐつぶやいたり、表情や態度であらわしたりします。保育者がその表現を受け止め、子ども同士が交流することで、人とのかかわりにもつながっていきます。絵本には、いろんな種類、ジャンルがあります。様々な説がありますが、ここでは、生駒幸子（2013）が区分した9種類を紹介します。

絵本の種類について—生駒（2013）を元に筆者がまとめたもの

> **①昔話・民話の絵本**
> 昔の日本や世界の国々に伝わる昔話・民話・説話・神話などをもとに、文章を起こして絵をつけて創作した絵本です。
>
> **②物語の絵本**
> 絵本作家が、独創的な発想から自由に想像をめぐらせて創造した絵本です。生活の一コマを見つめた物語、ファンタジーの世界など・・・様々です。
>
> **③知識・科学の絵本**
> 知識や科学分野のテーマを扱った絵本。自分で調べたり、知りたいという気持ちに応えるもので図鑑も入ります。
>
> **④赤ちゃん絵本**
> ０,１,２歳の乳児期向けの絵本。生活場面や身近にあるもの、わらべうたを描いた絵本。輪郭や色がはっきりした絵、リズミカルな文章が好まれます。大きさも抱っこしたり、膝にのせて読むことを考えて小さくしたり、破れないように厚紙にしたり、角を丸くしたりなどの配慮がみられます。
>
> **⑤文字なし絵本**
> 読み語りのことばが書かれていない絵本。ただ見ているだけで対話が生まれ、何回読んでも新たなお話になります。
>
> **⑥写真絵本**
> 絵の代わりに写真で物語を構成した絵本です。
>
> **⑦しかけ絵本**
> 絵と物語としかけが連動して作品のおもしろさが大きくなります。ページの中に読み手が動かす工夫がされています。
>
> **⑧ことば・詩の絵本**
> ことばそのもののおもしろさ、美しさを感じるきっかけになる絵本。しりとり、えかきうた、かぞえうた、文字としてのあいうえお・アルファベットの形や音の面白さを描いたことばのイメージを膨らませる絵本です。
>
> **⑨バリアフリー絵本**
> 「障がいをもった人も楽しめる絵本を」と作られた絵本です。素材も様々で「さわる」絵本、「てんやく絵本」は、形が確かめられたり、文章が点字で書かれているなどの工夫がほどこされています。

2章 子どもと文化

4. どの本を読もうかな

　様々な種類、ジャンルの本があることを知ったうえで、子どもにふさわしいものを選んでいきます。発達状況や家庭環境、読書経験、読書環境によって選ぶ本は違ってきます。年齢は発達を見る時の一つの目安ですが、何歳だからこの本とはいえないこともあります。選ぶ視点として次のことを参考にしてください。

①読み語りのスタート地点
いっしょの時間を楽しむこと

『いない いない ばあ』
松谷みよ子／文　瀬川康男／画
童心社

『ごぶごぶ ごぼごぼ』
駒形克己／さく　福音館書店

「ぷーん」「ぷく」「ぷく ぷく ぷくん」響きのよい擬態語にのせられて色、大きさの違う〇が、カラフルな画面を自由に動きます。時に穴が開いていて、指をつっこんでおも

しろがったり、なんでも口で確かめる乳児向きに本の角が円く削られていたり、厚紙で作られていたりと配慮された絵本です。大好きなおとなと一緒にいる絵本タイムの心地よさが体験できる1冊です。

『おふろでちゃぷちゃぷ』
松谷みよ子／文　いわさきちひろ／絵
童心社

『がたん ごとん がたん ごとん』
安西水丸／さく　福音館書店

『えんやらりんごの木』
松谷みよ子／文　遠藤てるよ／え
偕成社

②やりとりが楽しくなってきたら
五感の響きを楽しむこと、感情を育てる

『はらぺこあおむし』
エリック＝カール／さく
もり ひさし／やく　偕成社

『もこ もこもこ』
谷川俊太郎／作　元永定正／絵
文研出版

『ゆきのひのうさこちゃん』
ディック・ブルーナ／ぶん／え
いしい ももこ／やく　福音館書店

『くだもの』
平山和子／さく　福音館書店

『おつきさま こんばんは』
林明子／さく　福音館書店

『きんぎょが にげた』
五味太郎／作　福音館書店

『どうぶつのおやこ』
薮内正幸／画　福音館書店

『さよなら さんかく またきてしかく』
松谷みよ子／ぶん　上野紀子／え　偕成社

『たまごのあかちゃん』
かんざわとしこ／ぶん
やぎゅうげんいちろう／え
福音館書店

『くっついた』
三浦太郎／作・絵　こぐま社

きんぎょときんぎょが次のページでくっついて、あひる、ぞう、さるがつぎつぎにくっつきます。わたしもおかあさんとほおをくっつけ、おまけにおとうさんもほおをくっつけて・・・わたしの顔のうれしそうなこと。「くっつけごっこ」をしながら読んでみましょう。なにかとなにかがくっつくことは、幸せなことですね。

③怖いことも楽しめるようになったら
場面の変化を楽しむこと、感性を育てる

『ねないこ だれだ』
せなけいこ／さく・え　福音館書店

どろぼう、おばけがでてくる、こわいけど楽しい1冊です。

『あおくんときいろちゃん』
レオ・レオーニ／作　藤田圭雄／訳
至光社

『うさこちゃんとうみ』
ディック・ブルーナー／ぶん・え
いしいももこ／やく　福音館書店

『わたしのワンピース』
西巻茅子／著者　こぐま社

うさぎは、空からふってきたまっしろなきれでワンピースをつくります。そのワンピースを着て、お散歩に出かけます。お花畑にいくと、ワンピースがお花もように変わり、雨が降ってきてワンピースが水玉もように、次はくさのみ、ことり、にじのもように変化していきます。「ラララン　ロロロロン」「わたしににあうかしら」の問いかけに変化していくワンピースがかわいくて、人気の本です。

『ころころころ』
元永定正／さく　福音館書店

『にんじん』
せなけいこ／さく・え　福音館書店

『こぐまちゃんおはよう』
森比左志／著者　わだよしおみ／著者
若山憲／著者　こぐま社

『しろくまちゃんのほっとけーき』
森比左志／著者　わだよしおみ／著者
若山憲／著者　こぐま社

④ストーリーがわかるようになったら
絵本の世界と現実の世界を行き来することを楽しむこと、想像力を育てる

『ねずみくんのチョッキ』
なかえよしを／作　上野紀子／絵
ポプラ社

『はけたよ はけたよ』
神沢利子／文
西巻茅子／絵　偕成社

「たつくんは、ひとりでパンツがはけないんだよ」からはじまる子どもの生活の中から自然に生まれてきたような絵本です。話しかけるようなことばで語られ、子どもたちの共感をよびます。

『ちびゴリラのちびちび』
ルース・ボーンスタイン／作
岩田みみ／訳　ほるぷ出版

『もりのなか』
マリー・ホール・エッツ／文・絵
まさきるりこ／訳　福音館書店

『みんなうんち』
五味太郎／さく　福音館書店

『ぐるんぱのようちえん』
西内ミナミ／さく　堀内誠一／え
福音館書店

『ぐりとぐら』
中川李枝子／ぶん
大村百合子／え　福音館書店

『てぶくろ』
ウクライナ民話 エウゲーニー・M・ラチョフ／絵
うちだ りさこ／訳　福音館書店

2章　子どもと文化

『ノンタン ぶらんこのせて』
キヨノサチコ／作・絵　偕成社

『のろまなローラー』
小出正吾／ぶん　山本忠敬／え
福音館書店

『だるまさんが』
かがくいひろし／作　ブロンズ新社

『はなをくんくん』
ルース・クラウス／ぶん　マーク・シーモント／え
きじまはじめ／やく　福音館書店

『おおきなかぶ』
ロシア民話　Ａ.トルストイ／再話
内田莉莎子／訳　佐藤忠良／画
福音館書店

『三びきのやぎのがらがらどん』
ノルウェーの昔話 マーシャ・ブラウン／絵
せた ていじ／訳　福音館書店

『すてきな三にんぐみ』
アンゲラー／作
今江祥智／訳　偕成社

⑤ 複雑な感情もわかるようになったら
言葉のおもしろさや意外性を楽しむこと、語感と想像力が育つ

『からすのパンやさん』
加古里子／文・絵　偕成社

加古里子の『にんじんばたけのパピプペポ』『おたまじゃくしの101ちゃん』『わっしょいわっしょいぶんぶんぶん』と続けて読むと絵本の楽しさ、おもしろさが倍増します。

『とべバッタ』
田島征三／作　偕成社

『かにむかし』
木下順二／文　清水崑／絵　岩波書店

『ピーターのいす』
エズラ・ジャック・キーツ／文・絵
木島始／訳　偕成社

『スイミー』
レオ・レオニ／作　谷川俊太郎／訳
好学社

『どろんこハリー』
ジーン・ジオン／ぶん
マーガレット・ブロイ・グレアム／え
わたなべ しげお／やく　福音館書店
お風呂が大嫌いなハリーは、黒いブチのある白い犬です。お風呂の音が聞こえてきたので、家を逃げ出し一日中、真っ黒になるまで遊んできました。家に帰っても誰もハリーと気がついてくれません。ハリーは、白いブチのある黒い犬になっていたからです。ハリーは、まさに子どもそのもの。お話、絵も楽しい絵本です。ほかに『うみべのハリー』『ハリーのセーター』があります。

『かいじゅうたちのいるところ』
モーリス・センダック／さく
神宮輝夫／訳　冨山房

『しろいうさぎとくろいうさぎ』
ガース・ウイリアムズ／文・絵
まつおかきょうこ／訳　福音館書店

『はじめてのおつかい』
筒井頼子／作 林 明子／絵　福音館書店

『キャベツくん』
長 新太／作　文研出版

『だいくとおにろく』
松居直／再話　赤羽末吉／画
福音館書店

『しょうぼうじどうしゃ　じぷた』
渡辺茂男／さく　山本忠敬／え
福音館書店

⑥絵本の世界が積みあがったら
自分から世界が広がることを楽しむこと、探求心が育つ

『かたあしだちょうのエルフ』
おのき がく／文と絵　ポプラ社

『エルマーのぼうけん』
ルース・スタイルス・ガネット／さく
ルース・クリスマン・ガネット／え
渡辺茂男／訳者　福音館書店

『新ウォーリーをさがせ！』
マーティン ハンドフォード／作・絵
唐沢則幸／訳　フレーベル館

『やまんばのにしき』
まつたに みよ子／ぶん
せがわ やすお／え　ポプラ社

民話の世界も楽しみたいものです。『あほう村の九助』『ひこいちばなし』『三ねんねたろう』ポプラ社のシリーズがあります。

『どろぼうがっこう』
加古里子／絵と文　偕成社

『おじさんのかさ』
佐野洋子／作・絵　講談社

『あおい目のこねこ』
E・マーチセン／作・絵　瀬田貞二／訳
福音館書店

『ひとまねこざる』
H・A・レイ／文・絵　光吉夏弥／訳
岩波書店

『おしいれのぼうけん』
古田足日・田畑精一／作
童心社

「さくらほいくえんには、こわいものがふたつあります。」から始まります。園にある押し入れをめぐってダイナミックにストーリーが展開します。それは、明るい、楽しいと対極にある闇の世界です。日常のものの見方、感じ方が変わり世界が広がる絵本です。

『王さまと九人のきょうだい』
中国の民話　君島久子／訳
赤羽末吉／絵　岩波書店

『ごちゃまぜカメレオン』
エリック・カール／さく
やぎだよしこ／やく　ほるぷ出版

『おおきなきがほしい』
佐藤さとる／文　村上勉／絵　偕成社

5. 集団での読み語り

「読み語り」も1対1での読み語りと、クラス全体への読み語りとがあります。図書館、公民館の職員、ボランティアのお母さん方、保育所・幼稚園の保育者、学校の教師、病院等の保健師など多くの語り手がいるでしょう。特に保育者の読み語りは、日常的な保育環境でもあり影響が大きいものがあります。

　クラスの子どもたちで共有した絵本の世界は、個々の感じ方や解釈の違いに気づいたり、違いを交流することで、絵本の世界をより深く理解することに繋がります。また会話や活動（ごっこあそび、劇遊び）もダイナミックに展開して、生活に広がりがでてきます。1対1の読み語りの体験とは違う体験をすることになります。

　この本を子ども達に是非紹介したいと思う気持ちで、本を選びます。子どもの発達にふさわしい本を参考にしながら季節や園行事、クラスの状況との関連で多様な本との出合いをつくることを考えて選んで下さい。

(1) 絵本の読み語りの前に

　読み語りの前には必ず声に出して読んでおくこと、絵もじっくり見て、絵本の持ち味や、何を伝えたいかをつかんでから（教材解釈）読み語りをしましょう。そのためには、次のことをあらかじめ確認しておくことが大切です。

　①絵本のタイトル、②文と絵の作者、③絵本のあらすじと背景、④教材としての解釈、⑤何を伝えたいのか、⑥絵本を取り上げる理由など（事例1参照）を理解して読むと絵本の楽しさも一味違ってきます。読み方も、子どもへの伝え方も違ってきます。

(2) 子どもたちに読み語りをする時に、心がけたいこと

　子どもと一緒に本を楽しむという気持ちで、ゆったりしたいい時間を作るように心がけます。高橋ほか（2012,p.42）は、読み方について次のように述べています。

　「一生懸命読もう、上手に読もうとしすぎて、お話の一部を強調しすぎると、たとえ、お話の山場であっても、お話全体の流れをゆがめたり、止めたりしてしまうことがあります。感情をこめすぎると、重苦しくなったり、聞き手の気持ちがしらけて引いてしまったりします。また声色を使ったり、技巧をこらしすぎると、かえって絵本の伝えたいことがどこかに飛んでしまいます。聞こえてくる言葉から、子ども達が想像の翼を広げ、頭の中に自由に絵が描けるように、むしろ淡々とよみましょう。読む人の思いは、自然に声ににじみでて、子どもたちにちゃんと伝わります。」

　高度なテクニックを駆使して読もうとすると自分の読み方に酔いしれてしまいがちですが、語り手は、常に目の前の子どもの存在を忘れずに気持ちをこめて読みたいものです。

　以下、高橋ほか（2012,pp.43-48）を参考に読み方のポイントをまとめました。

①絵本は、背表紙の下の部分をしっかりと持ち、子どもの目線に合わせましょう。ページをめくる時にグラグラして見にくくならないように安定した持ち方を心がけましょう。声は一番後ろの子どもまで届ける気持ちで、早口にならず、最後まではっきりと言うようにします。

②読み語りの環境を整える。

　子どもたち全員が、絵がよく見えるように保育者を囲んで横に広がらずに座らせます。絵が見えにくい子がいないか確かめて、子どもたちが落ち着き、聞く態勢ができてから始めましょう。読み語りの前に手遊びをしてから、ということもありますが、子どもの集中時間は短いです。そのことも考えて絵本を楽しむことを第一に考えたいものです。

③作者、画家名は、きちんと伝えます。

④話の中に出てくることばで、説明が必要な時は、読む前にします。途中で聞かれたら「あとでね」と言って、物語の流れを止めないよう簡単に伝えます。少々わからないことばがあっても、話の前後から察しがつくものです。

⑤絵本は、表紙、見返しから裏表紙までていねいに見せます。お話は表紙から始まっています。絵本は子どもに期待をさせ、心の準備をしてから物語に入り、余韻を楽しめるように作られています。

⑥字のないページも、ゆっくり見せてください。

⑦話にあわせて、ページをめくるタイミングに緩急をつけてください。

⑧子どもたちが、少しくらい動いても気にすることはありません。お行儀をしつける場でもありません。絵本を楽しめることが大事です。

⑨保育者同士で読みあってみることも大切です。1冊の本でも違う解釈があることも気づきます。お互いにアドバイスをしあい学びあいながら取組みましょう。

(3) 絵本の読み語りのしめくくり方

　園によって、絵本によって、しめくくりの方法はいろいろですが、基本は読みっぱなしを考えています。読み終えたあとの余韻を楽しめたら終わりです。子どもたちと絵本を振り返ることは、「感想を求めること」ではありません。常に感想

〈事例1〉
絵本『てぶくろ』について
　エウゲーニー・M・ラチョフ／え　うちだりさこ／訳　ウクライナ民話　福音館書店
　ウクライナ地方に伝わる民話にソビエト絵本画家エウゲーニー・M・ラチョフが絵をつけたものです。物語はおじいさんが「てぶくろ」を落として、そのことに気づき、引き返して拾うまでの本の短い出来事のお話ですが、「てぶくろ」に入ろうとした動物たちの姿が、情景豊かに生き生きと描かれています。
　小さい動物から順にやってきて、「てぶくろ」の中に入って行くのですが、極寒の冬の森といかにも温かそうな「てぶくろ」の中が対称的に描かれています。そのため、いつもは捕食者として警戒しているはずのはいいろおおかみに「おれも　いれてくれ」と言われ、「まあ　いいでしょう」と受け応える場面も子どもたちはそれほど矛盾を感じません。いつもは獲物と捕食者の関係にある動物たちが「まんいん」の「てぶくろ」の中、「ぎゅうぎゅうづめ」になりながら仲良く潜り込んでいる情景の面白さ。本の短い出来事なのにページをめくるたびに「てぶくろ」はまるで家のように変化していきます。誰も知らないところにこんな楽しいことがあったかもしれないと、想像の羽を広げて楽しめるお話です。
　なおラチョフの他の作品には、『もりのようふくや』『マーシャとくま』／福音館書店があります。内田莉莎子訳の作品には、『おおきなかぶ』『しずかなおはなし』／福音館書店があります。

を聞いていると、感想をいうために聞くことがでてくるからです。子どもたちには、お話しの内容にたっぷり入りこんで、夢中で聞いて絵本の世界を思いっきり楽しんで欲しいと思います。改めて聞かなくても、読み語りのなかでボソッとつぶやいたことば、表情、あるいは読み終えたあとでの生活の場面で出てきたことばやしぐさを、おとながつかむことを大事にしていきたいものです。

● **こんな読み方も・・・実践から学ぶ**
　「読み語り」の方法も一人が一冊ずつ本を手にして、絵をみて物語を楽しむ方法もあります。以下は『てぶくろ』の絵本のことばから、一人ひとりの子が、いろいろ感じられるようにことばにこだわり、絵の変化で気付いたこと、思ったこと、考えたことを出し合い、絵本の世界を深めあった実践です。

（武蔵野幼稚園3歳児の資料から）2月12日

はやあしうさぎのページでは、

子ども「うさぎって走ると速いから、はやあしうさぎっていうんじゃない。幼稚園の黒いうさぎだって速いよ」
子ども「うさぎって、高くジャンプもするんだよ。だから速いよ」
子ども「幼稚園のうさぎは、四角い中（小屋のこと）に入っているけどね」
保育者「はやあしうさぎ、やってみて」
ほとんどの子が両足とびをしている。少し考えてからやり始めたT美は、両手を上げて耳にして跳ねている。両足跳びからギャロップに変えたS夫は、「速いよ」と速さにも気付いたようだ。

　このように「はやあし」についてことばで、体全体で表現しながら深めていきました。続いて、子どもたちは、次に登場する"おしゃれぎつね"の意味について理解を深めていきます。3歳の子どもたちにとっては聞いたことはあるけど正確にはよくわからないことばです。しかし、「どんなこと？」と聞かれて口々に知っていることを発する中で、"おしゃれ"のイメージが具体的に共有されていきます。

> 保育者「おしゃれって、どんなこと？」
> 子ども「口紅ぬったり、ほっぺたとかにい
>   ろいろつけること」「お化粧のこと」
> 子ども「素敵なお洋服、着ているの」
> 保育者「みんなは、おしゃれしたことある？」
> 子ども「あるよ、お友だちの家に行くとき」
> 子ども「うちのママ、いつもおしゃれして
>   いるよ。口紅とかつけてるもん」
> 子ども「耳とか首にもね」
> 子ども「イヤリングだよ」
> 子ども「ママもつけているよ」
> 保育者「おしゃれぎつねになって歩いてみて」
> 普通に歩く子、前のはやあしうさぎの印象
> が強かったのかギャロップをしている子が
> いる。Y男はひとりじっとしている、よく
> 見ると、お化粧をするまねをしている。

　自分たちの暮らしの中の生活体験と結びつけな
がら、考えたり体を動かして、絵本の世界を楽し
み子ども同士でイメージを共有していくのです。

> おおかみ登場
> 子ども「オオカミだ、怖ーい」「ほんとだ
>   怖いね」
> 保育者「どうして？」
> 子ども「だって、食べられちゃうかもしれ
>   ないもん」
> 子ども「だまして、（手袋）の中に入って、
>   食べようとしているかもしれない
>   よ」
> 子ども「入れたくない」「そうだよ、入れた
>   くない」
> 子ども「でも雪が降って寒いから、おぼれ
>   死んじゃうよ」
> 保育者「寒くて死んじゃうことは、凍え死
>   ぬって言うのよ」
> 子ども「ふーん」「死んだらいやだね」
> 子ども「かわいそうだから入れてあげる」
> 子ども「うん、入れてあげる」
> 保育者「ほんとうにいいの？」
> 子ども「怖いけど、がまんする」
> 保育者「どうして」
> 子ども「だって、寒いから、死んだらかわ
>   いそう」
> 子ども「ほら、食べないでしょ」「そうだね。
>   良かった」「大丈夫だったね」

　その他、「まんいん」「いっぱい」「はじっこ」
のことばについて、絵を手がかりにしながら話し
合いました。

　動物が増えるたびに、いろんなものがついて家
らしく変化する様子、小さい手袋にどんどん増え
る動物たち、それも登場する動物が、だんだん大
きくなるのに入れる不思議さ。もう壊れそうで、
入れるはずのない手袋に単純なリズムのある問答
の繰り返しをしながら入っていくおもしろさ、
各自1冊ずつ絵本を手にしているからこそ、絵を
しっかり見ることができ、その中での発見を語り
合うことで深まる読み語りの1場面です。

6. 文庫活動と絵本カード

　子ども達の生活に絵本を定着させたい。そのた
めには、絵本がたくさんあって、いつでも本を手
にする環境が必要です。そんな思いから全国で、
文庫活動と読み語りの会が開かれています。絵本
カードに記すことで子どもの育ちの記録にしよう
とする取り組みも行われています。Y幼稚園の園
便りから紹介をします。毎週一冊絵本子どもが選
び、家に持ち帰って親子で読み合います。その様
子を記入したものが親子絵本カードです。カード
の積み重ねは親子の宝物になっています。

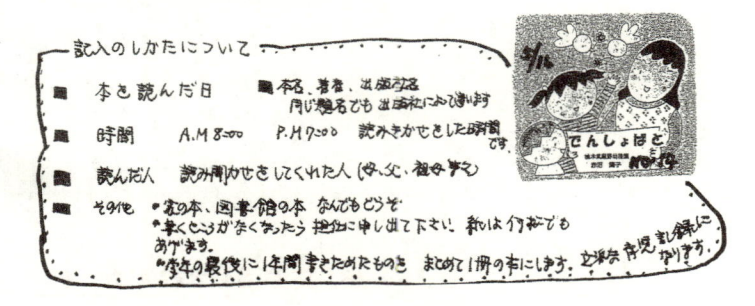

引用：柚木武蔵野幼稚園園便り「でんしょばと」NO.19

3　紙芝居

　今、どこの家庭にも絵本が数冊あるのは、珍しくありません。しかし紙芝居は、ほとんど見られません。子どもたちと紙芝居の出会いは、幼稚園や保育所の保育者から、図書館・児童館の職員から、紙芝居をしてもらって出会うというのが通常になっています。絵本ほど手軽に扱われてなく、生活の中で出会いが少ないのが実情です。家庭でなかなか味わうことが少ない紙芝居だからこそ、幼稚園や保育所での保育者による紙芝居の楽しさを積極的に伝えていきたいものです。「紙芝居やって！」という子どもたちの声にこたえて欲しいと願っています。ここでは、そんな保育現場で日常的にみられる状況を前提にして、紙芝居の魅力、奥深さ、届け方について考えていきます。

1.　紙芝居とは何か

①紙の上でのお芝居

　舞台を挟んで観客と演じ手に分かれます。観客は舞台から離れたところから集団でみます。後ろの子どもにも見えるように、はっきりわかる絵であること、ドラマチックに展開できるよう動きのある絵、ロングやアップを使う絵など工夫がされています。

②1枚の紙面を「ぬく」ことで展開

　舞台に入れた8枚以上の絵を順番に横に引き抜きながら、おもに台詞を言いながら物語を展開していきます。

③生身のおとなが、子どもの反応を見ながら演じる

　紙芝居は動きませんし、ストーリーを語るのは、子どもにとって身近なおとながほとんどで、音楽や効果音もない、とても素朴な視聴覚メディアです。アニメーションは、テレビ画面や劇場のスクリーンを通して、観客に一方的に届けられるもので、何回みても変わりませんが、紙芝居は身近なおとなが子どもの反応を確かめつつ、時には子どもたちとことばをかわしながら、作品の世界を届けます。おとなと子どもが一体感をもってお話の世界を共有して楽しみます。そのため、紙芝居は語る人で、微妙に味わいが違ってきます。

④演出ノートが書かれている

　本文の他に読み方のアドバイス（演出ノート）が示されています。

演じ手のセリフの言い方、画面の動かし方。本文の途中に「間」「短い間」（そこで間を空けることを意味しています）その他「ゆったりと」「びっくりした様子で」「はずんで」「泣きながら」等々書かれています。その指示に従いながら演じていきます。

2. 紙芝居の魅力

紙芝居の魅力について、阿部明子（2011）は次のように述べています。

①紙芝居は芝居である

②みんなで見る楽しさがある

③演じ手との交流ができる

ただでさえ人間関係が希薄になっている現在、幼児期にできるだけ人との関わりを育てておかなくてはなりません。自然に演じ手である保育者と関わり、観客同士が関わる紙芝居は、保育の中にきちんと位置づけておきたいものです。

④ことばを育てる

ことばをどんどん覚えて、イメージを豊かに育んでいく乳幼児期には、できるだけ生きたことばを学ばせていかなければなりません。紙芝居は、感情をこめたせりふが子どもの感情とぴったり合いますので、ことばを覚えていく重要な機会となります。

⑤子どもの心の展開のテンポに合っている

ことばの数も限られている幼い子どもたちは、その展開のテンポはおとなほど早くありません。あれこれと思いをめぐらす子どもの心の動きのテンポにぴったり合うのです。しかも、演じ手は、物語の展開と同時に、子どもたちの気持ちに合わせてテンポを変えることができる緩急自在に演じることができるよさがあります。

3. 物語型と参加型

紙芝居には、物話や童話を紙芝居化したもの、生き物などの「自然」や数、形、ことばなどの知識をテーマにしたものや、幼稚園、保育所での活用を前提にした「園生活」「行事」「安全教育」「健康」「食育」をテーマにした物語型、子どもたちとことばをやりとりしたり、一緒に歌を歌ったりしながら進めていく、子ども参加型の紙芝居があります。

〔子ども参加型〕

『おおきく　おおきく　おおきくなあれ』

まついのりこ／脚本・絵　童心社

「ちっちゃな、ちっちゃなぶたがいるよ。おおきくなりたいんだって。みんなで、一、二の三。おおきくおおきく　おおきくなあれっていってみて」。声をあわせてさっと抜くといろいろなものが大きくなります。変化が楽しめる楽しい作品です。

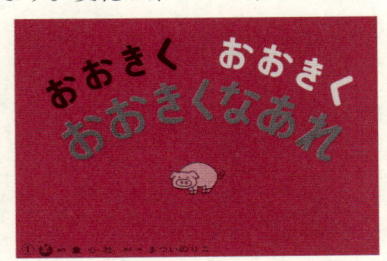

『のーびた　のびた』

福田岩緒／脚本・絵　童心社

「のーびたのびた　なーにがのびた」と声をかけると、次々といろいろなところがのびていきます。最後はかえるの足が延びて…。みんなで声を合わせて楽しめる作品です。

〔物語型（昔話、童話）〕

『ひよこちゃん』

チュコフスキー／原作　小林純一／脚本

二俣英五郎／絵　童心社

ロシアの幼年童話の詩を紙芝居に構成したものです。「ピヨピヨピヨ。ヒヨコが一わおりました。とてもちっちゃいヒヨコです」。

「ほら　こんなふうに。ね。」と繰り返される言葉の後の〈間〉で、子どもたちは余韻を楽しみます。

2章　子どもと文化

『うみにしずんだおに』

松谷みよ子画／脚本　二俣英五郎／画　童心社

　四国の久礼（くれ）という港にあるふたな島にまつわる民話です。山奥に鬼の親子が住んでいて、親鬼は子鬼を愛情深く育てていました。ある時、鬼の親子は人間の爺様とその孫から、嵐になると海が荒れて困るのだと聞きます。嵐が襲って来た日、親鬼は大きな岩を二つ鉄棒に刺して担ぎ上げ、海へと向かいます。子鬼を乗せたまま親鬼は、荒れ狂う海の中を進み、とうとう子鬼を支えながら沈んでしまいます。迫力のある鬼の姿、親子の情愛に胸を打たれる感動的な作品です。

〔物語型（生活習慣・健康・防災・交通安全）〕

『がらがらごろごろ』

西村敏雄／脚本・絵　童心社

　風邪の予防に生かせる作品です。

『まっくらぐらぐら』

高木あきこ／作　間瀬なおかた／画　教育画劇

　阪神淡路大震災以降、地震がおきた場合には「まず自らの身を守ること」が重視されるようになりました。場面ごとに注意点が解説されています。このところ、地震が頻繁におきています。日頃からの心の備えをするのに適切な紙芝居です。

『はのいたいおまわりさん』

松野正子／脚本　渡辺有一／画　童心社

　虫歯予防を呼びかける際に、保育現場で導入的に使用される紙芝居です。コミカルなタッチで子どもたちに好評です。

4. 効果的な紙芝居の演じ方・読み方

　紙芝居実演家の第一人者であった右手和子（2011a）は、紙芝居を効果的に演じるための5つのポイントとして、①下読み ②声＝（セリフ語り）③問＝（ドラマを生かす）④抜く＝動かす ⑤舞台・幕紙の効果をあげています（右手 2011b）。上手な演じ手になるためには、ちょっとした工夫が必要です。以下、詳しく説明しましょう。

①下読みをします

　内容を理解すること。作品の組み立て方（対話で進めるか、ドラマチックな作品か）や、登場人物の性格や出来事などが分かってはじめて作品を生かすことができます。

②読み方で気をつけたいこと

〔声のだしかた〕

せりふ・語り

●〔せりふ〕

　喜び、悲しさ、怒りなど様々な表情を演じる声のポイントは、次のようになります。

声の高さ	高・中・低
スピード	早・中・ゆっくり
強さ	強・中・弱
感情	明・中・暗

＊これらの組み合わせです

　音色は不要です。登場人物の気持ちや状況をきちんと伝えること。

嬉しい時	（やや高めの声で明るく　早口）
楽しい時	（明るく弾むように）
怒っている時	（強く早口）
悲しい時	（弱くゆっくり）・・・等々

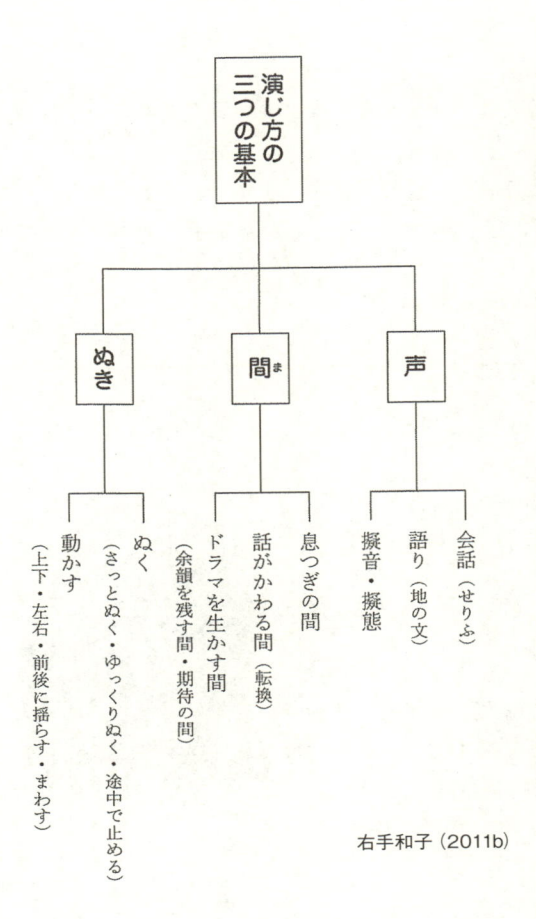

右手和子（2011b）

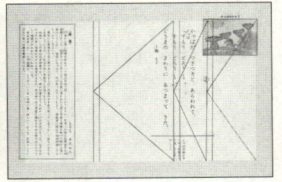

松谷みよ子／監修　渋谷勲／脚本
梅田俊作／画『かっぱのすもう』童心社より転載

●［語り］

　情景描写、状況説明の語りも会話と基本は同じ
です。ことばをはっきりと、その情景描写が伝わ
るように話します。

③間は、ドラマを生かします。間には、以下のよう
にいろいろあります。

　イ、「話し変わりまして」の間。（場面や状況が変
わる間）

　ロ、ドラマを生かす「間」

　ハ、期待を持たせる「間」

　ニ、余韻を残す「間」（3秒ぐらい）

④抜く

　普通・ゆっくり・はやく・さっと・途中で止め
るなどの抜きかたがあります。

＊「さっと抜く」は一瞬のうちに

＊「途中で止める」時は、抜きはじめと止めたい

場所に三角印をつけておきます。例えば、『かっ
ぱのすもう』（右上図）のように、かっぱが1匹ずつ登
場する様子を効果的に演出することができます。

⑤動かす

　上下、左右、前後、まわすがあります。

⑥舞台、幕紙の効果について

　「動かす」の効果を高めてくれるのも舞台で
す。この舞台の中にお芝居の世界が創りだされて
いるのです。観客の集中力も高まります。

　紙芝居の導入の役を果たすのが幕紙で、紙芝居
と同じサイズの厚紙に包装紙などを貼って簡単に
作ることができます。作品に合わせて使い分ける
のも楽しいです。

　何本かの作品を演じる時の幕紙は、「幕間」の
役目も果たします。

⑦ 抜いたら左手に持ちます

　紙芝居を演じる時、抜いた紙を木枠の中に入れる必要はありません。カタカタ音がしたり、手間取りがちです。

　抜いたらそのまま左手に持ちます。左手に持つことで後ろに隠れずにすみますし、子どもたちの顔をみることができます。そのために、1枚目の脚本は、コピーをして、はじめから左手に脚本をもって演じるとスムースにいくことができます。

5. 紙芝居の紹介

『おさじさん』松谷みよ子／作　瀬名恵子／画　童心社

『ごきげんのわるいコックさん』まついのりこ／脚本・画　童心社

『ぶたのいつつご』高橋五山／作・貼り絵　童心社

『ごろん』ひろかわさえこ／脚本・絵　三石知佐子／監修　童心社

『ワン　ワン　ワン』とよたかずひこ／脚本・絵　童心社

『おだんごころころ』坪田譲治／作　二俣英五郎／画　童心社

『かっぱのすもう』渋谷勲／脚本　梅田俊作／画

　　　　　　　松谷みよ子／監修　童心社

『たべられたやまんば』松谷みよ子／脚本　二俣英五郎／画　童心社

『うしかたとやまんば』坪田譲治／脚本　福田庄助／画　童心社

『いやいやたまご』竹下文子／脚本　ましませつこ／画　童心社

『おおきくなりたいな』松谷みよ子／脚本　垂石眞子／絵　童心社

『おおきなぼうし』木曽秀夫／作・画　教育画劇

『かわいそうなぞう』土家由岐雄／脚本　久保雅勇／画　童心社

『くじらのしま』新美南吉／原作　堀尾青史／脚本　穂積肇／画　童心社

『しあわせの花』ダン・ミン・ヒエン／作・絵　童心社

『チポリーノのぼうけん 前・後編』ジャンニ・ロダーリ／原作　木村次郎／脚本　岡本武紫／画　童心社

『にんじんさんだいこんさんごぼうさん』川崎大治／脚本　瀬名恵子／貼り絵　童心社

『どきどきうんどうかい』ねじめ正一／脚本　長谷川和子／絵　童心社

『地震がきたらどうするの？』赤木かんこ／文　mitty／絵　埼玉福祉会

＊紙芝居の購入は容易ではありませんが、図書館で借りることができます。公共図書館は、相互協力のネットワークを使い、リクエストに応じ提供します。図書館職員に相談してみましょう。

4　シアタースタイルの児童文化財

　子どもは、五感を通して多くの情報を取り入れています。絵本・紙芝居はことばを聴いたり絵を見たりしながら想像力を高めていくものですが、シアタースタイルでは舞台上で登場人物が動くためより一層心に響く新たな世界との出会いになります。

　保育の中では、「人形劇」「ペープサート」「パネルシアター」「エプロンシアター」などがあります。

子どもたちの好きなもの、喜びをとらえて、子どもたちが、友だちと心が響きあい、楽しい豊かな日常の保育を展開できる力をつけていくために演じ方、活用方法を学んでいきます。まず、保育者自身が楽しんで実践することからはじめたいものです。

1. シアタースタイルの児童文化財の魅力と大切にしたいこと

●子どもと保育者のあいだに第三者を作る

日々の保育のなかで、保育者が人形を操りながら子どもたちに語りかけることで、人形を通して子どもの気持ちに寄り添い、新たな子どもたちとの関係をつくっていくことになります。保育者が話してもなかなか伝わらないメッセージも、人形に話してもらうことで、子どもの心に直接響きます。

●子どもを人形の世界にいざなう

日常生活の保育活動の中で、気楽に演じることができます。紙と棒で「紙人形」を作ったり、「絵人形」をパネルに貼ったりはがしたりして演じます。身のまわりにあるものを手軽に変身させたりと手軽にでき、子どもたちを世界にいざなっていきます。

2. シアタースタイルの児童文化財のいろいろ

(1) 人形劇 (パペット、マリオネット)

人形を動かすのは人間ですが、子どもたちには、まるで目の前の人形が自分たちに語りかけているようにみえます。それは、第一に、子どもたちには想像力があるということ、第二に、大好きな先生が子どもたちに語りかけるということ、この二つが理由だと思われます。生きているはずのない人形に命を吹き込むのは人間です。ですから人間が心を込めてその人形の動きを作りだすことが必要ですが、実は、子どもたちは年齢が進むにつれて目の前の現実の世界と想像の世界とを行ったり来たりすることができるようになるのです。おとなが人形に命を吹き込む瞬間は、まさに子どもたちが想像の世界へ羽ばたいていく瞬間でもあります。

◎人形劇のいろいろ

「手遣い人形」
片手また両手で操る人形

「指人形」・「軍手人形」
指にはめて操る人形

「棒遣い人形」
人形の頭部や手、足にとりつけた棒を操って動かす人形

「糸操り人形」
人形の頭部、手、足などに取り付けた糸を操って動かす人形(マリオネット)

（2）ペープサート

　ペープサートは、棒の裏と表に別の絵を貼り合わせ、棒を持って表裏返しながら演じて表現するものです。

◎特長としかけ

　ペープサートは、第一に紙に絵を描いて棒に貼り付けるという簡易な方法で作りだすことができるところ、第二に、裏表にすることで動きや表情を作りだすことができるところ、第三に人形の扱いなど高度な技術が必要ないところに特長があります。「基本人形」は表と裏に同じポーズで左右逆の絵を描いたもの、「活動人形」は同じ登場人物で違う表情を描いたもののことを指しています。物語の展開に合わせて使い分けていきましょう。

[基本人形]　　　　　　　　　　　　　　　　[活動人形]

（3）パネルシアター

　起毛した布（フランネル）を貼ったパネルボードに、絵または文字を描いた不織布を貼ったりはがしたり動かしたりして、物語を演じたり、クイズなどを行うものです。古宇田亮順（1973）によって考案されました。月下・大田（2009）、後藤（2008）などの参考図書があります。

◎特長としかけのいろいろ

　パネルシアターは、第一に、一人の演じ手が、場面展開や小道具の用意を行いながらいくつもの登場人物を演じ分けるところ、第二に、観客に顔を見せながら演じるところ、第三に、ひとつのボードの上に舞台を作りだすところに特長があります。

裏返す

　紙に登場人物の絵を描いておき、ひっくり返すことで、登場人物の表情の違いを楽しみます。

重ね貼りをする

　大きな絵を描いて貼り付けたものの上に小さなものを重ねて貼ります。

切り込みを入れて奥行きを出す

　絵の一部に切り込みを入れて別の絵を差し込み、中に入っていく様子を楽しみます。

ポケットをつけて出し入れする

　ポケットをつけて出し入れし、登場人物やものが現れたり消えたりすることを楽しみます。

糸をつけて引っ張る

　箱の中から字がつながって出てきたり、カエルが何匹も跳びだして来たりするなどの効果が出せます。

糸止めをする

　登場人物の手足など、動かしたい場所を糸止めして身体を揺らすと、可動域が広がるため、登場人物がまるで踊ったりお辞儀をしているように見えます。

(4) エプロンシアター

　エプロンを舞台に見立てた人形劇の一種で、エプロンのポケットから人形を出したりエプロンに貼り付けたりしながら、物語を演じたり、クイズを行うものです。中谷真弓が1979年に考案・発表しました（中谷,2001）。

◎特長としかけのいろいろ

　エプロンシアターも、パネルシアターと同様、第一に一人の演じ手が場面展開や小道具の用意を行いながら登場人物を演じ分けるところ、第二に観客に顔を見せながら演じるところに特長があります。しかし、第三のエプロンという自分の身体の前面に密着したところに舞台を作りだすところに違いがあります。どちらも顔が見えているので、声のトーンや表情を変化させながら、登場人物を演じ分け物語の世界に誘います。

　エプロンやパネルにいろいろなものを貼り付けたり、ポケットから出し入れしたりしたりすることで動きを作りだします。また、エプロンに直接布を縫い付けてめくったり、マジックテープではがしたりするのも効果的です。糸や紐にものを貼り付けて、パネルの上を動かしたり、エプロンの中から出したりする方法もあります。

3. 子どもの前で演じてみよう

　子どもの興味関心や発達状況に合わせ、日常の生活にヒントを得ながら演じて楽しみましょう。

　演じる場としては、日常保育の中で演じる他に、お楽しみ会、誕生会等の集会で演じることで、会が多いに盛り上がります。子どもたちにとっても大きな喜びや深い印象を得ることになります。

イラスト　小川貴代子

3章 子どもとことば

〈2歳児　女の子〉

友だちとピクニックごっこしていたあやちゃん！

あやちゃん：「これからピクニックに行くの！」「ピクミックたのしいな！」

〈2歳児　男の子〉

テラスに誰かのくつ底の跡が
ついていた。はるとくんそれが
魚に見えたようで、
はるとくん：「あ、おさかなさんだ！」
保育士：「テラスがうみなのかな！」

これらのことばは、ある保育園の子どもたちのつぶやきです。人間は、生まれてから約1年もすると、最初のことばを使い始めます。そして生まれてから3年目に入る年には、このようなイメージを膨らませ、想像の世界で他者と会話を楽しむまでに、ことばを発達させていきます。

ことばは、人間にとって不可欠なものであり、それがどのようにして発達していくのか理解しておくことは保育者にとって非常に重要なことです。

ことばが発達するためには何が必要なのでしょうか。そしてことばとはどのような機能を担っているのでしょうか。子どもの育ちと深くかかわることばの発達のプロセスとその意義、そしてことばの機能や保育者の役割などについて学んでいきましょう。

1 子どものことばと発達

1. 新生児期

赤ちゃんは「ひと」に対する特別な関心を持って生まれてきます。乳児が、形やパターンを弁別することをファンツ（Fantz,1961,pp.62-72）は明らかにしていますが、新生児でも、無地の図形よりもパターンのある図形を、さらに、人間の顔に似た図形を注視する時間がより長くなることが分かっています。子どもはおとなの働きかけを引き出すための特性やしくみを生得的に備えているといえます。

ことばに関しても、同様のことがいえます。養育者からことばを引き出すような力を、新生児は持っています。新生児は機械的な音よりも「ひと」の声のほうに興味を持ちます。さらに男声と女声を聞きわけることもできるようになります。

生後1週間以内の乳児であっても、他の刺激よりは「ひと」の顔を長く見ることも知られていて、生後2週までには、身近な人の顔と声とが同時に現れることがわかり、3週までに発声し始めます。生後2週間頃には**生理的微笑（自発的微笑）**が、さらに生後2か月頃には、「ひと」の顔を見て笑うという**社会的微笑**が見られるようになります。授乳後、快の状態の赤ちゃんが生理的微笑をしていると、思わず「いっぱい飲んだね」と声をかけたくなります。優しくおだやかにことばをかけられて、さらに気持ちよさそうに微笑みます。新生児自身が養育者からことばを引き出しているともいえるのです。

赤ちゃんは、このような「微笑」とともに「泣

き」というコミュニケーションの手段を持っています。赤ちゃんの泣き声は、周りの養育者に向けた強力な信号です。赤ちゃんが泣くと放っておけなくなり、抱き上げて、「よしよし、おなかすいたのかな」などと声をかけます。このようなやり取りを繰り返すことにより、赤ちゃんは、自分が泣くことによって何かが伝わることを知り、他者を呼ぶ時に泣き声を使うようになります。伝達の手段としてのことばの始まりです。

2. 乳児期

(1) 喃語

生後1、2か月頃から、単なる発声とは異なる「アー」とか「クー」に聞こえる柔らかい声を出し始めます（**クーイング**）。快適な状態にある時に他者にかかわろうとする時に見られます。2か月を過ぎると、顔の中心部を見るようになり、養育者と視線が合い見つめ合うという状況になります。話しかけることにより、子どもは、おとなの口元をみつめ、口を動かしたりします。クーイングも活発になっていきます。

3か月頃には、ことばらしい音（言語的音声）が出せるようになります。この頃、「ママ・・」「ウググ・・」などのリズムのある音声、つまり**喃語**を発するようになります。4か月頃から持続した笑いが現れます。声を出して笑えるようになります。笑いと一緒に手足をバタバタさせる運動は、喃語の準備でもあります。6か月頃までは、機嫌がいい時などに、様々な大きさ、高さ、長さで、様々な種類の音を出し、それを聞いて楽しんでいるようです。「アー」「ダー」などといった一つの音を伸ばした音や、「アーアーアー」のような過渡的な喃語を発し始めます。

6か月を過ぎると「マンマン」「ナンナン」といった子音＋母音の**反復喃語**も増え、そののち、「アブディバブ」のような異なる音節が連続する喃語も、見られるようになります。10か月頃になると、多様な発音をする準備も整い、イントネーションやリズム、アクセントなど母語と同じようになってきます。このような音声を、**ジャー**ゴンと呼びます。おとなの顔を見、覗き込むようにおしゃべりをすることがみられます。

(2) 他者とのかかわり

音声の発達は、構音器官の発達によるところが大きく、身体全体が変化し、それを上手にコントロールできるようになることにより、ことばらしい声が出せるようになります。養育者を中心とする他者とのかかわりの中でことばが発達することは言うまでもありません。

7か月を過ぎた頃から、おとなに働きかける行動がみられるようになります。おとなに呼びかけるような発声。おとなは、子どもの発声や表情の中にその意図が読み取れるようになってきて対応しやすくなってきます。

9〜10か月頃には自分―「ひと」―「もの」という**三項関係**が成立します。自分―「ひと」、自分―「もの」の**二項関係**であったが、「ひと」を介して「もの」とかかわる、「もの」を介し「ひと」とかかわるということができるようになります。例えば、赤ちゃんを抱っこして散歩している時に、犬を見ている子どもに気付き、「ワンワンよ」と言うと、子どもがおとなの顔と犬を交互に何度も見るでしょう。子どもは、おとなと、犬に向けてまなざしを共有し（**共同注意**）、犬の情報を共有し、「イヌ」という音声を、おとなから聞いて、犬という実体と見比べます。まさに、犬を介して子どもとおとなが三項関係を築いているのです。また、子どもとのあいだでボールを転がしあい続ける遊びもこの時期大好きな遊びです。このようなやりとりにおいても、ボールを介して、自分―「ひと」―「もの」の三項による三項関係を作っているといえます。こうしたかかわりを通して、「もの」の意味を「ひと」（他者）と共有していき、同時に音声も共有していきます。三項関係の重なりの中で、「もの」と音声が、結びつき、ことばが発生していくのです。

また、この頃に、**指さし**がみられ始めます。「さすもの」と「さされるもの」とが分化しています。前述の例でいえば、犬を見つけた子どもは

しばしば犬に対して**指さし**をしながら、おとなを振り返るでしょう。これは、他者も自分と同じように「もの」を見ていることを理解しているからこその姿です。つまり、意図的な行為主体として他者を理解しはじめた子どもが、**指さし**によって、世界を叙述し始めているといえます。また、「もの」や「こと」を挟んで人と共有するという意味で、「指さし」は「ことば」に先立って象徴的機能を持っているといえます。

（3）ことばの発達を支えるもの

ことばの発達の基盤となるのは、「ひと」（養育者）との愛着関係です。子どもとやり取りを繰り返すことにより、「ひと」（養育者）が子どもにとって重要な他者となります。自分にとってとても大切な「ひと」、安心して自分を委ねることができる「ひと」であるからこそ、通じ合いたいと思うのです。子どもは、ことばを発するまでの間、ことばを使わずに「ひと」（養育者）をはじめとする他者とコミュニケーションしています。その中で、様々な感情、様々な経験を他者と共有することができるのです。このようなことを礎として本格的なことばの世界に入っていきます。

3. 幼児期前期

（1）初語から一語文

自分のことばを話し始める前に、周りのおとなのいうことばの意味は分かっています（理解言語の先行）。例えば、「新聞もってきて」というと新聞を持ってきてくれます。「公園にいこうね」というと、玄関に行きます。また、「ダメ」というと、手を引っ込めます。理解から表出まで6か月ほどかかるといわれています。生後10か月〜15か月頃、音声と特定の状況や「もの」とが結びついていることがわかり、はじめて**有意味語**（意味のあることば）を話し始めます。これが**初語**（はつご／しょご／ういご）です。初語は養育環境によって様々です（**表3-1**）。はじめの50語までは、約半年の期間をかけてゆっくり増えていきます。この頃のことばの約4割は普通名詞で食べ物、体の部分、動物の名前が多いと言われます。語彙の種類には、生活に密着した「もの」の名前が多く、個人差も大きいため、周囲のおとなの接し方が関係しているといわれています。

（2）語彙の爆発

50語を超えたあたりから、語彙の爆発期とも呼ばれる語彙獲得の第2段階に入ります。この段階に入るのは1歳半頃で、この後、就学するまでの間、1日平均9語を獲得するといわれています。子どもは、この頃「もの」には名前があるということに気付くようになります（命名の洞察）。これによって急激な語彙増加が可能になると考えられています。

「これなに？」とおとなに尋ねたり、自分の名前を言ったりします。語彙数の発達では、1歳半から2歳半にかけて、表出語彙数は200語を超える頃までは、普通名詞の割合が急激に上昇し、4割を超えます。述語は徐々に増加し、表出語彙数が600語以上を超えると、その4分の1が述語になります。助詞、助動詞はさらにゆっくりと獲得され、600語以上になると1割が助詞、助動詞になります。初語を獲得してから小学校に入学する頃までに、3000語から10000語を身に付けていきます。

（3）一語文から二語文、多語文へ

一語文を話せるようになって半年ほどたつ頃（1歳半頃）には、二語文が出現してきます。一語文、例えば「ワンワン」という発話には、「犬がいる」や「大きい犬」や「犬が好き」など様々な意味がこめられています。一方、二語文、例えば「ワンワン　キタ」という発話は、「犬が来た」という意味になります。「ことばは世界を切り取る」と言われますが、二語文によって周りの世界の正確な叙述が可能になっています。その意味でも、この時期の二語文の出現は大きな発達的意義があるといえます。

2歳前後になると三語文・多語文が現れます。この頃に格助詞、副助詞「ね」「の」以外の終助

表3-1

母親	マー、ウマ、マンマ、アタータン	お人形	ネンネ
父親	パパ、アタータン	ボール	マー
祖母	ババ	寝る	ネンネ
小母	ババ	拒否	イヤ、ウーンウーン、パープー
犬	ワンワン、バァーバァー、ウー、ワーワ	動詞	イッタ、イタ、アッタ
猫	ニャーニャ	形容詞	ナー（ない）、アチー（熱い）、イタイイタイ（痛い）
動物	ウグー	お外	アンモ、ンモ
飲み物	ブー、ブブー	テレビ	テー
食べ物	ウマンマ、マンマ	電灯	デン
牛乳	チチ	いないいないばあ	バー
母乳	パイパイ、バーバー	何かと聞く	フンフン（ウン、ウンウン）、コエ
車、飛行機、電車	ブー、ブーブー	返事	ハイ

（出典）　幼児言語研究会（1987）「乳幼児のことば相談」三省堂

詞がみられます。2歳半前後になると、引用句や従属句、修飾語、被修飾語をもつ複文を話すようになります。助動詞が多様化し、2歳半頃から3歳になると、「れる」「られる」や、「せる」「させる」を使えるようになります。

4. 幼児期後期

（1）3歳頃のことば

　3〜4歳頃になると、話しことばは一応完成します。会話については、相互に相手に話題を投げてその返答を期待する「ことばのキャッチボール」が可能になります。

　会話は、かなり発達してきます。日常的な場面では、大きな困難はなくなりますが、しかし、語彙がふえたからといっても、また文法を知ったからといっても会話ができるとは限りません。会話が成立するためには、話し手と聞き手とがうまく役割交替をしていく必要があり、ことばを獲得したての頃は、おとなからの話しかけに対してうまくことばで対応できない姿も見られますが、徐々に会話が成り立っていきます。

　3歳頃までに、子どもは基本的な**文法**を獲得するといわれています。助詞、動詞・助動詞の活用なども、日常会話の中に現れてきます。また、複雑な文も作れるようになります。3歳前後になると「そして」や「それで」などの接続詞を使える

ようになり、文と文章を構成ができるようになります。1回の発話が長くなるのもこの頃です。助詞、副詞の使用も増え、短文の形態が整ってきます。まだおとなに比べて語彙数が少ないので思っていることがうまく言えなくてイライラしたり、泣き出したりすることが多々見られます。ささやき声を出せるようになるのもこの頃です。また、ことばそのものへの興味も増してきます。

　この頃までみられる**幼児語**（育児を行う保育者や親が、子どもが認知しやすく発話しやすいように工夫された「ワンワン」「クック」などのことばを育児語または**幼児語**と呼びます）については、おとなが必要以上に使わなければ子どもは徐々に使わなくなります。完成が最後になる発音で最も難しい音は、サ行音とラ行音です。それも6歳頃までには完成することとなります。

（2）4歳頃のことば

　4歳児は、「揺れ動く4歳児」といわれます。なんでもやってみたいという意欲が育つ一方、他者と比較しながら自分を振り返ることができるようになっていきます。そのため、友だちとうまくことばでやりとりすることができず、遊びの中でのぶつかり合いがみられます。

　4歳児は自由にことばを操ることができ、「おしゃべりの時期」といわれます。小声で内緒話も

できるようになります。また、自分の行動をことばで調整すること、声に出して自分の行動を調整することがかなり身に付いてきます。この時期、過去、現在、未来の区別は明確となっており、順序立てて「きのうはね、ようちえん、いったけど、きょうはおやすみ、あしたは、ママとおでかけする・・」など話すことができるようになります。生活の中に根づくことばでの思考ができ始めている証拠です。構音に関してはかなり上達し、幼児語は聞かれなくなってきます。

（3）5歳以降のことば

5〜6歳の頃になると、身近なおとなや子ども同士の会話では、相手の話を聞いてから、それに応えてことばを通した相互のやり取りができるようになります。「もの」への単純な興味から、「もの」と「もの」との関係性や、因果関係等への関心が高くなり、質問等「なんで」「どうして」が多くなってきます。

6歳以降になると、**ことばによる概念化**も進みます。果物、乗り物等個々のものをまとめて、イメージで捉えることであります。また**抽象的概念**も作り上げていけるようになります。子どもは少しずつ、ことばを獲得することにより、**概念形成**をしていきます。目の前にない抽象的な話にイメージをもとに伝えあうことができるようになってくるのです。

（4）書きことばへの関心

ことばには、**話しことば**と**書きことば**があります。書きことばについては、読むこと、書くことに分けられます。書くことは、視覚的理解と手指先の協応、および認知能力が必要となるため、読むことよりもあとに獲得します。東京都・福島県・徳島県の1400人強の3〜5歳児を対象とした調査結果によれば、5歳児の8割近くが65文字以上、つまりほとんどのひらがなを読めていることが報告されています（東ほか,1995）。

読むことは、3歳頃より文字に関心を示し始

3歳6か月

4歳0か月

5歳3か月

41

め、前述の調査では約2割の3歳児が同様の力を持っていることが報告されていました。しかしこの頃には、例えば、「リンゴ」という文字のかたまりは、一文字ずつ読むのではなくひとまとまりの記号として捉えているようです。4〜5歳代になると、「リンゴ」を「リ・ン・ゴ」と一つひとつの**音韻**を分解して認識でき、読めるようになります（音韻意識）。特に「リ」という語頭音を理解することが重要だとされています（天野,1999）。このように音韻を理解して、ことばをモニターコントロールする力（メタ言語的能力）が育ってくると、しりとり遊びや「あ」のつくものを集める遊びなど、ことば遊びを楽しめるようになります。

　書くことについては、文字を読めるようになってから急速に進展してきます。文字を書くということは、目で見て、それに手先・指先の細かい動きを協応させていく能力や空間認知能力、系列的思考が必要です。なかなかうまく書けないことが多くあり、鏡文字や筆順の違いなどがみられるのですが、小学校に入学する頃になると、運動面、認知面の能力の向上とともに解決されていきます。

　鏡文字とは、文字が鏡に写したよう反対に書かれる文字です。ひらがなを書き始めた幼児に見られます。文字を認識する機能の未熟さが原因です。前頁に示した絵は、3歳6か月と4歳0か月の幼児の描いた文字です。「おかあさんぶた」、「ままへおたんじょうびおめでとう」と書かれています。鏡文字を強制的に直させる必要はなく、むしろ、文字を書こうとする気持ちを大切に育むことのほうが大切です。

　手紙は、書きことばの代表的な表現として、保育の中に取り入れられています。5歳児になると、友だちや家族にあてて手紙をスタンプで押して作ったり、ひらがなを書くことに挑戦したりします。「文字を書く」という活動は、単に文字を覚えるという取り組みではなく、友だちや家族、保育者に対し親しみを感じ、話す以外の方法で何かを伝えられる楽しさを感じること、手紙をもらって嬉しい気持ちを感じることなどを十分に経験できるよう、配慮する取り組みでなければならないでしょう。

《語彙数について》

　乳幼児期は、一生の中で、語彙数が急速に増える時期です。語彙には理解語彙と使用（表出）語彙があります。理解語彙（聞いたり読んだりできる語彙）は、計測が難しく、使用語彙（話したり書いたりできる語彙）は、ある程度計測可能だといわれています。使用語彙は、1歳前後では数語、2歳頃には500〜600語、3歳頃には約1000語、4歳頃には約1500語、5歳頃には2000〜3000語程度だといわれています。

5. ことばの発達の遅れ

　ことばは、段階に沿って発達していくのですが、ことばの発達には、個人差が大きく認められ年齢については、おおむねその頃だという目安であると考えていきたいものです。

　以下は中川（1998）によることばの遅れの分類です。

①原因となる病気や障害が明確な場合（難聴・脳性麻痺によるもの）

②発達の遅れやアンバランスにともなう場合（知的障害や自閉症、学習障害によるもの）

③不良な言語環境に置かれた場合（養育者の精神的問題や虐待によるもの）

④発達、個人差と考えてよい場合

　1才半健診ではことばは出ていなくても、病気や障害がなく、対人関係、社会生活等にも問題がない場合は2歳半から3歳の間に正常に追いつくことが多いようです。一般に、おおむね3歳を過ぎると標準よりやや遅れがはっきりしてくるため判断が容易になります。1〜2歳代では、その見分けが難しく、発達の個人差とみなされる遅れも多いため3歳児健診を受けることはとても重要です。

　我が国には、乳幼児健診（1歳半健診、3歳児健診等）という独自のシステムがあり、このシステム

において子どもたちの発達がスクリーニングされ、早期発見や療育への道筋をつくっています。健診は保健所で行われます。助産師、保健師、小児科医、歯科医師などがかかわって行われています。精神発達の面でより詳しく検査が必要であると判断された場合、精神科や心理判定員の精密検査が行われます。治療にあたる医療機関、耳鼻科・小児科・児童精神科などかかわってきます。また、言語聴覚士、心理士が子どものことばの問題にかかわる場合もあります。

それぞれの専門機関がかかわる中でより専門機関の連携が重要になります。保護者の不安や不信、混乱につながらないためにも、一貫性のある支援を行うことが望ましいでしょう。

ことばの遅れについては、その背景がどこにあるかを判断して、上記のうち4タイプのどれのタイプであるか観察して見極めることが重要です。原因が明らかになり、適切な対応を行っていくことが求められています。

保育者は、保育の専門家として、病気や障害、発達全体の遅れが背景にあると考えられる場合、自尊心の低下など二次的な問題を引き起こさないよう配慮していく必要があります。また、保護者（養育者）と子どもとの間のコミュニケーションの問題がある場合には、その改善への援助が求められます。

2 ことばを育てる保育者の役割と援助

1. ことばを育てる保育者の役割

ことばを育てる保育者は、就学前までにどこまでどのように、子どものことばを育てていきたいのかを、理解しておく必要があります。日本のミニマム・スタンダートとして定められている現行の幼稚園教育要領や保育所保育指針の中では、就学前に育てたい生きる力の基礎として、五領域のねらいや内容が示されています。領域〈言葉〉では、「経験したことや考えたことなどを自分なり

の言葉で表現し、相手の話す言葉を聞こうとする意欲や態度を育て、言葉に対する感覚や言葉で表現する力を養う」ことがねらいとなっています。

幼稚園教育要領の改定に向けて中央教育審議会教育課程部会（幼児教育部会）が取りまとめた案においては、五領域の内容を踏まえ5歳児修了までに育ってほしい姿として、10項目を挙げています。「①健康な心と体、②自立心、③協同性、④道徳性・規範意識の芽生え、⑤社会生活との関わり、⑥思考力の芽生え、⑦自然との関わり・生命尊重、⑧数量・図形、文字等への関心・感覚、⑨言葉による伝え合い、⑩豊かな感性と表現」です。このうち、ことばについては、文字への関心と、ことばを通して心を通い合わせたり、ことばによる表現を楽しむこととを別の項目としてたてています。コミュニケーション力と認知・認識能力とを分けた形になりましたが、前述の手紙の実践のように、誰かに何かを伝えたいという思いや意欲から、文字への関心も広がるということは、理解しておく必要があるでしょう。

保育者は、直接的・間接的に子どもの言葉の発達に影響を与えています。

子どもはおとな（養育者）との愛情を土台に「基本的信頼感」を獲得していきます。そして、密度の濃いコミュニケーションの中で、より深い信頼感を得ることになります。信頼感があるからこそことばが発達していくことになるといえます。子どもに接する保育者も子どもとの信頼感を築き、心と心を通じ合わせて援助することが重要です。

子どものことばを豊かに育むために保育者はどのような役割を持っているのでしょうか。

高見の実践報告（加藤監修・齋藤編著,2016）には、この問いに対するヒントがちりばめられています。

男の子の遊び虫探しから、発展し、そして池づくりを始めた4歳児クラスの子どもたちは、『ターくんのちいさないけ』（西村,2012）を読み聞かせしてもらったあと、以下のようなやりとりをします。

> まこと　「じゃあ、池作ろうよ」
> 保育者　「池？どこに？」
> まこと　「砂場に」
> 保育者　「でも砂場はみんなが遊ぶ場所だよね」
> まこと　「うん……」
> 保育者　「どこにだったら作れるかな？」
> こうが　「おうちの近く」
> おさむ　「だけどオレのうち、できない」
> じゅん　「うちもできない」
> さとし　「オレんちは石だらけだからね」
> しおり　「でも、おばあちゃんちだったら作れ
> 　　　　るよ」
> 保育者　「保育園で作れる場所ある？砂場以外
> 　　　　で」
> 全員　　「なーい」
> こうが　「じゃあさ、雪で作る？」
> 保育者　「雪で作ったら冬だけだよ？」
> おさむ　「じゃあ、プールん中に作る」
> 保育者　「プール、池にする？」
> なえ　　「プール、池にしたらダメだよ」
> 保育者　「プール、池にする？みんなの夏プー
> 　　　　ルで泳げなくなっちゃうけどい
> 　　　　い？」
> 全員　　「ダメー！」
> 保育者　「他にいい場所ある？」

　池をどこに作るか、自分なりの意見を表現する子どもたち。意見をことばで表出してからその意見が現実に合っているかどうかを考え合っています。率直で一生懸命な4歳児らしい話し合いです。

　そのうち、園庭に出て、本格的に池づくりに適した場所を探し始め、このクラスのドラマがスタートするのですが、様々な体験を通し、ことばで伝達しあい、考え合ってきた子どもたちは、夏になると、自分たちで紙芝居づくりをします。その発端となった話し合いが、次のやりとりです。午前の話し合いの続きをしようと、午後に集まって行った話し合いで一気に物語が創造されていきます。

> 「リボンをつけたカエルを見つけて結婚する
> んだよ」
> 「チャムが「けっこんしましょ」っていって、
> リボンをつけたカエルが「いいわよ」ていう」

> （照れ笑い）
> 「結婚したら違う池に2人でお引越しする」
> 「にいがたの海に引っ越す」
> 「カエルは海にいないからにいがたの池でし
> ょ」
> 「間違って、海にいったらたべられちゃう」
> 「サメ、クジラ、シャチ、ジンベエザメ、バ
> ンドウイルカ、クラゲ、タコ、イカ、ゲンゴ
> ロウ」
> 「ゲンゴロウは海にいないよ」
> 「もし間違って海に行っちゃったら、けっと
> ばしてやっつける」
> 「それで逃げる」
> 「カエルの仲間のクラゲを呼んで、サメに食
> べられないように逃げる」
> 「魚も味方だよ」
> 「そしたら、チャムは、世界一大きいカエル
> になる」
> 「新しい池に戻る」
> 「やさしい気持ちで過ごしました」

　保育者が「それからチャムはどうなったのかな？」と問いかけると、次々に発言する子どもたち。

　この子どもたちの語り合いは、保育者が一言も口をはさむ間もなく一気に行われたものでした。保育者と子どもが共に主体として"響き合い"、子どもの中から、想像力と創造力があふれ出たのではないでしょうか。場面や活動のねらいに応じてどんなかけことばをするかが保育者の専門性と考えられがちですが、それだけではなく、子どもが様々な「意味」のあることばを発したくなるような活動を用意できるかどうかが大事です。そのためには、ことばを取り出すというよりは、子どもの育ちに寄り添うこと、そして体験そのもので心を揺さぶることが必要なのです。さらに、子どもを「意味を作りだす主体」として位置付けていくことが重要だと思われます。

2. 家庭との連携とことば

　家庭においても、子どもがことばで自分の思いを表現することが大切なことだという認識が広がるよう、懇談会や連絡帳、クラスだよりなどで、

3章　子どもとことば

9月○○組おたより

① クラスの子どもたちのすがた・活動の姿
　　遊びの成長・取り組んでいる姿
　　（子どもの姿から保育を伝える内容）

② 親子で会話が弾む保育の内容
　　（今月のうた・手遊びうたなど）

③ 子どものつぶやきを紹介する

④ お知らせやお願い事項

〈5歳児　男の子　女の子〉
保育士：「今週の土曜日、いよいよ運動会だね。はれるかな？」
Ａちゃん：「晴れるよ、私、晴れ女！」
Ｙくん：「ぼくも、晴れ男！」
Ａちゃん：「せんせいは？」
保育士：「先生も晴れ女だよ」
Ｔくん：「ぼくは、雪男だよ」（真剣に）
全員：「・・・・・・・？」笑

連携をとっていくことが重要です。クラスだよりには、子どもたちの日常の姿やことばを掲載し、楽しく過ごしていることが保護者に伝わるよう工夫していきたいものです。

演習1

〈クラスだよりを書いてみよう！〉

実際にあなたが担任として保護者の方に保育を伝え理解をしてもらうことと合わせて、見える形のお便りを通して親子で会話が弾み、子どもたちのことばが豊かに育まれる一助になるよう、また、ことばを引き出す材料になることを期待して、クラスだよりを作ってみましょう！

3　ことばを豊かにする児童文化財と遊び

　児童文化財とは、『保育小辞典』によれば、「子どもが遊びを中心とした生活を有意義に過ごしたり楽しんだりする過程で、使ったり創造したりしたもののこと」であり、「もの」として表現された「有形文化財」と、技術や活動として表現された「無形文化財」とがあるといわれています。「有形文化財」としては、絵本、紙芝居、玩具、人形劇、映画、漫画、ビデオなどがあります。また、「無形文化財」としては、遊びや舞踊、童謡、ストーリーテリングなどがあります。いずれ

にしても、子どもの健やかな心身の発達に深いかかわりをもち、子どものことばを育む重要な役割をもっています（舟橋,2006）。

　児童文化財を子どもに提供し演じるのは保育者です。保育者自身の感性や人間性を高めることも大事な要素です。子どもは、五感（視覚・聴覚・嗅覚・味覚・触覚）を通してことばを育みます。子どもの豊かな感性を育て多くの経験を提供できる児童文化財について深く理解していきたいものです。

1.　わらべうた遊び

　わらべうたは、伝承遊びや行事などとともに子どもたちの中で歌い継がれてきた伝承童話です。

　その発生は古く、『日本書紀』には、童謡（わざうた）という表記がすでにあったとされています。

　子どもたちの集団での遊びができる環境がととのいつつあった室町から江戸時代になって今日まで残るわらべうたが多く歌われるようになったといわれています。子どもたちの生活の中から生まれたもので、わらべうたのリズムやメロディーは、日本独特の音階からなっています。また、わらべうたは、話しことばがもつリズムや旋律の延長上にあるともいわれています。

　育児や保育をおこなう女性が、乳幼児に語りかける独特の語りかけが子守歌やわらべうたとして語り継がれてきました。歌にこめられた愛情や心

地よい旋律やリズムは、わらべうたに共通しているといえます。巻末にいくつか紹介されています。

（わらべうたの例）

♪いないいないばあ　♪ちょちちょちあわわ
♪あがりめさがりめ
♪いっぽんばしこちょこちょ
♪げんこつやまのたぬきさん
♪おちゃらかほい　♪なべなべそこぬけ
♪おじいさんおばあさんおこしがいたい
♪あぶくたった　など

2. 絵本

　絵本は、児童文化財としては戦後に大きく発展しました。絵と、絵にそった文章から展開される「もう一つの世界」とも言えます。絵本は、耳でことばを聴き、目で絵を読むものです。絵を読めなければ、おもしろさは半減します。そのため、クラスで読み語りをする時は、子どもにとって絵本が楽しい時間になるように、読む場所や位置、読む本の選択などに配慮する必要があります。

　絵本の魅力や絵本の種類、選び方については、第2章を参照して下さい。

3. 紙芝居

　小集団向けに作成された日本独特の児童文化財であり、比較的手軽に演じられるので保育教材としても利用しやすいものです。絵本や紙芝居は“時間つなぎ”ではありません。子どもと楽しむ大事な文化であり、文化を通して子どもは育ちます。この文化を熟知し、感性を磨いておくことも保育者には必要だといえます。

〈絵本や紙芝居の読み方〉

1. 「一番やさしい声」で「心をこめて」読む。

2. 読み終わったあとの感想が、「上手」よりも「楽しかった」のほうがいい。

3. 落ち着いて楽しめるような環境づくり。

4. 持ち方に注意する。絵本の場合は絵が見えなくならないように持ち、ストーリーの進行方向にそって、めくっていく。

5. 絵本や紙芝居によっては、その世界を大切にして、あまり、子どもと目を合わせ過ぎないほうがいい場合がある。途中で子どもに質問したりせず一気に読む。しかし、中には、子どもとやり取りを楽しむ絵本もあるので、絵本の特徴をよくつかんで読むことが大事。

　絵本は「めくりの文化」であり、紙芝居は「抜きの文化」だと言われます。「めくり」や「抜き」のタイミングや技術を磨いておきたいものです。

4. 素話・ストーリーテリングなど

　素話などのお話の重要性は、話を聞くことによって自分の既知のものや生活を再認識し、未知の世界を間接的に経験し、様々な人生を追体験することにあります。聞き手は優れた美しいことばをききながら、人間への理解を深め、想像力を身に付け自分自身の人間性を向上させます。そのためにも明快でなおかつ文学性の高いお話を選択してほしいものです。

素話　日本の伝統的な公演芸術の「素浄瑠璃」「素噺」（落語）と同様に、一般に楽器などの効果音や、絵での説明なしにお話そのものを語る。

口演童話　ことばに抑揚やゼスチャーなどの演劇的な手法をまじえながら語る具体的で幼児にも理解しやすく教育的意義も高いもの。

ストーリーテリング　欧米の図書館活動の一環、本の紹介を目的とし、原話に忠実な語りを重要視する。日本には、明治末期に紹介され1960年前後から展開した。

5. ことば遊び・ふれあい遊び

(1) ことば遊び

　ことばに感情をこめたり、ことばのリズムを捉えたり、ことばとことばの関係を知ったり、同じことばをいろいろな角度から眺めたりするのがことば遊びです。日本語（かな）の一文字一音の特

徴を捉えて、または同音異義語の取り違えなど、昔からたくさんのことば遊びがあります。ことば遊びをたくさんすると語彙が増えるだけでなく、ことばと気持ちが一致して来たりすることにも役立ちます。楽しく遊ぶことが一番の方法です（藤田,2012abc）。

●ことばを豊かにする遊び

a 同じ音で始まることば集め

　ことばの発達が著しい3歳の頃には、「"か"から始まることばはなあに？」や「"か"から始まるのはどんなことば？」など働きかけ、言葉の音を意識して使って遊びます

〔例〕

・ことば探し。「あ」や「か」など五十音の中から、「あ」がつくことばは・・・など。

演習2

「あ」のつくことばを探しましょう！ 5つ探しましょう！ 文字と絵で表現してみましょう！

---

b しりとり

　語彙数が増えてくる4歳頃から遊べるようになります。最初は、ことばの末尾の音を意識することと「ん」で終わるとつながらないことに気付くように援助していきます。慣れた頃、しりとりでつないでいく絵カードを教材にするのも楽しいです。

〔例〕

・動物しりとり・・・ぶた　たぬき　きつね　ねこ

・たべものしりとり・・・まめ　めだまやき　きうい　いか　かずのこ　こんぶ　ぶどう

c つながることば

　連想を楽しむ遊び。古くから伝えられている「いろはにこんぺいとう」の歌（2分の1拍子）にのってことばがつながっていくおもしろさを楽しみます。最初は、保育者が唱えて行うが、子どもの反応をみて、子どもたちだけで遊べるよう援助します。

　慣れないうちは、子どもたちに声をかけながら子どもの発想を取り上げるようにしますが、要領を掴んだら、1人ずつ順番に言葉をつないでいくとよいでしょう。

d 同音意義語

　文字がおなじでもちがう意味のことばがある事に気づきます。

〔例〕

・花と鼻　・雨と飴　・タコと凧　・酒と鮭

・橋と箸　・雲と蜘蛛

e 仲間集め（色、形、鳴き声など）

　様々な物事の共通項に気づきます。

〔例〕

赤いもの：りんご、トマト、ポスト、オニ

f なぞなぞ遊び

　ことばの中に他のものの意味を隠した問題を出してそれにこたえる遊び。

〔例〕

冷蔵庫の中に入っている動物はなあに。

g 早口ことば

　意味のあることばの羅列や文章を早口で言い切る面白さや危うさを楽しむ。

〔例〕

・生麦　生米　生卵

（なまむぎ　なまごめ　なまたまご）

・李も桃も桃のうち

（すももも　ももも　もものうち）

・竹垣に竹立てかけた

（たけがきに　たけ　たてかけた）

・お綾や親に御謝りなさい

（おあやや　おやに　おあやまりなさい）

・坊主が屏風に上手に坊主の絵を描いた

（ぼうずがびょうぶにじょうずにぼうずのえをかいた）

・隣の客はよく柿食う客だ

（となりのきゃくは　よくかきくうきゃくだ）

47

・庭には二羽裏庭には二羽鶏がいる
（にわにはにわ　うらにわにはにわ　にわとりが
いる）

(2) 詩

　ことばは耳からというように、昔話も口から
耳という経路で伝えられてきました。「字」で見
るのではなく「音」で聞いて「音」で語られてき
ました。昔話はリズミカルで覚えやすいように
「詩」もリズミカルな詩はとても覚えやすい。ま

た、唱えてみるとそれぞれの子どもが自由に楽し
めるものとなります。お母さんの「マンマあげま
しょうね」ということばと一緒におなかが満たさ
れる時、赤ちゃんは、「マンマ」ということばを
覚え、体全体で満足します。「マンマ」が心地よ
い体験と一緒にならないと心に届かないように、
養育者が赤ちゃんに笑いかけ語りかけ歌いかけて
もらうことは、子どもたちのことばを成長させま
す。

☆好きな詩を、1つ選んで朗読してみましょう。

くどうなおこ　のはらうた　より

あらよっのとき
　　　　　　　　　こりすすみえ
はずかしがりやの　わたしですが
ときどき　だいたんです
えだからえだへ　とびうつるんです
しっぽひろげて
あらよっといいます
そのあと　また
はずかしがりやの　わたしです

あいさつ
　　　　　　　　へびいちのすけ
さんぽをしながら
ぼくはしっぽによびかける
「おおいげんきかあ」
するとむこうのくさむらから
しっぽがハキハキへんじをする
「げんきぴんぴん！」
ぼくはあんしんして
さんぽをつづける

なつがくる
　　　　　　　　かぶとてつお
ひかるつちのうえ
みどりいろのかぜ
きのしるしはあまく
ぼくはもうおとな
かたいはねひろげ
うすいはねのばし
つのをつきだして
とぶよどこまでも

なかよし
　　　　　　　　　いけしずこ
わたしは　かぜとなかよしです
きょうも　あそびにきてくれました
おみやげは　はなびら　はらり
かぜのくれた　はなびらを
いけに　うかべて　ゆすったら
みずの　わが　ひろがりました
なかよしって　いいな

やるぞ
　　　　　　　　　　　　　　かまきりりゅうじ
ねぼうばかり　してられない　けいかくてきに　ならなくちゃ
それで　まずぼくは　けいかくひょうをつくる　けいかくを　たてた　やるぞー

くどう (2013)

4　ことばをめぐる現代的課題

　2004（平成16）年、日本小児科医会は、テレビ・ビデオ視聴を含むメディア接触の低年齢化・長時間化に警鐘を鳴らしました。メディア漬けの状態が進むと、外遊びの機会が減少し、「ひと」とのかかわりの体験が不足します。そのため、長時間・長期間メディアと接触していた乳幼児の中で、指さしや初語の出現が遅れた症例が各地で指摘され、日本小児科医会や日本小児科学会は、乳幼児のテレビ視聴のコントロールについて提言しています。さらに、日本小児科医会は啓発事業として「スマホに子守りをさせないで」をいうポスターを作成しています[2]。

　子ども、特に赤ちゃんは、新規なもの新しいものに注目します。目まぐるしく変わる画面に、注意を引き付けられるのは無理もないところです。赤ちゃんが集中しているのは、目を離せないからなのです。当然のことながら、テレビやスマホは、その反応に対して何も返してくれません。ことばは赤ちゃんに向けられたものではないのです。

　近年、携帯電話、スマートフォン、インターネットが子育て家庭の中にも進出し、子ども・青年の「ネット依存」が問題視されています。核家族が進む日本において、育児の不安や孤独感も広がっています。「普段、休みの日で家にいる日は、基本的に、この子と二人きり、泣き止まないときにどうにもこうにもいかなかったとき、動画を見せたら静かになった。」「見せれば静かにしてくれる、助かる。」という母親。いまや「スマホ子守」による弊害は、母親の「スマホ依存」の問題だけではなく、スマートフォンから目を離せなくて乳幼児に危険が及ぶという「スマホネグレクト」の問題に発展しています（倉本,2016）。

　乳幼児期からのスマホやパソコンとの長時間接触は、「ひと」とのコミュニケーションの機会を乏しくしてしまいます。ことばは、「ひと」とのかかわりを通して、身に付いていき、その上に、感情が加わり生きたことばが生まれます。生きたことばは、その場に、それを共有する相手がいて、ことばを通して対人関係が成立します。コンピューターはあくまでも道具であり、それを使って何をするかを考える必要があると思われます。子どもの経験に即していえば、自分自身の身体感覚を通した体験を積み重ねること、現実のリアルな体験を豊かにすることが大事です。メディアとの付き合い方を考え、メディアリテラシーを育てていくことが重要だと思われます。

［注］
1　高見亮平先生の4歳児クラスの一年間の実践が第3章3節と第5章に取り上げられ解説されています。引用は、高見亮平の保育実践「自分たちの池をつくろう」（加藤監修・齋藤編著,2016,pp.122−123）と「お話づくりから劇づくりへ」（加藤監修・齋藤編著,2016, pp.136−137）を参照されたい。

2　一般社団法人 日本小児科医会ホームページ「スマホに子守りをさせないで」URL http://jpa.umin.jp/download/update/sumaho.pdf（2017年1月16日閲覧）

3章　子どもとことば

コラム〔2〕　認知発達とことばの機能

　認知というのは、広義には、知覚、注意、記憶、学習、判断、思考などの、人が周りの環境について捉えるための脳機能活動全体を指しています。1歳頃、表象を形成し、それをことばという記号に置き換えることができるようになるにつれ言語獲得が進み、「もの」と「もの」との関係性だけでなく、「こと」と「こと」の因果関係なども理解するようになります。また4歳頃には、相手の心の中の信念を類推したりするようになっていきます。

　認知発達の研究で偉大な功績を残したピアジェは、1歳半頃から7, 8歳頃までの幼児は、前操作的思考段階にありこの時期の思考の特徴は、「自己中心性」であるとしました。「自己中心性」とは、自己と他者の行為や視点を明確に分離できず、自分というひとつの視点から物事を捉えてしまう傾向のことです。ピアジェは、幼児は、相手の立ち位置から見たらそのものがどう見えるのかという他者の視点を類推する課題に、うまく答えられない傾向があるということを実験によって調べ、これを「自己中心性」としたのです（三つ山問題Piaget & Inhelder,1948＝1956）。しかし、その後の様々な研究で、日常的な文脈にそった質問形式にすることによって、3歳半から5歳の子どもでも、相手の視点を考慮し、かなりの割合で正答を示すことが確かめられています。

　ことばの機能には三つあります。①**思考**、②**コミュニケーション**、③**行動調整**の三つです。ことばは、他者とのコミュニケーションを行う道具であり、ことばを介して、会話が成り立ち、お互いの意思疎通を図ったり一緒に遊んだり集団で過ごしたりできるものでもあります。しかし、まず重要なのは、考えるための道具であるということです。

　ことばと思考との関連については、ピアジェ（Piaget, J）とヴィゴツキー（Vygotsky, L. S.,1934）の理論が重要です。ピアジェは、幼児の会話を克明に記録し、ことばを「社会的言語」と集団的独語などの「自己中心的言語」に分けました。幼児が、集団の中にいるのに誰かの応答を期待しないで一人で喋っている様子を見て、これを「自己中心的言語」と呼んだのです。そして、幼児の言語は年齢が進むにつれ、「自己中心的言語」から「社会的言語」に発展するとしました。これに対してヴィゴツキーは、困難な場面に直面すると「自己中心的言語」と言われるものが多く出現することに注目し、独語は、課題の解決を模索するために自分に語りかけているもので、ことばが思考の道具として機能し始めている証拠だと説明しました。さらに、ヴィゴツキーは、音声を伴うことばを**「外言」**と呼び、思考の言語を**「内言」**と呼んで区別し、ピアジェのいう「自己中心的言語」は、形の上では「外言」だが、機能的には「内言」であると指摘しました。晩年のピアジェもこの考え方を受け入れました。これにより、両者の論争は決着をみています。

　また、思考の道具としてのことばは、子どもたちの行動調整（行動を抑制・保留したりコントロールしたりする）の能力を育てていくことにもつながります。物事の原因と結果や予測を理解し、筋道立てて考える力は、行動にも表れていくのです。

4章 子どもとおもちゃ

1 子どもの遊びとおもちゃ

1. 子どもにとっての遊び

　子どもが健やかに成長発達していくためには、乳幼児期の「遊び」はとても重要な役割を果たしています。子どもは、自分にとって安心できる場であると感じると、自ら身近な環境にかかわって遊びを生み出し、主体的、意欲的に人やものと接していきます。乳幼児期の子どもにとっての「遊び」は、学ぶことそのものであり、遊びや生活などの直接的な体験を通して、総合的に発達していきます。

　幼稚園教育要領・保育所保育指針の中の遊びについての記述も、幼児期の生活のほとんどは、遊びによって占められており、子どもの主体性やその過程、子ども同士のかかわりを大切にしながら、遊びを中心とした指導をすることが大切であるとあります。さらに、遊びの環境として、道具や素材、空間や時間、人的環境を考慮することの重要性についても繰り返し述べられています。

　子どもが主体的、意欲的に遊びを楽しむには、遊びの楽しさを共有するおとなや友だちなどの人的環境とともに、その遊びが広がる空間、遊びに没頭できるだけの時間の保障、さらに、発達に適したおもちゃなどの道具や素材などの環境を整えることが必要です。特に、あらゆることにおいて他者の手助けが必要な0歳児は、他者とかかわって得る安心感やそこからつくられる信頼関係が大切になります。周囲のものに関心をもち、目の前のものや手に取れるものを実際に触ったり動かし

たりしながら身近な環境にかかわりながら、偶然に生まれた遊びに驚き、楽しさを感じ、「もう一回やってみよう」と意識的なものへと変化していくのです。そこで大切なのは、その遊びの楽しさを共有する他者の存在です。一緒に遊ぶなかで楽しいことを共有し、情緒的交流を図りながら信頼関係を深めていくのです。

　子どもは急いで育つ必要などありません。急いで育つことを求められて育った子どもは、いつも結果を気にして伸び伸びと成長することができなくなります。しかし、おとなはつい目に見える力（例えば、文字の読み書きができる、知識が豊富）を求めがちです。効果が目に見えてわかりやすいため、一歩先へと成長発達していると思い込み安心するのです。

　子どもが遊びを通して身に付けていく力は、何かができるようになった、たくさんの知識を得たといった目に見えるような力ではなく、自発性や創造性、社会性、自己肯定感などの目には見えない、もっと総合的な力です。そして、こうした力こそ、その後の人生において子どもたちを支える大切な力となります。

2. おもちゃとの出会い

　子どもは人やもの、自然といった社会と関係を持ちながら、自分というものを作りあげていきます。社会との関係をもつためには、自らものに対して働きかけを行う必要があります。乳児期は遊びや生活の中で、手当たり次第、ものを掴み舐めて確かめるというように、ものに自ら働きかけいろいろな感触を感じ多くの感覚を育んでいきます。

遊びを助けたり、深めたりする道具であるおもちゃは、おもちゃの側から関係を求めないもの、つまり、おもちゃそのものが主張しすぎないものを子どもには与えたいものです。子どもが自分からかかわらなくても、動いたり、音が鳴ったり、光が出るような刺激の強いおもちゃは、最初は子どもの気を引きますが、そうした刺激にはすぐに慣れてしまい、遊びも広がらないために子どもはすぐに飽きてしまいます。おもちゃ側の主張が強く、子どもが主体的に遊ぶのではなく、受け身の遊びとなっているからといえます。子どもの創造性や自発性を育むためには、子ども自らが働きかけなければ動かないおもちゃ、つい手に取って触ってみたくなる、動かしてみたくなる、そんなおもちゃです。

子どもがはじめて出会うおもちゃは、おもちゃなら何でもよいということではなく、子どもの発達に合っているものを選択し与えることが望ましいです。永田（2007）は、よいおもちゃの第一の条件として、「子どもが夢中になれること」であるといっています。「おもちゃそのもの」が成長の助けになり、さらに「おもちゃでのあそび」も成長の助けになるという二重の働きがおもちゃにはあるとしています。また、安全で衛生的であること、子どものイメージが広がり、子どもが自分から働きかけようとする意欲を育むようなおもちゃもよいおもちゃの条件の一つです。例えば、赤ちゃんのベビーベッドの上には、わずかな風でも動くような軽い素材のモビールが吊り下げられ子どもが偶然に触れた時に柔らかな感触と優しい音色の鈴がなるようなおもちゃ。こうしたおもちゃは、子どもが自分から働きかけようとする意欲を育みます。乳児のガラガラは口に入れても安全でやわらかな音色と感触のなめらかな木製のものがよいでしょう。素材は、木製のものが全てよく他の素材が悪いというものではありませんが、はじめて出会うおもちゃは、自然の素材を使ったものを与えたいものです。しかし、遊びの種類によってはプラスチックなどの軽い素材が適している場合も考えられるので、子どもの発達を考えな

がら、その遊びに適した素材を選ぶことが必要です。

3. よいおもちゃの条件とは

子どもが健やかに成長発達していくために「遊ぶこと」が重要な役割をもっているとしたら、子どもの遊ぶ環境、子どもが生活する環境と道具はもっと大切にされて欲しいものです。遊びを助けたり、深めたりする道具である「おもちゃ」が、子どもの遊びを邪魔するようでは元も子もありません。

日本に「子どもの遊びと玩具研究会」という会があります。この研究会が翻訳した『良い玩具のAからZ＝遊びと玩具の小事典』では、玩具について次のように書かれています。「遊んでいる子供がいて、はじめて玩具に意味が与えられ、役割が与えられ、そして活きたものになります。どのような活かされ方が表に出てくるかは、玩具より、私たち個人や社会のあり方によっても違ってきます。子供たちは私たちを模範とし、遊びにおいても私たちの間違いを教えてくれます。私たちがどのような模範を与えているかを知るためには、私たちもよくみきわめねばなりません。そのための機会は充分にあります。なぜなら子供たちは6歳になるまで、15000時間も遊んでいるのですから……」（Spiel gut,1980=1980）。

ドイツには「子供の遊びと玩具」審議会（http://www.spielgut.jp/）があります。1950年頃、子どもたちに与えたい良い玩具がない"という母親の素朴な疑問をきっかけに設立されました。当時のドイツのおもちゃは、子ども自身が遊びを考えるより、おもちゃ自体が自動的に動き、子どもが決められたことしかできないというものが多く、その影響が心配されていました。この会は、子どもとその遊びに関する、すべての専門領域の人たちによって構成され、ドイツ国内で入手できるすべてのおもちゃについて研究し、良いおもちゃかどうかの判定を行っています。そして、審査を受け判定を通ったおもちゃには、「spiel gut：シュピール・グート（ドイツ語で良く遊べ）」のシールが貼ら

れます。シュピール・グートを選定する評価基準は13項目にわたってあります。審議会によれば、

評価基準は現在のほうが設立当初よりも以下のようにはるかに高くなっています。

子どもの年齢と発育段階	玩具はある年齢層を対象に作られているため、対象の年齢の子どもの要求を満たすものになっているか。
想像力	玩具は子どもの想像力を刺激するものであって、それを狭めるものであってはならないということ。
周囲の世界の体験	遊びは日々の生活と子どもの印象的な体験を模倣したものなので、玩具は子どもが関心のあるテーマと向かい合う助けになっているか。
遊びのバリエーション（多様性）	いろいろな遊び方ができて、バリエーションや組み合わせができ、子どもが自分自身で工夫できるようなものであるか。
素材と加工	安全性は近年かなり改善されている。
デザイン・形と色	多様な遊び方と想像力の世界に大きな影響を与えるため、過剰な装飾になっていないか。
大きさと重さ	玩具の目的と子どもの年齢にあった大きさと重さになっているか。
数と量	遊ぶ楽しさや達成感が得られる十分な量となっているか。
構造と仕掛け	子ども向けに考えられていて、子どもが理解できる構造と仕掛けになっているか。
耐久性	遊びの目的と使う期間に見合った耐久性があるか。
安全性	玩具で遊んでいる時に危険がないかどうかで、すでにほとんどのヨーロッパ諸国で安全基準が玩具ごとに規定されている。
環境へのアセスメント（エコロジー）	素材そのものの特性、製造・使用・処理の際にどのくらいのエネルギーを必要とし、環境を汚染するかという問題で、つまり環境に優しいかを重視している。また、長期間使用でき、修理可能か、材料を再利用することができるかも審査対象となっている。
価格	玩具が値段に見合ったものかどうか、納得して支払えるかを自分で判断すべき。

ヨーロッパのネフ社やベック社だけでなく、日本の無垢工房やタイのプラントイなど、世界のおもちゃ作家がシュピール・グート認定のおもちゃを作り出しています。

日本においてもおもちゃの安全基準が定められています。一般社団法人日本玩具協会（http://toys.or.jp/）では、日本で販売されるおもちゃの安全性を高めるために、1971（昭和46）年に玩具安全基準（ST基準）を策定し、玩具安全マーク（STマーク）制度を創設しました。このST基準は、物理的・機械的安全性、可燃性安全性、化学的安全性からなっており、第三者検査機関によるST基準適合検査に合格したおもちゃには、STマークが付けられています。14歳までの子どもが遊ぶおもちゃには、必ず配慮しなければならない試験

項目というものがあり、例えば、おもちゃの先端がケガをしない形状になっているか、誤飲の恐れがないような大きさになっているかなどの機械的安全性の検査などがあります。さらに、可燃性の検査では、子どもが身に付けて遊ぶお面や着せ替えドレス、ぬいぐるみなどに燃えやすい素材が使用されていないかどうかについて調べられています。そして、おもちゃの材料に有害な物質が使用されていないかを調べる化学的特性の検査があります。厚生労働省が定める食品衛生法などをもとに、鉛などの重金属の検査、塩化ビニル樹脂でのフタル酸の検査などが行われています。

次節では様々な発達に合わせたおもちゃを紹介していますが、戦後、多くの優れたおもちゃが生まれた背景には、このようなおもちゃへの社会的

認識の向上や、おもちゃの質向上をめざす様々な取り組みがあったと考えられます。

玩具安全STマーク
一般社団法人日本玩具協会提供

4. 保育者と子どもとおもちゃ・その関係

　子どもの活動の中心である遊びは、何かができるようになるといった結果にとらわれるのでなく、子どもの主体性を大切にし、子どもが遊びの中でどれだけ充実感や満足感を得ることができたかという、その過程に目を向けることが重要です。

　保育の場での子どもの遊びは、一人ひとりの子どもの発達にそった生活を見通したものでなければなりません。子どもの興味や関心に関係なく、「今日は○○をします」といった保育者主導の一方的な保育では、子どもはいつも受け身になり、指示がなければ自分では行動ができなくなってしまいます。子どもの主体性を育むためには、子どもが思わず遊びたくなるような、意欲を引き出す魅力的な環境を用意することが大切です。

　このような子どもの発達に合った、子どもが主体的に遊べるおもちゃをただ単に置いておけばよいというものではありません。いくら魅力的なおもちゃがそこに並べられていても、本当の意味でのおもちゃの楽しさは生かされません。なぜなら、子どもは遊びの楽しさを共有するおとなや友だちなどの存在があってこそ豊かになるからです。保育者には、子どもの遊びのモデルとしての役割が必要になります。最初は、保育者がおもちゃを実際に手に取って動かしてみる、音を出して聞かせるなどの助けが大切な役割を果たします。いくらよいおもちゃがそこにあっても、使いこなせなければ元も子もありません。そのおもちゃの楽しさ、おもしろさを伝えるのが保育者の役割のひとつといえます。そして、保育者によっ

てそのおもしろさが引き出されたおもちゃを子ども自身が選び、遊んでいく中で、「こんな遊びかたもあるんだ」という、新たな発見をしながら遊びが膨らんでいくのだと思います。子どもと一緒に遊ぶということは、子どもに何かを教えるということではなく、きっかけをつくることです。子どもが主体的におもちゃにかかわり、試行錯誤を繰り返していく過程の中で、偶然、何かを発見した時や思いどおりにできた時、子どもは急いでおとなの顔を見ることがあります。そこで、「できたね」、「すごいね」という言葉や温かなまなざしを受け、おとなの共感を得られれば、子どもは安心し自信を持って、さらに意欲的に遊びに夢中になることでしょう。

> **演習1**
> 子どもの頃、好きだったおもちゃは何ですか。よく遊んだおもちゃについて、みんなで対話してみましょう。

2　年齢にあったおもちゃ

1. 乳児のおもちゃ

　生まれたばかりの赤ちゃんの視力は私たちが想像する以上に弱いものです。しかし、ぼんやりと明かりを感じる程度の視力も徐々に発達していき、3か月頃からは、20〜30cmほどの距離のものは追視できるようになってきます。ゆっくりと動くものは、自分の視覚で捉えられるようになるので、自然の風で動く軽い素材のモビールが適しています。

　また、生まれたばかりの赤ちゃんにそっと指をさしだすと驚くような力で握ってきます。これは原始反射のひとつである把握反射（3・4か月で消える）というもので、赤ちゃんの意思で握っているのではありません。この時期に、手の動きを刺激してあげることで、触覚・視覚・聴覚などの感覚も育まれていきます。4か月半頃になると、それ

まで無意識に動かしていた手や足もだんだんと自分の意思で動かせるようになります。両手をからませて遊んだり、物をつかんで何でも口に入れて確かめるようになるので、安全で手触りがよく、握る部分が子どもの手に丁度良い大きさで振った時にでる音色のよい木のガラガラなどを手に持たせてあげるとよいでしょう。

ガーゼの布と布のあいだにビニール袋を入れて縫い合わせた手作りおもちゃ（写真1）を4か月の赤ちゃんに持たせてみました。すると、両手でしっかりと握り手を動かしてシャカシャカと音を出していました。写真2は、はじめてリングリィリング〈ネフ社〉を手にした時のものです。まだ、振ったり舐めたりすることはなく、ぎゅっと握った状態のまま、手にしたおもちゃをじっと見つめていました。お母さんがリングリィリングを持ち、カタカタと音を出しながらあやすと、移動するおもちゃをしっかりと目で追います。

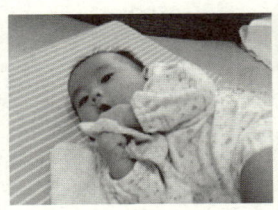 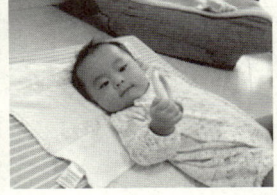

写真1　　　　　　写真2

5か月頃から活発になった手の動きは、次第にしっかりと物を握るようになります。手や指の機能が発達してくると、より手や指を使った遊びの種類も増えていきます。7か月頃には、手に持ったものを持ちかえることができるようになり、9か月頃には小さな物もつまめるようになるので、ポットン落としなどの容器に物をつまんで出し入れするおもちゃを与えると、繰り返し遊びます。

座る、這う、立つ、伝い歩くといった運動機能が発達してくると、身近な人やものへの興味や関心もさらに広がり、探索行動が展開されるように

なります。カラームカデなどの引きおもちゃや、くるまなどの動くおもちゃは、子どもの好奇心を引き出し、自然に運動を促すことができるので、ハイハイの時期の子どもにはぴったりなおもちゃです。ペットボトルの中に水やビーズなどを入れて転がして遊ぶ手づくりおもちゃも子どもが大好きなおもちゃのひとつです。一人で座れるようになると、右手で持った物を左手に持ち替えたり、おもちゃを出したり入れたり、並べたり、重ねたりなど、遊びも広がっていきます。

手づくりのかぶ畑（写真）は、段ボールを重ねて作った畑の穴の中から、かぶを抜いたり、また植えたり（入れたり）して遊ぶおもちゃです。かぶの素材はマジッククロス（マジックテープがくっつく布）を使用し、穴の中にはマジックテープのオスを貼ります。そうすることで、かぶを抜く時に、ベリベリという音とともに、少し力を加えるため、抜いているという感覚も楽しむことができます。

2. 子どもの発達に合わせたおもちゃ

保育所保育指針解説書に記されている子どもの発達過程（8つの区分）に即して、どのようなおもちゃを与えることが、子どものよりよい発達につながるのでしょうか。市販のおもちゃ、手づくりのおもちゃの例を参考に見てみましょう。

〔1〕おおむね6か月未満

　生後4か月までに首がすわり、5か月ぐらいからは目の前のものをつかもうとしたり、手を口に持っていったりするなど手足の動きが活発になります。その後、寝返りできるようになったり、腹ばいにすると胸を反らして顔や肩を上げ、上半身の自由を利かせて遊ぶようになったりするなど、全身の動きが活発になり、自分の意思で体を動かせるようになります。（保育所保育指針解説書　第2章　子どもの発達(1)おおむね6か月未満【著しい発達】より抜粋）

おもちゃ：ガラガラ（ニキ、ティキ、リングリィリング）、モビール、ベビージムなど

手づくりおもちゃ例：しゃかしゃかはんかち

| ニキ
（スイス・ネフ社） | ティキ
（スイス・ネフ社） | リングリィリング
（スイス・ネフ社） | モビール | しゃかしゃかはんかち |

〔2〕おおむね6か月から1歳3か月未満

　様々なものに手を伸ばし、次第に両手にものを持って打ちつけたり叩き合わせたりすることができるようになります。また、握り方も掌全体で握る状態から、すべての指で握る状態、さらに親指が他の指から独立して異なる働きをする状態を経て、親指と人差し指でつまむ動作へと変わっていきます。

　（保育所保育指針解説書　第2章　子どもの発達(2)おおむね6か月から1歳3か月未満【活発な探索活動】より抜粋）

おもちゃ：ドリオ、丸スズ、ジョイ、ジュバなど

手づくりおもちゃ例：

引き出すおもちゃ、かぶ畑

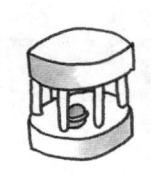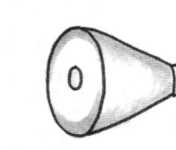

| ドリオ
（スイス・ネフ社） | 丸スズ
（フィンランド・ユシラ社） | ジョイ
（ドイツ・ニック社） | ジュバ
（スイス・ネフ社） |

| 引き出すおもちゃ | かぶ畑 |

〔3〕 おおむね1歳3ヵ月から2歳未満

　一人歩きを繰り返す中で、脚力やバランス力が身に付くとともに、歩くことが安定すると、自由に手を使えるようになり、その機能も発達します。様々なものを手に取り、指先を使いながらつまんだり、拾ったり、引っ張ったり、ものの出し入れや操作を何度も繰り返します。また、絵本をめくったり、クレヨンなどでなぐり描きを楽しみます。

　（保育所保育指針解説書 第2章 子どもの発達(3)おおむね1歳3ヵ月から2歳未満【行動範囲の拡大】より抜粋）

おもちゃ：ノックアウトボール、Jハンマートーイ、Mポストボックス、ディスクキューブなど
手づくりおもちゃ例：ぽっとん落とし

    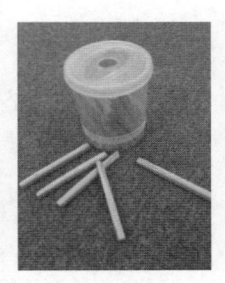

| ノックアウトボール
（スウェーデン・ミッキィ社） | Jハンマートーイ
（フィンランド・ユシラ社） | Mポストボックス
（スウェーデン・ミッキィ社） | ディスクキューブ
（フィンランド・ユシラ社） | ぽっとん落とし |

〔4〕 おおむね2歳

　指先の機能の発達によってできることが増え、食事や衣服の着脱、排泄など、自分の身の回りのことを自分でしようとする意欲が出てきます。

　（保育所保育指針解説書 第2章 子どもの発達(4)おおむね2歳【基本的な運動機能】より抜粋）

おもちゃ：シロフォン付玉の塔、ひも通しポニー、マグネフ、数の木、忍者積み木、どんぐりころころなど
手作りおもちゃ：ひも通し、指人形、ボタンかけなど

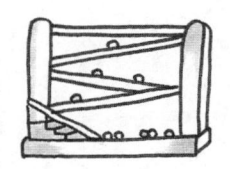  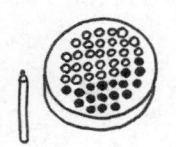 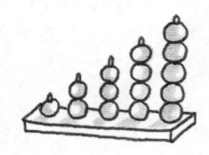

| シロフォン付玉の塔
（ドイツ・ベック社） | ひも通しポニー
（スイス・ネフ社） | マグネフ
（スイス・ネフ社） | 数の木
（ドイツ・デュシマ社） |

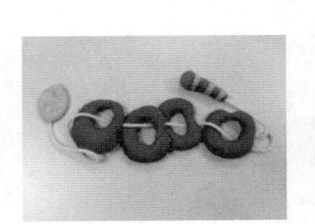   

| ひも通し | 指人形ハウス | 忍者積み木
（無垢工房） | どんぐりころころ
（おもちゃのこまーむ） |

〔5〕 おおむね3歳

　この時期の遊びの多くは場を共有しながらそれぞれが独立して遊ぶ、いわゆる平行遊びですが、平行して遊びながら他の子どもの遊びを模倣したり、道具を仲立ちとして子ども同士でかかわったりする姿もあります。

　（保育所保育指針解説書　第2章　子どもの発達（5）おおむね3歳【友達との関わり】より抜粋）

おもちゃ：ひも通しホワイトボート、積木、レールつき列車セット、簡単な着せ替え人形、人形の家や家具、電話など
　手作りおもちゃ：さかなつり

ひも通しホワイトボード　　　積木　　　　　さかなつり
（ドイツ・デュシマ社）

〔6〕 おおむね4歳

　子ども同士の遊びが豊かに展開していくと、子どもは仲間といることの喜びや楽しさをより感じるようになり、仲間とのつながりが深まっていきます。（中略）自己を十分に発揮することと、他者と協調して生活していくという、人が生きていく上で大切なことを、子どもはこの時期に学び始めるのです。

　（保育所保育指針解説書　第2章　子どもの発達（6）おおむね4歳【自己主張と他者の受容】より抜粋）

おもちゃ：クリックスごっこ遊びに使用する実生活の道具、勝敗を競うゲーム（トランプ、カルタ）
パズル、形を認識し構成を楽しむ積木遊び、ビーズなど
　手作りおもちゃ：おままごと（ハンバーガー）

クリックス　　　　　トランプ
（ベルギー製）

ハンバーガー

〔7〕 おおむね5歳

5歳を過ぎると、物事を対比する能力が育ち、時間や空間などを認識するようになります。また、少し先を見通しながら目的を持った活動を友だちと行うようになり、仲間の存在がますます重要になります。　そして、目的に向かって楽しく活動するためには、それぞれが自分の役割を果たし、決まりを守ることが大切であることを実感していきます。(保育所保育指針解説書　第2章　子どもの発達 (7) おおむね5歳【目的のある集団行動】より抜粋)

おもちゃ：コマ、凧揚げ、お手玉、竹馬、なわとび、大型積木、デュシマスナップなど

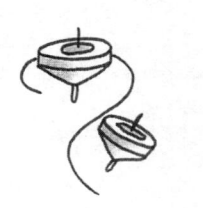
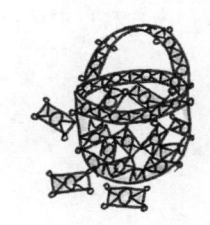

コマ　　　　デュシマスナップ
　　　　　　（ドイツ・デュシマ社）

〔8〕 おおむね6歳

細かな手の動きが一段と進み、自分のイメージしたように描いたり、ダイナミックな表現とともに細やかな製作をするなど、様々な方法で様々な材料や用具を用いて工夫して表現することを楽しみます。(保育所保育指針解説書　第2章　子どもの発達 (8) おおむね6歳【巧みな全身運動】より抜粋)

おもちゃ：あやとり、伝統的玩具（コマ、凧揚げ、けん玉、竹馬、なわとび、お手玉）

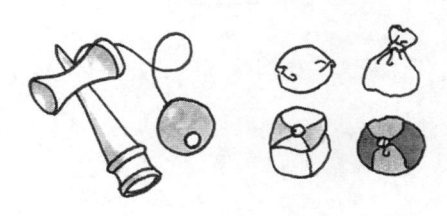

けん玉　　　　　　お手玉

演習2

既製品のおもちゃと手づくりおもちゃのそれぞれの良さについて考えてみましょう。また、感じたことをみんなで話し合ってみましょう。

3. 保育者の手づくりおもちゃ

　手づくりのおもちゃには、その作り手の工夫や思いが込められているため、温かさを感じます。自分の作ったおもちゃを子どもが手にして遊んでいる姿を見て、改善や工夫を重ねよりよいものへとなっていきます。大切なことは、子どもが手にして危険がないように細心の注意をはらうことです。

☆シャカシャカはんかち（難易度★☆☆）

　ガーゼの中にシャカシャカと音の鳴るビニールを入れ、ミシンでしっかりと縫い合わせました。握るとシャカシャカとやさしい音がします。ガーゼなので口に入れても安心で、汚れたら手洗いもできるので衛生的です。

材　料

- 綿100%（ガーゼ）　15cm×15cm　2枚
- ビニール袋　15cm×15cm　1枚
- ミシン

作り方

　工夫してみよう：中に入れるビニールの種類によって感触や音が異なります。いろいろな種類のビニールを使ってみましょう。

1 ガーゼ2枚の上にビニールを重ねる

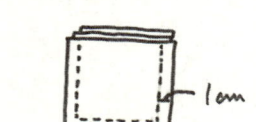

2 縫い代を1cmとりミシンで縫う

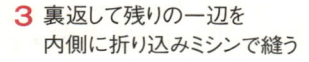

3 裏返して残りの一辺を内側に折り込みミシンで縫う

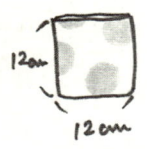

☆かぶ畑（難易度★★★）

　段ボールを重ねて作った畑の穴の中から、かぶを抜いたり、また植えたり（入れたり）して遊ぶおもちゃです。かぶの素材はマジッククロス（マジックテープがくっつく布）を使用し、穴の中にはマジックテープのオスを貼ります。そうすることで、かぶを抜く時に、ベリベリという音とともに、少し力を加えるため、抜いているという感覚も楽しむことができます。

材料

「畑」
● 段ボール　30cm×15cm　10枚　● 画用紙（茶）　4〜5枚程度
● マジックテープ茶色または黒（オス・先がフック上になっているもの）　1cm×1cm　5枚
● 木工用ボンド

「かぶ」
● マジッククロス（トイクロス）白　直径10cm　丸…5枚
● フェルト　黄緑・緑など　18cm×18cm　3枚程度　● ししゅう糸　● 綿

作り方

<畑>

1 段ボールを 30cm×15cm
の大きさに切る（10枚）

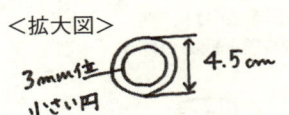

2 1枚目の段ボールに
直径4.5cmの円を5つ切り抜く

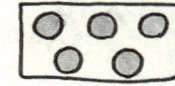

3 2枚目の段ボールに1枚目を重ね
円を鉛筆でなぞり印をつける

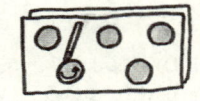

4 印のついた2枚目の段ボールの
円よりも3mm程小さい円を切り抜く

<拡大図>

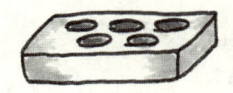

5 同じように8枚目まで
円を徐々に小さくしていく

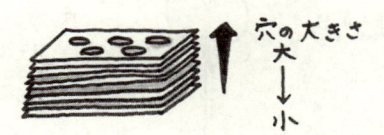

6 底に穴の開いていない
段ボールを2枚置き重ねる
1枚ずつボンドで接着していく

7 茶色の画用紙をボンドで貼りつける

8 仕上げにボンドを水でうすめた
ものをぬり、よく乾かす

9 穴の底にマジックテープ
（オス）を貼りつける

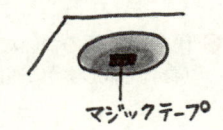

<かぶ>

1 トイクロスを直径10cmの円に切る
縫い代を5mmとりなみ縫いをする

2 糸を引き巾着のようにしぼり
中に綿をつめる

3 フェルト13cm×3cmを
細長く丸め端をしっかりと縫う

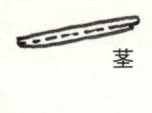

4 葉の形に切ったフェルトに
茎を縫いつける

5 1つのかぶに3枚の葉をつくり
かぶにしっかりと縫いつける
（5つ同じものをつくる）

4章

子どもとおもちゃ

☆お花の妖精メロディちゃん（難易度★★★）

お花の中から妖精のメロディちゃんがこんにちは。棒を上下に動かして人形を出したり引っ込めたり、子どもとのやりとりを楽しみます。活動前の導入などにも幅広く活用できます。

材料

● フェルト　人形の顔・手用　花びら用
● 綿　● 菜箸　1本　● 筒用　厚紙　● 人形の洋服
● 帽子用　布（厚いものは×）
● 髪の毛　● 目・口用　刺繍糸

作り方

1 フェルトや布を形に合わせ切る

2 顔部分のフェルトを図のように
　　縫ってしぼる
　　（中に綿を入れる）

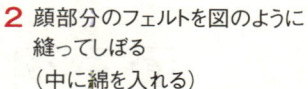

3 顔の中心になるように
　　菜箸を入れ縫いつける
　　（取れないように接着剤などでとめる）

4 身体を図のように縫う（帽子も同じ）

→表にかえす

5 厚紙で図のような筒をつくり
　　フェルトをその上から巻き縫いつける

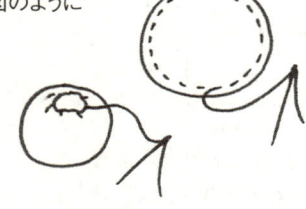

6 筒の中に顔のついた菜箸を通す
　　（身体も同じように通しておく）

7 顔と身体、身体と筒を
　　それぞれ縫い合わせる
　　（手も縫いつける）

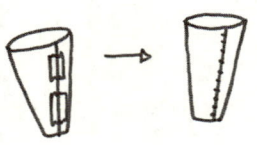

8 目や口、髪の毛を縫いつける
　　（帽子も縫いつける）

9 花びらを1枚ずつ縫いつけていく
　　（5枚つける）

  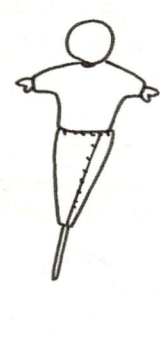

10 できあがり
　　棒を上下に動かして
　　人形を出したり引っこめたり　してみよう

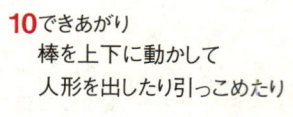

【 型 紙 】

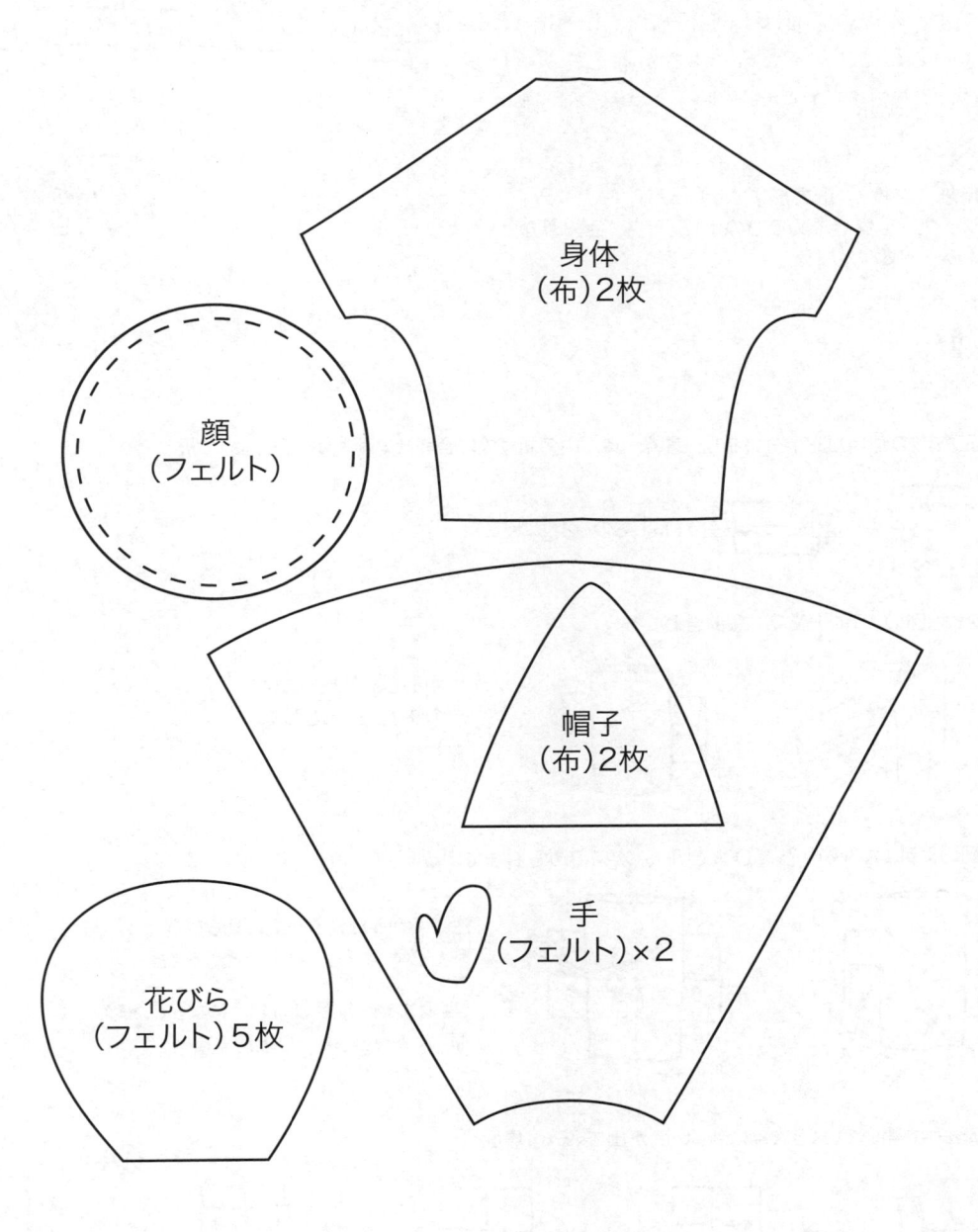

200％でコピーして下さい。

☆4枚のかわり絵（難易度★★☆）

　正方形の画用紙2枚で4場面ができるふしぎな紙工作です。4つの場面は1→2→3→4→1…と繰り返されるので、どんな絵にするか考えてみましょう。（例：自己紹介・コブタ、タヌキ、キツネ、ネコ・四季）

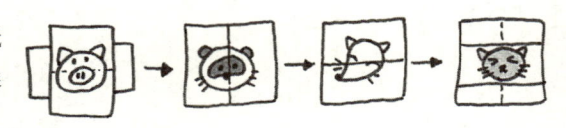

材　料
● 画用紙　2枚　（正方形にする）
● マジック　● 色をぬるもの（マジック・色鉛筆など）
● はさみ　● のり

作り方

1 正方形の画用紙を半分に折り、開く、真ん中の折り線に合わせて両側から図のように折る

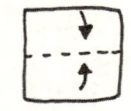 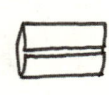　　（ 同じものを2枚つくる ）

2 2枚を図のように十文字に貼り合わせる

 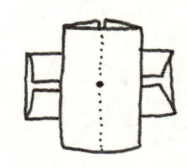　　注：中心を合わせること
　　　　　のりでしっかりと貼る

3 図のように A から中心の C まで切り、次に B から C まで切る

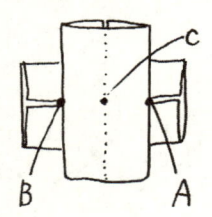 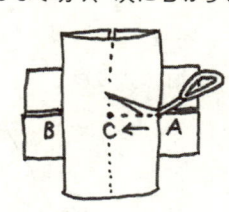

注：A から B まで一気に切らない
　　必ず A→C　B→C と切ること

（裏返すと★の図と同じようになっているので
　同じく A→C　B→C と切る）

4 真ん中を開いていくと次々に新しい面が出てくる*4場面

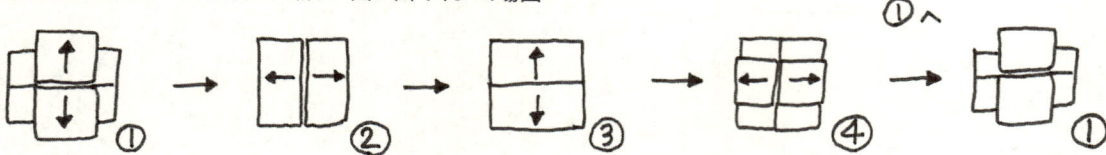

☆手の中からぴょん!(難易度★☆☆)

　手の中に隠しておいた絵カードがゴムの力で「ぴょん!」と勢いよく飛び出します。いろいろな絵カードを作ってみましょう。

材 料

● 厚紙(画用紙…厚めのもの)
● 曲がるストロー　1本　● 輪ゴム　1本
● マジック　　● 色をぬるもの(マジック・色鉛筆など)
● はさみ　　● セロファンテープ

作り方

1 厚紙に好きな絵を描く

 →点線をはさみで切る

2 裏面に曲がるストローの先端を曲げて図のように貼りつける

セロファンテープでしっかりととめる

3 ストローの反対側の先を図のように輪ゴムを折り込みとめる

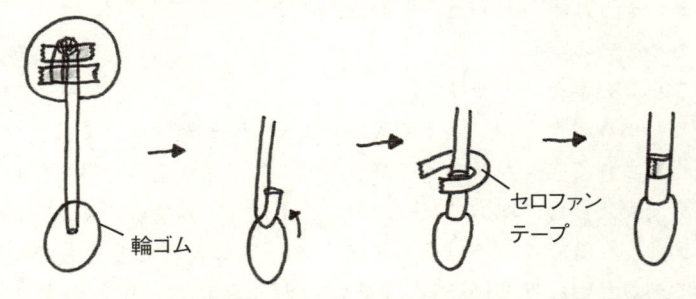

輪ゴム　　セロファンテープ

4 中指に輪ゴムをかけ絵が隠れるまで引き下げ両手ではさむ、力を少しゆるめると絵が飛び出す

工夫してみよう:いろいろな絵カードを作って、クイズや導入の場面など工夫してみましょう。

3　おもちゃのいろいろ

1.　日本の伝統おもちゃ

　日本には時代を越えて愛されているおもちゃがあります。時代を越えてもなお残っているおもちゃとそうでないおもちゃにはどんな違いがあるのでしょうか。子どもの遊びの世界は、ある意味でおとな以上に厳しい面をもっています。いかにおとなが良いと思うおもちゃでも、子どもがおもしろくないと思えば、子どもはそのつまらなさに耐えてまで遊ぶことはしません。当然、自分の気に入ったおもちゃで遊ぶのが子どもです。

　時代を越えて愛されているおもちゃの魅力について加古里子（1978）は3つの要素を挙げています。まず、一つ目に子どもがもっている様々な身体の動きや要求を満足させてくれるということです。成長発達の途上にある子どもの身体は、筋肉や器官を使いこなし、鍛えなければ自分の身体を思うように動かすことができず、萎えたものとなってしまいます。例えば、お手玉では、目は上を見て投げた玉の落下点を予測し、待ち受けて取る的確な手の動きが必要となります。つまり、単純な運動ではないのです。子どもがもっている能力を限度まで発揮しながら過度にはならない、そうした満足感が子どもを虜にするのでしょう。

　二つ目は、多元的なおもしろさが総合されて成り立っているところです。単一の要素で支えられているものではないところに魅力を感じるのです。例えば、その歴史が江戸時代まで遡るといわれているメンコは、自分のメンコを投げることで相手のメンコを裏返して遊びます。しかし、やみくもに投げてもメンコをそう簡単には裏返すことはできません。投げ方を工夫して、風圧や打撃によって裏返った時に喜びを感じるのです。材料や材質、地形、天候、季節、人員など、多元的なおもしろさが総合されているのです。

　三つ目は、子どもがその時その遊びの主人公であるということです。おとなに教え込まれたものではない、子ども自身の自由な発想、自らやりた

いと思う自主性に基づいているということです。

　以上の三つの要素が、時代を越えてまでも愛されているおもちゃの魅力、伝承遊びの魅力です。それでは、次に伝統的な日本のおもちゃをいくつか紹介します。

メンコ

　メンコの歴史は江戸時代まで遡るといわれています。その呼び名は、面子（めんこ）、面模（めんがた）、面形（めんがた）、面打（めんうち）と様々でした。遊び方は、片手に持ったメンコで地面にあるメンコを裏返すというのがメンコ遊びの大半を占めています。子どもたちは、メンコの縁を折り曲げたり、油を塗ったりして知恵を絞りながら遊んでいました。

ビー玉

　明治時代にラムネびんのガラス玉が登場するまでは木の実や銭を使っていたようです。最も一般的な遊び方は、地面に星形や円などの図を描き、それぞれが数個ずつ玉を出し合って図の中にならべます。約3メートル手前の線からビー玉を転がして、円の外にビー玉をはじき出すとビー玉がもらえるという遊びです。

まりつき

　大正時代にゴムまりが普及するまでは、ゼンマイやイモガラを芯にして糸を巻き付けて作られたものだったので、下につくのではなく、宙につきあげるものでした。歌に合わせてまりをつき、例えば、「あんたがたどこさ、肥後さ肥後どこさ・・・」のさのところで、片足をあげてまりをくぐらせたり、背中でキャッチしたり、いろいろな変化をもたせて遊びます。

コマ

　こまは、中国から朝鮮半島を経由し伝来しただけでなく、日本古来のこまの発生・発展があったといわれています。古くは宮廷の儀式用として使用され、古末（こま）、狗（こま）、高麗（こま）とも呼ばれていました。コマの種類は豊富で、有名

なものとして、江戸独楽、饅頭ゴマ、源水ゴマ、ずぐり独楽などがあります。遊び方は、様々な技をする曲芸ゴマやけんかゴマなどがあります。けんかゴマは、じゃんけんをして負けたほうが先にこまを回し、それを目がけてコマをたたきつけます。先にコマが倒れるか回転が止まったほうが負けという遊びです。

ベーゴマ

昔は、バイという巻き貝を半分に切断して、安定するために鉛や粘土をつめて作っていました。ベーゴマはバイの独楽という意味です。元禄時代から、不精独楽（ぶしょうごま）、海贏回し（ばいまわし）といった遊びが行われていました。鉄製のベーゴマが出現したのは、明治の末のことです。遊び方は、トコと呼ばれる台上で競い合います。はじき落とされたり、回転が先に止まると負けです。トコとは、洗面器やバケツにシート地などの厚手の布をかけ、中央を少しくぼませ、紐で結びつけて作ります。

お手玉

小さな袋の中に小石や米、小豆などを入れて遊ぶようになったのは、鎌倉時代のことです。遊び方には大きく分けると、つき玉と投げ玉があります。つき玉とは、二人以上でお手玉うたに合わせて投げて遊びます。おさらい、おてのせ、おはさみ、おつかみなどのとり方があります。投げ玉は、一人で遊びます。お手玉の数は、二つ、三つ、四つと増やしていきます。

けん玉

けん玉は今から二百年以上も前にヨーロッパから日本に伝わってきたといわれています。それらは、カップアンドボールやビルボケットと呼ばれていました。皿で玉を受けるだけのものと、棒の先へ穴をあけた玉をはめたり、何かで作った輪をはめて遊ぶものと二種類あったようです。大正のはじめになって、棒のようなけん玉に鼓状の二面に皿のついたものを十文字に組み合わせた今の

けん玉の形になりました。

おはじき

奈良時代に中国から弾棋（だんき）という遊びが日本に伝わり、おはじき遊びが生まれたといわれています。江戸時代に入り、キサゴという巻き貝の貝殻が使われるようになり、女の子の遊びとして定着していきました。今のようなガラス製のおはじきは、明治時代末にできました。おはじき遊びは、はじいて当ててとるという単純なものですが、ガラスでできたおはじきの透明感やきれいさがさらに女の子たちが夢中になる要素になっていたのかもしれません。

> **演習3**
> 伝統的なおもちゃで実際に遊んでみましょう。それぞれのおもちゃが現代でも愛されているのはなぜか考えてみましょう。おもちゃの魅力について話し合ってみましょう。

2. 身近な素材を使った子どもの手づくりおもちゃ

自分で作ったおもちゃで遊ぶ子どもの表情は、生き生きと満足感に満ちています。自分でイメージしたものを形にする満足感、試行錯誤する中で新しい発想が生まれるおもしろさなど、おもちゃを自分で作って遊ぶという活動は子どもの成長発達にとって重要な意味をもっています。

子どもはそれぞれに自分なりに考え、自らやってみようと様々な素材を使いながらイメージを形にしていきます。その過程で周囲の友だちの作品を見て、その良さに気付きそれを取り入れようとする姿も見受けられます。

子どもは、身近な素材や道具を使用しながら、自分のイメージしたものを試行錯誤しながら作り上げていきます。切りすぎてしまったり、思い通りにいかない経験をしながら徐々に道具の使い方や丁度よい加減を身に付けていくものです。このようにして作ったおもちゃだからこそ、愛着を感じ満足感を得られるのです。身近な素材を使って手軽に作って遊べるおもちゃを紹介します。

☆くるくるヘリコプター（難易度★☆☆）

　投げるとくるくると勢いよく回転しながら落ちていきます。どんな投げ方をしてもよく回るので幅広い年齢で楽しむことができます。

材　料

● 折り紙　半分　　● 丸シール　2枚　　● はさみ

作り方

1 折り紙を半分に切る

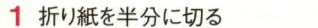

2 そのうちの1枚を使う

 半分に折る  さらに半分に折る

3 広げる　縦に半分に折る

4 図のとおりにはさみで切る

5 図のように折る

6 先端に丸シールを貼る図のように前後に折る

工夫してみよう：折り紙だけでなく、いろいろな種類の紙を使って作って飛ばしてみましょう。どんな回り方をするでしょう。また、大きさを変えて作ってみましょう。

☆新聞紙フリスビー（難易度★☆☆）

新聞紙だけで簡単に作ることができます。

材　料　　　　　　　　**作り方**

● 新聞紙　1枚

1 新聞紙を半分に切る

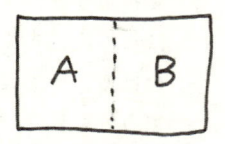

2 Aの新聞紙で細長い棒を作り輪にする

 セロファンテープでとめる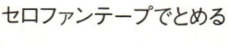

3 Bの新聞紙の中央にAの輪を乗せる

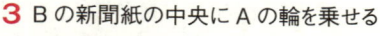

Aの輪をBの新聞紙で包み込むようにし、形を整える

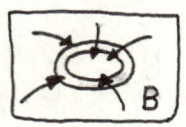   

手首のスナップを使って回転させるように飛ばす

3. 道具・教材の使い方

　手づくりのおもちゃを作るために必要な道具・教材の名称と使い方について紹介します。道具を自由に使いこなすことができるようになれば、ものを作ることがもっと楽しめるようになります。身近なものを使ってものづくりを楽しんでみましょう。

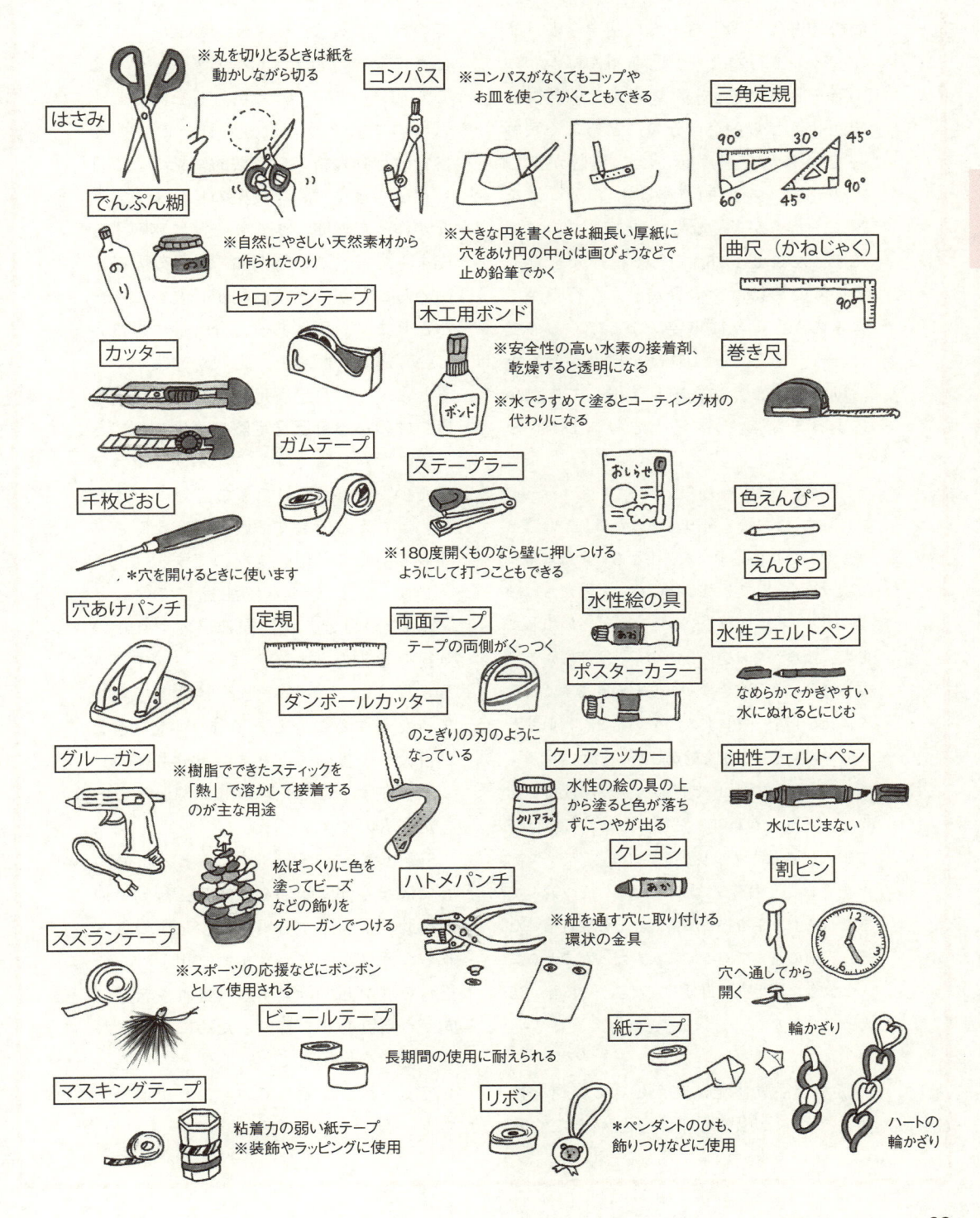

はさみ
※丸を切りとるときは紙を動かしながら切る

コンパス
※コンパスがなくてもコップやお皿を使ってかくこともできる

三角定規

でんぷん糊
※自然にやさしい天然素材から作られたのり

※大きな円を書くときは細長い厚紙に穴をあけ円の中心を画びょうなどで止め鉛筆でかく

曲尺（かねじゃく）

セロファンテープ

カッター

木工用ボンド
※安全性の高い水素の接着剤、乾燥すると透明になる
※水でうすめて塗るとコーティング材の代わりになる

巻き尺

ガムテープ

ステープラー
※180度開くものなら壁に押しつけるようにして打つこともできる

千枚どおし
＊穴を開けるときに使います

色えんぴつ

えんぴつ

穴あけパンチ

定規

両面テープ
テープの両側がくっつく

水性絵の具

水性フェルトペン
なめらかでかきやすい水にぬれるとにじむ

ポスターカラー

ダンボールカッター
のこぎりの刃のようになっている

クリアラッカー
水性の絵の具の上から塗ると色が落ちずにつやが出る

油性フェルトペン
水ににじまない

グルーガン
※樹脂でできたスティックを「熱」で溶かして接着するのが主な用途

クレヨン

割ピン
穴へ通してから開く

松ぼっくりに色を塗ってビーズなどの飾りをグルーガンでつける

ハトメパンチ
※紐を通す穴に取り付ける環状の金具

スズランテープ
※スポーツの応援などにボンボンとして使用される

ビニールテープ
長期間の使用に耐えられる

紙テープ

輪かざり

マスキングテープ
粘着力の弱い紙テープ
※装飾やラッピングに使用

リボン
＊ペンダントのひも、飾りつけなどに使用

ハートの輪かざり

4章

子どもとおもちゃ

69

コラム〔3〕　自己の育ちと自己肯定感

　ケーラーという心理学者が3歳から5歳の幼児に「○○ちゃんは歯をみがけます」という行為と「○○ちゃんはかわいい顔をしています」という身体的特徴を聞かせ、どちらが自分のことをよく表わしているかを選ばせると、年齢が進むにつれて、身体的特徴よりも、行為を選ぶ子どもが多くなると指摘しています（Keller, A. et al.,1978）。誇れる自分を育てていくためには、自分がどんな行為ができるのかが徐々に重要になってくるのでしょう。そして、これは、自分がどんな活動をどのように経験し蓄積してきたかによっても違いがあると思われます。

＊「三つ編みデキタヨ」

　けいちゃんは、「あのね、あのね」とおしゃべりが好きなのですが、苦手なものには近寄ってこない4歳児でした。秋になって友だちに触発されて、「わたしもやりたい」と言い出しました。後ろからけいちゃんの手とすずらんテープを持ってあげて、ゆっくりわかりやすく言葉を添え、指を一緒に動かしていくと、けいちゃんも一緒になって指を動かし始めます。

　そのうち、ひとりでしゃべりながら指を動かし、とうとう最初から10センチくらい自分で編んできました。「デキタヨー」「ジブンデヤッター」と大喜び。「やったね。三つ編みできたねー」と手を握って共感。その翌日描いた絵は、前の月までぐるぐるがきだったのが、なんと大きな頭足人の自分と友だちがいる絵に変わっていたのでした。（筆者記録）

　豊かな活動体験に支えられて自信を獲得していく幼児は、「おもちゃをたくさん持っている」などの何かの所有者としての自己ではなく、「三つ編みができるようになった自分」「スリッパをそろえてトイレからでてくる自分」を誇らしく思うのでしょう。自分が作ったものや自分の行動の結果を客観的に見つめる目も育ってきます。年長児のリレーやおとなが作った泥団子づくりなどに感嘆する姿をみても、この時期に、自己効力感を高めることができる活動が必要なことがわかります。価値ある自分へ近づきたいという思いが膨らみ、自我が充実してくると、単なる自己満足ではなく**「事実の裏づけのある自己肯定感」**が生まれてきます。だからこそ「あんなふうにやってみたい」「もっとすてきな自分になりたい」と思える機会や活動の場をたくさん作っていくことが必要なのです。

　しかし、行為のみに注目していると「できない自分」が前面に出てやりたい気持ちを押し殺してしまったり、「できるかできないか」で他者を判断してしまったりすることがあります。「できない自分」の裏に「なりたい自分」（憧れ）が存在することを理解して関わっていきたいものです。

　5歳児クラスになってくると、自分中心ではなく仲間関係を意識し、行動で仲間を助けようとする場面も少しずつみられるようになっていきます。相手の心の揺れを理解して行動する**「憧れや希望に向かう自制心」**を育てるためにも、まわりの他者を信頼して、安心感・安定感のもてる生活を保障していくことが重要です。

5章 子どもと遊び

1 変化する遊びと身体

1. 子どもの遊びの劇的変化

1980（昭和55）年を境に、子どもの遊びや生活に劇的な変化が起こります。それ以前から進行していた、遊びに必要な「空間」「時間」「仲間」という3つの「間」の急激な減少と合わせて、情報機器の発達により、新しい「空間」「時間」「仲間」のありようが様々な問題を含みながら広がっています。

ここでは、遊び環境の主な変化について考えてみます。

(1) 自由に遊べる空間の減少

1960年代から70年代の高度成長期、その後のバブル期の著しい開発により、子どもたちが自由に使えた林や森、広場や野原、空き地が無くなりました。車が町に溢れ、家の周りの路地にも入り込んでくるようになり、遊び場の一つだった路地からも子どもたちは追い出されることになりました。

開発の波と車社会の到来による影響は都会も地方も変わりません。自然に囲まれているように見える地方でも、子どもたちが自由に遊びまわれる空間が制約され、「都会の子どもよりも田舎の子どもの方が歩かない」と嘆かれるほど、「車移動」があたり前になってしまいました。

不審者対策ということで公園の死角ができる植え込みや遊具が取り払われ、見通しは良くなったもののかくれんぼや缶けりはできなくなりました。公園で遊んでいたら「子どもの声がうるさい」と通報があった」とパトカーが来て「静かに遊んで下さい」と言われることも珍しくありません。例えばこんなことがありました。

> ある子ども会が公園で遊んでいたところ、警察官から「近所から苦情があったので静かに遊んで下さい」と言われ、「しゃべったら鬼になる」というルールの「サイレント鬼ごっこ」を工夫しました。

子どもたちの柔軟な発想力は素晴らしいですが、子どもたちが群れて遊ぶことが許されない風潮が広がっていることは残念なことです。

「ボールあそび禁止」「大声禁止」「自転車禁止」「ローラースケート禁止」…などの「禁止看板」が目立つ公園では、遊ぶ子の姿も見られません。鬼ごっこをしていたら、「走り回るとぶつかって危ないからやめなさい」と注意されたこともありました。砂場は猫よけのために柵が張り巡らされ、「小学生は遊んではいけません」の看板が貼られています。

都市開発以上に子どもの遊び空間を制約しているものはおとなたちの「子どもの遊び」に対しての理解・寛容の欠如かもしれません。

(2) 競争主義社会の中で「暇な時間」を奪われる

「受験戦争」と言われるほど、進学競争の激しかった1970年代までの教育が、たくさんの「落ちこぼれ」や「登校拒否」「自殺」「いじめ」「校内暴力」などの否定的減少を続発させた反省の上に1980年代になるといわゆる「ゆとり教育」が推進されることになりました。学校五日制の導入

や、教科書のページ数の削減、教育内容の精選、総合教育の推進などを軸に「自ら考えて行動する人材」の育成をめざしたものでしたが、折しもバブルが崩壊し、先行きが見えない社会の中で、「ゆとり教育」という名とは裏腹にそれまで以上に受験競争が激化することになったのです。

ペーパーテストの得点だけでなく、「部活で頑張ったら」「生徒会の役員になれば」「ボランティアをすれば」内申の行動評価が良くなる、推薦を取りやすくなるという思いが親にも子にも膨れ上がりました。「学校のメガネにあう」ことが一番でそこから外れる子には「未来はない」と思わせるほどの圧力で子どもたちの全生活が「学校ナイズ」されていきました。

目に見えて「評価される」活動が子どもの地域生活の中でも主軸を占めるようになりました。草野球やボール遊びに代わって、野球やサッカー、バレーボールやバドミントンなどのスポーツクラブに放課後や土日の時間の多くを取られるようになりました。ピアノ、バレエ、ダンス、スイミングスクールなどが盛況になり、「何をならっているか」が友だちづきあいを左右するほどになっていきました。

放課後、町中で夕暮れまで群れて遊ぶ子どもたちの姿も、のんびりしたり、ぼーっとしたり、「ひまだな〜なにしようかな〜」と考えるような時間も失くなっていきました。

「月曜日は塾、火曜日はスイミング、金曜日はそろばんとピアノ、土日はスポーツクラブ、水曜日と木曜日は空いているけど、Aちゃんは水曜日に習い事があるから木曜日しか遊べないし、Bちゃんは水曜日が大丈夫だから水曜に遊ぶ」

なんとも涙ぐましい努力です。友だちと遊ぶためには誰がどのような日課を送っているのかを把握しなければなりません。「今度の水曜日に遊ぼうね」と約束しても、買い物や歯医者などがそういう日に割り込んできて果たされないこともしばしばです。

子ども同士の誘いあいも必然的に「あそぼう」という呼びかけではなく、「あそべる？」とお伺いをたてる聞き方に変わっていきました。それも、多くの場合、即答はありません。「お母さんに聞いてから」という応えが返ってきます。細かくスケジュール化された生活の中で、「自分が遊びたいから遊ぶ」という主張が影を潜め、恐る恐る親に「遊びに行ってもいい？」と聞かなければならなくなったのです。

ひまな時間（子どもの時間）そのものの減少と同時に、ひまなはずの時間すら管理下に置かれ、自由にならない状況を見ておかなければなりません。

（3）遊び仲間がますます少なく

子どもたちの生活が今よりも忙しくなかった時代、電話などの情報機器がまだ「子どものもの」でなかった時代、子どもたちは「あそぼう」と呼びかけて仲間を募り、群れるように「いつもの」遊び場に集まって様々な「仲間遊び」を展開していました。

壊れた自転車のリムや太い針金で作った輪を使ったわっぱ回し、空き缶のぽっくり、竹馬、コマ、ベーゴマ、けん玉、めんこ、ビー玉、おはじき、パンツのゴムを使ってのゴム段やゴム跳び、住宅の復興が進む中であちこちに落ちていた「釘」も遊び道具として活躍、釘を地面に投げ刺して刺さったところを線で結んで陣を広げ合う「釘さし」をはじめ、どこいき、まるおに、ケンパ、どんじゃんけん、くつとり、十字オニなど、舗装されていない土の地面に気軽に釘で線を描いて遊びました。

どろけいや戦前からあったと言われる水雷艦長、Sケンやひまわりなどの陣取り遊び、めちゃぶつけや天下、大学落としなどのボール遊び、野球中継が盛んになったことを受け、三角ベース、ごろベース、キックベース、手打ち野球など、ボール1個あれば大勢で遊べる遊びも流行りました。

現代日本の子どもたちの遊び生活はどうなっているでしょう。

2011（平成23）年の「さわやか福祉財団」によ

る「子どもの主体的な遊びにより人間力を高めるための調査研究事業報告書」によると、遊び仲間の数は、3〜5人と答えた子が48.1％と一番多く、次いで、2人が23.5％（女子では30.8％）という結果でした。

遊び場も公園の26％に対して、自宅・友人宅が43％と半数近くになっています。遊びのトップは「携帯型ゲーム」の41.0％でテレビゲームなどの電子ゲームと合わせると実に6割に達し、鬼ごっこ　27.1％、サッカー22.1％などの外遊びを大きく引き離しています。

ごく少数の友だちと、屋外よりも家の中で、体を動かす遊びよりも電子ゲームで遊んでいる現代の子どもたちの姿がデータからも浮かび上がってきます。

（4）向かい合いの子育てが縮んでいく

伝承的なわらべ歌遊びや子守唄が歌われなくなり、テレビの「お母さんといっしょ」（NHK）やポンキッキーズ（フジテレビ）から流される音楽や

体操がそれに変わるようになりました。幼い子どもたちは、テレビに映し出されるお兄さん、お姉さんに向かって体を動かし、声をあげ、親はその後ろ姿をビデオで撮影する光景があちこちの家庭で見られるようになりました。

ベビーカー、バギー、自転車の幼児いすでの移動が当たり前になり、手をつないでおしゃべりをしたり、歌いながら歩くことも、道端に咲く小さな花や虫たちを見つけてしゃがみこんでいっしょに観察したり、草花遊びや虫遊びをするような姿を見かけることも少なくなっていきました。

小学生以上の子ども集団が町から姿を消したことで、「みそっかす」でルールの適用を外してもらい、いっしょに遊ぶ中で遊び文化を受け継いでいくこともなくなりました。

遊びが衰退し始めた40年前の子どもたちは、すでに祖父母の代になり、その子たちが親となって、現在の子どもたちを育てています。現場の教師や保育者たちももはや「遊びを知らない子どもたち」世代で占められ、多忙な生活の中で、ゆっ

5章 子どもと遊び

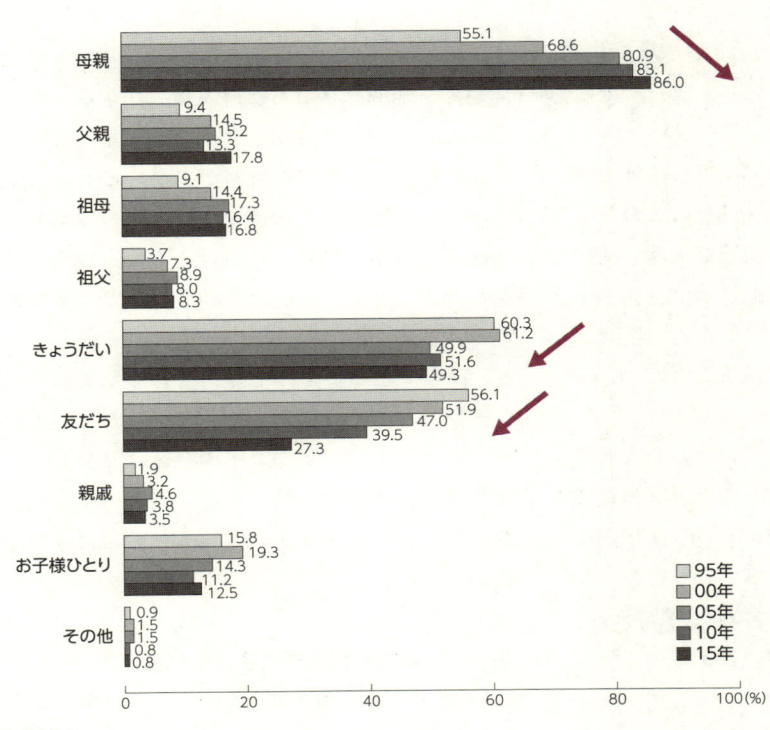

図5-1　「平日、幼稚園・保育園以外で一緒に遊ぶ相手（経年比較）」（出典）ベネッセ教育総合研究所（2016,p.29）　※矢印は筆者

注）複数回答。

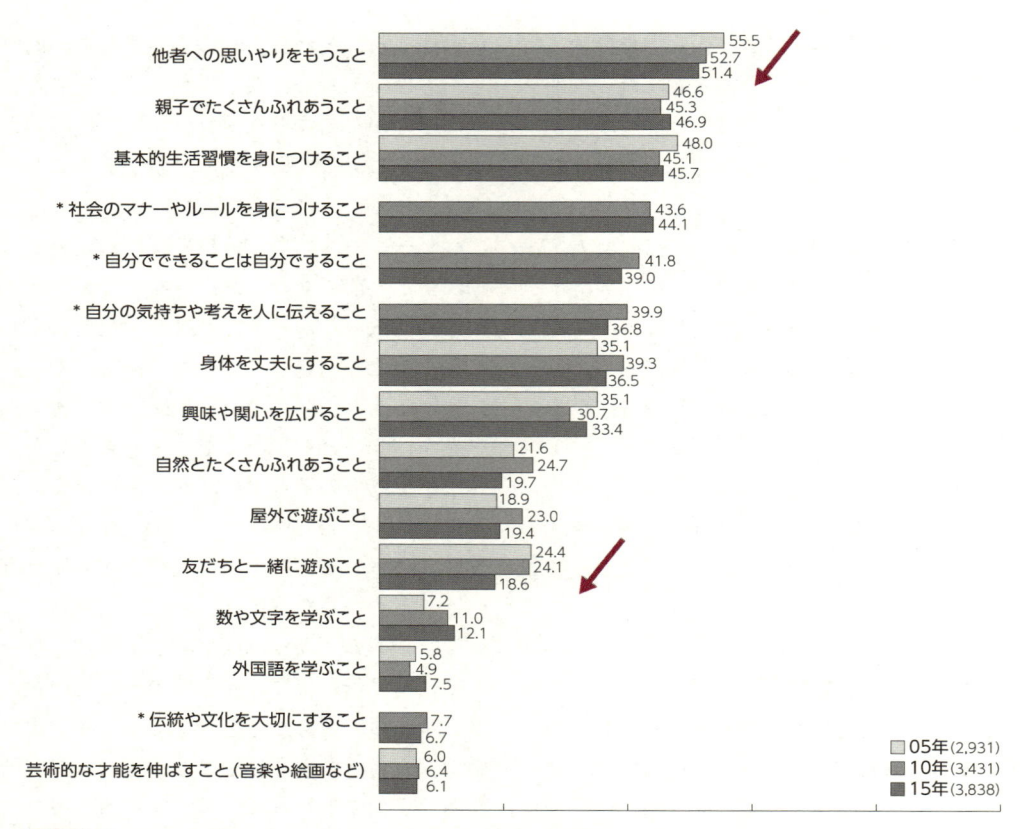

図5-2　「子育てで力を入れていること（経年比較）」（ベネッセ教育総合研究所研究所,2016,p.41）
　　　　　＊は2010年以降の調査項目　　※矢印は筆者

(5) 友だちよりも母親

　ベネッセ教育総合研究所が5年ごとに行っている「幼児の生活アンケート」調査によれば、「平日、幼児が幼稚園・保育園以外で一緒に遊ぶ相手」は、この20年間で「母親」が55.1%から86%と9割近くにまで増え、逆に「友だち」は、56.1%から27.3%へと半減していることがわかりました。

　それと並行するように、「子育てで力を入れていること」という項目では「友だちと一緒に遊ぶこと」と答えた人が2005年〜2015年の10年間で24.4%から18.6%に減少しています。

　その他の項目での調査結果も含め次のような幼児の生活の姿が浮かびあがっています。

　・長い時間を幼稚園・保育園で過ごし、さらに、5〜6歳児では、7割〜8割の子が習い事をしていて、地域で友だちと遊ぶ機会が少なくなり、結果として母親と遊ぶ子どもたちが増えている。

　・友だちと共有する時間が少ないことは、遊びの内容にも影響し、公園でのブランコや滑り台、室内での積木、ブロック遊び、人形遊びやごっこ遊びなど、1人もしくは、ごく数人での遊びが増えることになる。

　・親も少ない時間の中で、子どもとのコミュニケーションづくりの努力をしているが、他の親や子どもたちとの関係作りへの意欲は減少し、若い世代ほど、子育ての情報を身の回りの生身の人間関係からよりもインターネットに頼るようになっている。

(6) ゲーム機器の発達と子どもの遊び

　1983（昭和58）年のファミコンの登場により、子どもたちはテレビの前に釘づけになりました。

表5-3 よくする遊び（経年比較）（%）

	95 年	00 年	05 年	10 年	15 年
公園の遊具（すべりだい、ブランコなど）を使った遊び	66.0	68.4	76.1	78.1	80.0
つみ木、ブロック	55.0	55.5	63.1	68.0	68.4
人形遊び、ままごとなどのごっこ遊び	51.2	53.5	56.9	56.6	60.5
絵やマンガを描く	45.0	43.6	57.5	53.5	50.4
ミニカー、プラモデルなど、おもちゃを使った遊び	39.5	43.8	45.5	46.1	49.8
砂場などでのどろんこ遊び	49.5	52.0	57.6	53.6	47.7
ボールを使った遊び（サッカーや野球など）	35.0	33.2	46.8	46.9	46.2
自転車、一輪車、三輪車などを使った遊び	46.3	51.5	53.9	49.5	45.7
マンガや本（絵本）を読む	30.4	28.1	44.9	44.5	43.8
石ころや木の枝など自然のものを使った遊び	26.2	33.8	37.6	40.2	40.3
ジグソーパズル	21.9	17.9	28.8	32.9	33.0
おにごっこ、缶けりなどの遊び	13.9	13.6	20.9	23.0	27.7
カードゲームやトランプなどを使った遊び	19.4	17.8	26.2	25.6	27.7
なわとび、ゴムとび	14.1	12.6	19.3	21.1	20.5
＊携帯ゲーム				17.8	18.1
テレビゲーム	24.2	20.2	15.1	17.0	10.5
その他	7.2	9.2	13.2	10.1	9.6

（出典）ベネッセ教育総合研究所（2016,p.30）　2016年　※○印は筆者
注）複数回答　＊は2010年以降の項目

5章 子どもと遊び

1990年代になると、ゲームボーイやプレイステーションポータブルなどが発売され、ゲーム機は子どもの両手の平に収まるほど小型化しました。もはやテレビや大きなモニターは必要なく、いつでもどこでもポケットの中から取り出せばすぐに遊び始められるようになりました。

　21世紀に入り、こうした動きはますます顕著になっていきます。二次元だったゲームのキャラクターは3Dとなってリアル感を格段にアップさせました。通信機能も搭載され、それまでゲーム機対自分だった遊びがゲーム機を通してネットワークにつながっている友だちと同じバーチャル空間で遊べるようになり、さらにインターネットへの接続が容易になると世界中の誰とでもゲーム空間の中でコミュニケーションしながら遊ぶことができるようになったのです。

　2016（平成28）年に世界中で配信されたスマホ用ゲームソフト、ポケモンGOは、GPS（11章参照）を活用し実際の街中でポケモンをゲットするというリアル世界とバーチャル世界を一体化し、一大社会現象となりました。

　ハンディなパーソナルコンピュータであるスマホ（スマートフォン）は、通信機能が充実するとともに、あらゆる家電をリンクし、コントロールすることができるようになり、搭載される「人工知能」プログラムは人間の会話や行動を「判断」し、即座に適切な答えや機能を紹介してくれるようになりました。便利なモノである「スマホで遊ぶ」からあたかも人格を持っているかのように「スマホと遊ぶ」時代に入っているのです。

　電車やバスの中でぐずったりしないようにベビーカーに乗せた子にスマホで遊ばせているママの視線もやはりスマホに釘付けになっているという姿をしばしば見かけます。3歳にもなる頃には、写真をめくったり、簡単なアプリケーションを指先一つでコントロールできるようになりま

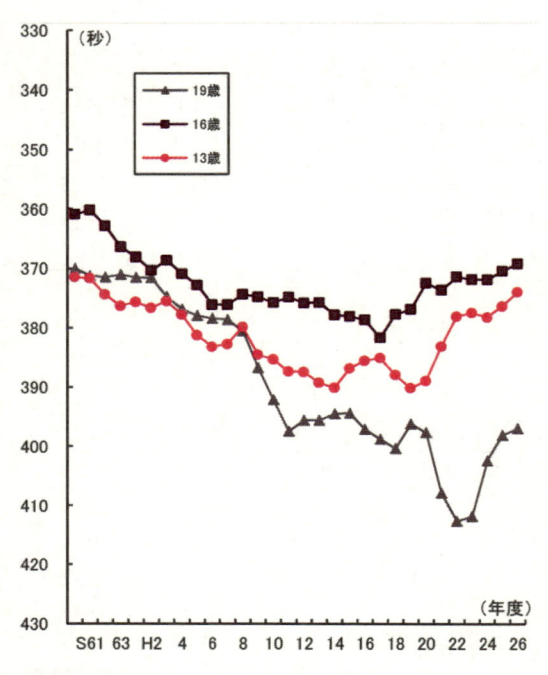

図5-4 持久走 (1500m) の年次推移 (男子)
（出典）文部科学省 (2015)

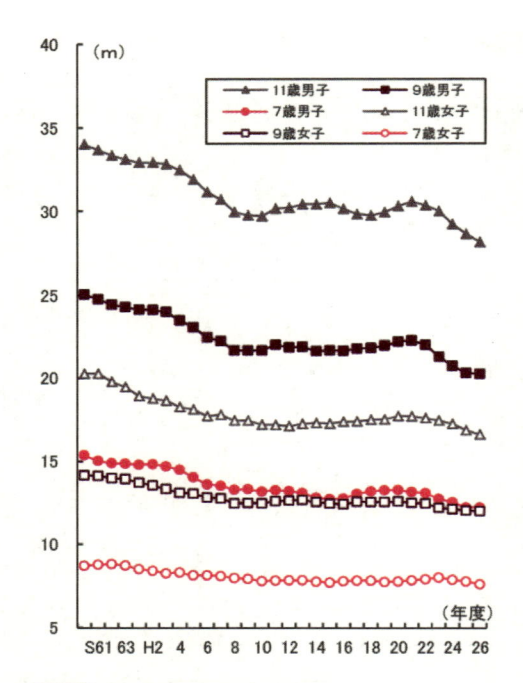

図5-5 ソフトボール投げの年次推移 (同上)
（出典）文部科学省 (2015)

す。物心つくかつかないかの頃から、バーチャルでの「遊び」に心を奪われるようになってしまう「スマホネイティブ」（野田,2016）の子どもたちの育ちはどうなっていくのでしょうか。

　パーソナルでバーチャルでありながら広大な空間を生きる子どもたちの世界を同世代に生きる者として理解しながら、1個の生命体である生身の人間の成長・発達に必要な遊びとは何かを考え、子どもたちの現実空間に魅力的に再構築していくという困難だけれどもすばらしい課題に私たちは取り組んでいかなければなりません。

2. 遊び不足が発達を歪めている

(1) 体力・運動能力の低下

　遊びをめぐる環境（空間・時間・仲間・文化）の大きな変化は、特に屋外での全身を使った遊びや自然と触れ合う遊び、多くの仲間と作り出していく遊びを衰退させました。その結果、「体力」、「運動能力」、「コミュニケーション力」の低下が指摘されるだけでなく、日常生活における「落着き」、「集中力」、「自律神経」などの心の安定への危惧や、「学力」への影響も取りざたされるようになりました。

　文部科学省の「体力・運動能力調査」（平成26年度、2014年）では、中学生男子の50m走・ハンドボール投げ、高校生男子の50m走を除いた各種目（握力・ソフトボール投げ・1500m持久走・立ち幅跳び）とも30年前の1985（昭和60）年当時の子どもたちよりも低い水準が継続していることがわかります。

　ファミコン誕生の年に生まれた子が中学生になる頃には、実に8割〜9割の子がテレビゲームで遊ぶようになりました。（**図5-6**参照）それに反比例するように家の中で遊ぶ子が増えていきました（**図5-7**参照）。

　1980（昭和55）年を境に都市部、郊外にかかわらず全国的に体力・運動能力が大きく低下した原因の重要な因子が電子ゲームの爆発的な普及にあることは間違いないでしょう。その結果、ファミコン以前と以後の子ども世代の遊び文化が断絶

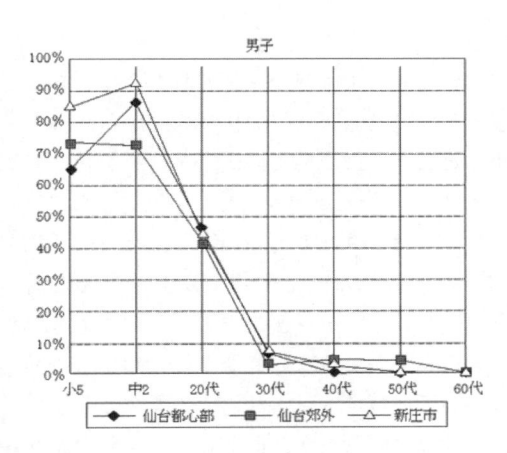
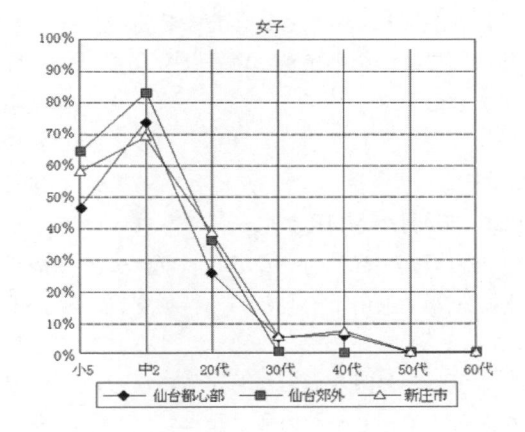

図5-6 テレビ（パソコン）ゲームで遊ぶ（環境庁,1996）

児童期の遊び場所

仙台 都心部

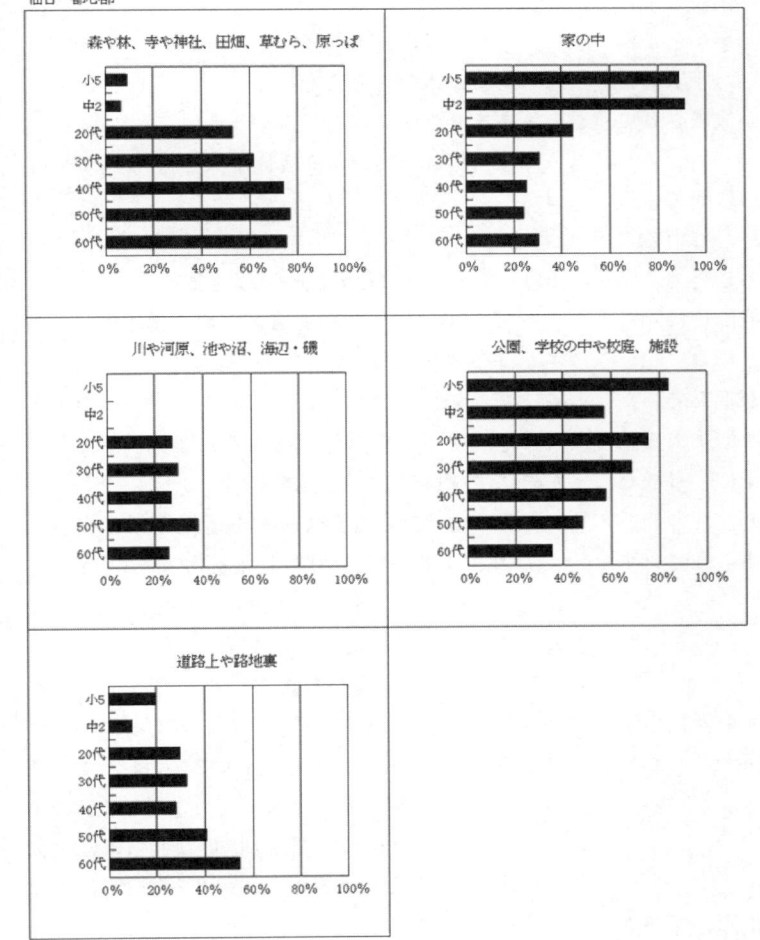

（資料）環境庁調べ

図5-7 （出典）児童期の遊び場所（環境庁,1996）

し、外遊びの体験が著しく減少し、体育や特定の
スポーツ活動以外では体を動かさない子どもたち
が増えていきました。

(2) 子どもロコモ

　2014（平成26）年4月のNHKクローズアップ現
代は、「子どもの体に異変あり～広がる"ロコモ
ティブシンドローム"予備軍～」という特集を放
映しました。

　治療にあたっているお医者さんたちが気になる
症例を挙げながら、子どもたちの体に起きている
ことが、高齢になり、骨や筋肉、関節の衰えに
よる運動の障害であるロコモティブシンドロー
ム（運動器症候群）に類似していることを指摘して
いました。番組の中では、ひとつの事例として、
「足と膝を揃えてしゃがもうとするとかかとが浮
いたり、後ろに倒れる。（下半身が固い）」「手首が
十分に反り返らない」などの具体例が放映されて
いました。

　原因として、運動習慣や生活習慣の変化で、全
身を柔軟かつ多様に動かす体験が不足しているこ
とと合わせて、特定のスポーツに偏ることで、多
様性を失してしまい、結果として機能障害に陥る
可能性があると指摘されていました。

　幼児期からのスポーツクラブ加入が進んでいた
り、小学生からの部活も広がっていたりする中
で、特定の運動だけに体作りを頼らずに、多様な
運動、活動を包括的に含んでいる外遊び、仲間遊
びが活発になるような働きかけが求められていま
す。

(3) 現場での「気付き」から

　「子どもロコモ」は、子どもの病気や怪我の診
察・治療にあたっている小児科のお医者さんたち
の「最近なにか変？」という「気付き」から明ら
かになってきました。

　1960年代の高度成長期以降、地域環境、生活
環境が大きく変わる中で、学校や幼稚園、保育園
などの現場の先生たちから「子どものようすが
ちょっとおかしい」という様々な「気付き」が出

されていました。

　日本体育大学の正木健雄や野井真吾らは、様々
な現場で感じた事例を元に1970年代から「子ど
ものからだと心」についての調査・研究を続けて
きています（正木ほか,2011）。

　それによれば、すでに、40年以上前から、「朝
からバタンと倒れる」、「すぐ転ぶ」、「転んだ時
に手をつけない」、「ケンケンやスキップができな
い」、「土踏まずができない」などの「おかしさ」
がどの現場にも数多く見られ、その原因として全
身を使った遊びの衰退が指摘されていました。

　最近の調査では、
　・絶えず何かをいじっている子
　・朝、なかなか起きられない子
　・夜、なかなか眠れない子
　・うつ的傾向がある子
　・あまり水分をとらない子
　・あまりトイレに行かない子
　などが気になる子の割合が大きくなっていま
す。

(4) バーチャルコミュニティの光と影

　いまや小学校低学年でもスマホや携帯電話を持
ち、家族や友だちとのやりとりをメールやLINE
などで行っています。高学年から中学生になると
インターネットの検索はもちろん、動画サイトで
好きな番組を見たり、SNS（ソーシャルネットワー
クサービス）でプライベートな情報発信と交流を
したり、グループでのおしゃべり（チャット）を
楽しんだりなど、おとなが思っている以上に様々
なアプリを使い、遊んでいます。

　「平成27年度　青少年のインターネット利用環
境実態調査」（内閣府）によれば、小学生の6割が
インターネットを利用し、4人に1人はスマート
フォンでネットにアクセスしています。1日のイ
ンターネットを利用時間が1時間以上の子は全体
の6割、2時間以上のヘビーユーザーも3割にのぼ
ります（内閣府,2016）。

　現実空間での遊びや友だちとのコミュニケー
ションが通塾や習い事などで多忙化し、制約され

るのに反比例してバーチャルな空間でのゲームやコミュニケーションが爆発的に広がっていきました。

いつでも友だちとつながっていると感じられる「安心」は、思春期に向かう子どもたちにとっては大切なものです。

けれども、バーチャルな空間でのつきあいは、文字から得られる情報から相手の気持ちを推測し、相手を傷つけないように常に気を配りながらのコミュニケーションにならざるを得ません。

「空気を読む」がコミュニケーションにとって重要な価値となり、「KY（空気を読めない）」と思われ、コミュニティから外されることの不安が、立場の強い子の意見や態度に敏感に「合わせる」行為となり、いつしかそれはコミュニティ内での序列として固定化し、現実の学校や地域での生活の中にも入り込み、スクールカーストと呼ばれる階層を形成していく危うさを含んでいます。

リアルのつきあいでは、同じ時間に同じ場所で複数のコミュニティに同時に参加してコミュニケーションすることは難しいですが、バーチャルな空間ではいともたやすくこなすことができます。多様なコミュニティを行き来できることは自分の存在価値を高めるようにも感じて、嬉しかったり、楽しかったりするのですが、同時に自分では気付かないようなちょっとしたやりとりのつまずきから、一瞬であらゆるコミュニティから自分が外され「全否定」される事態に突き落とされてしまうことも起こります。

「おしゃべり」という暇つぶし、会話を楽しむという遊びが人間関係をゆたかにするのではなく、極めて窮屈で危ういものになりかねないことを感じながらも、「スマホを取り上げられたら友だちがいなくなる」「生きていけない」と思わせるほど、バーチャルなコミュニティにかけている子どもたち。

「子ども世界」におとなのテクノロジーが無制限に入り込み、それが「楽しい」ゆえに子どもの遊び心を激しく刺激し、未分化な子どもたちが必要以上のバーチャルなコミュニティを形成し、そ

こでのコミュニケーションに生きづらささえ感じていることに私たちはもっと注目し、「子どもの健康で文化的な成長を保証する」立場から対策を考えていく必要があります。

子どもはもともとファンタジーやイメージの世界に浸って、その世界のキャラクターになり切って遊ぶことが好きです。リアル感があるクオリティーの高いゲーム世界の虜になり、夢中になりやすいのは必然です。

鬼ごっこのような伝承的な遊びも、サッカーのようなスポーツも、あるルールの中で、自分の役を夢中にこなすことを楽しむ行為と考えれば、電子ゲームの世界も子どもたちにとっては同質なものなのかもしれません。電子ゲームのストーリーや手法も、実際の遊びの要素を巧みに取り入れたり、ヒーローやヒロインのようにかっこよくなりたい遊び心を巧みに捉えているものが少なくありません。

大勢で集まって遊ぶ楽しさや、人間同士の巧みなやりとりのおもろさを実感できる機会を失わされた子どもたちにとって、バーチャルの広大で壮大な空間の中での遊びの興奮・喜びは、それを補って余りあるものになっています。

しかし、そこには、「ゲーム依存」「ネット依存」というやっかいな落とし穴が口を開けてはまり込んでくる子どもたちを待ち受けていることにも親や保育者、なによりも子どもたち自身が注意しなければなりません。

総務省の情報通信白書（平成26年版）では、10代の子の55.2%がネット依存の傾向があり、13.1%がネット依存傾向が高いという結果が示されています。

2013（平成25）年8月の厚生労働省研究班の調査では、中高生の約52万人が「インターネット依存」となり、睡眠や学業に悪い影響を与えていることが報じられました。ネット依存治療の専門部門をもつ独立行政法人国立病院機構久里浜病院によれば、20歳以上でネット依存の疑いがあるものは実に270万人にのぼるという推計が示されています。

現実の遊びやコミュニケーションでは、「また今度ね」と別れ、目の前から相手がいなくなれば終了しますが、ネットゲームやSNSには、終わりがありません、四六時中いつでも遊ぶことができ、いつでもチャットすることができます。その分、いつ切ったらいいのかが分からなくなったり、切ってしまうことに不安を感じるようになる傾向が強まっていくのです。

（5）様々な努力が

子どもの遊び不足が子どもの心身の危機に結びついていることがますます明らかになり、社会問題となっている中、様々な関係者の努力が行われています。

文部科学省では、2012（平成24）年に「幼児期の運動指針」を発表し、「多様な動きが経験できるように様々な遊びを取り入れる」「楽しく体を動かす時間を確保する」「発達の特性に応じた遊びを提供する」ことを提案し、ガイドブックやパンフレットを作製し普及を図っています。

身体を動かす遊びをすることで、体力や運動能力が鍛えられるだけでなく、朝からボーっとしている子の目覚めを促し、生活リズムの改善や授業への集中力が増すことが考えられると、「始業前外遊び」に取り組む学校も増えています。

午前中の20分休みや昼休みに先生もいっしょに校庭に出て遊ぶという実践をされている学校もあります。

保育園や幼稚園でも登園直後に、「じゃれつきあそび」（正木・井上・野尻,2004）を行うことで、その後の課業に落ち着いて移行できることを期待して取り組む園も増えてきました。さらには、指導者を招いての「運動遊びの時間」を設定する園もあります。

そうした実践からも学びながら、より本質的な取り組みにすることで、子どもの遊びの実生活を豊かにする責務が保育者・教育者・親たちにあります。

地域でも冒険あそび場[1]やプレーパークのように、できるかぎり規制を取りはらい、泥んこ遊びや木登り、水遊び、火遊びなど、子どもが自分の力でやれることは何でもできるよう配慮されたスペースを住民の力で作りだす取り組みが全国で広がっています。

「遊ぶこと」をメインにした、「遊び会」が学生やボランティア団体、NPOらによって各地で定期的に行われ、子どもの遊び文化をゆたかにしようと頑張っています。

全国の児童館や学童保育、放課後教室などの児童福祉施設でも、必ずしも十分な施設環境がないなかでも様々な工夫で子どもたちの「遊び心」に火をつけています。

地域に子どもの異年齢集団を育てることを目的に活動している団体「少年少女センター」では、子どもの生活圏を単位に、公園や校庭開放を利用して「遊び会」を行いながら、遊びの主催者になれるリーダーを育てています。NPO東京少年少女センター[2]では、毎年11月3日に代々木公園で「あそび万博 in TOKYO」を多くの団体、学生たちと共同で開催し、3000人を超える親子に、外遊び、仲間遊びの楽しさを伝え、遊び文化を広げるきっかけをつくっています（2016年は明星大学、川口短期大学、東洋大学などの学生たちが遊びのブースを展開しました）。

子ども会や少年団などの遊び活動を中心とする子ども組織では、子どもたちといっしょに生活を楽しんだり、遊んでくれるボランティアを募集しています。各地に広がりつつあるプレーパークや冒険あそび場でも、「プレーリーダー」と呼ばれるスタッフを募っています。

学生時代にこうした地域での遊び活動にかかわることは、保育者や教師になってからの実践を豊かなものにする力になります。「遊びを知らない子どもたち」世代であることの自覚を持って、子どもの遊びについてしっかりと学び、子どもと遊びながら遊び文化の継承者、伝承者となって子どもたちから憧れられ、まねられる存在になっていくことが求められているのです。

2　遊びとは何か

> 遊びをせんとや生れけむ
> 戯れせんとや生れけん
> 遊ぶ子供の声きけば
> 我が身さえこそ動がるれ

これは、平安時代の末期（1180年頃）に後白河法皇によって編集された梁塵秘抄に載せられた歌です[3]。

「人間は遊ぶために生まれてきたのだろうか、戯れるために生まれてきたのだろうか、けれども子どもの声を聞くと、おとなの自分でさえ心も体もワクワクし、動き出したい気持ちになる。」

私訳ですが、そんな思いを誰もが感じるのではないでしょうか？

古くより、「遊びとは何か」というのは大きなテーマでした。親から「遊んでばかりいないで、勉強しなさい」と言われたり、保育や幼児教育の分野でも「遊び」と「課業」とのかかわり、それぞれの位置づけは常に実践上のテーマです。

この節では、「遊び」についての先人の考えに触れながら、子どもにとって、人間にとっての遊びの意味を考えてみたいと思います。

1. 人間は、「遊ぶ者」である

ヨハン・ホイジンガ（Johan Huizinga 1872〜1945 オランダ）は、「ホモ・ルーデンス」ということばを使って人間の本質を解き明かそうとしました。「ホモ・サピエンス」（知識をもつ者）ということばはよく聞くと思います。それと並ぶように、ホモ・ファベル（作る者）という表現があり、さらにホイジンガが言うホモ・ルーデンス（遊ぶ者）が並びます。ホイジンガ（Huizinga,1938=1973）は、遊びそのもの意味を次のように考えました。

・遊びは文化よりも古く、より根源的なもの

・人を夢中にさせる力の中にこそ遊びの本質がある。

・自然は、人間に遊びを、緊張、歓び、おもしろさと言うものを持った遊びを与えてくれた。

・遊びのおもしろさは、どんな分析も論理的解釈も受け付けず、それ以上根源的な概念に還元できない。

・人類の共同生活の原型的行動には、すべて最初から遊びが織り交ぜられ、それが言語、神話。祭儀の発展のベースとなっている。

・遊びは絶対的に自立した活動であり、それ自体の中に道徳的規範はなく、美徳とか善悪とかの評価は含まれない。

ホイジンガは、遊びの「効能」を説くのではなく、「そもそも遊びとは何か」を根源的に捉えようとしました。ともすると私たちは無意識に遊びを効能で分類し、良い―悪いの尺度で子どもたちの遊びを誘導しようとしたり禁止したりしています。

では、「しっぺ・でこぴん・ばばちょっぷ」や「ふじさん」「ぞうきん」「うめぼし」のように「痛み」を与えたり、与えられたりすること、それを我慢して耐えることを楽しむような遊びは、どう捉えたらいいのでしょうか。

並べたり積み上げたりした積木や遊具を思い切り倒したり、蹴散らかしたりして、大きな音とともに散乱するのを喜ぶこともごく普通に見られる子どもたちの姿です。

ともすると、相手に痛みを与えたり、時には傷つけたり、ものを破壊したりするような「遊び」はおとなや保育者の目からは「遊び」と見なされず、「悪い行い」となり、そのような行為を繰り返す子は「問題のある子」という評価をしてしまいがちです。

けれども、ホイジンガの言うように、遊びの中に道徳的規範はなく、ただただ「面白そう」という動機と、「面白くて夢中になる」ものだと理解

してみると、子どもにとっては、おとなに許容される適切な行為としての遊びも、許容され難い不適切な行為としての遊びも、実は同じ遊び行動の表れであって、特定の規範で単純に切り分けることができないことが理解できます。ある遊び行動が、良いものになるのか、悪いものになるのかは、お互いの関係や、集団や社会の文化によって変化していきます。おとな視点での「安心、安全」や「自己の責任」が強く言われる現代においては、子どもの遊び行動におとなたちの著しい介入が起こる可能性も高まっています。その子にとってその遊び行動がどういう意味を持ち、その子がかかわる子ども集団や遊び環境にどのような影響をもたらしていくのかを洞察し、子ども視点の指導をしていくことが求められます。

2. ファンタジーとめまいの感覚

　ロジェ・カイヨワ（Caillos,R. 1913～1978　フランス）は、「遊びと人間」という著作の中で、「遊び」という行為の性格をていねいに分析、類型化しています。

　カイヨワ（Caillos,1958=1990）は、「遊びたい人だけが、遊びたいと思う場合だけ、遊びたいと思う間だけ遊ぶ」のが遊びとした上で、遊び活動を次のように定義しました。

　(1) 自由な活動
　(2) 分離した活動
　(3) 不確定の活動
　(4) 非生産的な活動
　(5) ルールのある活動
　(6) 虚構的活動

「分離した活動」というのは、遊び以外の生活とは切り離された活動で、遊びのルールの範囲内で工夫され創造される独立した活動ということです。

　乳幼児期から児童期では、遊び行動とそれ以外の行動とは密接に結びついていて、明確に区分できないことも多いですが、後述するカイヨワの分類は、子どもの行動を理解する一つの指針となります。

　カイヨワは、遊びを2つの視点で分類・分析しています。一つは、遊びの内容と性格による「基本的カテゴリー」(A)と遊びの中で示される人間の行動特性による分類(B)です。

(A)　基本的カテゴリー

・アゴーン（Agon—ギリシア語・競争的遊び）
　→スポーツや「厳密な意味での競争的遊び」

・アレア（Alea—ラテン語・運・不運の遊び）サイコロやじゃんけんなど「偶然」に左右される遊び

・ミミクリー（Mimicry—英語・虚構の遊び）ごっこ遊び、ものまね、変装、演技

・イリンクス（Ilinx—ギリシア語・めまいの遊び）ブランコ、ぐるぐる回る、滑る、大声、飛び降り、急な動き

(B)　騒ぎからルールへ

・パイディア（Paidia—ギリシア語）→即興と陽気という原初的能力。興奮、狂騒、喧噪、衝動、挑発、破壊、転覆、苦痛、恐怖など、感情を直接に刺激するような遊び方を指します。

・ルドゥス（Ludus—ラテン語）→故意に作り出し、勝手に定めた困難を解決すること楽しむような遊び方です。技の練習、用具の扱いの習得、感覚の修練、知識獲得など、自分が決めた課題や困難を乗り越えたいという思いを実現することを何よりの喜びとします。競技性の強い対抗的・集団的な遊びでも、誰かと戦うこと以上に、自身のスキルを磨くことに精力を注ぎます。

　こうしたカイヨワの説で遊びを分類すると**図5-8**のようになります。

　現代の子どもの遊びに沿って、詳しく見てみましょう。

・アゴーン（競争的遊び）

　かけっこやお相撲遊び、ボール遊びやなわとび・ゴム跳び遊びなど、子どもたちに限らず、競い合い、勝敗をつける遊びは誰もが大好きな遊びの一つです。遊びを通してスキルを磨き、より精

	イリンクス（めまい）	アレア（偶然）	ミミクリー（虚構）	アゴーン（競争）
	←──────────────────────────────→ ←──────────────────────────────→			

パイディア（喧噪） ↑↓ ↑↓ ↑↓ ↑↓ ↑↓ ↑↓ ↑↓ ↑↓ ↑↓ ↑↓ ↑↓ ↑↓ ↑↓ **ルドゥス（競技）**	ブランコ 回転遊具 グルグル回り じゃれつき遊び 木登り 跳び下り 一輪車・竹馬 スラックライン ボルダリング スキー・スノボ	ジャンケン遊び あみだくじ オニ決め歌 カゴメカゴメ ジャンケン陣取り すごろく 迷路	ごっこ遊び わらべ歌 ドラマ遊び 演劇 RPGゲーム	追いかけごっこ 取っ組み合い 鬼ごっこ かくれんぼ 陣取り遊び ボール遊び コマ・けん玉 なわとび・ゴムとび リレー スポーツ 囲碁・将棋・オセロ

図5-8 カイヨワの遊びの分類（マトリクス表）横軸：基本的カテゴリー　縦軸：行動特性による分類を参考に筆者が作成
Caillos（1958=1990）

度の高い技術で競い合い、勝利の喜びに酔いしれたり、敗北の悔し涙を流したりしながら、精神的・情緒的にもより高まっていく遊びです。

　将棋やチェス、囲碁やオセロ、マンカラ、カードゲーム、電子ゲームなども、知恵を競い合うことに楽しさを感じるという意味で、アゴーンの遊びです。

・アレア（運・不運の遊び）

　じゃんけんやあみだくじ、サイコロを使った遊びは、遊戯者の技術や意思と関係なく勝敗が決まります。思い通りにならない偶然性を楽しむ遊びです。

　オニ決めや順番決めを公平に行うために「じゃんけん」や「くじ」がよく使われます。

　ドンじゃんけん、人工衛星、グリコ、あっち向けホイ、でしでしじゃんけん、じゃんけんパッチンなど、年齢に関係なく、誰もが楽しめる遊びをアレアは提供してくれます。

・ミミクリー（虚構の遊び）

　「虚構の遊び」と言ういい方はピンとこないかもしれません。ごっこ遊びのように自分のイメー

ジの世界で遊び、その世界の中では別のものにもなれるファンタジーの遊びがミミクリーです。

　「まねっこ（模倣）」は、子どもの発達の原動力です。生まれたばかりの赤ちゃんでも、まねっこ（新生児模倣）をします。胎児期に主体的に「模倣」しようとする準備がされていることも知られています（小西,2003）。

　赤ちゃんや子どもは、自らの意思で、周りのおとなたちやきょうだいたちの行動をまねて言語や文化を獲得していきます。

　自我が確立し始める年少くらいから盛んになる、ままごと、動物ごっこ、ヒーロー・ヒロインごっこなどの遊びでは、役になりきることによって、様々な自我を演出し、現実以上に価値のある自分やふだんではできないような甘えや感情を表現して自分を満足させたり、周囲の反応の中で確かめたりします。

　時には、一人でいくつもの役割を演じたり、現実の自分と、何かになりきった自分とを行き来しながら物語を演じていくこともあります。

　「なりきる」と言うのは、単なる「まねごと」や役者のように「演じる」ことではなく、まさにそのものと一体化することです。何くれとなく世

話をしてくれ、安心感を与えてくれるお母さんやお父さんになり切って、人形や友だちの世話をしたり、無心に甘える赤ちゃんや動物になり切って愛情を得ようとしたり、時には、お化けや妖怪になってみんなを怖がらせたり、様々な憧れの衝動が「ごっこ」の原点に見て取れます。

自分と他者との間を行き来したり、自らが創りだした想像の世界で遊ぶミミクリーは、遊びを通して、自我を強化し、創造性を培っていきますが、子どもによっては、現実の自分と想像上の自分との混同や逆転が起こることも留意しておくことが必要です。

バーチャルリアリティの発達は、現実にはあり得ないような世界、世界観を強力に五感に訴えることで、簡単に脳内に提供してくれます。立体感があり、まるで自分がその世界にいるかのような感覚を作りだす3D技術、自分の全身の動きがバーチャルの世界とそこでのキャラクターと一体となって動かせる快感、さらには、頭で考えるだけでも動きを作りだせるシステム、まるで人間のように反応するAI（人工知能）を持ったロボットやバーチャルキャラクターとの「コミュニケーション」など、リアルとイメージの世界がボーダーになる現代においては、幼少期にそうした技術が与える影響に十分に配慮しなければなりません。

・イリンクス（めまいの遊び）

赤ちゃんに「高い高い」をして、ふっと力を抜いて落としたり、身体を抱えてユラユラと揺らしたり、最初はちょっとびっくりしたような表情になっても、すぐに笑顔になってケラケラと笑い、「もういっかい」という期待の表情で見つめてきます。

2〜3歳になると、腕や足を持ったり、身体を抱えてグルグル回してもらうのを喜々として喜びます。

まるで酔っぱらいのように、頭を振りながら自分でグルグル回りをしたり、でんぐり返しをしたり、山にしたマットの上からゴロゴロと転がり下

りる幼児たち。活発に動けるようになるにつれて、イリンクスの遊びは、より激しくなっていきます。

高いところに登って下を見下ろした時のぞくっとする感じ、思い切って飛び降りる時のスリル感や落下感、滑り台や土手滑りの爽快感は、たまらないものがあります。

3、4歳になり、上手に走れるようになった子は、ともかく走りまわるのが大好き、ホールや園庭で、保育者がちょっと追いかけてあげると、グルグル回って逃げ回り、やがて輪になって、どっちが追いかけてるのかわからない状態に。そんな時、急に向きを変えて後ろからくる子を「つかまえるぞ！」という仕草でとびかかろうとすると「きゃー！」という悲鳴のような歓声を上げて慌てて向きを変えて走り出します。右回り、左回りと何度も飽きずに繰り返すことを喜ぶのです。

目が回るほど走りまわる、急に向きを変える、その瞬間のみんなの混乱、そのすべてが「おもしろい」のです。追われる、追う、入れ替わる、その感覚を楽しみきることで、「鬼ごっこ」のようなルールのある遊びもみんなで楽しめるようになっていくのです。

公園に多く設置されているブランコ、滑り台、鉄棒、アスレチックなどの遊具は、イリンクスの遊びを刺激するものといえます。有名なテーマパークの巨大遊具もまた、イリンクスの感覚とミミクリーの感覚を刺激し続けることで人気を保っているのだと思います。

3.「大騒ぎ」こそ原点

カイヨワのもう一つの分析が、パイディアからルドゥスという分類です。

パイディアは、規則やルールに縛られるのではなく、あらゆる刺激に対し、興奮状態に陥ることを楽しむことです。

幼児は、「キー」「キャー」と耳をつんざくような金切り声をあげて走りまわるのが好きです。一人がおもしろがってはじめると、次々と周りの子も奇声をあげ、鼓膜が破れるのではと思うほどた

いへんな喧噪状態になります。親や保育者が「やめなさい！」と言っても、興奮状態にある子どもたちは、おとなの注意をする声の大きさに負けまいとさらに大きい声をあげたりもします。その瞬間、「周りへの迷惑」とか「おとなしく」と言う規範やルールはまるっきり通用せず、ただただ喧噪の中ではしゃぎまわることに喜びを感じているのです。

　ホイジンガの言うように、そもそも遊びには道徳的規範はありません。カイヨワの「パイディア」の状態から抜けることのできない子どもたちの姿を私たちはしばしば目にすることになります。

　内出血するまでに「つねりっこ遊び」をしてしまう小学生。「腕パンチ」や「太ももキック」で痛さ我慢を競う中学生、学校での会話やLINEのグループで特定の子を「いじり」続けたり、無視し続けたり、悪口を言い続けたりすることをおもしろがる子どもたち。おとなから見ると「暴力」や「いじめ」に見えることが、子どもたち同士の中では、「遊び」と捉えられ、その価値観のあまりの差に絶句してしまうことも現場では少なくありません。「遊んでいるだけだよ」「楽しんでるんだから」と反論してくる子どもたちにとっては「遊び」でもターゲットにされた子どもにとっては「遊び」ではないという矛盾の中での「いじめ」指導の難しさは、遊びのもつこうした性質にあるのではないかと思います。

　最近では、「遊び友だち」と思っていた子に殺されてしまうという事件も起きています。遊びは人間の行動にとって、より根源的なものであり、幼いほどパイディアのような原初的遊びが主たる活動となるのですから、ここにしっかりかかわることを通して、遊びや行動の文化性を高め、非人間的な関係を取捨して、より人間的な関係の中での遊びこそ楽しいと感じられるような子ども集団や子ども社会を育み、一人ひとりの子どもたちの成長・発達を促していくことが求められています。

4. チャレンジすることの喜び

　パイディアと対極にある遊びの概念が、ルドゥスです。ルールに則り、技を鍛えたり、感覚を研ぎ澄ましてより高い課題にチャレンジし、乗り越えることに快感を得るような遊びです。

　コマやけん玉、竹馬や一輪車、ボール遊びやなわとびなどの遊びに夢中になってひたすら練習をし、できない技ができるようになることをなによりの喜びと感じられる遊びです。

　課題に真剣に向かい合うことで、遊具や道具、技術についての知識を獲得し、使い方を習熟していきます。「考えて遊び」「遊んで考える」ことを、遊びの瞬間瞬間にも、数か月・数年といった長い期間にも繰り返していくことで、身体能力とともに思考力、知力を向上させていくことが期待できます。

　ここで注意したいことは、ルドゥスの遊びでは、誰かに「勝つ」ことを目的にしているのではなく、自発的に自分で決めた「それを乗り越えたいという事実が、それを解決したという内的満足以外のいかなる利点も持たないような困難」（カイヨワ）に自ら挑戦していく楽しさだということです。

　園や学校、地域で多様に行われている子どもたちの遊びやスポーツ、文化活動の中では、ともすると大会や試合などで「勝つこと」が目的となり、そこに向かって一体感を形成することを強いる指導や、子ども集団の空気が生じることは珍しくありません。

　自分で決めた目標を乗り越えることが遊びの本質なのですから、そこで必要なのは、その努力を「励まし」、「支え」、乗り越えたことを「認め」、「讃える」ことが最もたいせつです。目先の勝敗にこだわり、失敗を責めたり、必要以上に勝敗にこだわる（こだわらせる）ことは、本来の遊びやその延長線上にあるスポーツ・文化活動をゆがめ、子どもの成長・発達や、人間形成をもゆがめかねないものとして注意しなければなりません。

5. 発達段階と遊び

　最近の脳科学、精神科学の発達は目覚ましく、生まれる前の胎児期から赤ちゃんは積極的に自分から行動していることが知られるようになってきました。生後の遊びを中心とする行動の準備をすでにお母さんのおなかの中で繰り返し行っているのです。

　お母さんの胎内にいるうちに赤ちゃんは、触覚と聴覚を発達させ、指しゃぶりのような行動をとったり、音に対して身体を動かすような反応を見せたりします。

　味やにおいを感じる器官も、生まれるまでにはできあがり、生まれた瞬間以降、口に入れるものや鼻に漂ってくるものを通して、その違いを判別したり、理解したりできるようになっていきます。味覚は、苦かったり、辛かったり、酸っぱかったりというように飲み込むのは「危ない」ものを敏感に感じ取り、自分を守るのに必要な感覚です。冷たい、暖かいなどの温度も合わせて感じとっています。

　手や腕、足を舐めたり、口の中にいれて「自分の体」を感じたり、様々なものを口や舌で舐めてみて、材質の違い、感触の違い、味の違いを確かめたり、起きている間は休みなく手足を動かしながら偶然に触れるもので遊ぼうとします。

　おなかの中ではつむったままだった目は、出生後すぐに開き、周囲の明かりを受け止めようとします。見ているものに焦点を合わせたり、それが何かを判別するのには多くの時間を要しますが、明暗や目の前で動くもの、はっきりした形には、積極的に反応しようとします。

　まだ自分の意思があるのかわからないような小さい赤ちゃんや子どもたちにも自発的な遊び行動があり、それらを通して周囲とかかわり、積極的に物事を理解し、人間関係を築こうとする力が備わっていることに驚きを感じます（小西,2003）。

　子どもたちは、生まれる前から物心がつくまでのわずか、2、3年の間に成長に合わせて、自発的な「遊び行動」を繰り返し、周囲のおとなたちや子どもたちとのかかわりを広げながらながら、脳、神経、身体、表現、言語、コミュニケーションなど人間としての基本的要素を急激に発達させていきます。

　その様子を概括してみましょう。

幼児前期（0歳から3歳くらい）

　手に触れたり、身体に触れるものに興味を示して、触ったり、口に持って行ったりする（反射的遊び）。

　「笑顔」や「喃語」がコミュニケーションツールになることを理解し、かかわりを求めてアピールするようになる。

　周囲の人の動きをじっと見詰める。年齢の近い子への関心が高まり、まねしてやろうとする（同調的遊び）。

　寝返りからハイハイ（這い這い）、お座り、そして、立って歩けるようになることで、行動範囲と視野が劇的に変化し、空間的にも時間的にも距離のあるものに関心を持ったり、働きかけたりできるようになる。

　モノや音、光などの自然現象などの偶然発見したことから遊びを創造する。

　語彙が飛躍的に増え、コミュニケーションが活発になり、ことば遊びや歌遊び、絵本などを楽しめるようになる。

　たのまれた「しごと」ができるようになるだけでなく、自分から「しごと」を作ったり、人に頼んだりすることができるようになる。

　ルールを理解し始め、ルールに則って遊ぶことを楽しめるようになる。同時に、ルールを破るおもしろさも感じるようになる。

　友だちを名前で区別できるようになり、人やモノにお気に入りができる。

　少しずつ「親」から離れられるようになる。

幼児後期（年少から年長）

　ことばで友だちやおとなとコミュニケーションできるようになる。

　運動能力が飛躍的にアップし、走る、跳ぶ、転がるなどの運動的動作をエネルギッシュに繰り返

すことを楽しむ（運動的遊びや運動遊具を使った遊び）。

目の前にないものの存在も認識できるようになり、親と離れても安心していられるようになる（留守番やかくれんぼができる）。

本や映像や言語や生活体験の中から具体的なイメージを作り出せるようになり、自分たちが作りだしたイメージの中で遊べるようになる（ごっこ遊び、絵画や創作活動の豊かな展開）。

小学校低学年（7歳から9歳くらい）

体の隅々まで正確にコントロールできるようになる（コマや剣玉、おはじき、お手玉など指先を使った遊びや作業、片足けんけんや竹馬・一輪車などのバランス遊び）。

抽象的なものやシンボライズされたものの意味も理解できるようになる（オセロや囲碁・将棋などのゲーム）。

「話し合い」ができるようになる。より複雑なルールを理解できる（集団的な遊びの発展）。

小学校高学年（10歳〜12歳）

子ども期の完成で思春期の入り口。自分の意見を論理的に展開したり、他人の意見を批判的に検討したりできるようになる。

自分の身の回りのことだけでなくおとなたちや社会のありかたについても見つめなおしたり、どうあるべきかということを考えるようになる。

他人の目を意識するようになる。おとなの体への急激な変化。

思うようにならない自分の心や体、行動、周りのおとなたちの対応にいらついたりすることも多くなる。

「みんなといっしょ」、「みんなと同じ」であることの期待や依存、共感要求。周りと「違う」ことのとまどい、不安、排除の意識（強い仲間意識に支えられた遊び集団の発生と離合集散）。

中学生（13歳〜15歳くらい）

「自己確立」に向かっていく。スポーツや文化などの「趣味」の確立（部活動やサークル活動）。

自分と友だち、自分と親、自分と学校などのかかわりの再構築（破壊と構築、その過程の中におこる「いじめ」「反抗」「暴力」なども）。

「性」と「生」についての自覚と疑問。

上級生や高校生への強い憧れ。年下の子の世話をすることに喜びを感じる。

高校生（16歳〜18歳くらい）

「自己確立」の完成期。社会的な活動を自覚的にできるようになっていく。比較的大きな集団のリーダー的役割を果たせるようになる。

個人と集団、それぞれの発達段階を理解し、おさえながら、その段階にふさわしい遊びや文化が豊かになるように促すことがたいせつです。

また、発達には個人差があり、なんらかの障がいによっては、発達段階をうまく踏むことができなかったり、ある力を獲得するのに時間がかかったり、大きな困難を抱えることがあります。

「男の子の遊び」「女の子の遊び」というように社会的に作られた性差意識に戸惑いを感じる子がいます。

発達障がいや性同一性障がい・トランスジェンダーなどについてもよく理解し、先入観を持たずに子どもたちのありのままの姿（遊び行動）を受け入れ、それぞれに見合った成長・発達を促せるように留意しましょう。

6. 遊びは三大栄養素の基盤

人間として育つ上での三大栄養素は、「遊び」「学び」「働く」です。遊びは、他の2つの要素の基礎・基盤なっています。

遊びは、それ自体を楽しむために行われるので、一見すると人生にとって無駄で無為なものに見えますが、好奇心と快感を原動力に、事物や人間、事象へ主体的に繰り返し働きかけることを通して、手・指・身体のしなやかさ、技の獲得、事物や事象の主観的理解、人の理解、信頼、共感、協調、変化の理解や期待など、全人的な成長を促す上で欠かすことのできない行動です。

5章
子どもと遊び

物心つく前から見ることのできる、「まねる」という遊び行動は、単なるものまね、複写ではなく、同じになるように「試してみる」という無意識ながらも「意図の芽生え」があり、情報を受け取り、再構築しながら再現してみるという、受動と能動の行き来を通して、より積極的な行動力を生み出していきます。

「まねる」ことで起こる、自分の行動への周囲の直接的、刺激的、快感的反応を通して、「親しさ」感覚や「友だち」意識が育ち、共感性が強い仲良し集団が形成され、遊び文化が継承されていきます。

「まねる（真似る）」は「まなぶ（学ぶ）」の語源とも言われます。「学ぶ」とは、遊び行動、遊び活動の中で、直接的に感じたこと、気付いたこと、習得したことの体系化、理論化がベースとなって発展します。

抽象的に見える学問も、人間や社会、自然や宇宙の具体的な現象の疑問を解き明かしたり、その働きをヒントに新しいものを創造するための方法として抽象化されていくものです。

人のために役にたつことをすることが「働く」ことです。傍（はた）にいる人が楽（らく）になる行動を「はたらく」という説がありますが、自分もみんなも楽しくなる遊びの精神は、まさに働くことに通ずるものです。

2〜3歳にもなると、子どもは「お手伝い」を喜んでやるようになります。なんでも「自分で」してみたいという要求の表れであると同時に、お手伝いをすることで、周囲に喜んでもらえることへの満足感がその原動力となっています。

少し大きくなれば、お客さんに喜んでもらえることを期待して、お店屋さんごっこの「商品」を時間をかけて作りためることもできるようになります。さらに、半年、1年をかけて作物を育てて、多くの人の役に立つ達成感を得ることもできるようになるでしょう。

遊びながら学び、学びながら遊ぶ、遊びながら働き、働きながら遊ぶことが子どもの生活にとって、成長・発達にとってどうしても必要なことな

のです。

遊びと学びを切り離し、働くことと遊び・学びを切り離したとたんに、そのどれもが光を失い、退廃的・刹那的・義務的・強制的になりかねません。

幼児教育の中での「課業」や学校教育の中での「授業」のあり方もこうした視点から捉え、子どもが生き生きと取り組むことができる実践を行っていくことが期待されているのです。

3　幼児の遊びと保育者の役割

1. 乳幼児の心をいざなうわらべうた遊び

前節で明らかにしたように、乳幼児期の遊びの特徴は、

・五感を直接刺激する喜び
・ことばやリズムを感覚的に楽しむ
・まねることを楽しむ
・イメージ（空想）の世界を遊ぶ
・何かができるようになることの喜び

などにあります。

寝ている時ですら片時もじっとしていることのない乳幼児は、遊び行動を通して、すべての機能と身体をくまなく動かしながら、感覚と肉体を確かめ、自分にとって快いこと、楽しいことを探り出しています。

この時期の遊びに必要なことは、急激に発達する神経系と身体の衝動で積極的に活動する乳幼児の遊び行動を不必要に阻止せずにサポートすることであったり、直接的に働きかけることで、遊び行動が活発になるのをフォローしたりすることです。

♪あがりめ　さがりめ
　ぐるっとまわって　ねこのめ

♪いっぽんばし　こちょこちょ
　たたいて　つねって
　かいだんのぼって　おっこちて
　うらかまわって　こちょこちょこちょ

　こうしたわらべうた遊びは、ことばやリズムを楽しむだけでなく、身体を触られる快感や楽しさ、歌が醸し出すドラマのおもしろさ、最後に「ねこのめ」のように目じりを押されたり、身体を思い切りくすぐられることへのドキドキする期待感を育ててくれます。

　日本各地に古くから伝わるわらべうた遊びは、乳幼児の遊びの特性にマッチしたものが数多くあります。

♪ずいずい　ずっころばし　ごまみそずい
　ちゃつぼにおわれて　とっぴんしゃん
　ぬけたら　どんどこしょ
　たわらのねずみが　こめくって　ちゅう
　ちゅう　ちゅう　ちゅう
　おとさんがよんでも　おかっさんがよんでも
　いきっこなしよ
　いどのまわりで　おちゃわん　かいたの
　だあれ

　手で作った輪っかに、順番に指を入れられるなんだかくすぐったいような感覚、誰のところで、とまるのか、ワクワクしながら目で指を追います。「だあれ」で決まったとたんに沸き起こる悲鳴と歓声。輪になって遊びに集中することで感じられる仲間との一体感。歌詞の意味はよくわからなくても、ネズミが出るようなちょっと薄暗い部屋と、井戸でお茶碗を洗おうとしたのか、うっかり割ってしまって親に怒られることから身を隠そうとしている子どものようすがふんわりとみんなを包んでいきます。

　みんながよく知っているはないちもんめの遊びも歌詞をよく聞くと、布団は破け、お釜の底も抜けている貧しい家の子がもらわれていく情景がさりげなく歌いこまれているように感じます。

♪かつて　うれしい　はな　いちもんめ
　まけて　くやしい　はな　いちもんめ
　となりの　おばさん　ちょっときておくれ
　おにがこわくて　いかれない
　おふとん　かぶって　ちょっときておくれ
　おふとん　びりびり　いかれない
　おかま　かぶって　ちょっときておくれ
　おかま　そこぬけ　いかれない
　あのこが　ほしい　あのこじゃ　わからん
　このこが　ほしい　このこじゃ　わからん
　そうだんしよう　そうしよう

　鬼ごっこ遊びの「ことしのぼたん」を遊んでみましょう。

♪ことしの　ぼたんは　よい　ぼたん
　おみみに　からげて　すっぽんぽん
　もひとつ　からげて　すっぽんぽん※

入れて（オニ）
やだ（子）
海につれていってあげるから入れて（オニ）
海坊主がでるからやだ（子）
山につれていってあげるから入れて（オニ）
山坊主がでるからやだ（子）
入れてくれないなら　てんびんぼうで
ぶっちゃうぞ（オニ）
じゃあいいよ（子）

※繰り返し

もう帰る（オニ）
なんで（子）
夕ごはんの時間だから（オニ）
夕ごはんのおかずはなあに（子）
カエル（オニ）
生きてるの？　死んでるの？（子）
生きてるの（オニ）
じゃあ　さようなら（子）

5章　子どもと遊び

だれかさんの　うしろに　へびが　いる（子）
わたし？（オニ）
ちがう（子）
だれかさんの　うしろに　へびが　いる（子）
わたし？（オニ）
そう！（子）
－おにごっこのはじまり

みんなの遊びになかなか入れてもらえないオニ。ようやくいっしょに遊び始めたけど、すぐに「帰る」と言い出す。オニの夕食のおかずは、な

んと生きたカエル。家にもどるオニの影は「蛇」のようだった…なんとも妖しい世界です。

子どもたちの感性を生き生きさせ、わらべうたのもつイメージの世界をいっしょに遊ぶことを通して、共感性と仲間意識が高まり、一定のパターンを繰り返すことで、その遊びにあった行動の仕方やルールを覚えていきます。

わらべうた遊びは、幼児期の遊びの重要文化財です。「昔遊び」と過去の遺産のように隅に置くのではなく、現代にこそ必要な遊び文化として継承、発展させていきましょう。

・あぶくたった
♪あぶくたった　にえたった
　にえたかどうだか　たべてみよう※

むしゃ　むしゃ　むしゃ
　まだ　にえない

　※繰り返し

　もう　にえた
　とだなに　しまって　かぎかけて
　おふとん　しいて
　おやすみなさい

　トントントン（オニ）
　なんの音？（子）
　風の音（オニ）
　あーよかった（子）

　トントントン（オニ）
　なんの音？（子）
　おばけの音（オニ）
　－おにごっこのはじまり

・ことろ
♪ことろ　ことろ（オニ）
　どの子を　とろう（親子）
　この子を　とろう（オニ）
　この子は　やらん（親子）
　あの子を　とろう（オニ）
　とるなら　とってみろ（親子）
　－おにごっこのはじまり

神代（2013,pp.18-19）より転載

・いろ（色）おに

♪いろいろ　なんのいろ？（子）
　〇色（オニ）
　－おにごっこのはじまり。
オニが言った色のものに触ったらつかまらない。

・もうじゅうがり

♪猛獣がりに行こうよ（親）
　猛獣狩りに行こうよ（子）

　猛獣なんて怖くない（親）
　猛獣なんて怖くない（子）
　やりだってもってるもん（親）
　やりだってもってるもん（子）
　てっぽうだってもってるもん（親）
　てっぽうだってもってるもん（子）
　友だちだっているもん（親）
　友だちだっているもん（子）
（親が動物の名前を言う）
（名前の文字数で集まり、手をつないで座る）
（余ってしまった子でじゃんけんをして次の
親を選ぶ）

・おおなみこなみ（大なわとび）

♪おおなみ（大きく揺らす）
　こなみで（小さく揺らす）
　ぐるりと　まわして（大きく回す）
　にゃんこの目（足と足の間で止める）

・一羽のからす（大なわとび）

♪一羽のカラスが　カーカー
　二羽のにわとり　コケコッコー
　三は　魚がおよいでる
　四は　しらがのおじいさん
　五は　ごほうびいただいて
　六は　牢屋にいれられて
　七は　質屋の七面鳥
　八は　浜辺の　白うさぎ
　九は　くじらが　泳いでる
　十は　十五夜お月様
　それ　一抜けた、二抜けた…

・郵便屋さん（大なわとび）

♪ゆうびんやさん　おとしもの
　ひろってあげましょ
　1枚、2枚…10枚
　ありがとさん

・あんたがた　どこさ（まりつき他）

♪あんたがた　どこさ
　ひごさ
　ひご　どこさ
　くまもとさ
　くまもと　どこさ
　せんばさ
　せんばやまには　たぬきが　おってさ
　それを　りょうしが　てっぽうでうってさ
　にてさ　やいてさ　くってさ
　それを　このはで
　ちょっと　かぶせ
（足の間で弾ませ、後ろ手でキャッチ）
（飛び跳ね遊びにも使います）

・いちもんめ（まりつき）

♪いちもんめ（一匁）の　いーすけさん
　いのじが　きらいで
　一万　一千　一百石
　一斗　一斗　一斗まの
　お札を　おさめて
　にもんめ（二匁）に　わーたした
（数字のところを増やしていく）

2. アニマの遊び

子どもたちのごっこ遊びを眺めてみましょう。積木や石ころを乗り物や動物に見立てたり、木の枝を剣や飛行機のように扱ったり、花や葉っぱが髪飾りや食べ物、お皿に変身したり、小さい子どもたちのイメージの世界の中では、動かないものにも命が宿ったり、身近にあるたわいのないものが宝物にも食べ物にもなったりします。緑のカーペットがどこまでもひろがる草原になったり、青いシートが波立つ海になったり、ちょっとしたコーナーが、秘密基地にも、新幹線や宇宙船のコクピットにも、海賊船のデッキにもなります。

1歳にもなると、何も持っていなくても食べ物を上げるしぐさで口元に指を近づけただけで「パクッ」と食べる動作をするようになります。年齢が進めば進むほど、現実にあるものを何かに見立てるだけでなく、過去の経験をベースにしながら、頭の中で場面を再構築し、実際には何もなくてもあたかもあるかのように振舞ったり、その振る舞いを通じてコミュニケーションを深めたりできるようになります。

少し大きくなれば、人形が喋ったりするのはもちろん、影や切り絵のように二次元のものを三次元（立体）や四次元（時空）の世界を自在に動き回らせることもできるようになります。

自分自身も、現実の姿ではなく、お姫様や王子様であったり、アイドルであったり、世界で一番大好きなお父さん、お母さんであったり、さらには、動物にも妖精にもなって、自由自在に想像の世界に羽を広げて遊び回っているのです。

ままごとや、ごっこ遊びは、単なる「ものまね」ではなく、現実の世界と夢のようなイメージの世界を自由に行き来し、つなげ、自分の思いでストーリーを描き、双方の世界を遊び込みながら魂を活性化させているのです。

みんなが大好きなアニメーション（animation）ということばの語源は、アニマ（anima）というラテン語で、動かないものに命を与えて動かすことを意味していますが、幼児の「見立てあそび」「ごっこあそび」は、まさにアニマそのものといえるでしょう。

アニマの遊びは、子どもたち自身の頭の中で転回される空想的なストーリーですから、他人が簡単にそのストーリーの中に入っていくことは難しい側面もあります。子ども同士一緒に遊んでいるように見えても、実は、互いの世界はまったく違っているかもしれません。けれども、われ関せずと自分の世界に閉じこもっているわけではなく、相手の動作やことばに刺激を受けて、ストーリーを変化させたり、イメージがニアミスしたことをきっかけに、遊びが共振・共感、共有され、よりストーリー性の高い、ダイナミックな仲間遊びに広がって行ったりするのです。

そんな子どもたちのイメージの世界を、「こんな風に思っているのだろうな」と勝手に解釈して、声かけをしたり、ものを動かそうとしたら、「そうじゃない！」「やめて！」と拒否されてしまうこともあります。

忍者になり切り、立ち木を敵に見立ててちゃんばらをしている子。本来動くはずのない木を相手に戦う子どもたち。そばにいる保育者もまた、何か別の生き物、キャラクターとして自分たちのイメージの世界に取り込んだり、逆に存在感の希薄な背景としてしか見なかったりしています。その世界に浸りきっている子には、「あぶないよ！」と言うような「注意」の働きかけも、時には新たな敵の来襲のように思い、逃げてみたり、立ち向かおうとしたりするのです。

おとなの想像以上に「その気」になり空想の世界を謳歌している子どもたちにとって、中途半端なアドバイスは、自分たちを現実の世界に引き戻すものとして嫌がられます。

あらゆるものが生き生きとした魂を持って動きだす世界では、その世界を遊ぶ子ども自身も現実の子どもではなく、様々な能力を持ち、過去も未来も空間も自由に行き来できる特別な存在として実感されています。

その感覚世界にシンクロし、よりドラマチックに共演しながらストーリーを豊かに深める仲間になることができるような保育者であったら、遊び

世界がリセットされた現実世界でも子どもたちはそういう保育者により親しみを感じ、現実の園生活もまた豊かなものにしようと主体的に協働しようとするでしょう。

保育者は、遊びの「見守り人」でも、「管理人」ではなく、「共同創造人」です。幼い子どもたちの生活の多くが「遊び行動」と結びついているわけですから、こうした視点とスタンスを保育者がもつことはとても大切なことです。

3. 小麦粉粘土でアニメーションを作ろう

子どもたちは、粘土遊びが大好きです。グニュグニュした感触、どんな形にでも変化する柔らかさを持ちながらも、砂のように簡単に崩れてしまうことはありません。独特の触感だけでなく、体温とは異なる温度感も手のひらから快感を伝えてくれます。

ことばや文字での表現・コミュニケーションが苦手な子にとっても、丸めたり伸ばしたり、つぶしたり、ちぎったりという手作業を通して、自分のイメージが形になる喜びや、作品世界が他の子どもたちや保育者に伝わるという喜びはかけがいのない体験となります。

最初は思い通りに形にならなくても、偶然できたものに閃きを感じてワクワクしたり、「それって○○みたい！すごいね！」というような、他の子の感性に触れることで、新たな視点に気付いたりするのも粘土遊びのおもしろさです。

そんな素材の魅力を感じながら、小麦粉粘土でアニメーションを作ってみましょう。

① 成長・発達への期待—実践の視点をもつ—

実践にあたっては、「ねらい」を持ちましょう。

〈年長児〜小学生対象の例〉

一人一人のねらい

・粘土に慣れる
・手指のしなやかさを育てる
・形の変化を楽しむ
・想像と創造を楽しむ

クラス集団の課題

・共感をことばや行動で表現する
・イメージを紡ぎ合うことを楽しむ

こうしたねらいを保育者間で論議することで、働きかけの視点が共有され、子どもたちの育ちや課題をどう見るかの振り返りにも役立ちます。ここでは、一人ひとりの能力や技術の成長、好奇心や気付きの豊かさ、他の子へのかかわり方（主張、受容、共感、協調、リーダーシップ）、個人の創造性を集団の創造性として高めることなどを意識してみました。

② なぜ小麦粉粘土か

素材について理解しておきましょう。粘土にもいろいろな種類があります。それぞれの特質を生かして利用しましょう。

小麦粉粘土は、身近にある食品で作るので、安全ですが、小麦アレルギーがある子がいる場合は使えないので、安全性の高い紙粘土などを使いましょう。「粘土のいろいろ」については、第7章第3節に記載されています。

③ 小麦粉粘土レシピ（5〜6人分）

小麦粉〜500グラム
水〜250ml くらい（粉の量の約半分弱）
食紅〜蓋1杯強（緑、青、黄色、赤など）
食用油〜大さじ1杯弱
食塩〜大さじ1杯程度

1. 小麦粉・食塩・食紅をよく混ぜる
2. 必要量の半分の水を入れて、粉と水を満遍なく出会わせる
3. 残りの水を半分を入れて、乾いた粉がないようにする
4. さらに残りの水を半分を入れて、捏ね合わせる
5. 生地の柔らかさを見ながら、最後の水の量を調整する（耳たぶくらいの柔らかさ）

6. まとまったら、一度ほぐし、食用油を加えて、よく練り込む。

④ クレイアニメの製作

スマートホン用のアプリ、「ストップモーションスタジオ」[4]を利用します。他にも直感的に利用できる同種のアプリケーションがあります。

何枚も写真を撮っていくことで、パラパラ漫画のように写っているものが動いたり、変化したりする様子を表現できます。

ポイントは、「変化」を粘土で表現することです。

・形が変わる
・色が変わる
・大きさが変わる
・前後左右に動く

・高くなったり低くなったり
・現れたり、消えたり

どうしたら、粘土と写真を使ってそのような表現が作れるのか、試行錯誤の時間が大切です。大事なのは、やり方を教えてしまうことではなく、自分で気付いたり、発見できるようリードすることです。

例えば、事前に、谷川俊太郎さんの『もこもこもこ』の絵本を読み語りし、形が変わっていくことのおもしろさに気付かせ、そういう作品を作って見ようと誘いかけたりします。

お絵描きとも工作とも違う、アニメーションだからこそできる不思議でおもしろい世界。効果音や音楽・セリフを足すことで、イメージの世界がよりリアル感を持って動き出し、見る者を感動させる作品になることでしょう。

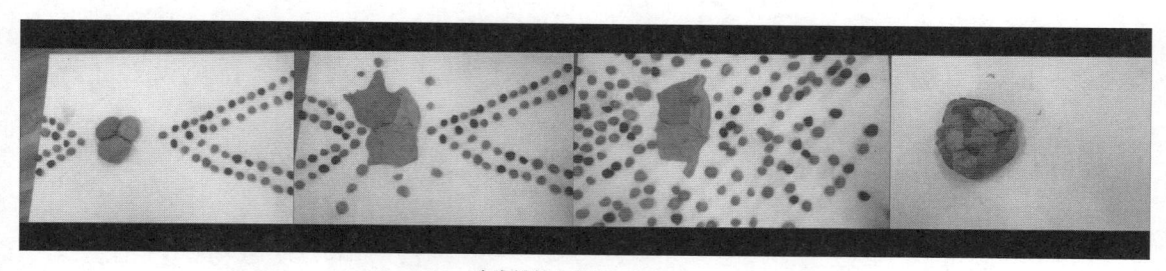

小麦粉粘土のクレイアニメ

4. 新聞紙で遊ぼう（ワークシート）

　身近にある素材の一つが「新聞紙」です。新聞紙を使った遊びを考察してみましょう。

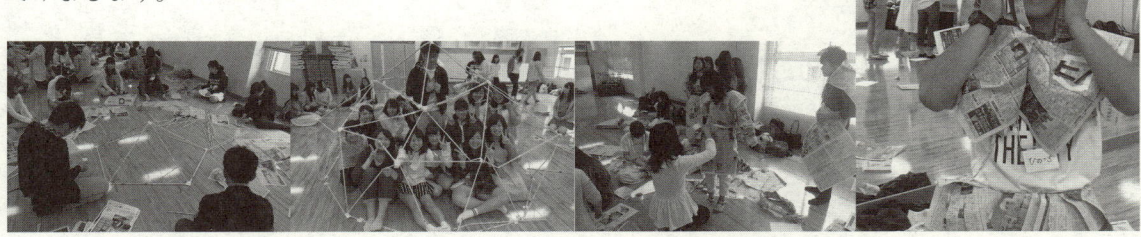

考察のポイント	記載欄
①　新聞紙遊びの魅力は？	・ ・ ・ ・
②　新聞紙遊びで注意すること	・ ・ ・ ・
③　子どもの動作を想像する	例：ぐしゃぐしゃ、ビリビリ…
④　新聞紙を何かに見立てる	例：布団（寝る）、プール（泳ぐ）
⑤　新聞紙を「道具」にする	例：輪投げの輪、しっぽとりのしっぽ…
⑥　新聞紙で「創る」	⑥　新聞紙で「創る」
⑦　新聞紙で遊んでみて	

4　児童期の遊びと教師・指導者の役割

1. 児童期の遊びの特徴

　年齢とともに高まる運動能力・知性・コミュニケーション力を生かし、遊びの種類も格段に増え、ルールも複雑になっていきます。時間や場所の制約にもうまく対応しながら遊びを工夫したり、集まった仲間に応じて遊びを変化させたり、新しく創り出したりすることもできるようになります。興味を持ったこと、好きなことをとことん追求し、「趣味」や「特技」を通して同好の仲間との絆を深めたり、自信をつけたりしていきます。

　学習面では、教師やおとなの力を借りながら、遊びの場面では、おとなたちの管理の枠を飛び出して自発的・自主的行動力を高めていきます。様々な「危険」も子ども同士の助け合いと知恵で乗り越え、同志としての絆を深めていきます。子ども社会の中には遊びこむことで乗り越えていくハードルがたくさんがあり、達成することで自己肯定感と周囲からの尊敬を得ていきます。

　身長よりも高さのある竹馬を乗りこなせる子、誰にも負けないけんかゴマやベーゴマの技を身に付けた子、ゴム段で頭の高さのゴムを側転で飛び越せる子らは、仲間たちや小さい子たちにとって「あこがれ」の存在です。

　おとなの目に触れないような場所に隠れ家や基地を作り、仲間同士の「秘密の情報」をドキドキ

△高い橋の上から飛び込む（奥多摩）

しながら交換しあう。路地裏や家と家の隙間やブロック塀の上を猫のようにすり抜けていく。クワやビワ、ヤマモモ、イチジク、ザクロ、カキ、ミカンなどが熟せば、木に登って実を落とす係、下で受け取る係、見つからないように見張る係に分かれ、合言葉とともにまるで忍者のように素早く行動しておやつをゲットする。ガキ大将を中心に組織的に行動できる子どもたちが年下の子どもたちも巻き込んで地域の遊び文化を育て、伝承していきます。

けん玉

ゴムとび

ころがしドッジ

しっぽとり

　清水の町で知られる長良川上流、岐阜県郡上八幡の子どもたちは、町中を流れる吉田川にかかる10メートル以上の高さの橋から川に飛び込むことで「一人前のおとな」になります。この町の子どもたちにとって、川遊びは最も身近で、最も楽しく、そしてスリリングな遊びです。小さい時から、川岸の岩の上から飛び込み、だんだんに高いところから飛べるようになり、最後に橋の上から飛び込むことで子ども時代を卒業していくのです。おとなの手を離れる児童期は、遊びを軸とした子ども社会の中で自分たちの力で自分自身を鍛えていく時代なのです。

　しかし、現代の子どもたちの地域生活はどうでしょうか？先の節でも述べたように、外遊び、仲間遊びの文化がそれを支える子ども集団とともに衰退し、それに代わるものとして、消費的・競争的・刹那的な遊びが蔓延するようになりました。

　電子ゲームやカードゲームに多くの時間とお金を消費する。休み時間の遊びといえば「ドッジボール」か「サッカー」というように、スポーツ化・ゲーム化されたものが中心になり、勝ち負けに強くこだわる。立場の弱い子に対する「いじり」「からかい」「悪ふざけ」が「憂さ晴らし」となり、あっという間に周囲に広がって、ターゲットを孤立させていく。学年が進むにつれて深くなるこうした傾向は、さらに様々なストレスによって拍車がかかり、子ども同士の関係を不安定にし、様々な問題を引き起こす土壌となっています。

　児童の遊び生活の現状をしっかりと捉え、「ほんものの児童期の生活の楽しさ」をとことん体験できるようにすることが必要です。そこで学ぶこと、身に付くもの楽しさを子どもが心底感じられるようにするとともに、親がその意味を理解し、児童期にふさわしい生活を確立していくためにはどうしたらいいのかを考えていけるようサポートしなければなりません。

とりっこ陣取り

はないちもんめ

2. 子ども時代の遊びと自己形成（ワークシート）

①子ども時代の遊びベスト10

・子ども時代の遊びで印象に残っているものを10個思い出してみましょう。

・その遊びは何歳頃流行っていましたか？

・遊んでいた場所や人数、どんな友だちと遊んでいましたか？

遊びの名前	何歳頃	場所	人数	いっしょに遊んでいた人

②あなたが育った町はどのような場所ですか？自宅を中心に遊び場マップを作り、そこでの遊びを書き入れてみましょう。

地域名：　　　　　　　　　　　　　　都・道・府・県

□古くからの住宅街　□農山漁村　□新興開発地　□大規模集合住宅　□商店街　□郊外
□（　　　　　　　　　　　　　　）

③表やマップを作ってみて、どんなことに気がつきましたか？

④子ども時代の遊びから学んだことはどんなことですか？　短い単語でできるだけあげ、分類してみましょう。

〈分類の例〉

身体的	心理・情緒的	社会性	大脳・神経系	その他

・他の人のデータと比較して気付いたことはなんでしょう？
・みんなのデータを集計して分析してみましょう。

5章　子どもと遊び

3. 仲間遊びを伝えよう〜遊びの原風景を豊かに

　遊びを伝えることは、ただルールを教えることではありません。その遊びの楽しさのエキスを心得ていて、子どもたちに楽しく伝えられなければなりません。

　以下に、児童期にふさわしい遊びを列挙します。あなたは、その遊びを遊んだことがありますか？それを伝えることはできますか？

遊び名	遊んだことがある	伝えられる	遊び名	遊んだことがある	伝えられる
8の字			ケンケンじんとり		
Sケン			ケンパ		
あんたがたどこさ			コマ遊び		
いろはにこんぺいとう			ゴムとび		
おおなわ			ゴム段		
おし相撲			ダンゴムシのレース		
おはじき			ビー玉遊び		
おはじき陣取り			ベーゴマ遊び		
お手玉			ポコペン		
かいせんどん			マンカラ		
かげふみ			一輪車遊び		
かたて			王様じんとり		
かまぼこ板おとし			缶けり		
くぎさし			丸おに		
くつとり			撃墜王		
けん玉遊び			高オニ		
じぞうオニ			子をとろ子とろ		
じゃんけんグリコ			手つなぎおに		
だいがくおとし			十字おに		
だいこんぬき			将棋の山崩し		
だるまさんがころんだ			人間知恵の輪		
つるとかめ			人工衛星		
てんか			水雷艦長		
とりっこ（人とり）			石けり		
どこいき			草花ずもう		
どろけい			凧あそび		
ながうま			地蜘蛛のすもう		
はないちもんめ			竹とんぼ遊び		
ひまわり			竹馬遊び		
まりつき遊び			馬とび遊び		
むちゃぶつけ			飛行機将棋		
ろくむし			魔法オニ		
カブトムシのすもう			輪ゴム相撲		

*参考：神代「レクリエーションアイデアガイド」（汐文社刊）2013年を参考に筆者作成

これらの多くの遊びは、現代では「昔遊び」とか「伝承遊び」のようにいわれていますが、近代日本の子どもたちによって工夫されながら伝え広げられてきた遊びです。テレビもインターネットもない時代に全国津々浦々で同じような遊びが伝承されてきました。地域の子ども集団の遊び文化が豊かだったこと、集団同士が近接しあい、影響しあっていたことがわかります。

縁側から庭、庭から路地、路地から広場と遊び空間も連続性を持っていました。お手玉やおはじき、あやとりなどの縁側遊び、庭では、くぎさしやおはじき陣取りなどの土の地面ならではの遊びが行われました。ゴムとびやなわとび、竹馬などの身近なものを使った遊びや、草花や虫を使った遊びは、路地空間が適していました。鬼ごっこや陣取りなどの集団的な遊びも、学年や人数、遊びの内容によって、路地と広場が使い分けられていました。縁側を通して外に開かれていた家。家と家も今のように頑丈な壁に囲まれ、セキュリティーで堅固に守られているなどということもなく、子どもたちは自由に行き来することができました。外の世界は、必ずしも安全ではなく、危険もたくさんありましたが、小さい頃からそこで遊びこんできた年上の子どもたちから時には教えられ、時には、小さな怪我やアクシデントなどを無数に体験することで、回避する術と力を蓄えていきました。

子どもの遊びの原風景を豊かなものにすることは、その子の成長発達の原点をしっかりと築くことです。子どもがのびのびと遊び育つ地域は、おとなたちにとっても心安らぐ魅力ある地域になっていきます。子どもは町の宝です。子どもこそ町の主人公であり、将来の地域を支えていく住民なのです。

4. 遊具（コマ・けん玉・竹馬・一輪車）を使う遊び

遊具を使う遊びは様々ありますが、ここでは、多くの保育・児童施設・学校に備えられているコマ、けん玉、竹馬、一輪車の遊びを取り上げます。

① ねらい

幼稚園教育要領には、次のような記載があります。

健康

健康な心と体を育て、自ら健康で安全な生活をつくり出す力を養う。

2　内容

(2) いろいろな遊びの中で十分に体を動かす。

(3) 進んで戸外で遊ぶ。

(4) 様々な活動に親しみ、楽しんで取り組む。

3　内容の取扱い

(2) 様々な遊びの中で、幼児が興味や関心、能力に応じて全身を使って活動することにより、体を動かす楽しさを味わい、安全についての構えを身に付け、自分の体を大切にしようとする気持ちが育つようにすること。

人間関係

他の人々と親しみ、支え合って生活するために、自立心を育て、人とかかわる力を養う。

3　内容の取扱い

(2) 幼児の主体的な活動は、他の幼児とのかかわりの中で深まり、豊かになるものであり、幼児はその中で互いに必要な存在であることを認識するようになることを踏まえ、一人一人を生かした集団を形成しながら人とかかわる力を育てていくようにすること。特に、集団の生活の中で、幼児が自己を発揮し、教師や他の幼児に認められる体験をし、自信をもって行動できるようにすること。

(3) 幼児が互いにかかわりを深め、協同して遊ぶようになるため、自ら行動する力を育てるようにするとともに、他の幼児と試行錯誤しながら活動を展開する楽しさや共通の目的が実現する喜びを味わうことができるようにすること。

環境

周囲の様々な環境に好奇心や探究心をもってかかわり、それらを生活に取り入れていこうとする力を養う。

2　内容

(7) 身近な物や遊具に興味をもってかかわり、考えたり、試したりして工夫して遊ぶ。

（傍線は筆者）

これらも参考にし、実践の「ねらい」「導入」「指導方法」を考察しましょう。

『小学校学習指導要領解説体育編』の第3章第2節2では、体育における「体つくり運動」として、竹馬や一輪車が例示されています。

A 体つくり運動

イ 多様な動きをつくる運動

多様な動きをつくる運動は，体のバランスをとったり移動をしたりする動きや，用具を操作したり力試しをしたりする動きを意図的にはぐくむ運動を通して，体の基本的な動きを総合的に身に付けるとともに，それらを組み合わせた動きを身に付けることをねらいとして行う運動である。

多様な動きをつくる運動は，次のような運動で構成される。

（ア）体のバランスをとる運動
（イ）体を移動する運動
（ウ）用具を操作する運動
（エ）力試しの運動
（オ）基本的な動きを組み合わせる運動

〇用具に乗るなどの動きで構成される運動
・友達に補助されながら竹馬や一輪車に乗ること。

（傍線は筆者）

一朝一夕では、これらの遊具を使いこなせるようにはなりません。「できない」体験、「失敗」の体験を無数に繰り返すからこそ、「できた！」時の喜びは何よりのものですし、友だちや教師、親たちから「すごいね」「よく頑張ったね」と褒められ、認められることで、より難易度の高い技術へのチャレンジの意欲を高めていきます。

技に精通した年上の子どもたちやおとなたちの姿を見て真似たり、教えてもらったりすることで、世代を超えたつながりを豊かにすることにもつながります。

子どもたちの技術に合わせて、遊具を使った仲間遊びを工夫することで、子どもたちのかかわりが深まり、互いを認め合い、協力しあう関係を育むことも期待できます。

② 各遊具の特徴と課題

・けん玉、コマ

指・手・手首をしなやかに動かせることが大事です。合わせて、足首、膝、股関節をはじめとする全身の関節と筋肉をリズミカルに同調させる柔軟さも必要です。

紙飛行機を飛ばしたり、「おちゃらかほい」や「3月3日のおもちつき」のような遊びで手首を柔らかく動かせるようにする。毛糸を巻いてポンポンや玉を作ったりする中で、指の力を加減しながら糸を繰り出せるようにするなどの取り組みを通して子どもがこれらの遊具を扱うのに必要な力を身に着けていくこともできます。

けん玉もコマも体幹と重心を意識し、両目でしっかりと見て、手を中心とした全身の運動と遊具の動きを共調させることで上達していきます。

「お皿の上に乗せることができた」「剣にさすことができた」（けん玉）、「回せた」「手に乗せることができた」（コマ）という一つずつの成功の喜びをバネに、友だちとの教え合いや呼吸を合わせてやってみる、回数や長さを競い合ってみるなどの集団的な活動に発展できるようサポートしましょう。

・竹馬、一輪車

全身のバランス力・体幹力を養い、集団的な遊びや活動にもつながる遊具で、いい環境と適切な指導があれば、年長くらいには乗れるようになる遊具です。逆に年齢が進むにつれて、「転ぶこと」への抵抗感や恐怖感も高まることもあるので、低い学年のうちに取り組むほうが効果的です。

事前の活動としては、「ケンパ」や「ケンケン相撲」などの片足でしっかりバランスを取る遊びが有効です。平均台に片足でどれだけ立っていられるか競ってみたり、植え込みの鉄柵のように細い柵の上でどれだけバランスを取っていられるか競うというのもいいでしょう。

竹馬や一輪車に乗ることだけを目的に指導するのではなく、そのために必要な力を日常の遊びの

中で鍛えながらチャレンジさせていくことで、最初のハードルを低くすることができます。

③コマ遊び

※右利きの場合で説明しています。左利きの人は左右を読みかえて下さい。

□コマひもの巻き方

1. コマひもの両はじに結び目を作ります。

2. 左手でコマを持ち、左親指でひもの端を押さえます。右手でコマひもを芯に巻きつけ、左親指からひもの端を引き抜くように強く引きます。ひもが緩まないように気をつけながら左手のコマを裏返しに持ちかえます。

3. 右手の親指と人差し指でコマひもを強く引きながら時計回りで芯に2回巻きつけます。そのまま、ひもの力を緩めないようにしながらコマの面にそってひもを巻きつけていきます。

4. ひもが緩まないように注意しながら、右の子指と薬指の間にコマひもをはさみ、余っているひもを小指に巻きつけます。右手の親指と人差し指でコマをくるむようにして持ちます。

□コマの投げ方

1. 左足を前にして大きく足を前後に開き、腰を低くして構えます。

2. コマが水平になるようにして、右手を後ろに引きます。手首も後ろに返しましょう。

3. できるだけ低い体勢でコマを水平に前に向かって、手首のスナップを効かせて投げます。

4. ひもがほどけきる寸前に手首と腕を後ろに戻します。

□コマ遊びのいろいろ
○長回し

「いっせいのせ」でコマを回し、倒れるまでの時間を競います。

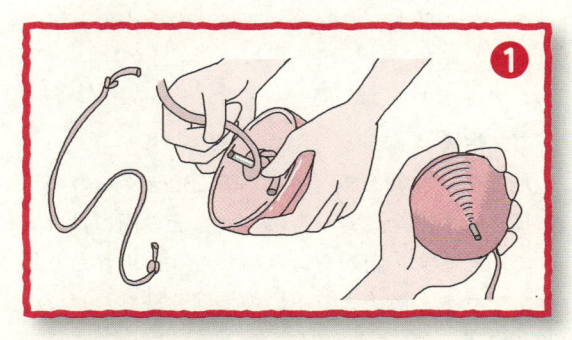

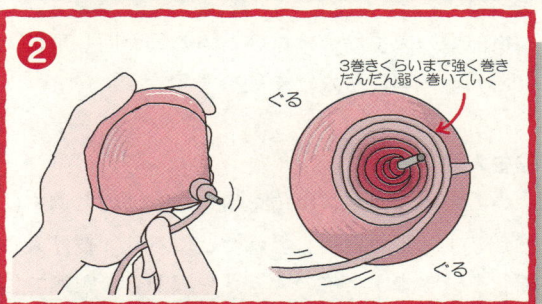

3巻きくらいまで強く巻き
だんだん弱く巻いていく

ぐる

ぐる

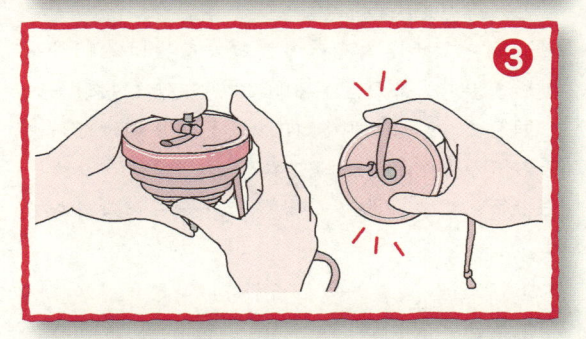

引く

神代（2013b,pp.40-41）より転載

○コマリレー

3〜4人でチームを作り、コマを回す順番を決めます。一番の人からコマを回します。コマが止まる前に次の人がコマを回してリレーします。アンカーまでつなげて、一番長く回すことができ

5章　子どもと遊び

たチームの勝ち。リレーする前にコマが倒れてしまったら失格です。

○コマ相撲

地面やコマ回し板（注）に直径30cmくらいの円を描きます。全員で一斉にコマをその円に投げ入れて回します。円からはみ出したり、倒れたりしたらアウト。最後まで円の中で回り続けたコマの勝ちです。

※部屋の床を傷つけないためのコマ回し用板。90cm角のベニヤ板などを使います。

○缶入れ

いろいろなサイズの缶を用意し、地面に適当に置きます。缶から少し離れたところに「投げ入れ線」を引きます。缶の大きさや線からの距離で缶ごとの得点を決めます。

3〜4人でチームを作り、コマを投げる順番を決めます。一番の人から順にコマを缶に投げ入れて回します。缶の中で10秒以上回り続けたら、その缶の得点がチームに与えられます。アンカーまで行って、一番多く得点したチームの勝ちです。

○缶乗せ

缶の底を上にして並べ、缶の上でコマを回します。

○けんかコマ

2人で対戦します。コマひもを地面に置いて輪を作ります。「ちっちのち」で、コマを同時に輪の中に投げ入れて回します。地面に置いたコマひもの両端を一人ずつ持ち、ゆっくりと輪を縮め、コマ同士がぶつかりあうようにします。輪の外にコマが飛び出したり、倒れたりしたら負けです。

□コマの技

日本伝統のコマには、たくさんの技が伝わっています。手の上で回したり、指の上で回したり、コマひもの上を綱渡りさせたり…。回せるようになったら次は手のせにチャレンジしてみましょう。

○どじょうすくい

地面でコマを回します。手のひらを上にして、回っているコマの芯を中指と薬指の間に入れます。指の第二関節あたりでコマを上に跳ね上げると同時に手のひらを前に出して落ちてくるコマを受けます。手のひらがピンと張るように少し手をそらしましょう。

○ひも取り

地面でコマを回します。コマひもの両端を両手で持って回っているコマを囲むように輪を作ります。輪で芯を摘み上げるようにして、コマを空中に飛ばし、落ちてくるコマを手のひらで受けます。

○空中手のせ

30度くらい斜め下に向かってコマを投げ、ひもを引くと同時に手のひらが上を向くように手首をひねって返し、コマが自分のほうに戻って来るようにします。戻ってきたコマを手のひらで受けます。

○手のせリレー

4〜5人でチームを作り、走る順番を決めます。スタート＆ゴールラインと折り返しポイントを決めます。コマを手のせで回している間だけ前進することができます。コマが止まってしまったり、手から落ちてしまった時は、その場でやり直してから進みます。アンカーが一番早くゴールしたチームが勝ちです。

④ けん玉遊び

【けん玉の持ち方】

各部の名称

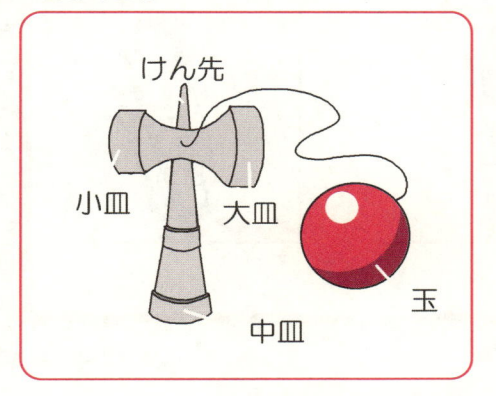

神代（2013b,p.37）より転載

　剣を上にして、首のところを親指と人差し指でつまむように持ち、中指・薬指・小指は小皿にあてます。

　ひもの長さは、玉を剣に刺した状態で中皿の下に指1〜2本分くらい余裕があるようにします。

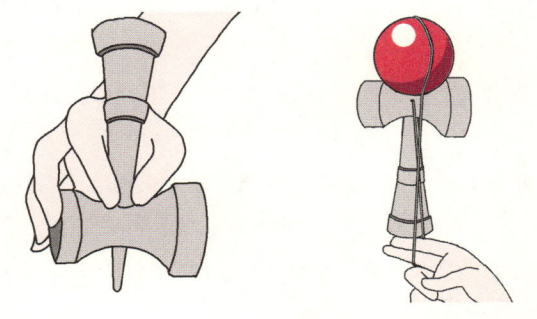

神代（2013b,p.36）より転載

【大皿の乗せ方】

1. 両足を肩幅に開いて立ち、ひざを軽く曲げます。けん玉はおへその前で構えます。

2. 玉と糸の付け根を見ましょう。

3. ひざを伸ばしながら玉をまっすぐにおへその上くらいの高さまで引き上げます。

4. 大皿を玉の下に回り込ませ、落ちてくる玉を柔らかく受け止めます。（ひざを曲げ、玉に合わせて皿を軽く下に引くような感じで）

神代（2013b,p.37）より転載

【大皿から中皿へ】

1. ひざを伸ばしながら玉を軽く浮かせます。

2. 手首を返して中皿を上に向けます。

3. 落ちてくる玉をひざと手首を使って柔らかく受け止めます。

【もしかめ】

　♪もしもしカメよ　カメさんよ〜のリズムに合わせて、大皿→中皿→大皿…と手首を返しながらリズムよく続けます。ひざの屈伸、手首の動きが柔らかくなるようにしましょう。玉をそっと受け取り、けっして玉を弾かないようにしましょう。

けん玉の級位認定表
（一般社団法人日本けん玉協会 http://kendama.or.jp/）

種目	1 大皿	2 小皿	3 中皿	4 ろうそく	5 とめけん	6 飛行機	7 ふりけん	8 日本一周	9 世界一周	10 灯台	11 もしかめ（回）
10級	1										
9級	2	1									
8級	3	2	1								
7級		3	2	1							
6級			3	2	1						(4)
5級				3	2	1					(10)
4級					3	2	1				(20)
3級						3	2	1			(30)
2級							3	2	1		(40)
1級								3	2	1	50

神代（2013b,p.33）より転載

⑤ 竹馬遊び

○カラー竹馬の高さの合わせ方

1. 足乗せ台の付け根を下側から木づちで軽くたたいてストッパーから外します。

2. ストッパーを希望の高さに合わせて、足乗せ台をはめます。

3. 足乗せ台の付け根を上側から木づちで軽くたたいて締めていきます。左右の高さがいっしょになるようにていねいにやりましょう。

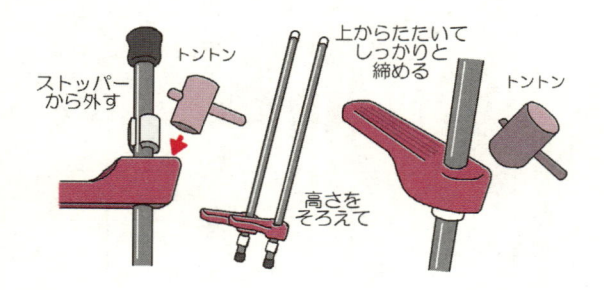

神代（2013b,p.36）より転載

○竹馬に乗れるようになろう。

1. 壁や柱に背中をつけて立ちます。頭からかかとまでぴったりつくようにしましょう。

2. 竹馬をできるだけ自分のほうに引き寄せて持ちます。足乗せ台の高さは 10cm くらいにしましょう。

3. 壁によりかかったまま、片足ずつ足乗せ台に足を乗せます。

4. 親指の付け根で立つようにします。つま先は竹にくっつけましょう。

5. 脇とひじをからだの横にぴったりつけて、竹を自分のほうに引きつけるような感じで胸の高さで持ちます。（脇とひじがからだから離れると竹が振れて倒れやすくなります）

6. 背中を伸ばし、顔を上げ、まっすぐ前を見ます。

7. お尻で壁を押すようにして、からだごと竹馬といっしょに少し前に傾くようにします。

8. 倒れそうになるので、その動きを利用して小走りの感じで、2 ～ 3 歩進んでみます。

9. そのまま竹を倒しながら、両竹の間に飛び降りてみましょう。

10. 小走りで進む距離を少しずつ伸ばしていきます。

11. 慣れてくると、ゆっくり歩いたり、その場で足踏みをしながら止まっていることができるようになります。

※上記のやり方でうまくできない時は、竹馬の足と同じくらいの高さにマットを重ねて、片足は竹馬で、もう一方の足はマットの上を歩いてみます。左右の足を変えて繰り返しやってみましょう。片足の竹馬で楽に歩けるようになったら、両足にチャレンジしてみます。

■サポートの方法

1. 壁に寄りかかって立っている子の前に立ちます。

2. 自分で身体を壁から離せる子に対しては、サポートせずに少し離れたところで見守りましょう。

3. へっぴり腰になったり、壁から身体を前に押しだせない子に対しては、竹を持っているすぐ上を軽く持ち、身体と竹を前に倒すのを助けます。無理に歩かせようとすると支えきれません。無理に歩かせずに、竹を前に倒しながら飛び降りる練習をさせましょう。

飛び降りる練習もしてみよう

ピョン

神代（2013b,p.34）より転載

■遊び方

○かけっこ〜誰が一番早くゴールまで進めるか。（ギャロップ競争、ケンケン競争、カニ歩き競争など）

○どんジャンケン〜2チームに分かれ、順番を決めます。地面に引いた線の両端から向かい合うように線の上を竹馬で歩いて、出会ったところで口ジャンケンか、竹馬で足ジャンケンをします。負けた人は次の人と交代。勝った人はそのまま相手の陣を目指します。

○じゃんけんグリコ〜「口ジャンケン」か「竹馬の足ジャンケン」で勝ち負けを決め、ゴールに向かって、グーで勝ったら「グリコ」の3歩、チョキで勝ったら「チョコレート」で6歩、パーで勝ったら「パイナップル」で6歩、ゴールに向かって進みます。足踏みをしながら同じ場所にとどまっていられるかが鍵です。段差のあるところで行えるようになればプロ級。

かつては、鉄砲かつぎや槍担ぎで持っている竹馬で相手を付き合い、竹馬から落とし合うような遊びもありました。竹馬でボールを蹴りあったり、大なわとびにチャレンジする子もいました。どんな遊びができるかみんなで相談してみましょう。

■練習表

竹馬の技	✓
3 歩進んだ。	
5 歩進んだ。	
10 歩進んだ。	
足ぶみができた。	
ギャロップができた。	
大股で歩けた。	
カニ歩きができた。	
後歩きができた。	
駆け足ができた。	
両足跳びができた。	
片足ケンケンができた。	
20㎝の高さに張ったひもをまたぐことができた。	
段の上り下りができた。	
竹を打ち鳴らすことができた。	
片足ターンができた。	
クロス歩きができた。	
鉄砲かつぎや槍かつぎができた。（片方の竹馬を肩に担いだり、脇で抱えてケンケンします）	
高い竹馬に乗ることができた。（50㎝、90㎝、1m 以上）	

神代（2013b,p.34）より転載

⑥一輪車遊び

　腰を中心にバランスの変化を柔軟に受け止め、常に微調整する運動を行うことで、一輪車を自在に操ることができるようになります。力を入れすぎてしまうと、ブレに対応する柔軟な動きが妨げられて、逆に傾きがひどくなり、倒れてしまいます。

　一輪車では、タイヤに直接取り付けられたペダルを足で動かして前進します。この時、ペダルに大きな力を加えると、タイヤは、そちらに倒れてしまいます。足の力を抜いて、タイヤを左右に倒さないようにペダルを回すようにしましょう。

　転ぶのが怖くて、腕や体に必要以上の力が入ってしまう子もいます。そういう子どもたちをいかにリラックスさせられるか、サポートする人の腕の見せ所です。「頑張りすぎない」「頑張らせすぎ

ない」で常にリラックスした状態を保つことが一輪車上達の秘訣です。

　一度乗れるようになってしまえば、より難易度の高い課題に次々とチャレンジしていくことができますが、「乗れる」「自在に扱える」までのハードルをどうクリアさせるかが課題です。最初のうちは転び方も激しくなるので、子どもによっては、かっこ悪い自分を見せるのが嫌と思う子も出てきます。不安定な乗り物の上でバランスを取るのは確かに簡単ではありません。恐怖心や見栄の強い子に強制的にやらせることは、嫌悪感を増幅させることにしかなりません。逆に子どもによっては、見よう見まねで繰り返しチャレンジして気がつけば乗れるようになっている子もいます。一人ひとりの子どもの育ちにあったサポートが大切です。

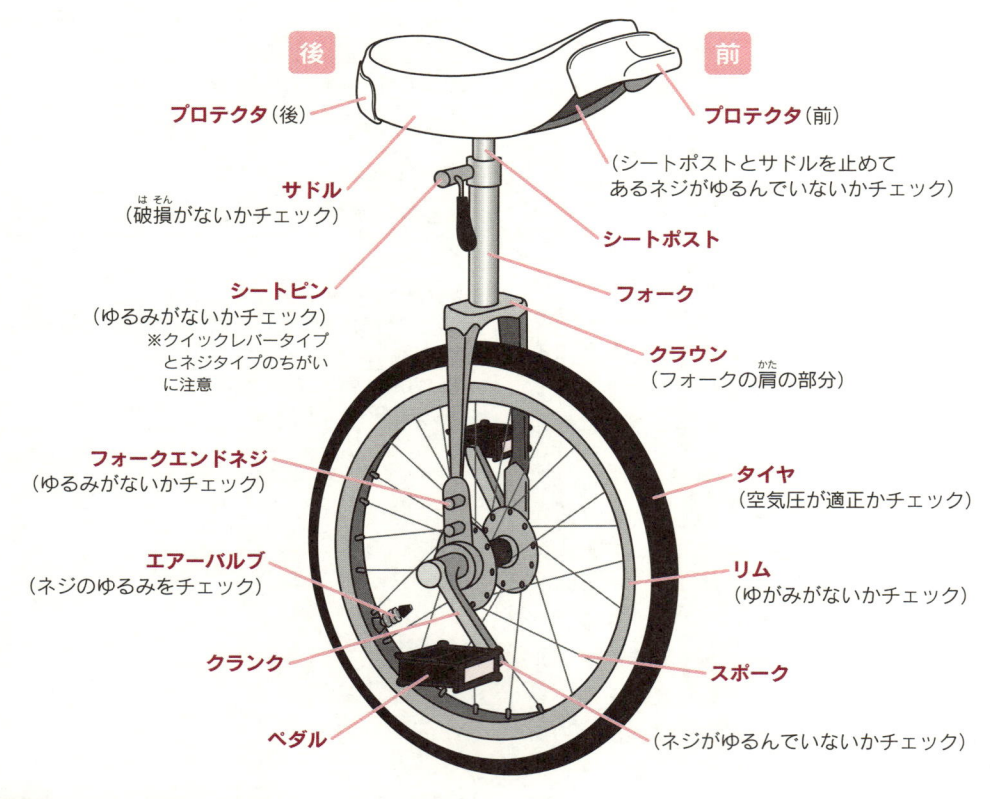

図5-8-①　「乗る前の準備と一輪車のチェック」神代（2012a, p.8）より転載

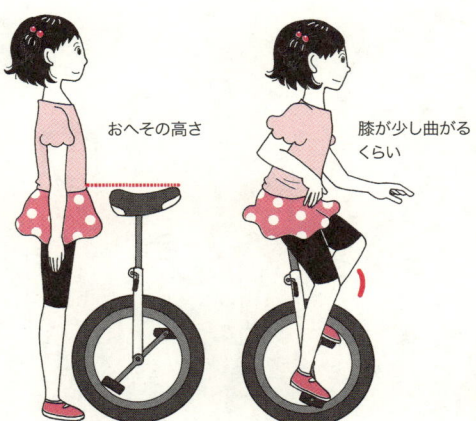

おへその高さ

膝が少し曲がる
くらい

図5-8-② サドルは「おへその高さ」で
神代（2012a,p.10）より転載

タイヤを軽く前後に回して、両方のペ
ダルが水平になるようにしましょう

ペダルにたってみよう
目線はまっすぐ

ストンと座ろう

図5-8-③ 「正しい姿勢を確認」 神代（2012a,p.22）より転載

上半身全体を枚に進める漢字で後ろの足を
引き上げるように軽くペダルを回す

クランクが垂直になるところがいちばんバランスがくずれやすいので
水平になるところまでスッ！と回します

図5-8-④
「ペダルを1回転ずつ前に進める」
神代（2012a,p.25）より転載

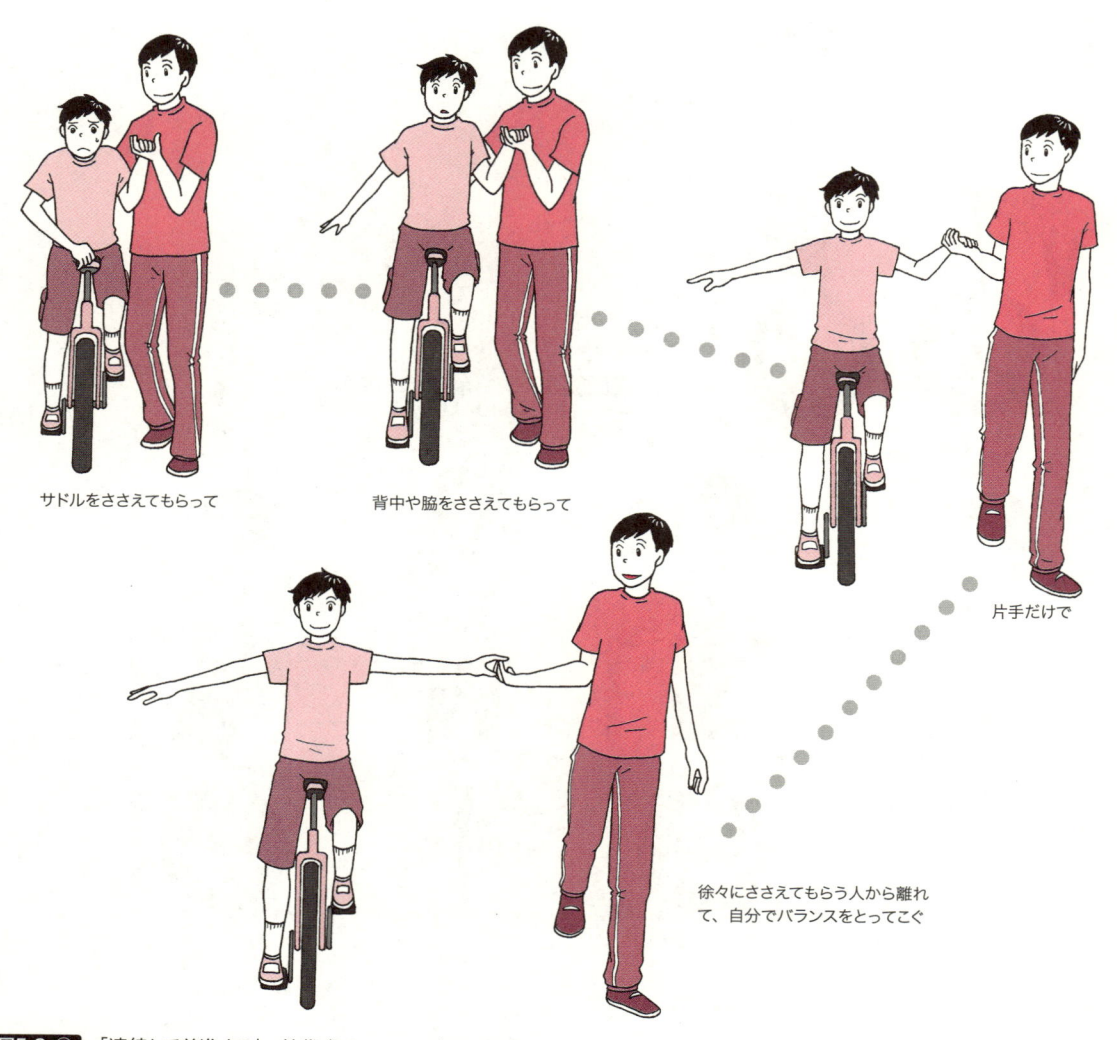

サドルをささえてもらって

背中や脇をささえてもらって

片手だけで

徐々にささえてもらう人から離れて、自分でバランスをとってこぐ

図5-8-⑤ 「連続して前進する」 神代（2012a,p.27）より転載

■ 8段階練習メニュー

	練習メニュー	✓
1	手すりにつかまってサドルに姿勢良く座り、足の力を抜く。	
2	手すりにつかまって、ペダルの上でヒザを伸ばして立ったり、座ったりする。タイヤを前後に揺らすように少し回転させてみる。	
3	手すりにつかまり、へっぴり腰にならないように注意しながら歩くような感じで半回転ずつ前に進む。	
4	手すりにそって、姿勢が崩れないようにしながら、1回転ずつ前に進む。	
5	手すりにそって連続してタイヤを回転させ、前に進む。	
6	2メートルくらい前の目標（壁や補助者）に向かって、手すりから手を離して進む。	
7	4～5メートル前に目標に向かって、手すりから手を離して進む。	
8	力を入れすぎたり、急いだりしないで、できるだけ長く進む。	

小学校技術認定

（公益社団法人　日本一輪車協会）

　日本一輪車協会の技術認定基準です。10級から1級までの検定で、13種目の技術があります。

10級　補助なし乗車

何もつかまらずに乗車し、20m以上前進する。

判定基準：補助なし乗車の方法は自由。降車は、サドルをつかんで後方降車

アドバイス：下を向かずに背筋を伸ばして、肩の力を抜きましょう。

9級　円周前進

直径10mの円に沿って、左廻り、右廻り各1周以上

判定基準：円の外側に沿って走行、線を踏んだりフラついたら不合格。

アドバイス：ももでサドルをはさむようにすると安定します。

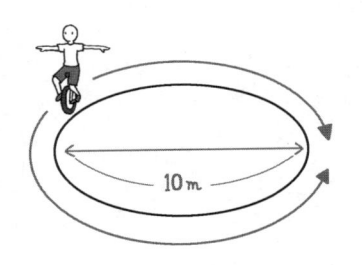

8級　8の字前進

直径3mの円を2つ合わせた8の字に沿って、前進で一周以上走行

アドバイス：目線を円の反対側に向けて、肩を内側に軽くひねるとスムーズに曲がれます。

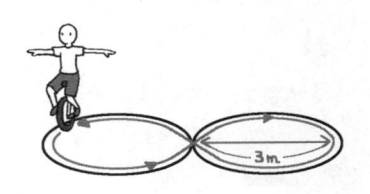

7級　50mスプリント1

16インチ（17秒以内）、18インチ（15秒以内）、20インチ（13秒以内）

アドバイス：体を前傾させて、重心を前に移動させ、足の力を抜いて、速く回転させます。サドルの前を手で押さえるとふらつかずに真っ直ぐ走れます。

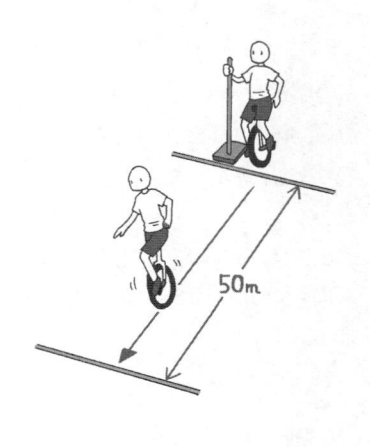

6級　アイドリング

任意の足を軸に10往復以上

アドバイス：頭を中心に振り子になったつもりで。膝が痛いときはサドルが低すぎます。

5級（2種目）

バック直進

何もつかまらずに前進からバックに切換えて、20m以上走行

アドバイス：後を良く見てから乗ります。姿勢を良くして、お尻が下がらないようにしましょう。スピードが出過ぎないように注意しましょう。

片足アイドリング

任意の足を軸に10往復以上

アドバイス：外した方の足はフォークの肩にのせると安定します。

神代（2012a,p.46）より転載

5章　子どもと遊び

4級（2種目）

片足走行

任意の足を軸に 20m 以上片足走行

アドバイス：ペダルが真下に来る直前に力を抜いて、足を引き上げるくらいのつもりでペダルが上がって来るのを邪魔しないようにします。

横乗り乗車

任意の足を軸に行い、アイドリングか前進に移る

アドバイス：サドルを持った腕が伸び切るまで車体を傾けると、美しく、乗りやすい。あわてずに優雅に乗りましょう。

3級（2種目）

連続スピン（3回転）

直径 1m 以内で 3 回転以上連続してスピン

アドバイス：外側の膝を内側に向けるようにしてみましょう。

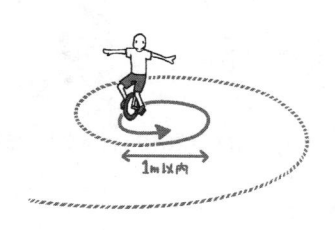

蹴り上げ乗車

任意の足を軸に、蹴り上げ乗車しアイドリングに移る。

アドバイス：サドルがおしりの下に来るまで足で案内しましょう。

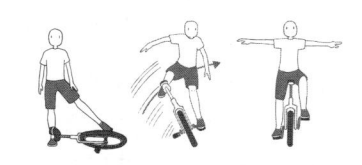

2級（2種目）

連続スピン（10回転）

直径 1m 以内で 10 回転以上連続してスピン

アドバイス：下を見ずに目線は水平にして、一定の速さでペダルを踏み続けます。

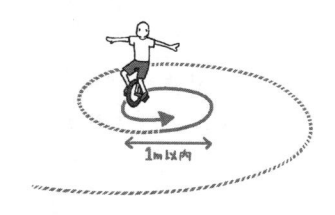

8 の字片足走行

直径 3m の円を 2 つ合わせた 8 の字に沿って、片足で一周以上走行

アドバイス：体重を完全にサドルにかけ、車輪をムラなく回します。

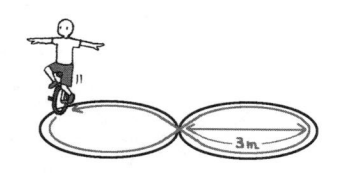

1級（2種目）

50m スプリント 2

16 インチ（15秒以内）、18 インチ（12.5秒以内）、20 インチ（11秒以内）

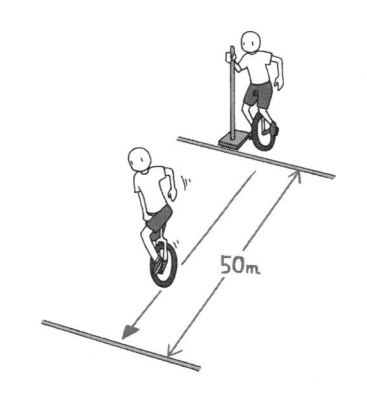

8 の字バック

直径 3m の円を 2 つ合わせた 8 の字に沿って、バックで一周以上走行

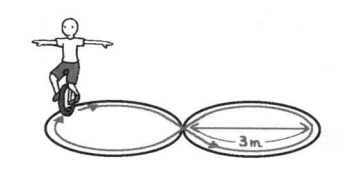

神代（2012a,p.47）より転載

5　子どもの権利条約と遊び

1. 権利条約を知っていますか？

Q1 あなたは「子どもの権利条約」を知っていますか？

☐まったく知らない

☐ほとんど知らない（名前は知っている）

☐少しは知っている（内容をいくつか言える）

☐よく知っている

Q2 家庭や学校、地域の中で子どもの権利は守られていると思いますか？

☐よく守られている

☐まあまあ守られている

☐あまり守られていない

☐まったく守られていない

Q3 「Q2」の回答のように感じたのはなぜですか？具体的な事例を挙げて下さい。

Q4 「子どもに権利を教えるとわがままになるから良くない」という意見についてあなたはどう思いますか？

2. 子どもの権利条約ってなあに

　「子どもの権利条約」は、1989年、国連で採択された、子どもの権利に関する基本的な条約で、2016年現在、アメリカを除く196の国が批准しています。アメリカは、国連での採択には賛成しましたが、調印していません。日本は、国連の採択から遅れること5年後の1994年、109番目に批准しました。

　「条約」は、その国の憲法に次ぐ拘束力をもつもので、批准した国々は、その国の法律や制度を条約の精神に沿って整備・改善する義務を負うことになります。国連はこの国際的な条約が各国で活かされているか、条約に反するような制度や社会的慣習が放置されていないかを監視し、改善すべき点がある場合には勧告を行います。

　「子どもの権利」を豊かにするための条約ですから、親や教師・保育者を始め、行政、司法、医療、警察など、あらゆる子どもにかかわる人たちがこの条約を理解し、それぞれの現場で制度改善や権利実現のための実践に取り組むことが必要です。そして、何よりも子ども自身が権利の主体者として、この条約に示された権利を行使できるよう配慮されなければなりません。

　けれども残念ながら、日本での「子どもの権利条約」の周知度は十分ではありません。

　千葉県の我孫子市で平成15年から3年ごとに行われている「『子育て』『子育ち』環境等に関する総合調査」では、権利条約をよく知っている子は平成18年の10.8％から平成24年には、わずか3.3％に激減。名前だけは知っていると答えた子も35.4％から21.5％と2/3になり、まったく知らない子が7割にもなっています。市民の回答も、よく知っているのは1割未満、まったく知らない人が4割を超えています。教師ですら5割以上が「名前だけ」、「まったく知らない」と答えています。

（2）子どもの権利条約の認知度

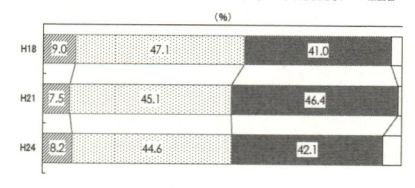

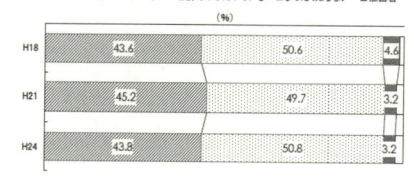

「子育て」「子育ち」環境等に関する総合調査の経年分析（我孫子市子ども部子ども支援課,2014年）

　子どもの権利についての無知、無理解状態が進んでいることは看過できません。保育、教育にかかわろうとするものは、まず、この条約を理解し、子ども・親・市民全体のものになるよう努力する責務があるのです。

3. 子どもにはどんな権利があるのか

　第1部の41の条文に示された権利には次のようなものがあります。

差別されない権利（第2条）

生きる権利（第6条）

意見を表明する権利（第12条）

表現の自由（第13条）

思想、良心、宗教の自由（第14条）

結社・集会の自由（第15条）

プライバシーと名誉が守られる権利

（第16条）

虐待、放任から守られる権利（第19条）

健康、医療の権利（第24条）

生活水準が保証される権利（第27条）

教育を受ける権利（第28条）

休息、余暇、遊び、文化、芸術の権利

（第31条）

経済的搾取から守られる権利（第32条）

性的搾取、虐待から守られる権利（第34条）

責任は親にあることが繰り返し述べられていますが、そのことを強調するあまりに国の責任を後退させてはいけません。教育、児童福祉など、子どもにかかわる機関で働く者は、その国の制度・政策に従って仕事をするわけですから、子どもにとっては、権利条約実現のための一番身近なパートナーとならなければなりません。

〈その他の条文〉

第4条	立法・行政その他の措置
第5条	親その他の者の指導
第7条	名前・国籍を得る権利
第8条	身元の保全
第9条	親からの分離禁止
第10条	家族再会
第11条	国外不法移送・不返還の防止
第18条	親の第一次養育責任
第20条	代替的養護
第21条	養子縁組
第22条	難民の子どもの保護・援助
第23条	障害児の権利の国際協力
第25条	措置された子どもの定期的審査
第26条	社会保障への権利
第30条	少数者・先住民の子どもの権利
第32条	経済的搾取からの保護
第33条	麻薬・向精神薬からの保護
第35条	誘拐・売買・取引の防止
第36条	他のあらゆる形態の搾取からの保護
第37条	自由を奪われた子どもの適正な取扱い
第38条	武力紛争における子どもの保護
第39条	心身の回復と社会復帰
第40条	少年司法
第41条	既存の権利の確保

（ユニセフ訳）

5章

子どもと遊び

難民の子どもの問題や、開発途上国での人身売買、児童労働から子どもを守る課題、戦争や紛争から子どもを守る課題、無国籍児の問題、障害者やマイノリティ、先住民の子どもの権利を守る課題など、国際的な課題や問題を国の責任で解決していこうという崇高な意思を持っているのがこの条約の特徴の一つです。

これらの課題は、一部の国だけの問題ではなく、経済のグローバル化、激しい競争社会の格差拡大の中で、日本でも「子どもの貧困」が拡大し、児童ポルノ、JKビジネスに取り込まれる子どもが増えていることなど、大きな問題を抱えています。

さらに権利条約は、親のいない子の権利、事件や犯罪を犯してしまった子のケアの問題など、子どもにかかわるあらゆる問題に関して、子どもを一人の人間として捉えるだけでなく、その発達段階に即して、子どもにとって最も適切な対応ができるよう求めています。

条約は、国と国の約束なので、その実現のために最も努力しなければならないのは、「国」です。子どもの権利条約の中では、養育の第一義的

4. 平和への誓いと権利条約

　1945（昭和20）年、世界中を戦火のうずに巻き込んだ第二次世界大戦が終わりを告げました。同年10月、国際的な協力関係の中で、平和を追求するとともに人権や基本的自由の尊重を促進することを目的として国際連合が正式に発足し、1948年には、すべての人は平等であり、それぞれが同じ権利を持つとした「世界人権宣言」が採択され、宣言の趣旨のもと、差別され、虐げられてきた人たちの権利回復・充実のための条約が次々と作られました。

〈権利条約の歴史〉

1945 年	第二次世界大戦終了
	国際連合発足
1948 年	世界人権宣言
1959 年	児童の権利宣言
1965 年	人種差別撤廃条約
	（1995 年日本批准）
1966 年	国際人権規約
	（1979 年日本批准）
1978 年	「子どもの権利条約」草案提出
1979 年	国際児童年
	女性差別撤廃条約
	（1985 年日本批准）
1989 年	子どもの権利条約
1994 年	「子どもの権利条約」日本批准
2006 年	障害者の権利条約
	（2014 年日本批准）

　子どもの権利に関しては、1959（昭和34）年に「児童の権利宣言」が採択され、子どもとしての権利をそれぞれが持っていることが宣言されました。

　1978（昭和53）年「子どもの権利条約」の草案がポーランド政府から提出され、「児童の権利宣言」20周年にあたる1979（昭和54）年を「国際児童年」として、世界中の人が子どもの権利について考える契機にしようと呼びかけました。日本でも官民あげての取り組みが展開されました。

　それからさらに10年の年月を経て、1989（平成元）年、ようやく「子どもの権利条約」が国連で採択されることになったのです。人権宣言から約40年が過ぎてようやく陽の光をあびることができた子どもの権利ですが、先にも述べたように、批准から20年以上経った現在でも日本の中ではその認識、理解度は低く、その実現のためには、さらに多くの年数を費やさなければならないような現実があります。

5. 遊びの権利

　子どもの権利条約31条には、「遊ぶ権利」が明示されています。

第 31 条

1　締約国は、休息及び余暇についての児童の権利並びに児童がその年齢に適した遊び及びレクリエーションの活動を行い並びに文化的な生活及び芸術に自由に参加する権利を認める。

2　締約国は、児童が文化的及び芸術的な生活に十分に参加する権利を尊重しかつ促進するものとし、文化的及び芸術的な活動並びにレクリエーション及び余暇の活動のための適当かつ平等な機会の提供を奨励する。

　この条文のポイントは2つです。ひとつは、子どもは遊び、レクリエーション、余暇の活動、文化的・芸術的活動の権利を持っているということ、もうひとつは、国がそのための機会を保証しなければならないということです。

　けれども、多くの国で、これらの権利の意義についての理解が不十分であるとして、国連子どもの権利委員会は、2013（平成25）年に「**ジェネラルコメント No.17**」（以下、GC17）を採択し、各国に提示しました。そこでは、遊びやレクリエーションの意義について次のように明らかにしています。

> 遊びやレクリエーションは子どもたちの健康と幸福にとって極めて重要あり、創造性、想像力、自信、手際の良さ、および社会的・認知的・感情的な強さや技能を促進する。遊びやレクリエーションは、「学習」のあらゆる側面に貢献し、生活の一部であり、純粋にそれらが与える喜びや悲しみの観点からして子どもにとっての固有の価値である。
>
> 特に幼年期においては脳の発達において重要な役割を果たすことが強調されている。遊びやレクリエーションは、子どもたちが交渉し、感情のバランスを取り戻し、対立を解決し、決定を行う能力を促進する。
>
> 遊びやレクリエーションへの参加を通じて、子どもたちは実践的に学ぶ。子どもたちは自分たちのまわりの世界を体験し、経験する。新しい考えや新しい役割や新たに経験したことを試し、その実践によって子どもたちは世界における自分たちの社会的位置を理解し、それを構築できるようになる。
>
> （パラグラフ9）傍線は筆者

さらにGC17では、十分な休息や睡眠の保証、自由で束縛のない自由裁量の時間としての余暇の保証、何らかの目的のための手段としてではないそれ自体の楽しみのための遊びの保証、自発的なレクリエーションの保証、子どもの年齢に適した活動の保証、文化や地域社会の中から発生する文化的生活への自由な参加の保証などについて、ていねいな解説を行っています。

あらためて強調するまでもないことですが、重要なことは、子どもの自発性、自己決定、自由がきちんと保証されてこそ、遊びやレクリエーションの意義が豊かになるということです。この章の第1節で述べたように、日本では、これらの諸権利の実現がきわめて貧弱であり、むしろますます衰退するのではないかという危惧があります。

「子どもがやりたいと言うから」と自己選択したように装いながら、実は、おとなたちや指導者が管理する遊びやレクリエーション、文化・ス

ポーツなどの活動に子どもを通わせることが当たり前のようになっています。おとなたちがていねいにかかわることは、子どもたちにとっても喜びになり、いい効果を生むこともありますが、ともすると、指導者の言うことをよく聞くことが強調され、口ごたえは許されず、「大きな声で挨拶する」とか「礼儀正しく」といった心の価値観までが強制されることが少なくありません。

こうした傾向に対してGC17は、「大人の管理の行きすぎ」や「強制的なゲームやスポーツまたは若者組織への強制的参加」、「上から押しつけられる」文化的生活や「干渉」を厳しく戒めるとともに、「体系化・計画化されすぎたスケジュール」の押しつけによって、「子どもたちの身体的・感情的・認知的・社会的な幸福が損なわれる場合がある」ので、おとなや指導者は、31条に示された諸権利をよく理解し、子どもの発達要求に即してサポートするよう努めなければならないことを指摘しているのです。

このGC17は、遊びを中心として乳幼児にかかわる保育者はもちろんのこと、遊びは「発達の本質的要素」であるから「学習のあらゆる側面に貢献」するという指摘から小中学校の教員および、子ども期の成長にかかわる人々すべてが熟読し、理解し、実践に結びつけていく必要があります。

＊パラグラフ10、14、42

6. 結社の自由は不可欠な要素

GC17では、おとなが子どもの遊びやレクリエーション、文化・芸術活動に過剰にかかわることを繰り返し戒めています。

それは、なによりも、これらの権利は、子どもたちの自発的な活動が基本であり、そうであってこそ、子どもの人間的な成長・発達に寄与できるという認識に立っているからです。

ジェネラルコメントは、あたりまえのことのように思えるこのことが、現実の社会の中では子どもたちにきちんと保障されていないことを危惧し、世界中のおとなたちが子どもの権利の本質を理解して行動することを促すために発表されたも

のであり、私たち、子どもにかかわる者たちは、特に深く学ぶことが必要です。

　GC17では、31条と他の条文とのかかわりについても解説しています。その中で注目したいのは15条（結社・集会の自由）とのかかわりでの指摘です。

　（前略）結社の自由は、第31条の不可欠の構成要素である。

　子どもたちは、大人と子どもたちとの関係においてはめったに実現されることのない創造的な遊びの形態を他の子どもたちといっしょに作りだす。

　子どもたちは、協調性、寛容、共有、融通性を学ぶために、両性の仲間や、異なる能力、階級、文化、年齢を持った人たちと交わる必要がある。

　遊びやレクリエーションは友好関係形成の機会を作りだし、市民社会の強化、子どもの社会的、道徳的、感情的発達の促進、文化の形成、および地域社会の建設において有効な役割を果たす可能性がある。

　締約国は、地域社会レベルで子どもが自由に交わることのできる機会を増やす必要がある。また、締約国は、子どもたちによる団体の設立、加盟、脱退の権利、および平和的な集会の権利を尊重し、支持する必要がある。ただし、子どもたちは決して組織への参加や加入を強制されてはならない。

（パラグラフ21）傍線は筆者

　子どもたちが多様性のある異年齢の集団（子ども団体・子ども組織）を作り、創造的な遊びや文化のつどいを主催（主宰）すること、そうした活動が継続して行われることが、子どもたち一人ひとりの成長の保障となるのみならず、市民社会を豊かにする保障となるとコメントは述べています。

　子ども団体・組織が、期待される役割を果たす上で重要になるのは、子どもたち自身による民主的な自治が貫かれることです。国内には様々な子ども組織（地域子ども会、スカウト、少年団など）がありますが、条約の31条、15条の精神に沿って自立と自治が確立されている団体はそう

多くはありません。「子どもたちによる団体の設立、加盟、脱退の権利、および平和的な集会の権利を尊重し、支持する」行政やかかわるおとなたちのスタンスが確立されていないことが大きな原因の一つと考えられます。

　おとなの管理下にある学校や園も、異年齢の子どもたちが集う場と考えれば、そこにも「両性の仲間や、異なる能力、階級、文化、年齢を持った人たちと」交わりながら、「大人と子どもたちとの関係においてはめったに実現されることのない創造的な遊びの形態を他の子どもたちといっしょに作りだす」実践が必要不可欠となります。

　おとなたちと子どもたちの「権利」を仲立ちとした自立した関係作りが学校・園・地域生活のあらゆる場で豊かに展開されること、そのような社会性のある活動をコーディネートする力を教育者・保育者は培うことが大切です。

7. 何もしない権利

　ここで、もうひとつ大事な視点について、簡単に触れておきます。それは、「何もしない権利」ということです。

　GC17では、遊びやレクリエーションなどの有意義な活動について述べ、それが行われる「自由で束縛のない時間」として「余暇」を定義しています。と同時に、「義務や気晴らしや刺激のない時間と空間として定義された余暇も必要」で、「子どもたちはその余暇を自分たちの思うままに、活動的に過ごしたり、なにもしないで過ごしたりできる」としているのです。

　児童館や学童保育、放課後教室に来た子どもたちの中には、ソファーや床にゴロゴロ寝そべったり、座り込んでぼーっとしている子どもたちが少なくありません。子どもの居場所づくりに取り組んでいる人たちからも、「何もしなくていいと言うことが子どもたちに安心感を与えているようだ」という声を数多く聞きます。

　「ゴロゴロしているならちゃんと寝なさい！」とか、「ぼーっとしてないで何かしよう！」というように、積極的に「休む」とか「行動する」こ

とをおとなは子どもに求めがちになりますが、休むことも行動することもない、ぼんやりしている時間も余暇の過ごし方の一つとして保証すべきと説いているのです。

学校や家庭、放課後の生活で疲れ果てて、「何もしたくないけど寝ちゃうのもな～」と思っているかもしれません。ぼーっとしているように見えながらも、頭の中では、いろいろと溜まっているものが駆け巡っていたり、何かを考えていたり、空想に浸っているのかもしれません。光に反射する目の前の塵の動きや窓越しの光の揺らめき、風の音、周囲に渦巻く音を楽しんでいるのかもしれません。体の中から聞こえてくる鼓動や音を心地よく感じて身を任せているのかもしれません。

何もしないことを否定的に捉えるのではなく、その瞬間も子どもは内外の世界と能動的にかかわり、成長し、発達し続けていると捉えることで子ども理解も一段と深まります(UNCRC,2013=2013)。

＊パラグラフ13

8. 私たちが考えなければならないこと

私たちの周りにいる子どもたちの暮らしはどうなっているのでしょうか。

・貧困で苦しい生活を送っていたり、高校や大学の進学を諦めなければならない子どもたちがたくさんいます。（子どもの貧困率 16.3%　平成27年子ども・若者白書）

・いじめやからかいで悩んでいる子どもたちがいます。（いじめの認知件数 188,057 件　平成26年文部科学省）

・さまざまな理由から学校に行くことができない子どもたちが増えています。（小中学校の不登校 122,097 人　平成26年文部科学省）

・高校を中退したり、引きこもりになる若者が70万人以上います。（高校中退5万人、引きこもり推定70万人　平成26年子ども・若者白書）

・長い授業時間に加え、通塾やさまざまな課業に追われて自由に遊ぶこともできず、疲れ果てて

いる子どもたちがいます。（日常的に疲労を感じることがある小学2年生33%，中学2年生60%　2002年中央教育審議会答申「子どもの体力向上のための総合的な方策について」）

・子どもたちの意見をちゃんと聞いてくれなかったり、体罰をする人たちがいます。（学校における体罰 1,126 件　平成27年体罰の実態調査文部科学省）

・自分は孤独だと感じたり、自分に自信が持てなかったり、将来への明るい希望が持てない子がたくさんいます。（孤独感 29.8% ユニセフ 2007年、自分への満足度 54.2%・ゆううつ感 77.9%、希望が持てない 38.4% 平成26年度子ども・若者白書）

・いじめや虐待で傷つけられたり、殺されたり、生きることが辛くなって自殺する子が少なくありません。（虐待9万件　平成26年厚生労働省、学生・生徒の自殺 866 人　平成26年度警察庁自殺統計）

・禁止事項が多く、思い切って遊ぶことのできない児童遊園。大勢で遊んでいたら「うるさい」と110番されたり、中学生が夕方に公園で集まっておしゃべりしていたら、通報されたという現実もあります。

こうした日本の状況に、2010年、国連子どもの権利委員会は、政府に対して、条約の実現状況に関する第3回最終所見を提示しました。

この所見には、私たちが解決しなければならない問題があらゆる分野に挙げられています。

・日本の子どもたちの自己肯定感や幸福感がとても低い。（パラグラフ 60）

・子どもの数が少なくなっているのに、過度な進学競争への不満が大きくなっている。（パラグラフ 70）

・高度に競争主義的な学校環境が、いじめ、精神障害、不登校や登校拒否、自殺の原因の一端になっている。（パラグラフ 70）

・子どもの遊びの時間や自主活動を促進し、容易

にする取り組みを支援すること（パラグラフ 76）

子どもの学校や地域生活が窮屈で競争的になっていることに対する厳しい指摘です。第一義的には、国や行政が制度・政策を改善し、権利と福祉向上に努めなければならない責務がありますが、同時に、私たちは現場で子ども本来の権利をたいせつにする子育てや教育を、子ども・親の主体的参加の中で進めていくことが必要です。

遊びは子どもの権利（あそび万博 in TOKYO で）

付記1：

2016（平成28）年5月、児童福祉法が改正され、第1条に、「全て児童は、児童の権利に関する条約の精神にのつとり、適切に養育されること、その生活を保障されること、愛され、保護されること、その心身の健やかな成長及び発達並びにその自立が図られることその他の福祉を等しく保障される権利を有する。」（傍線筆者）ことがようやく明文化されました。権利条約の批准から22年が過ぎています。

付記2：

2017（平成29）年2月14日、文部科学省は幼稚園教育要領（案）及び小中学校学習指導要領（案）を発表しました。幼稚園は2018年度から、小学校は2020年度から、中学校は2021年度から完全実施されます。この改定では、「社会の変化が加速度を増す中で、これから学んでいく子供たちが大人になる2030年頃の社会の在り方を見据えながら、どのように知・徳・体にわたる『生きる力』を育むのかを重要視」し、「一方的に知識を得るだけでなく、『主体的・対話的で深い学び』」から授業を改善し、「これからの時代に求められる資質・能力を身に付け、生涯にわたって能動的に学び続けること」を目指すとしています。（引用は文部科学省 2017/2/14HP 発表）

改定案では、生きる力を育む上で、自然や文化芸術などの体験活動の充実や「体づくり」活動の充実を挙げています。また、小学校学習指導要領では、あらゆる教科に渡って「遊び」や「遊び活動」を軸にした「学び」を掲げています[5]。

（本章のイラストは下田麻美氏の作成です。）

[注]

1　NPO日本冒険遊び場づくり協会　世田谷区野沢 のざわテットーひろば内　03-5430-1060　2004年設立

2　NPO東京少年少女センター　渋谷区代々木にオフィス 03-3379-7479か info@children.ne.jp　1982年創立

3　梁塵秘抄　巻第二　四句神歌雑 三五九

4　ストップモーションスタジオ　http://www.cateater.com/ stopmotionstudio/（2017年2月14日閲覧）

5　文部科学省ホームページURL　http://search.e-gov. go.jp/servlet/Public?CLASSNAME=PCMMSTDETAIL& id=185000878&Mode=0（2017年2月14日閲覧）

6章 子どもと自然

1 子どもと自然

1. 自然はみんなを待っている

　ドアを開けて表に出てみましょう。

　夏の陽射しの暑さ、冬の太陽の暖かさ、揺らめく木洩れ陽、お日様が創る光と影のコントラスト。影踏み遊びでもしてみましょうか？虹色に光るシャボン玉を楽しみましょうか？

　じっとりとした梅雨時の空気、さらっとして肌触りが心地よい春秋のそよ風、思わず身震いする初冬の朝、身を切るような痛さを感じる木枯らし。木の葉をくるくると巻いあげる小さなつむじ風。子どもは風の子、風に向かい、風を追い、風と遊ぶ。タンポポのタネを舞い上がらせてみましょうか？凧揚げ遊びはどうかしら？

　園庭や広場の土を触ってみましょう。太陽に照らされてほんわかと温まった土。水に濡れてひんやりとした土、乾燥してサラサラになった土、固まりカチコチとなった土。黒い土、赤い土、茶色い土、緑っぽい土、灰色の土、白い土、土にもいろんな表情があります。

　水を流すとドロドロぐちゃぐちゃ、ヌルヌル。手足に塗りたくったり、顔につけてお化粧したり、最後は泥の海を泳いだり、土と一体になる心地よさを感じてみませんか？

　蛇口から勢いよく流れ落ちる水に手をかざしてみる。滑り落ちる水の心地よさ、跳ねるしぶきはあたり一面にキラキラとした光を放ちながら飛び散っていく。つかもうとしてもつかむことのできない水。ジャバジャバ、ピチャピチャ、ポタンポタン、ビッタンビッタン。跳ね落ちた水や水滴が奏でる音楽。

　近くに小川があったら耳を澄ませてみましょう。流れ下る音、岩を喰む音、岸辺に絶え間なく打ち寄せ、小石の間を縫うたくさんの流れの小さなハーモニー。真夏の暑い日、水の中に飛び込んだ時の爽快感、水の中の景色のゆらめきにときめく心。

　川や池にはたくさんの生き物が息づいています。水面を滑るように進むアメンボ、おたまじゃくし、メダカやクチボソ、コブナ、ゲンゴロウにミズスマシ、いかにも強そうなタガメやミズカマキリ、ザリガニ、ヤゴやカゲロウ、イモリやサンショウウオ。水中の生き物を狙って、鳥たちも集まってきます。水は様々な命を育んでいます。箱メガネ・魚取り網・ビクを持って水辺に出かけましょう。

　ふだん何気なく歩いている道の道端、遊んでいる広場の隅をちょっとのぞいてみましょう。四季折々、様々な草花が芽吹き、葉を茂らせ、花を咲かせているのに気付くでしょう。

　春の七草にもなっているペンペングサ（なずな）、ハハコグサ（御形）、ハコベ（ハコベラ）、コオニタビラコ（ホトケノザ）やタンポポ、ツクシ、ヨモギ、ユキノシタ、ギシギシ、カタバミ、スミレ、イタドリなど食べられる草もたくさん見つかります。

　ムラサキカタバミやスミレの花、松葉やオオバコ、オヒシバの葉を使っての草相撲遊び、タンポポの水車や笛や指輪、レンゲの花輪、メヒシバのカンザシ、エノコログサの虫、笹の舟、笹笛、ツバキの実の笛、オシロイバナやツユクサ、アサガオの花を使っての色水遊びなどなど、道端の草花

は子どもたちが遊びに来るのを待っています。

　子どもたちは木登りが大好き。登れたという達成感、高いところから見下ろすいつもとは違って見える風景、ゆらゆらと揺れる枝に乗る心地よさ、飛び降りた時の浮遊感、木は様々な感覚を研ぎ澄ませてくれます。

図6-1　木登りを楽しむ保育園児

　ユスラウメ、グミ、クワ、コウゾ、ビワ、ザクロ、カキ、シイなどの実はちょっとしたおやつにも。木の枝はバットにも刀にもなり、小刀1本あれば、様々なものをクラフトできます。

　水も土も空気も太陽も風も草花や木も動物も土や水の中にいる微生物も足元に転がる石ころも46億年の地球の歴史の中で誕生し、生まれ変わりながら、今、私たちの身の回りを構成しています。人間もまたその過程の中で進化し、文明を築き、文化を発展させ、現代に至っています。数百万年の人類の歴史は、地球の歴史から見ればほんの一瞬の出来事にしか過ぎません。その人間が地球の生命に対して重大なインパクトを与えてしまっています。文化・文明の発展とともに、自然の営みと人間の生活が乖離し、圧倒的な消費行動

の中で自然を脅かすだけでなく、自らの生命力も脅かしかねない状況になってきているのです。

2.　人間も自然の一部

　人間も自然の一部分であり、自然が豊かな遊びや生活をもたらしてくれるように、人間もまた、自然に対して豊かなものをもたらさなければなりません。特に、身体的にも精神的にも発達途上にあり、自然を大きく変えるような産業や労働にかかわることのない子どもは、存在そのものが自然です。

　草陰に潜む小さなものや動くものを素早く見つける子どもたち。ちょっとしたことも不思議だなと思って注視したり、触れてみようとする好奇心、おとなになるに連れて失われてしまうような力で子どもたちは自然と向かい合っています。自然の中に小人や妖精、妖怪を見つけてワクワクドキドキしたりするように、幼少期、少年期特有の感性や心性を持って多様・多彩に自然とかかわろうとしています。

　子どもたちの自然への行動を、ともするとおとなたちは、「危ない」「汚い」と言って、制止しようとすることが少なくありません。確かに自然は、必ずしも安全なものでも清潔なものでもないかもしれませんが、そもそも人間（おとな）のそういう価値観とはかかわりなく「存在」し続けてきているのです。生命を脅かすような危険やリスクを回避することは必要なことですが、必要以上にネガティブなイメージで決めつけ、子どもたちを自然から遠ざけることは、子どもの生命の成長・発達にとって大切な栄養素を大きく欠くだけでなく、歪めてしまうことすらあることを考えなければなりません。

　幼稚園、保育園、小学校などで、生活づくりと学び作りを通して、自然の豊かさと多様に向き合えるような環境を整えたり、一定のカリキュラムを通して意図的にかかわりを広げて行くことも大切です。また、園や校内での取り組みだけでなく、町や生活圏全体にも視野を広げ、親や地域のひとたちを巻き込みながら、自然と共に暮らすこ

と、育ち合うことの理解を広げていくことが望まれます。

図6-2 落ち葉で遊ぶ

3. 命のつながり

　人間は、自然を体内に取り入れることで生命を維持しています。呼吸することで酸素を体内に送り込み、不要になった二酸化炭素を吐き出します。二酸化炭素は、草や木の葉の光合成によって炭水化物となり、植物の栄養になります。さらに植物に取り入れられた水は、光合成によって分解され酸素を大気中に放出して動物たちの生命を支えます。

　人間の体の5割から7割は「水」で占められています。生まれたばかりの赤ちゃんは7割以上が水分です。地球の歴史の中で、生物は水の中から誕生し、地上にも広がっていきました。赤ちゃんはお母さんの胎内の羊水に守られながら育ちます。水無しには命は維持できません。

　人間は、植物や動物の命をいただくことで必要な栄養とエネルギーを確保しています。自然の中でたくましく育つ植物や動物たち、彼らが蓄えた豊富な栄養素とエネルギーを効率よく、快く吸収する工夫を通して食文化を発展させてきました。増え続ける人口を支え、安定した食料を供給するために、飼育、栽培、養殖など、命を産み育てる過程を大規模に管理するようにもなりました。

　日々の繰り返しである、呼吸すること、水分をとること、食事をすることは、人間と自然の最も基本的なかかわりです。消費的生活の拡大の中で、生命維持に必要なこれらの活動（「こと」）も自然の営みから切り離され、買ってきた「もの」を消費するだけの感覚になり、自分の命と他の植物や生物との命がつながっていることに思いいたることのない生活となってしまっています。

　水も食べ物も工場で作っている「もの」であり、大気汚染が進む中で、空気すら「生」よりも、清浄器やエアコンから噴き出してく人工的な「もの」のほうに価値を感じたりしています。消臭剤や虫よけスプレーなどでガードされた生活で本来の匂いで育まれる感性が弱められています。洋式水栓トイレの発達は排泄を気持ちいいものにしてくれましたが、自分の排せつ物の匂いや色の変化に気付きにくくなってしまいました。

　原発事故での目に見えない放射能、普通のマスクを素通りしてしまう有害微粒子、建物などに使われる様々な化学物質は、人間の健康や生命を危機にさらしています。

　人間が本来持っている自然の中で調和的に生きるために必要な五感や免疫などの抵抗力、身体能力が低下したり、いびつになりかねない現代社会では、意図的・意識的に自然に目を向け、身近な自然の魅力に遊びを通して子どもたちが興味を持ってかかわれるよう配慮することが大切です。この節の次の項では、自然に気付き、自然と遊び、自然を学ぶ上で参考になる事例を掲載しています。子ども心に返って実践してみましょう。

4. 自分の中の自然に気付く

　命ある人間として大切な最も基本的なことへの

気付きを子どもたちに促しましょう。自分が吸っているもの、食べたり飲んだりしているもの、排泄しているものに目が向くように工夫しましょう。

土の匂い、水の匂い、花の匂い、草の匂い、動物の匂い、友だちの匂い、いろんなものの匂いを嗅いで表現してみましょう。雨の日の匂い、晴れの日の匂い、春・夏・秋・冬、四季折々の匂い、子どもたちはどんな表現をするでしょう。

鏡やガラスに息を吐きかけて曇らせ、絵や文字を描いてみる。寒い日、戸外でハーッとしてみる。もわもわと広がる白いものを子どもたちはどのような思いで見るでしょう。

葉っぱがいっぱいついた枝に大きなビニール袋をかぶせてみましょう。どうなっていくでしょうか。酸素を作るしくみはわからなくても、植物がたくさんの水を吸って生きていて、目には見えないけれど空気中にもたくさん放出（蒸散）していることに気づけるでしょう。

子どもは自分の体から出てくるうんちやおしっこのことにとっても興味を持っています。「うんち！」と誰かが言うとみんなが笑ったり、それがおもしろくて繰り返し言ったりします。お行儀が悪いとか言わずに、楽しく、そして真剣に話題にしてみましょう。そんなときに役に立つのが、うんちの絵本です。『ノンタン　おしっこ　しーしー』（清野幸子作・絵,1987,偕成社）、『みんなうんち』（五味太郎さく,1981,福音館書店）、『うんぴ・うんにょ・うんち・うんこ』（村上八千世文・せべまさゆき絵,2000,ほるぷ出版）、『うんこ！』（サトシン文,2010,文渓堂）などはどうでしょう。

絵本の絵のおもしろさ、ことばの楽しさ、読み語りの楽しさを通して、単なるトイレトレーニングにならずに排せつ物への関心と理解を深めましょう。

「出す」ことが先になってしまいましたが、食生活の偏りと、食の安全に対する不安の高まりの中で、自分の口に入る食材がどのように生産され、流通し、調理されて自分の健康を守っているのかについて体系的に学ぶ「食育」活動が重視さ

れるようになりました。

親世代でも「魚や鳥をさばけない」ひとが増えています。生の魚や肉に触ることに「くさい」「気持ち悪い」という表現をして憚らないひとも少なくありません。冗談のようですが、汚いからと野菜を洗剤で洗うひとも実際にいます。加工食品中心の食生活の中で、調理器具も揃っていない家庭もあります。子どもも親も多忙になる中で「孤食の子」や、貧困の拡大とともに深刻になってきている「食事抜きの子」たちも増えてきています。

一方、多くの親たちにとって、安心・安全なものを子どもにどう与えるのかは、子育ての大きな悩みの一つになっています。「離乳食を食べてくれない」「野菜（もしくは肉）を食べない」「好き嫌いが激しい」「アレルギーが不安でどう与えたらいいかわからない」「食が細い」等、様々な不安や疑問を抱えているのです。さらには、「食事時に落ち着かない」「遊び始めてちゃんと食べない」「食べ方が汚い」などの食事中の態度やマナーの悩みなど、尽きることがありません。

食料自給率は減少の一途をたどり、2010（平成22）年以降、カロリーベースで4割を切り続けています（農林水産省,2014）。また、一日に摂取するカロリーの内、コメの割合は、1960年代には5割を占めていましたが、50年後の2010（平成22）年

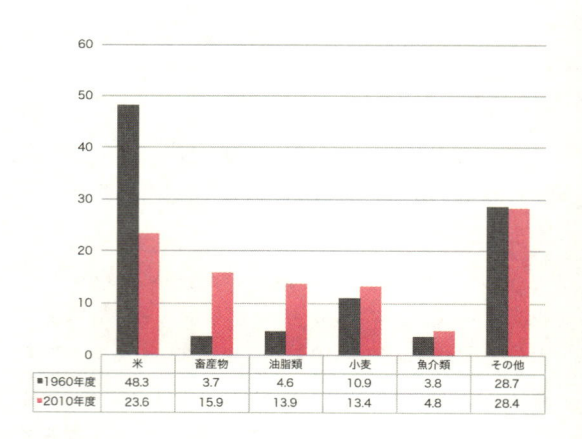

	米	畜産物	油脂類	小麦	魚介類	その他
1960年度	48.3	3.7	4.6	10.9	3.8	28.7
2010年度	23.6	15.9	13.9	13.4	4.8	28.4

図6-3 日本人1人1日あたりの食べ物割合の変化（カロリーベース　単位%）農林水産省 (2012)aff（あふ）12年5月号を元に筆者作成

には23.6％に減少し、代わりに畜産物が3.7％から15.9％に油脂類が4.6％から13.9％へと3.5倍にも増えています（農林水産省,2012）。畜産物や油脂類はそれ自体が高カロリーであるのはもちろん、カロリーベースでは、畜産物の84％が輸入もしくは輸入飼料により生産されており、油脂類に至っては97％が輸入製品となっています。コンビニやファストフードでの食事、脂を多く使ったお菓子などの間食により、摂取カロリーがオーバーしたり、栄養バランスが崩れたりして、子どものうちから生活習慣病を発症するリスクも高まっています。食の市場化は、人間として当たり前の「食」の在り方、「食生活」の在り方も根本から変えつつあり、本来、何が大切なのかを見失いかねない事態になっています。

　この節には、幼稚園での食育の実践を載せています。身の回りにある自然が「食べられる」ことに気付く、自分たちが見つけてきたものをおいしく食べるために工夫する、さらには、田んぼを借りて、主食となる稲を育てることを通して、自然の営みや自然環境の大切さを肌で感じて行く。小さな子どもたちが楽しく、時には真剣に取り組む姿を通して、親や住民もあらためて、食の大切さ、食を支える産業や文化の大切さ、そして、何よりも自然とともにある命の大切さと意味に気付いていきます。規模の大小はあれ、全国の様々な幼稚園・保育園・学校がこうした総合的な食育活動・自然活動を展開しています。それらの実践からおおいに学びとっていきましょう。

5. 自然は学びの宝庫

　様々な命が息づき、地球の歴史の一端が顔を覗かせている自然。子どもたちは、遊びを通して、自然の魅力に気付いたり、それぞれがもつ特徴を活かしたり、自然と一体となる快さを感じます。常に動き、変化する自然は、好奇心と探究心を呼び起こし、対象を見つめ、見極めようとする力を育てます。

　身近なものに継続的にかかわり、観察することで、自然の生命力、不思議さに驚きと感動を覚え

ます。様々な行動や観察の中で発見したことは、魂を震わせるほどの喜びとなり、心に深く刻まれます。

　自然の中での豊かな体験は、生物、化学、地学、天文、気象、物理などあらゆる自然科学の学びの基礎です。飼育や栽培活動は、地域や社会のあり方や人間のもつ価値観や思想などにも触れることになり、経済学や社会学、哲学などにも結びついていきます。

　子どもの頃、河原に転がっているお気に入りの石をポケットがパンパンになるまで詰めて帰った覚えがあるひとも多いでしょう。色とりどりの石、縞模様のものがあったり、豆餅のように別の粒が混ざったもの、つるんとしたもの、ゴツゴツしたもの、割れやすく、崩れやすいもの、一つとして同じ形のものはありません。中には、大昔の貝や植物の化石が入っているものもあります。

　水に濡らして石を光らせて並べたり、透明なペットボトルの中に小石と水を詰めて色の違いを楽しんだり、石の色と形を何かに見立ててストーンアートをしたり、小さな石をたくさん集めて色の違いを生かしたアートを作って見るのも楽しい作業です。

　石ころで遊んでいると、「なぜいろんな色の石があるの？」「なぜ石の形は違うの？」という素朴な疑問が生まれるかもしれません。「なぜ？」という疑問と発信は、体験を科学に結びつける最初の糸口です。「なぜだろう？」「なんでだろう？」という思いが、実験的行動や言語的な説明と結びつき、「そうなのか！」と感動的に納得した時にそれは科学的知識として、子どもの中に定着します。

　磨耗のこと、風化のこと、侵食のこと、堆積のこと、地層のこと、地震のこと、火山のこと、地殻のこと、さらには、石が形成された地球年代の生物のことなど、変哲のない石ころ一つから様々なことを学ぶことができるのです。

　幼児期には難しそうに思える体験と科学の結びつきですが、土・砂・小石で作った山の上から水を流して谷を作るような遊びの中で、水の力に

よって転がる、削れる、堆積することなどを体験することができます。

　キラキラするような結晶が混ざっているもの、一方向に走る縞模様に沿って割れやすいもの、ぎゅっと固まっているようなものというように大きな特徴で「仲間集め」をして見ると、火成岩（マグマが固まったもの）、変成岩（地下深くで再結晶したもの）、堆積岩（土や砂、礫などが積もって固まったもの。化石が含まれることも）が大雑把に区別でき、石への愛着が高まるかもしれません。太平洋の向こう、遥か離れた南の海に生きていたサンゴなどの生物の死骸が堆積してできた真っ白な石灰岩が１億年の時を経て日本の子どもたちのチョーク遊びに役立つなんていう壮大なロマンに、恐竜好きの子たちは目を輝かせることでしょう。

　章末では、身近な自然を観察して図鑑にしたり、卵から幼虫、サナギ、成虫へと変態する蝶について観察したり、調べたりするワークを載せています。こうしたことをきっかけに保育・教育者として、自然の「もの」や自然の「こと」（現象）に関心を持ち、子ども目線ではどのように見え、感じられるのかを考えながら、知的な分野に一歩進むことを促せるような知識や教養を身に付けてほしいものです。

6. 自然をテーマにした　保育・教育活動のめざすもの

　保育所保育指針（平成21年施行 厚生労働省）及び、幼稚園教育要領（平成21年施行 文部科学省）では、幼児教育における「子どもの育ちをとらえる視点」となる具体的な領域として、「健康」、「人間関係」、「環境」、「言葉」、「表現」の６つの領域をあげ、「環境」領域において、自然をテーマにした保育・教育のあり方を示唆しています。

> **環境**
> 周囲の様々な環境に好奇心や探究心を持って関わり、それらを生活に取り入れていこうとする力を養う。

> **（ア）ねらい**
> ①身近な環境に親しみ、自然と触れ合う中で様々な事象に興味や関心を持つ。
> ②身近な環境に自分から関わり、発見を楽しんだり、考えたりし、それを生活に取り入れようとする。
> ③身近な事物を見たり、考えたり、扱ったりする中で、物の性質や数量、文字などに対する感覚を豊かにする。

　国連子どもの権利条約31条（遊び・余暇・休息の権利）のジェネラルコメント No.17では、日本においては、「成績に対する圧力」が強く、乳幼児から「学業上の目標及び正規の学習にますます焦点が当てられるようになっており」「幅広い発達上の成果が犠牲にされ」ていたり、「子どもが屋内で過ごさなければならない時間が増えたことにより、多くの学校で自然とのふれあいが減少している」ことを指摘し、次のようにまとめています[3]。

> **自然に対するアクセスの欠如**
> 子どもたちは、触れること、自発的に遊ぶこと、そして自然の不思議さと大切さを伝えてくれるおとなとともに模索することを通じて、自然界についての理解、評価および配慮を深めていく。自然のなかで遊び、かつ余暇を過ごした子ども時代の記憶は、ストレスに対処するための内的資源を強化し、精神的畏怖の念を抱くきっかけとなり、かつ地球への責任感を奨励するものである。自然の環境で遊ぶことは、敏捷性、バランス感覚、創造性、社会的協力および集中力の強化にも寄与する。園芸、収穫、儀式および静かな観想を通じて自然とつながることは、多くの文化の芸術・遺産の重要な一側面である。都市化と民営化がますます進行する世界において、公園、庭園、森、浜辺その他の自然区域に子どもたちがアクセスする機会は失われつつあり、都市の低所得地域で暮らす子どもたちは緑地に十分にアクセスできない可能性がもっとも高くなっている。
>
> *パラグラフ40* 傍線は筆者*

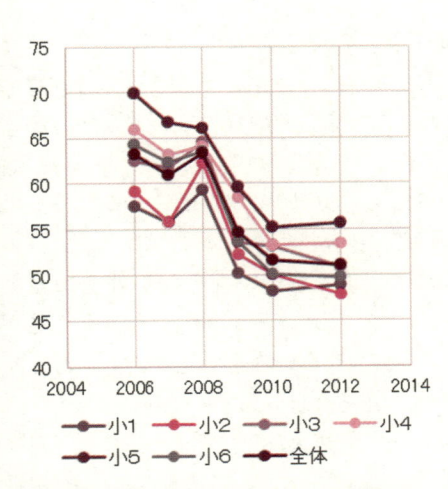

図6-4 学校以外の団体などが行う自然体験活動への参加率 出典：国立青少年教育振興機構（2014,p.42）を元に筆者作成

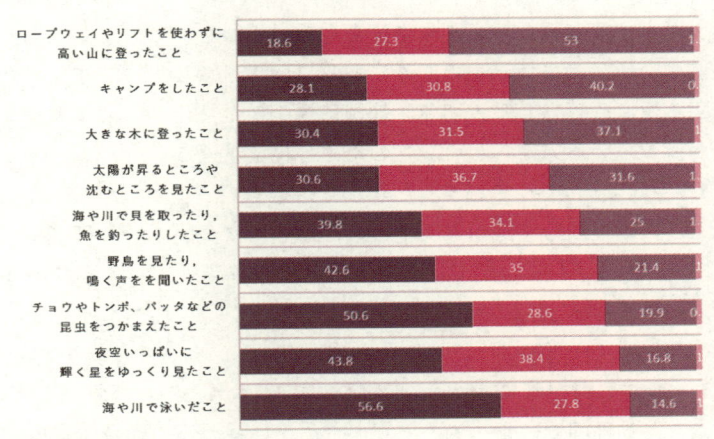

図6-5 自然体験の実態
出典：国立青少年教育振興機構（2014,p.42）

「青少年の体験活動に関する実態調査」では、小学生の「学校以外の団体が行う自然体験活動への参加率」は、2006（平成18）年から12年の6年間で、63.2％から51％に10ポイント以上も減少しています。小学校5年生の子どもたちと小学校6年生の子どもたちについては、それぞれ69.9％から55.7％、64.3％から49.7％にと15ポイントも下がっています（図6-4）。

また、「ロープウェイやリフトを使わずに高い山に登る」、「キャンプをする」「大きな木に登る」、「太陽が昇るところや沈むところを見る」、「海や川で貝を取ったり、魚釣りをする」、「チョウやトンボ、バッタなどの昆虫を捕まえる」などの体験が少しか、ほとんどないという子が多くいます（図6-5）。

この節で紹介している園のように自然活動を幅広く取り組もうと努力している施設や学校もありますが、それ以外の課外活動や教科に追われることもあり、十分に取り組むことができずにいるところも少なくありません。

特徴的な活動をしている園や学校の実践から学び、自然活動と遊びや生活づくり、その他の課外活動や教科とを深く結びつけ、総合的に行うことが求められています。

家庭・地域の教育力が衰退し、自然と暮らしとのかい離も進む中、園や施設の実践が家庭・地域を巻き込み、身の回りの自然の営みを再認識し、地域再生の一助になっていくことが期待されます。

2 幼児期の自然体験と食育

東京都内のある幼稚園では、丘や畑、公園が近くにあるため、幼稚園には珍しく散歩を日常的に楽しんでいます。子どもたちの家庭の多くは、農業とは縁のない核家族で、野菜も魚もスーパーで売られているものにしか触れることができていません。園では、幼児期の自然体験を豊かにするために、親たちや里山農業クラブなどの地域の「ひと」たちとのつながりを意識し、食べる「もの」を作り、食べる「こと」を通して、自然とのかかわりを深めています。

その実践の大きな柱は、次の2点です。
①日常的に身近な自然に触れ、「食」を通して文化や命に気付く活動
②年間を通して田んぼでコメ作りを行うことを通して、里山の自然に丸ごとかかわり、そこに息づくものや生産と自然を支えるひとたちの営み

に気付く活動

ともすると親たちも園や学校も課題に追われ、忙しい生活の中で、身の回りにある自然や自然と関る生産や暮らしの大切さ、地域に根づいた文化が持っている人間らしい育ちのための糧を見過ごしたり、忘れ去ってしまったりしています。

この幼稚園の実践から「子どもと自然」についての「ひと」「もの」「こと」の果たす意味を考えていきましょう。

1. 身近な自然を体験し、文化や命に気付く

この幼稚園では食べることを保育のたいせつな柱にしています。食べることは生きていくための基本です。食べることを通して食にかかわる文化を学びます。年間の主な取り組みを表にまとめると以下のようになります。

(1) 身近なものを収穫、栽培して食べる
・ジャガイモ掘り

「ジャガイモの茎を引っ張ったらじゃがいもがついてきたよ」「たくさんほれてうれしかった」「大きなみみずがいたよ」。ジャガイモほりをした

4歳児の子どもたちの声です。

ずっしり重くなったリュックを背負って帰ってきました。掘りたてを、その日のうちに園でふかして食べます。

ジャガイモ餅も作ります。ジャガイモを洗って、ふかして皮をむき、すりこ木でつぶします。片栗粉を入れて、よく混ぜ、丸めて小判型にして、ホットプレートで焼きます。早く食べたくて食べたくて、待ちきれない様子で見ていました。「自分で掘って、自分で作ったからおいしい」、「家でも作りたい」と、大満足でした。

・苗を植えるところから

畑のキュウリ、ナス、ピーマンの収穫が始まりました。まーちゃん提案の畑の当番さんが毎日水やりや草取りをし、収穫の時を教えてくれます。野菜いためや、塩もみでいただきました。

また、先日は、ゆうたくんのおじいちゃんからたくさんのゴールドラッシュというトウモロコシをいただきました。びっくりするほど甘いトウモロコシでした。

なのちゃん、えなちゃんがそれぞれ家で育てた

表6-6 食にかかわる取り組み①　栽培や収穫して食べる

季節	食べ物	フィールド・食べ方
春	つくし・よもぎ・カラスノエンドウ・ノビル・たけのこ・フキ	散歩で見つけたものを持ち帰って食べる ゆでたり、たけのこご飯
夏	桑の実・ノイチゴ・グミ・ユスラウメ・ヤマモモ・ウメ	散歩で見つけて　梅ジュースやジャムにする
	ビワ・ヤマモモ・ウメ・イチジク	園内の樹木
	キュウリ・ピーマン・トマト・シソ・オクラ トウモロコシ・カボチャ	園内の畑で栽培して収穫する
	じゃがいもを掘らせてもらう	借りている農家の畑
秋	栗・サツマイモを掘らせてもらう 大根・にんじんを抜かせてもらう 里芋掘り・米	借りている雑木林や畑
	ほうれん草・白菜・小松菜・ラディッシュ ブロッコリー・大根	園内の畑
	柿（渋柿）・柚子	園内の樹木　干して甘くして食べる
冬	カリン	園内の樹木
	コンニャクイモ	園内の畑

表6-7 食にかかわる取り組み②　行事で食べる

行事	食べ物
誕生会	年少：手作りおやつ（柏餅、わらびもち・スイカ・巨峰・おはぎ…）
	年中：果物・野菜（イチゴ・ソラマメ・トウモロコシ・ぶどう・なし・りんご・みかん…）
	年長：昼食（かまどご飯とおかず）自分たちで調理
収穫祭	里山農業クラブの指導作った米をみんなで食べる
餅つき	父母に準備してもらって父母に教えてもらいながら子どももつく
毎週水曜日	味噌汁とおにぎり　おにぎりだけ家庭から持ってくる
月1回（学年ごとに）	かまどご飯

キュウリを収穫してもってきてくれました。みんなでおいしくいただきました。

・園内の果樹をいただく

　園では開園以来、意識的に実のなる木を植えてきました。卒園記念の木もあります。毎年その季節に実がなることを楽しみにしています。年長ぐらいになると、目ざとい子が、実が熟したのに気付いて採りはじめます。そのまま食べたりジュースやジャムにしていただきます。

・ヨモギを摘んで

　4月当初、散歩で見つけてくるのがヨモギです。若葉が柔らかくておいしいです。

　年長は、そのことをよく分かっているので、ていねいに摘むことができます。

　年少ではつまむということが難しい子もいます。根こそぎ抜いてしまうこともあります。

　年中は、「これ、ヨモギ？」と、道端の草の中からヨモギを見つけることができるようになってきます。「葉っぱの裏に白い毛が生えてるのが、ヨモギだよ」「匂いをかいでごらん」と独特のにおいを感じてもらいます。五感をフルに使ってヨモギを摘みます。

　ヨモギ団子を作ります。ヨモギを茹でて、刻んで、すりこぎですります。団子の生地にヨモギを混ぜます。それを丸めて茹でます。白い生地が緑色に染まるところ、鍋に入れた団子が、ぷわっと浮いてくるところ、色がいっそう鮮やかな緑色になることを興味津々見ています。

　口に入れるとヨモギの香りが口いっぱいに広がります。

・梅を探してジュースに

　「梅ジュースに使う梅を採ろう」と、子どもたちと近くの緑山公園に行きました。山の中の木には梅がたくさんなっています。どの子も夢中になってとっていたので、ポシェットは梅の実でぱんぱん。翌日、さっそく子どもたちと梅ジュースを作りました。

　よく洗って乾かした梅の表面に爪楊枝で穴をあけていきます。「おいしくなあれ」「あっ！汁が出てきた」と梅に語りかけたり、発見をつぶやいたりと楽しそう。穴あけが終わった梅をびんに入れ、氷砂糖をたっぷり入れた後、「甘くておいしい梅ジュースになりますように」と魔法をかけて蓋をしっかりしめました。

　「氷砂糖が全部とけたらできあがりだよ。みんなで梅ジュースを飲もうね」と伝えると、にっこり笑顔の子どもたち。「ちょっととけてきたよ」「ジュースできてきた！」「もう飲める？」と期待に胸ふくらませています。

（2）自然が育んできた日本の食文化を知る

　「食べること」は、命をいただくということです。豊かな自然があってこそ、命は育まれ、継承

129

されていきます。生まれ育った命をいただくことで生きることができるわけですから、自然や命について顧みることなく、単に消費するだけの行動にしてはなりません。自分たちの食べるものが、どのように生まれ育って私たちの口に入るのかということに向き合うことが重要です。

さらに、生命維持のためだけの「食」ではなく、人類が築いてきた文化としての「食」の意味を理解していくことが、子どもたちにとってたいせつです。

「食」の理解につながる実践を見てみましょう。

・丸ごとのサンマと真剣に向き合う

旬の味を体験できるサンマ。わかっていても家庭で魚料理は敬遠されがちです。魚を食べる時にどうしても必要になる骨を取る作業も小さい子がいる家庭では敬遠される理由の一つでしょう。年長児には、そこをあえて挑戦させ、骨の存在に気付かせ、骨の取り方も指導します。子どもたちは新鮮な気持ちでサンマと格闘しています。

指先まで神経が分化してきている5歳の子どもたちです。「ぜひおうちでも！」という親たちに呼びかけたところ、あきちゃんが誇らしげに骨だけになったサンマを持ってきました。

・味噌汁昼食を楽しむ

地元産の野菜を農家から取り寄せて、毎週水曜日、味噌汁とおにぎりの昼食を楽しみます。いつもは家庭から弁当を持参しますが、旬の味覚を一緒に味わうために味噌汁にしています。家庭からはその日はおにぎりだけを作ればよいので歓迎されています。ふだん家庭では口にしない野菜を食べてくれることへの期待もあります。

・かまどご飯

毎月1回、お家のひとに園に来てもらい、薪でご飯を炊いてもらいます。

かまどから炎や煙が見えて、薪の燃える音やにおいが漂ってきます。釜から立ち上る湯気とともにご飯の香りが園内に広がります。

年長の調理活動ではブリや鮭をさばくところを子どもたちに見せます。元漁師のお父さんに鮭をさばいてもらいました。内臓が取り出され、おいしそうな肉が骨から切り離されます。子どもはその様子を真剣に見ていました。

図6-8 元漁師のお父さんに鮭をさばいてもらう

図6-9 ほうちょうを使って（5歳児）

・無人販売の野菜

園の周りには無人の野菜売り場があります。散歩に出かけたときに野菜を子どもたちとあれこれおしゃべりしながら選んで買ってきます。

時には野菜を並べている農家のおばさんに出会って、話を聞くなど地域の方との触れ合いの場にもなっています。そして何より地元の新鮮な野菜を食べられることが一番の魅力です。また、どの野菜にしようか？と選びながら野菜をよく見て、新鮮ってどういうことかを学びます。

・畑で収穫させてもらう

ジャガイモ、サツマイモ、里芋、ニンジン、栗

を採らせてもらっています。

収穫体験は作物の大きさや重さを実感し、どのように土に埋まっているのか、どの部分に実っているのかをよく見ることになります。

また、園内の畑でも野菜を育てているので、農家が丹精込めて作っている畑と自分たちの畑の違いに気付きます。

生産現場を知ることは食べ物がどうやって作られているのかを学ぶ一番の機会になります。

〈食を通して主体として育つ〉

園の実践の中では、野菜嫌いだった子が食べられるようになったことを、クラスのみんなで喜び合う姿がありました。

発達に課題のある子の場合、食べられるものに偏りがあることが多いです。ある子は果物を食べられませんでしたが、ジャムに加工することで食べられるようになり、友だちと喜び合いました。自分のことではないのに仲間が食べられたことを喜べたのは、同じ体験を通して心が共振・共感しあえたからです。共同・協働で食生活を営む体験が、共振・共感を豊かにし、そこに集団としての文化が生まれ育っていきます。

食に関する実践は、子どもの口に入るものを作るということですので、衛生管理など難しい面もあります。しかし、それぞれの家庭の習慣や文化、地域の文化と園が多様に結びつきあって子どもの経験を豊かにすることで、文化を担い、継承し、発展・創造させる主体者が育ちます。

「食」にかかわる実践は、その根幹をなすものであり、どの幼稚園でも保育園、学校でも行われるべきものだと思います。

2. 田んぼのコメ作りを通して　里山の自然とくらしに気付く

園は八王子の新興住宅地の新しい幼稚園として出発しました。住宅地とはいっても周囲は多摩の中山間地（ちゅうさんかんち）。里山に囲まれた自然豊かな地なので地域の自然を保育に取り入れたいと考えていました。日常的に散歩に出かけて生き物や植物に触れていましたが、実際に食べ物を育てる中で自然と人間のかかわりを学ばせたいと、コメ作りを考えました。

田んぼを貸してくださる方を紹介してもらい、里山農業クラブと出会いました。里山農業クラブは農業後継者のいなくなった休耕田を借りて、里山を守るために農業を進めている組織でした。幼稚園の子どもたちが米作りをしたいという願いを快く受け入れてくださり、田んぼ1枚を預けてくれました。

「米1粒作る大変さを体験している人と、米なんかお金を出して買えばいいと考える人とではものごとを考える幅が違ってくる」というクラブの塩谷暢生さん、丸山秀義さんのことばに共感して実践をスタートさせました。

(1) コメ作りと子どもたち
・ぼく泳いじゃった (代かき)

年長の子どもの代かき作業でのつぶやきです。年長児は4月に田んぼにレンゲつみに出かけます。年中の時の9月に撒いたレンゲの種が田んぼ一面に育って花を咲かせていました。

代かきは田植えの前に行う作業です。田起こしで土を掘り起こして、空気を土の中に送り込んだ田んぼに水を入れ、水と土をなじませるものです。ふだんでも砂場遊びは大人気で、子どもたちは砂の山やトンネルの他に、溝を掘り、水を流し込んで川やダムを作るのを楽しみます。田んぼの代かきは砂場遊びとはずいぶん違って頭のてっぺんからつま先まで泥まみれになります。「冷たい！」「ぬるぬるしている」と、はじめは、泥に抵抗があった子も、友だちの楽しそうな姿を見て、誘われてドキドキしながら泥の中に入ります。田んぼの泥は、粒子が細かいので、気持ちがいいものです。

最後は、柄振（えぶり）と呼ばれるならし棒を使って平にならします。泥に足をとられるので結構重労働です。

図6-10　代かき（頭から泥だらけ）

図6-12　田植え（5歳児）

図6-11　代かき（5歳児）

・赤い印にあわせるんだんね（田植え）

コメ作りは、昔ながらの手植えです。機械を使わないところに意味があります。横一列に並んで綱についた印に合わせて等間隔に苗を植えていきます。3本の苗を束にして根っこ近くを持ってグッとさしこむように植えていきます。浅からず深からず。そのあんばいが難しいです。代かきのときとうってかわって子どもたちの表情は真剣です。静かに淡々と作業をしていました。

一度覚えたら、そのあとは同じリズムの繰り返しの心地よさを楽しみます。田植えの後の田んぼを眺めると自分たちの仕事の成果が一目で確かめられます。

・どじょうだ〜自然とあそぶ〜

作業が終われば、田んぼの周りで自由に遊びます。里山の田んぼでは薬を使っていないので、おたまじゃくし、かえる、どじょう、ザリガニなどたくさんの生き物に出会えます。子どもたちは生き物を捕まえて遊びます。里山クラブのおじさんから、「捕まえてもいいけど持ち帰らないで」と自然環境を守ることを具体的に教えてもらいます。

・おコメだいじょうぶかな

田んぼに張られた水を目にしていた子どもたち。雨が降らず、田んぼに水がほとんど入らない年もありました。このまま雨が降らなければ、大切な稲が枯れてしまいます。晴れの日が続くと、「おコメだいじょうぶかな」「枯れていないかな」とつぶやく子どもたち。雨が降るようにと、てるてるぼうずを、さかさにしてつるす姿もありました。コメ作りをしているからこそ、雨と稲の成長をつなげて考えることができました。

・えびみたい

秋になると大切な稲を守るために自分たちでかかしを作って立てます。かかしは実った稲の穂を狙う鳥よけです。

イナゴもたくさんいます。里山の生き物は、生態系を守るために持ち帰ってはいけないことに

なっていますが、稲を食べてしまうイナゴは捕ることを許されています。イナゴはピョンピョンと稲の葉先を飛んで逃げ回り、なかなか捕まえるのが難しいです。

　日本では昔から農家にとって貴重な動物性たんぱく質として食されてきました。捕まえたイナゴを一日箱の中に置いて糞をだしきり、子どもたちの前で熱湯をかけ、油で揚げたり、佃煮にして命をいただきます。「えびみたい」「おいしい」と、イナゴの足を1本、1本確かめながら食べる子もいました。ふだんは昆虫を食べることはほとんど無い子どもにとって、稲作の文化を体で学ぶ貴重な体験になっています。

表6-13　イナゴをとっているところ（5歳児）

・ザクッザクッ（稲刈り）

　待ちに待った収穫は大忙しです。稲刈りも手作業で行います。

　おとなが使うのと同じのこぎり鎌を使って稲を刈ります。ざっくり刈り取る感触は心地のよい体験です。稲の株を片手でつかんで、その株の根元を鎌で刈り取ります。

　株を稲わらで縛るのはおとなです。おとなはおじさんたちから縛る方法を教わります。稲の束を稲わらという同じ材質のもので縛ることによって稲が乾燥した時にも緩むことがありません。

　束ねた稲は、竹で組んだ馬に掛けて、約1か月間天日干しにします。一般的には刈り取った稲はその場で脱穀し、ガスを使った乾燥機で一挙に乾

図6-15　稲刈り（はさがけ）

燥します。しかし、昔ながらの天日干しは穂に茎がついたままで茎を通してもみの中の水分をゆっくり外に出すのでおいしさは格別です。子どもたちにはその意味を理解することは難しいですが、里山農業クラブのおじさんたちからおいしいお米を作るために干していると教えてもらいます。

・おコメがでてきた（もみすり）

　すり鉢とすりこ木や軟式野球のボールを使って、もみ殻を取り除き、玄米にします。何度も何度もすりこ木ですって、やっと1粒、1粒のおコメ（玄米）が顔を見せてくれます。できた玄米を一升瓶に詰めて木の棒でついて精米します。

　もみすり作業や精米作業を体験させることで稲穂から白米にどのようにたどり着くのかを体を通して学びます。

図6-16　もみすりのやり方を里山クラブのおじさんに教えてもらう

・おいしいね〜収穫祭〜

　育てたお米を全園児でいただきます。お世話になった里山農業クラブの方たちもお招きします。年長の子どもたちが荒馬踊りを披露します。

　年長クラスのお母さん方が、かまどでご飯を炊いて、具だくさんの味噌汁を作ってくれます。年中のペアの子どもたちに米作りで楽しかったことなどを伝えながらいただきます。

　「自分で作ったお米は、やっぱりおいしい」とおかわりして食べる子どもたちです。

表6-17　収穫祭（荒馬踊り）

（2）コメ作りで学んだこと

　田んぼに出かけたときは必ず田んぼ日記を書いています。小さい紙に色鉛筆やサインペンで絵を描いてまとめます。子どもたちは苗の成長と変化を細かく観察していることがわかりました。また、自分が実際に道具に触りながら体験したことで、一人ひとりの思いや動きのある絵になりました。

　子どもたちは最後に里山農業クラブのおじさんたちにお礼の絵手紙を書きます。

　コメ作り活動では、四季を通じて同じ田んぼに通うことで里山という自然を丸ごと体験できます。

　稲刈りを終えた田んぼにレンゲの種をまき、春先にそのレンゲを摘みながら芽吹いてくるいろいろな植物や活発に動き回るようになる昆虫に気付きます。

　水を入れた田んぼの表情は大きく変わります。

泥の中の生き物を見つけて、こんなに生き物がいたんだと驚きます。泥のにおい、草のにおいにも気付きます。田んぼの中に入って雑草をとると、稲のにおいが鼻先までやってきます。

　イナゴを捕まえるために秋の田んぼに入る時には、水は抜いてありますが、ところどころ足を取られそうになるぬかるみもあります。稲を刈りとったあとの田んぼはすっかり姿が変わります。

　このように田んぼを中心とした四季折々の里山の姿を体験することは、自然の移り変わりや変化を感じる貴重な体験となります。

　おコメができるまでの体験を通して、その過程に労働があることを実感した子どもたちには、食べられる分だけよそう、残さず食べる、食べ物を大事にするという気持ちが育っています。

　地域のおとなから自然や稲作を学ぶことは大切な経験です。子どもにとっておとなといえば親と幼稚園の先生くらいです。新興住宅地に住むほとんどの子どもにとって地域のおとなにかかわってもらう経験はあまりありません。近所のおじさん、おばさんにかわいがってもらったり、ある時は叱られたりする経験は貴重です。親や保育者以外のおとなに出会うことは自分の周りの社会に目が向く機会になります。子どもたちは里山農業クラブのおじさんたちから米作りという具体的な作業を教えてもらいながら、おじさんたちの知恵や技術以外に優しさや柔らかさ、あるいは厳しさを感じ取ります。

　田んぼのとりくみは、地域の方の協力はもちろんのこと、親たちの手伝いも欠かせません。親たちもまた、子どもたちといっしょに体験し、学びます。「子どもたちより楽しんでいたかもしれません。コメ作りははじめてで、土をいじることすらふだん機会がないので、とても浄化された感覚です」「ドジョウやザリガニが生息する水に触れ、子どもの頃に野山を駆け回った記憶が一気によみがえりました。繊細な感覚をもつ子どもたちには、とても必要な経験で改めて貴重な体験をさせてもらっているなと感じました」「小さな身体で一生懸命、クワをふりおろす子どもたちの姿は

とてもたくましかったです。おとなになった時こうした経験を思い出してくれたらうれしいなと思いました。収穫が楽しみです」親自身が米作りから多くのことを学んでいたことが分かります。

里山農業クラブの方々も園の活動に熱い期待を寄せています。

「田植えだけ、稲刈りだけ、というのではなく、1年を通じてコメ作りの最初から最後までをやり抜くというのは、非常にいい経験をしていると思います。田んぼには土があって、川があって、いろんな生き物がいて、子どもたちが遊ぶには、格好の場所なんです。来るたびに、出会う虫も花も違ってくる。それこそが本当の意味で、自然に触れるということだと思っています。子どもたちも生き生きして遊んでいます。…中略…私たちの基本的な考え方は、小さな危険を体験させること。田んぼに入るときは素足ですし、稲刈りで鎌を使うとき、軍手はせずに素手でやってもらいます。そのほうが、実は安全なんです。軍手をしてはいけないとは言いませんが、自然の中に来るのですから、ありのままの自然の空気や土を肌で体験して欲しいんです。そしてそれをできるだけ小さいうちに体験してほしいというのが我々の願いです」

里山農業クラブの方々も高齢化がすすみ、活動を維持することの難しさもあります。園では保護者に呼びかけ、「田んぼの学校応援隊」を作り、クラブの活動を支えようとしています。子どもが地域で育てられるということは、そこに暮らす親たちが地域を育てる一員になっていくということ

につながっているのです。

自然を相手にしている活動は、何かあれば、急に田んぼに出かけて対応しなければならないこともあります。年長の活動予定も変わることも少なくありません。ダイナミックな自然活動がもつすばらしさと厳しさを楽しんで続けていくことができるのか、保育者自身が試されます。

子どもたちを取り巻く、教師、親。里山農業クラブや地域のおおぜいの「ひと」たち。自然の中に息づく無数の命ある「もの」や野菜、コメなどの生産された「もの」との遊びやしごとという営み＝「こと」を通してじっくりと触れ合うことを通して、自然に根づいた地域の文化という「こと」を学び、身につけていく子ども・親・保育者たち。

園や学校を取り巻く環境、地域や保護者との連携など、諸条件がそろわないと、こうしたダイナミックな実践を展開することは難しいかもしれません。けれども一歩外に足を踏み出してみれば、都会の片隅にも自然は息づき、町全体に自然をよみがえらせ、地産地消の安心安全な食材づくりに努力している心ある人たちがいます。プランターからビオトープへ、そして町の中へと子どもたちとの活動を通じてその芽を広げていくことも可能です。次の節では、身近な自然に気付き、楽しい活動を創造するためのヒントになるワークを掲載しています。まずは、あなたの足元から、園の中から何を発見でき、何ができるのかみんなで考えていきましょう（学校法人　金子学園　柚木武蔵野幼稚園の実践より）。

6章 子どもと自然

3　身近な自然で遊ぼう

1. 自然図鑑を作ろう

☆はじめよう　草花遊び

　古くから日本で伝承されている草花遊びがあります。

　しかし刺激的な遊具・玩具があふれている現代では、なかなか自然に目が向かないのが現状です。日々変化する自然を効果的に取り込み、保育に活かすためには「保育者の役割」が重要になってきます。そのためにまず自然物を知り、どのような名前なのか、どのような遊び方ができるのかを体験してみましょう。

> **春の七草知っていますか？**
> 構内にあるのはどれ？
> 1セリ　　　　2なずな（ぺんぺん草）
> 3ごぎょう（ははこぐさ）
> 4はこべら　　5ほとけのざ
> 6すずな　　　7すずしろ

≪自然図鑑の作り方≫

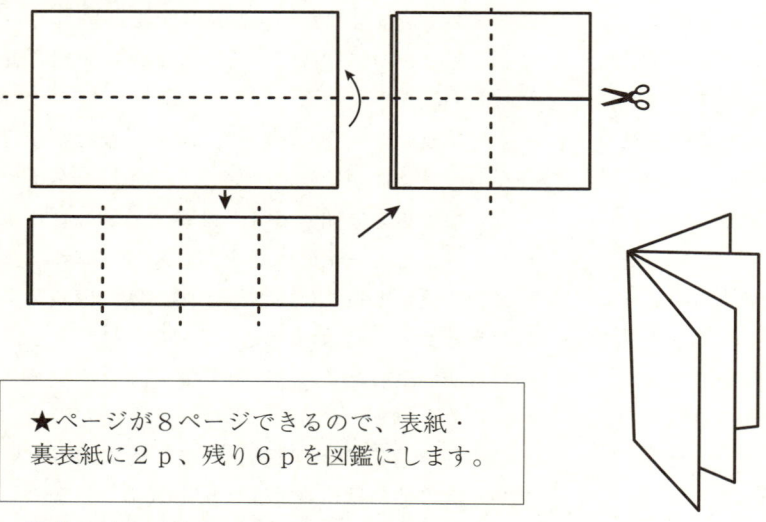

> **●ここがポイント！**
> 各植物には植物名と遊び方の他に　自分が感じたことをコメントとして書き入れて下さい。
> 例：小さい時たくさん遊んだことを思い出した。　等

> ★ページが8ページできるので、表紙・裏表紙に2p、残り6pを図鑑にします。

　構内の植物の特徴や遊び方をメモしましょう。

タンポポ	レンゲ	ナズナ（ペンペングサ）
ツクシ（スギナ）	**レンギョウ**	**（　　　　　　　）**

2. チョウについて調べよう

チョウは身近な昆虫です。特に子どもたちには親しみやすい昆虫です。

食べる草（食草）が分かっていると、都心でもチョウや幼虫を見つけることができます。また、意図的に食草を育てることでチョウを園庭に呼び寄せることもできます。ただ眺めるだけでなく、チョウを飼育すると昆虫の生態を体感的に理解することができます。幼児期は「体感する」ということがとても重要です。※食草…「ある昆虫が食物としている植物を食草という.」（平凡社,1985）。

チョウの生態を知っていますか？　チョウは「完全変態」をする昆虫です。

☆「完全変態」とは

「蛹」という段階を経るものをいいます。幼虫時代と成虫時代と形が大きく違います。幼虫の時期は餌を食べることに特化し、子孫を残すための機能をもつ成虫とはまったく違う形態になると考えられています。そして「蛹」は寒い冬でも越冬でき、暖かい春になって羽化できるのです。

※「不完全変態」は、蛹の時代を通らず、幼虫と成虫があまり変化しないもの（例えばバッタなど）をいいます。これらは脱皮をすることで大きくなっていきます。

> 「完全変態」
> 卵―（孵化）―幼虫―（蛹化）―蛹―（羽化）―成虫
> ※ チョウ・ハエ・ハチ・カブトムシなどが該当します。
>
> 「不完全変態」
> 卵―（孵化）―子虫―（脱皮）―成虫
> ※ バッタ・カマキリ・カメムシなどが該当します。
> 体の中に羽根ができると最後の脱皮をして成虫になります。

☆身近なチョウの食べる草（食草）を調べましょう。

それぞれのチョウは特定の植物のみを食べて成長します。

メスは卵をうみつける際、たくさんの植物の中からどのように正確に食草を識別しているのでしょうか。不思議ですね。調べてみるとおもしろいですよ。

もんしろちょう	アゲハチョウ	（　　　　　）
（　　　　　）	（　　　　　）	（　　　　　）

3. 芝生人形を作ろう

☆体験する！くつ下人形を作ろう

芝生の人形を作ってみましょう。完成したら名前をつけて育てると、きっと愛着が湧きますよ。

もちろん　髪の毛が伸びてきたら好きな形にカットすることも楽しめますよ（参考,田村緑,2011）！

材料

● 芝生の種　大さじ1位
● 子ども用ハイソックス　片足分
● 培養土
● ペットボトル

作り方

1 ハイソックス（子ども用）のつま先に芝生の種を入れる。

2 土をその上から入れ、顔の形になるように丸く整えてから縛る。

3 目や鼻などをボタンやフェルトを使って作り顔を作る

4 ペットボトルを切り胴体にする。
　（毛糸などをペットボトルに貼り、服にする。）

成長の様子は　振り返りノートにまとめましょう。

●**ここがポイント！**
よく日のあたる窓際におきましょう。
3～5日で発芽します。
ソックスの下から水を吸い上げるので、水を切らさないようにしましょう。
芝の髪の毛が伸びてきたら散髪しましょう。

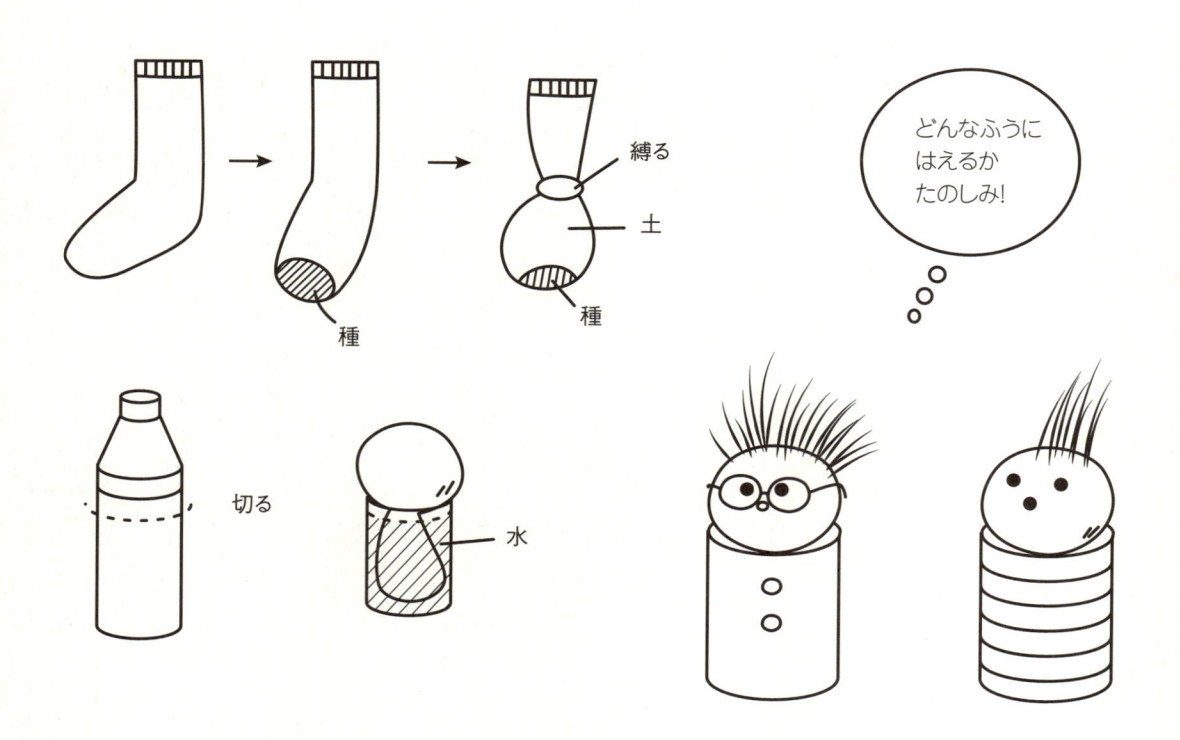

4. カイコについて調べよう

　日本の近代国家の発展を支えた養蚕。カイコは「おかいこさま」と呼ばれて、大切に扱われてきました。日本の絹は高品質ということで海外で絶賛されました。

　養蚕の歴史や日本の養蚕の特徴を調べてみましょう。

☆カイコについて調べてみよう

1. カイコってなんだろう
  　―カイコは家畜？
2. シルクロードとは
3. 日本の養蚕の歴史
4. カイコの育て方とは？
5. ハイブリッド化と継代飼育とは？

◎調べた結果を反映した「自然便り」を作ってみよう。

☆保護者向けのお便りを作成してみましょう。

・対象―仮称「○○保育園・幼稚園」の5歳児の保護者

　これから園でのカイコの飼育が始まります。5歳児は数頭のカイコを個人で飼育する予定です。カイコは週末各自の家に持ち帰るので、家族の協力が欠かせません。保護者にカイコの飼育のポイントやカイコの特徴などについて理解していただきたいと考えています。そのために自然便りを発行するという想定でわかりやすいお便りを作成しましょう。

※図や写真入りで保護者にもわかりやすく読みやすいように作る。

キーワードは

- ・地図記号の桑のマークって？
- ・春蚕（はるご）・夏蚕（なつご）
- ・秋蚕（あきご）とは？
- ・真綿
- ・養蚕と現金収入

5. ドングリで遊ぼう

体験する！どんぐりで製作を楽しもう

　季節感を味わおう

　道にどんぐりが落ちていても気付かない子も、どんぐりを使った製作を楽しむことで、秋という季節を身近に感じることができるようになります。四季を生活に取り込む体験は生活に彩りを与えてくれることでしょう。

季節の素材を活かした製作をしてみましょう！

　この製作に登場するマテバシイは大きめのドングリで、子どもたちは「大砲ドングリ」と呼んだりします。虫が入りづらいドングリで、下処理が必要ありません。

　またマテバシイより小さめのドングリは、ナラ系のもの、カシ系のものに大きく分かれます。かぶっている帽子の模様で見分けます。鱗状のものと横縞のものとあります。どちらがどちらでしょうか？調べてみましょう。これらのドングリは虫が入ることがあるので拾ってきたら洗って茹でておきましょう。（冷凍でも大丈夫です。）

☆どんぐりなげ矢

材　料

- ● マテバシイの実
- ● 紙テープ
- ● セロテープ

作り方

1 紙テープは適当な長さに切り、半分の太さにしておく。
2 セロテープでドングリに貼り付ける。

遊び方

高い所に紐を張って　その上を通過することを競ったり、かごの中に入れるなどの的あてのような遊び方が楽しいです。
固いドングリの時は、危険のないように投げ方を工夫しましょう。

☆どんぐりやじろべえ

材　料

- ●マテバシイの実やカシやナラなどのドングリ類（大きい方が作りやすい）
- ● 竹ひご　● 木の枝　● 毛糸
- ● 写真の土台の粘土は木粉粘土を使用
- ● 修正液とサインペン（ドングリに模様を描く）
- ● 接着剤

作り方

1 ドングリはヒゴが差し込めるくらいの穴をあけておく。（電動ドリルで開けると開けやすい）
2 ドングリは修正液とサインペンで模様や顔を描く。
3 木の枝には自由に毛糸を巻く。倒れないように木の枝を粘土で固定する。
4 やじろべえの両端は粘土をつけるが、どんぐりでもよい。

6. 凧を作ろう

「空の造形」と呼ばれる凧。 日本各地ではその土地ならではの「凧」が伝承されてきました。保育の中では凧作りはお正月関連の遊びになりますが、日本国内では子どもの成長を願い端午の節句に揚げられることが多いようです。

たくさんある凧の中で、幼児でも製作しやすく、凧揚げも楽しめるものを作ってみましょう。

☆はじめての凧作り―ぐにゃぐにゃだこ

縦骨2本の簡単な凧だが、風にのってよく揚がる。

材　料

● カラーポリ袋（図の比率なら小さくても大きくてもよい）
● 竹ヒゴ（2㎜太さ）　凧の縦の長さ　2本
● スズランテープ（しっぽ用）　2本
● 凧糸（糸目糸）　凧の横幅の2倍から3倍

●**ここがポイント！**
凧の大きさは決まりがあるわけではありません。縦：横の比率が合っていれば大丈夫です。幼児の場合はカラーポリ袋で作ると丈夫なうえ、油性ペンで描いた模様が青空によく映えてきれいです。

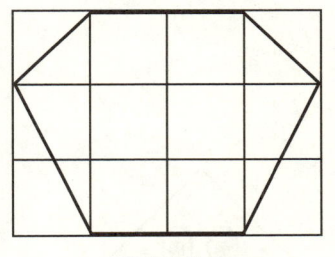

基本の比率

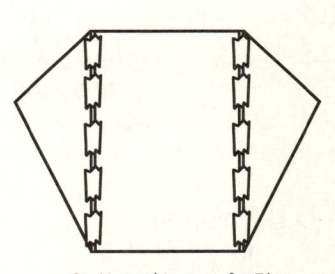

1 竹ひごをテープで貼る

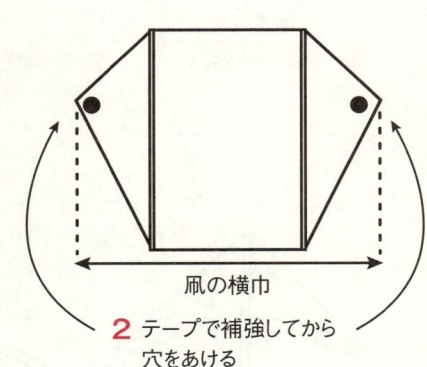

凧の横巾

2 テープで補強してから穴をあける

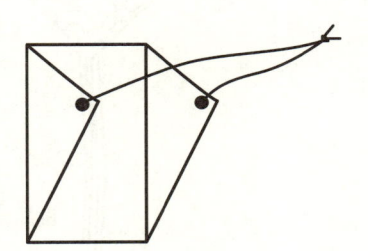

3 組糸をつける
凧の横巾の2〜3倍の長さを
凧に結び 中心に輪をつくる

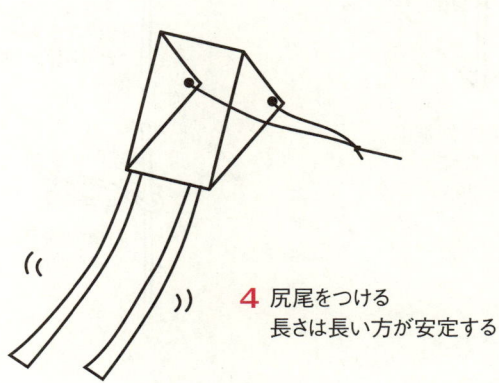

4 尻尾をつける
長さは長い方が安定する

☆高く揚げる楽しさ—さかな凧

長崎のハタ凧から派生。風をよく受けて安定しながらよく揚がる。

材　料

● カラーポリ袋　45cm×45cm（縦横同じ長さなら小さくても大きくてもよい）
● 竹ヒゴ　2mm太さ90cm　2本
● スズランテープ（しっぽ用）　2本
● 凧糸（糸目糸）　30cm
● 横糸用凧糸 長さは凧の横幅＋10cm

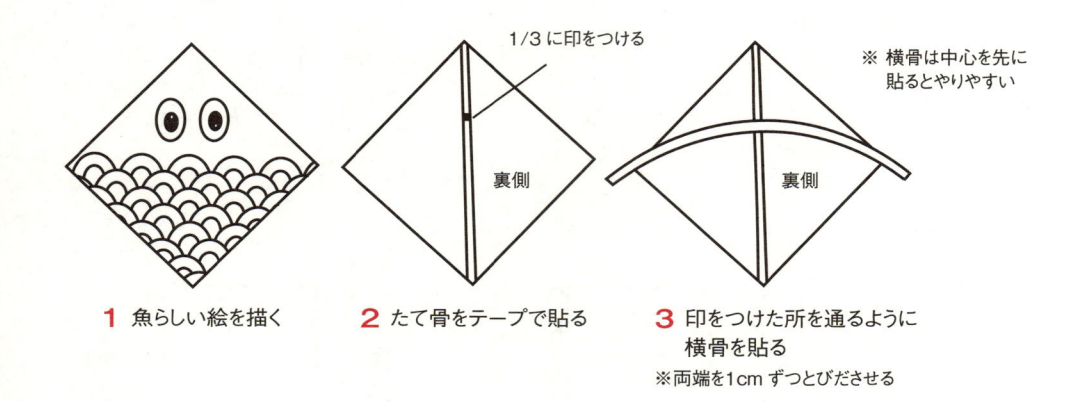

1 魚らしい絵を描く

2 たて骨をテープで貼る

1/3に印をつける

裏側

3 印をつけた所を通るように
横骨を貼る
※両端を1cmずつとびださせる

裏側

※ 横骨は中心を先に
貼るとやりやすい

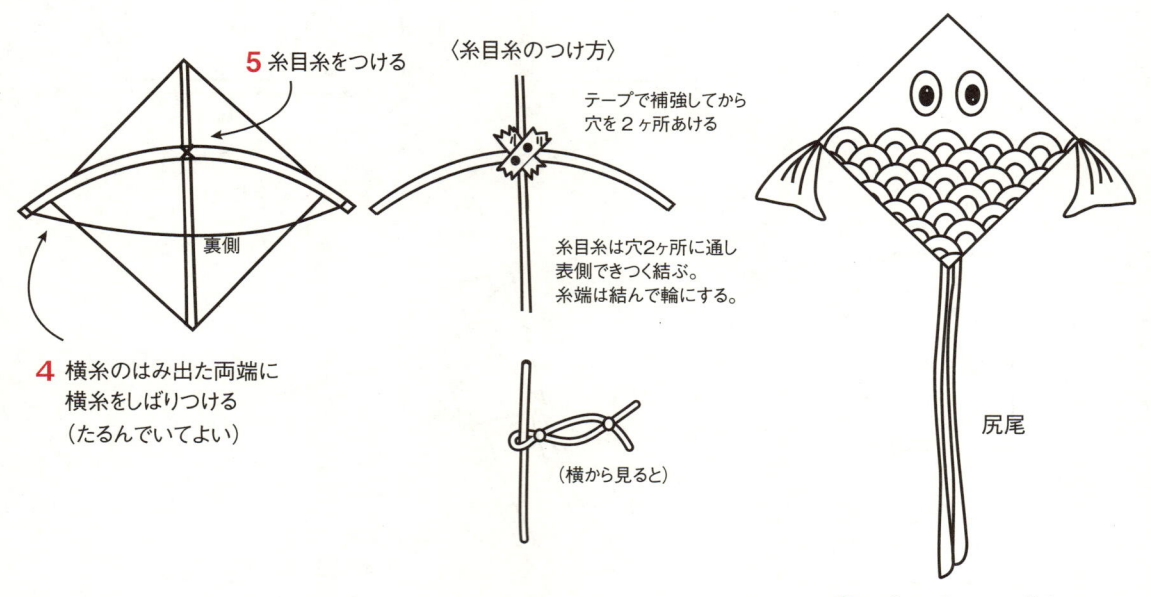

5 糸目糸をつける

〈糸目糸のつけ方〉

テープで補強してから
穴を2ヶ所あける

糸目糸は穴2ヶ所に通し
表側できつく結ぶ。
糸端は結んで輪にする。

裏側

4 横糸のはみ出た両端に
横糸をしばりつける
（たるんでいてよい）

（横から見ると）

尻尾

6 三角のビニール2枚を
つけてヒレにする

揚げる時は横目糸をピンとなるように横骨のとび出した所
に巻きつける。揚げ糸を糸目糸に結びつけて揚げる。

○凧を揚げよう

　せっかく作った凧も揚げ方がわからないとおもしろさが半減します。

　凧を揚げる場合は、風の強さを考慮して、横骨の反りや尻尾の長さを調整する必要があります。

　小さい子は凧を持って走って揚げることが多いのですが、慣れてきたら、走らなくても揚げられるようになるといいですね。まずは、凧揚げに適した場所（広くて電線がない）を探しましょう。

凧の揚げ方

　はじめに風向きを調べ、風上に対して背を向けて立ちます。片手で凧の糸目の部分を持ち、高く掲げます、もう片方の手で糸巻きを持ちます。風が吹いたら凧の糸を少し伸ばします。同時にツンツンと糸を引くように軽く動かすと凧は揚がっていきます。

横糸の張り方

　さかな凧のように横骨がある凧は横骨につけた糸（横糸）を横骨に巻き付けることで　凧の反りを調節します。風が強い場合は凧の反りを強くします。

尻尾の役割

　尻尾は真ん中に1本つけたり、左右に1本ずつつけることが多いです。

　風が強い日は尻尾の数を多くするとより安定します。

　これは尻尾の重さで凧を安定させているように感じられますが、そうではなく、どちらかというと尻尾は風を受けて凧を引っ張り安定させているのではないかと考えられているそうです（斎藤,1990,p.125）。

みんなで揚げる楽しさ―連凧

　クラスの友だちの凧をどんどんつなげて揚げてみよう

（さかな凧　ダイヤ凧など）

6章　子どもと自然

7.　フィールドビンゴで遊ぼう

　豊かな自然に囲まれた地域であっても、保育の場で意図的に環境を取り入れなければ子どもたちが自然とかかわらない時代になっています。四季の自然がある日本の良さを保育に活かすために、積極的に保育に自然を取り込みましょう。

　このフィールドビンゴはゲーム形式で楽しく遊びながら、自然とのかかわりを十分に楽しむことができます。そのためには、保育者がまず自然に親しむことが前提になります。

カードについて

　マス目はいくつでもかまいません。

　対象の年齢にあわせて　完成できそうな数のマス目にしましょう。首から下げられるようリボンをけておきます。

　競争することがねらいではなく、ビンゴゲームの形を借りて、カードの内容を探しながら徐々に自然に慣れていったり親しむことがねらいです。ですから、ゆったりとした時間がもてることも重要になってきます。

　最後にまとめの時間をもち、特別なものを見つけたなど、それぞれの感想を出し合ったり、見つけたものを見せ合ってもいいでしょう。

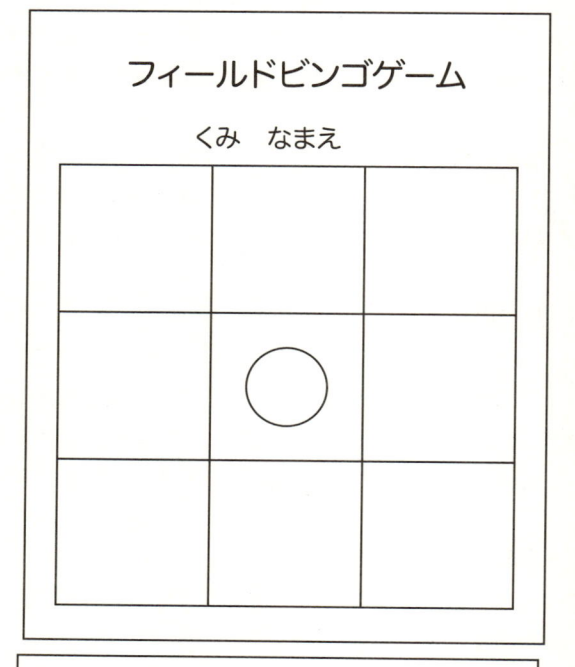

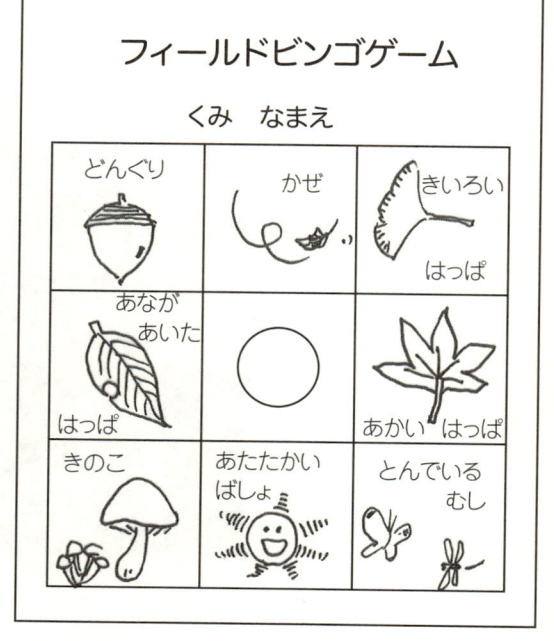

↑　春のカードの例

秋のカードの例 →

コラム〔4〕　自然物に触れる○○マップを作ろう

　秋になると、子どもたちが自然に触れる機会として、フィールドビンゴ以外にも落ち葉や木の実などの自然物を使った製作活動を取り入れることがあります。子どもたちと一緒に自然物を集める時にも、マップを活用しながら散策することで、子どもたちの発見を促したり興味や関心を高めたりする働きかけができます。

　また、保育者が近隣の白地図を作っておくと、子どもたちとマップを作ることを目的に近隣を散策することもできます。いつも何気なく見過ごしている場所や、そこにある物に目を向けることは四季の変化に気づき植物の名前や遊び方を知るだけでなく、身近な社会資源を意識することにもつながります。白地図に何を書き込むか・・・・。自然物に触れるマップだけでなく、保育者自身がいろいろなことに興味や関心をもち、子どもたちと相談しながら楽しいマップ作りをしてみましょう。

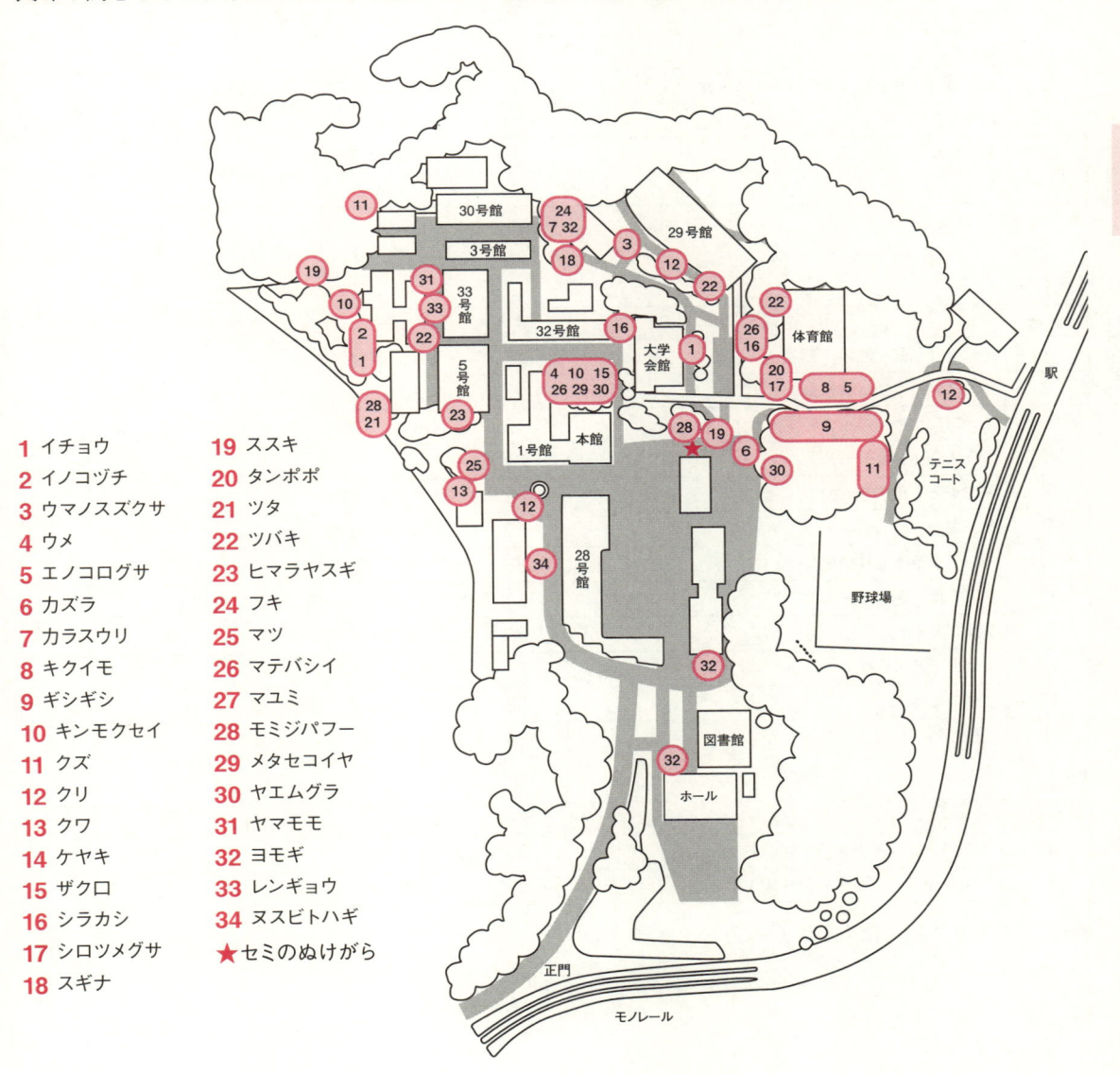

1　イチョウ
2　イノコヅチ
3　ウマノスズクサ
4　ウメ
5　エノコログサ
6　カズラ
7　カラスウリ
8　キクイモ
9　ギシギシ
10　キンモクセイ
11　クズ
12　クリ
13　クワ
14　ケヤキ
15　ザクロ
16　シラカシ
17　シロツメグサ
18　スギナ
19　ススキ
20　タンポポ
21　ツタ
22　ツバキ
23　ヒマラヤスギ
24　フキ
25　マツ
26　マテバシイ
27　マユミ
28　モミジバフー
29　メタセコイヤ
30　ヤエムグラ
31　ヤマモモ
32　ヨモギ
33　レンギョウ
34　ヌスビトハギ
★　セミのぬけがら

6章　子どもと自然

145

季節で変化する自然とその特徴

【春】

番号	名前	番号	名前
3	ウマノスズクサ (ジャコウアゲハの食草)	21	ツタ
4	ウメ (花)	22	ツバキ (花)
9	ギシギシ	24	フキ (茎 : 食用)
13	クワ	30	ヤエムグラ (ひっつき虫)
17	シロツメクサ (クローバー) ★	32	ヨモギ (団子・色水遊び・足湯)
18	スギナ (ツクシ : 食用⇒スギナ)	33	レンギョウ (花)
20	タンポポ ★		

【夏】

番号	名前	番号	名前
3	ウマノスズクサ	17	シロツメクサ (クローバー) ★
4	ウメ (実)	21	ツタ
5	エノコログサ (バッタのすみか) ★	6	カズラ (ニオイカズラ : 甘い匂い)
7	カラスウリ (花)	31	ヤマモモ (ジャム)
9	ギシギシ	33	レンギョウ (葉)
13	クワ	34	ヌスビトハギ

★セミのぬけがら

【秋】

番号	名前	番号	名前
1	イチョウ (葉・雌木 : 銀杏)	16	シラカシ (どんぐり)
2	イノコヅチ (ひっつき虫)	17	シロツメグサ (クローバー) ★
5	エノコログサ (バッタのすみか) ★	19	ススキ
6	カラスウリ (実)	21	ツタ
7	キクイモ (花の群生)	22	ツバキ (実・種)
9	ギシギシ	23	ヒマラヤスギ (雌花)
10	キンモクセイ (甘い匂い)	26	マテバシイ (どんぐり)
11	クズ (葉・蔓 : リース)	27	マユミ (枝 : 弓・櫛　新芽 : 食用)
12	クリ (実・イガ)	28	モミジバフー (実 : リース)
14	ケヤキ (どんぐり)	29	メタセコイヤ (実 : リース)
15	ザクロ (実)	33	レンギョウ (葉 : 黄緑⇒紫)
		34	ヌスビトハギ (ひっつき虫)

【冬】

番号	名前	番号	名前
6	カズラ (ニオイカズラ : 甘い匂い)	24	フキ (ふきのとう)
23	ヒマラヤスギ (シダーローズ)	25	マツ (葉・まつぼっくり)

★は工作や遊びなど様々な楽しみ方ができます。

7章 子どもと描画・造形表現

　乳幼児期の表現活動には音楽表現活動の他に、描画・造形表現の活動がありますが、「描画活動」や「造形活動」は保育者が最もむずかしいと感じやすい活動ではないでしょうか。例えば保育者が「絵を描こう」と投げかけると、「いやだ」「絵をかくのきらい」と子どもに拒否されることもあります。保護者からはおとな的な作品の完成を迫られる場合もあります。入園までにすでに描画に対して苦手意識をもってしまっている子もいます。また、保育者自身が描画に対して苦手意識をもっていて描画活動に消極的になりやすい場合もあります。

　このようなことから描画活動が一か月に一度やれればいいほうとか、遠足などの行事の後に描くなど、描画がたまにする活動になっているという保育者の悩みも聞かれます。

　描画や造形活動は子どもの心の動きがわかり一人ひとりを理解するためにはとても大切な活動です。描画活動で「保育者はいつも子どもの描く絵を認め、話を聞いてくれる存在」ということが定着してくると、描画活動は子どもが大好きな活動になっていきます。それはおとなの描画が美術として捉えられるのとは違い、子どもの描画活動はひととひととのコミニュケーションの一端であるからです。

　そこでまずは描画の発達を理解するとともに、日常の生活に描画活動が根付くまであきらめず取り組んでいってほしいと考えます。絵が嫌いという子どもも、実は心の中では絵が上手になりたいという願望をもっているのではないでしょうか。

　この時期は「見たままを描く時期ではなく、感じたままを描く時期である」という乳幼児期の描画の発達を根底に据え、「子どもの絵は見るものだけではなく、聴くものでもある」ということを保育の中で心がけ、日常的に描画が位置づくまで気長に取り組んでいってほしいものです。

1 描画・造形表現の発達と課題

　「人間は誰でもが同じ道筋を通って発達する」といわれます。発達の道筋を根底に据えて、描画活動を展開しましょう。

1. 0歳から1歳頃（乳児期）

（1）乳児期前半

　「あおむけの赤ちゃん」を思い描いてみましょう。耳に届くやさしい声、目に映る笑顔は乳児期全般における美と感性の始まりです。乳幼児期前半は赤ちゃんが周りの世界を受け止める「応答的活動」の時期です。

（課題）

　快・不快を感じ分ける美意識の形成が重要な時期です。

　肘で支えることができるようになると前腕が身体を支持することから解放され自由になります。

　これは人間の手を我がものにできる準備ができたことを意味します。5か月頃になると、周りのものに手を伸ばし始めます。

　お座りを急がせないようにし、腹這いで遊ぶおもちゃを用意し、いろいろな場所でたっぷりと遊ぶことが大切です。

（2）乳児期後半

・6から7か月頃

寝返りをうつようになることは乳幼児前半を卒業する兆しです。自分の力で自分自身の身体を回転させる画期的な行為です。

・8から9か月

ハイハイして移動するようになり、周りの「もの」にしっかりと手を伸ばして掴むようになります。

投足坐位（おすわり）をして遊べるようになります。

（課題）

ハイハイでしっかりと周りの「もの」に手を伸ばす。将来の歩行のためにもハイハイをたっぷりとしておくことが大切です。

（3）この頃の主導的な遊び（子どもの発達を促す遊び）

子どもが最初に出会う「空気・音・光・ひと」の次に、五感を通じて感じる存在は「水」です。

乳児期に大切なことは実際に自分で触れてみることです。その「もの」にむかって、たたいたり、握ったり、投げたり、ひっぱったりするなど様々な行為を繰り返す中で、「もの」から音が出たり、変形したりして、子どもの全身の感覚や機能に働きかけがあります。子どもと「もの」とのかかわりは筋肉発達を促すだけでなく、「もの」に対する概念を獲得し、繰り返す楽しさや、周りのひとの反応、ことばかけによる「もの」とことばのつながりなど、子どもの成長に大きな影響を与えていくものです。

・感触遊び

子どもの手を、「もの」をつくりだしていく「人間の手」に育てていくのは保育者の役割です。子どもの全感覚をゆさぶり、快の感覚体験を通して、外界に働きかける意欲と豊かな感性を育てていきましょう。

「感触あそび」は皮膚感覚や運動感覚を含む体性感覚を動員して遊ぶことです。そのために変化する素材を用意しましょう。

感触遊びで使用される素材は、水（お湯）、パン粉、片栗粉、小麦粉粘土、おから、ゼリー、寒天のようなものがあります。安全性やアレルギーに配慮して使用しましょう。

2. 1歳頃から2歳頃（乳児期）

（1）描き始め・・・1歳頃

描く活動は1歳頃、ものをうちつけることから始まります。ペンをもっていてうちつけているうちに「点々」ができたというような偶然から始まります。

肩を支点として画面に手を打ち下ろした時の軌跡、手は動いているが描こうという意識はないので、目は違うところを向いていたりします。

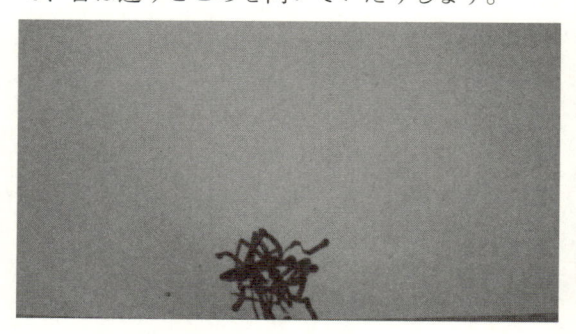

（2）1歳前半期「弧状の往復線」

なぐりがき期の充実を迎えます。「弧状の往復線」－「弧状」は肩を支点とした動きであるから。「往復運動」は止まるという意識がないため反復します。

（3）1歳後半期「丸みを帯びてくる」

肩を支点とした腕の運動の軌跡であったのが、肩と肘の2点を支点とする共応運動になってきます。

（4）描く活動の展開

「描画活動を始める時期」は

立って描くことが基本。立って歩けるようになった頃描く活動を始める。両足でしっかり立って身体を支えながら大きく手を動かして描く。

（配慮点）

片手で押さえることができないので、紙が動かないようにテープで留める、などします。

「紙質・大きさ」

手の運動に適した広さの紙が適している。（大体「四つ切り」くらい。）

紙質はすべりのよいもの。アート紙、上質紙等。

「単色が基本」

色があると描く内容に集中しにくくなりやすい。マーカー1本を選ばせ、描き終わるまで変えない。

「保育者の位置」

子どもと同じ方向を向くことが基本。抱えるように後ろに立ったり、子どもの横に立つ。

「ことばかけ」

具体的なイメージに誘ったりせず、描く楽しさに寄り添うことばかけを。「びゅーん、びゅーん」「すごいスピードだね」

「描画材料」

もちやすい。すべりやすい。あざやか──水性フェルトペン等。

3. 2歳から3歳頃

（1）2歳頃（見たて活動）

「ぐるぐる丸」

一本でつながっている、のびやかな生き生きとした線。「おかあさん」とぐるぐる丸をみたてるが、後で聞くと「お母さん」ではなく「ハンバーグ」になっていることもあります。

（2）意味づけ期（つもり活動）

イメージが先導する時期

2歳半頃「閉じた丸」

丸を閉じようとする意志があります。丸に託してイメージを語る時期。全てが丸で表現されます。イメージが先導するので、描いた内容が変わることはない。しかし、はじめから全てのつもりがあるわけではなく、描いている途中でイメージが広がっていくことが多いです。

丸が閉じる　2歳

〈保育者のことばかけが大切〉

※ひとつひとつの意味をしっかりと聴き取る。

※形を急がない。

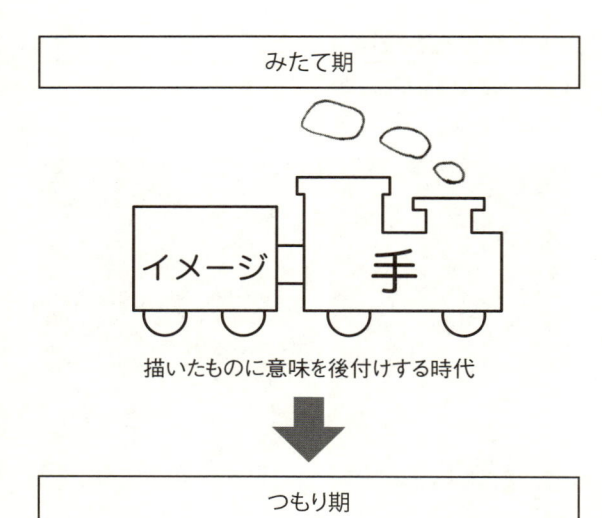

みたて期

描いたものに意味を後付けする時代

つもり期

イメージしたものを描く時代

（3）3歳児クラスの描画活動と課題

★目標「友だちいっぱい、お話いっぱい！」

・量的な積み重ねを。

　形になることを急がない。

　たくさん描けるよう安価な紙を用意します。

・1対1の対話活動の保障。

　絵の時間は保育者が自分の話を楽しんで聞いてくれるという経験を積み重ねます。一人ひとりの子どもに応じた丁寧な対話を積み上げましょう。

　一日の生活の中で描画ができる時間帯を設定し、保育者が連携してゆったりと描画活動にかかわれるようにしていきます。

　子どもの話を聴くときは、共感的な対話を楽しみましょう。

・感覚（触）遊びをたっぷりと楽しむ。

　身体全体を使って視覚的にも身体的にも手応え

のある活動を。

絵の具で遊ぶ

○ガラスに描く、壁に描く、葉っぱに色を塗る等。

みんなで描く

○自然物を使って描く（稲の根っこやえのころ草に絵の具をつけて描くなど）

○たんぽ筆を使って　大きな紙にみんなで描く。

例：この時期に使いやすいタンポ筆の作り方

（材料）ウレタン　割り箸などの棒　ストッキング　輪ゴム

4. 3歳から4歳後半

（1）頭足人・羅列期（カタログ期）

「頭足人」

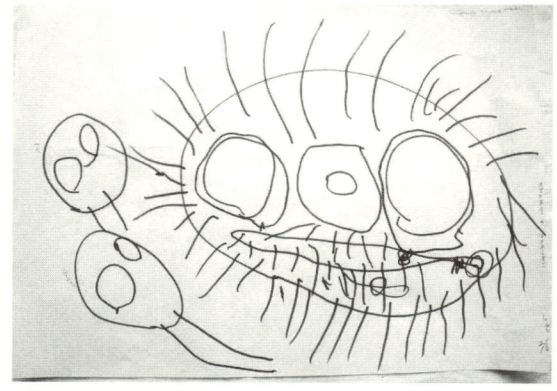

節分の絵

> **3・4歳頃　「頭足人」**
> 「顔の時代」から「頭足人」へと変化。行為を表そうとして手や足が出てくる。
> 生活体験の中で「友だち」を意識することで友だち、先生が絵に表れる。「よーいどんてはしったよ」「おててをつないだ」「カニをつかまえた」など行為を表そうとして、顔から足が出て手が出る。

「羅列期」

> 「羅列期」
> 対象や行為がかかわりや時間軸に関係なく
> 羅列的に表される。
> 上の絵「運動会の絵」
> 運動会でやったことを網羅して同じ画面の
> 中に描いている。

（2）4歳児クラスの描画活動と課題
―生活画を縦軸に課題画を横軸に―

・保育者が仲立ちをしながら友だちと遊ぶことが
楽しいと思える保育をしていくことがまず基本と
なります。

課題画（課題活動）が可能になってくる時期。学
級の活動として一斉に描画することもできてきま
す。楽しかったこと、心が動いたことがたくさん
あるという時は描く活動をみんなで取り組む良い
機会となります。

・描く回数を増やし、生活と結びつけ、話をよく
聞いてあげることが大切です。

・描きっぱなし、聴きっぱなしではなく、イメー
ジを拡げる会話を心がけ、楽しかった活動に共感
していきましょう。

・学級の仲間にも共感の輪を広げていく機会をも
ちましょう。

5. 4歳後半から6歳頃
（1）基底線の出現
・画面空間の系列化

　5歳半前後になると、羅列的なカタログ期をこ
え、画面に構図を作り、イメージをまとめ上げて
表現する力を獲得していきます。

　基底線は画面の下の線を指し、画面の上部には
雲や太陽を描く場合が多くなります。

　この時期は文脈が出てきて、お話をまとめ上
げ、一場面を切り取ることができるようになりま
す。

・知ったこと・分かったことを描きたい

→図式的に表現される時期

・レントゲン表現（車の中に人が乗っている所や、おなかの中に赤ちゃんがいるお母さんを描くなど）

・強調表現　（歯を磨く場面を描きたい時、口や歯を大きく描くなど）

・展開表現（上は移動動物園で遊んでいるところ。俯瞰して描いている展開表現。）

※見たとおりに描くことが発達の課題になるのは9歳以降です。

（2）5歳児クラスの描画活動と課題

・生活画 ―生活の中で体験したこと、心が動いたことを題材に

単色で描くことが基本とします。これは色より思いを表現することを優先するようにしたいためです。

失敗を気にしないでたくさん描くために安い紙を使いましょう。

自分の感じたことを描くことに慣れると抵抗なく当たり前に描けるようになります。生活画を描くことで、生活の中に当たり前に描画が位置づくようにしていきましょう。

・絵は見るものだけでなく聴くものでもある

この時期の絵は芸術的な側面よりもコミュニケーションの手段の側面が大きいです。そこで描いて終わるのではなく、描いた後に一人ひとりのことばを聴き取ることがとても大切になります。

生活綴り方のように絵と共にことばも聴きとり、聴き手は子どもの気持ちに共感していきます。

保育者は子どもと共に生活しているので、子どもの気持ちを最も理解し共感できる存在です。子どもは自分の絵と共にことばも一生懸命汲み取ろうとするおとなの存在に表現の喜びを改めて感じていきます。

また、自分の経験したことの中から何を描くかを選択していく操作の中で、経験を再吟味し必要なことを抜き出す能力も育っていきます。保育者は子どもの気持ちを聴き取る中で、おとなとは違

う感じ方や価値観に気付かされたり、つたなくても一生懸命表そうとするストレートさになんともいえない感動を覚えることでしょう。

（3）生活画の実践―絵日記の取り組み

日常的に日々の生活の中で心に残ったことを描けるよう、5歳児6月から絵日記を始めてみました。食事の後などの30分ほどの時間を利用し、気軽に描けるよう鉛筆を用いてみました。これは失敗しても消しゴムで消せるという安心感があるからです。

描いた後、保育者は一人ひとりと会話しながら文章の部分に各自の思いを書き入れていきます。

「やごとり」　5歳児　6月
やごをとって　たのしかった。わたしと　NちゃんとMちゃんと　とりました。みんなとやごとりしたから　たのしかったです。きれいなとんぼに　なってほしいです。とんぼになったらまたあおうね。

○聞き取るときの留意点

保育者は決して鉛筆を持って待ち構えて「何している所？」などの説明を求める態度ではなく、「楽しかったこと聞かせて？」というようにその時の気持ちを聞き取るようにしましょう。保育者は子どもと生活をしているので、一番子どもの言いたいことがわかる立場です。子どもの気持ちに共感できると、子どもも話すことの楽しさが深まります。

「こままわし」 5歳児 1月
3にんでたたかっているところ。NちゃんとRちゃんとみんなでこましてる。そしたらMちゃんがかって、わたしは3いになった。なかなかかてない。

「かいこのぼうけん」 5歳児 6月
ジャングルにほんとうにサメがいました。サメがきてにおいをかいでいると、ワニがきてサメをたべようとしてけんかになりました。てきはふたりともしんで　かいこはゆっくりとぼうけんができました。

（4）想像画の取り組み

　幼児期には想像をふくらませられる保育の展開を。

　この絵は一人ひとりがカイコを育てた後、自分のカイコを主人公にしたお話を考えようと働きかけた実践です。実際に経験したカイコを育てた経験が反映された内容になっていました。

　幼児期は想像の世界と現実の世界との隔たりがあまりありません。これは児童期にはみられない幼児期の大きな特徴です。

　この幼児期には、想像の世界を描画に取り込むことも重要な要素です。

（5）共同画の取り組み（5才児）

　—みんなでやったらすごいな…という経験を。

　例：保育室の装飾にグループで取り組む。

　設計図をそれぞれが描き、自分の設計図についてグループ内で発表します。グループの話し合いで各グループは一つの設計図に絞り、その設計図に基づき、共同・協力して絵を仕上げていきます。

5歳児1月
写真左
卒園を前にして、保育室を次の子どもたちのために装飾する相談。（生活グループで）
写真上
決まった設計図に基づいてグループで協力して仕上げる。

6. 豊かな表現の基盤となるもの

―絵の表現と生活の質との関連―

　豊かな表現が生まれるためには、楽しい遊びや心が揺れ動く経験などひとに伝えたくなる思いが子どもの心に生まれるような「豊かな生活」があることが基盤となります。

　では、その豊かな生活の中身はどのようなものでしょうか

- ・生活が主体的に展開されているか
- ・夢中になる生活があるか
- ・ひとに伝えたい喜びや感動があるか
- ・いろいろな表現を受け止めてくれる仲間がいるか

　豊かな表現を求めるなら、上記の観点からまず生活がどうなっているのか、子ども主体の生活になっているかどうかを見直すことが大切ではないかと考えます。

7. 保育者の役割＝生活と表現をむすびつけるのは保育者

　しかし豊かな生活があっても、そのまま豊かな表現にはつながりません。そこで重要になるのが保育者の働きかけです。描画が生活の中で当たり前になるような生活をつくりましょう。本来描画が嫌いな子どもはいません。生活の中で当たり前に描画活動が根付くまで、長いスパンで根気よく取り組むことが大切です。

・日常的な描画活動の定着

　「絵は見るものだけではなく聴くものでもある」
　一人ひとりの気持ちを受け止めていく保育者の存在が描画の喜びに直結します。また保育者にとっても、見ただけではわからない子どもの気持ちが聴くことで鮮明になり、共感関係が生まれていきます。

・啐啄同時的な働きかけ

　　＝転機を見逃さない
　描画に苦手意識をもつ子どもがいても、1回で結果を求めず、気長に取り組むと、必ず飛躍するきっかけがきます。保育者はその機会を見逃さず

に認めていきましょう。

8. 美術としての側面を育てる

―描画のテーマと描画材料の関連―

　　＝表現を生かせる効果的な素材
　どのような描画材料を使うかで、子どもたちの意欲も作品の出来上がりも違ってきます。やってみたいと子どもたちがまず思えるような魅力的なもので、しかも仕上がりに子ども自身が満足できるような描画材料を用意したいものです。そのためには保育者は教材の開拓を絶えず心がけることが必要となってきます。

> 例：収穫した果物を描く
> 画材　墨汁　顔彩
> タオル筆（割箸の先端にタオルをまいて作ったもの）

2 乳幼児の発達に即した指導

―系統性と遊び化―

○系統的な指導と課題活動の遊び化について

ハサミを使う、縫物をする、個人持ちの絵の具を使うなどの技術的な課題が必要とされる指導については、系統性をおさえた段階的な指導を大切にしましょう。内容の連続性を考慮し、長いスパンで保育内容を計画していくことが大切です。

しかし、未分化な乳・幼児を対象とする場合、系統性を理解した上で、課題活動を「遊び化」する工夫が欠かせません。

―遊び化とは―

保育の活動は基本的には子どもたちが主体的に環境に働きかけて展開するものですが、保育者がそれぞれの時期に必要であると考えて行う「課題的な活動」も同時に展開されます。

しかし未分化な幼児にとって、とりたててある要素を取り出して指導することは無理があります。そこで幼児も意欲的に楽しむことができるような工夫が必要になってきます。保育者にとっては課題的な活動であっても、幼児にとってはやってみたいと興味・意欲をかきたてられるもの（遊びに近いもの）であるという意味で課題活動の遊び化を図っていくのです。これによって、課題活動であっても幼児から見ると主体的な活動になりうるということがいえます。

☆ハサミの指導を例に「系統性」と「遊び化」の両面を考えてみましょう。

◎ハサミの指導における系統的な指導内容

・裁ち落とす（1回切り）
↓
・連続して切る
↓
・丸く切る
↓
・くり抜く
↓
・紙以外のいろいろな素材を切る
（毛糸・布等）

○遊び化

年齢が低い程、活動のねらいが遊びの中で達成されるようにします。

―課題活動を遊び化した実践例―

活動「焼きそばやさんをする」

活動のねらい

○焼きそばづくりをする中で、ハサミの安全な扱い方が分かる

○ぱちんと切り落とした時の気持ちよさを楽しむ。

保育者は焼きそばの材料を売るお店を用意。子どもたちにはあらかじめ紙皿を渡す。

「いらっしゃい いらっしゃい！やきそばをつくりませんか」

「おにくもありますよ。にんじんもあります。きゃべつはどうですか」「やすいですよ」と子どもたちを買い物に誘う。

子どもたちは 肉や野菜に見立てた色画用紙（10cm×4cm程度の大きさ）を買い、ハサミで切って紙皿の中に入れていく。

保育者は一人ひとりの様子を見ながら ハサミの持ち方や切り方を援助していく。

はじめは「ぱちんと切ってね」と1回切りを促すが、様子をみて「チョキチョキってきると本当のおそばみたいになるね」と連続切りに誘っていく。

この時、保育者のことばによる働きかけ「パチン、パチンと切ってね」「チョキチョキと切ろうね」などが子どもたちにハサミの動かし方と出来上がりのイメージを生んでいく。

出来上がった焼きそばをみなで会食のようにして「いただきます！」と食べる。

この時も子どもたちと楽しく会話をしながら食べる。

この後の展開としては

全員が切ったものを全部集めて学級全体の焼きそばやさんの屋台にします。

または一人ひとりの焼きそばをラップして保存し、展覧会で飾ることもできます。

○量的な保障を

　課題的な活動は、日常的に力量が蓄積できるような環境を用意しましょう。

　例えば製作コーナーにお金を印刷した紙を用意しておき、子どもたちはいつでも使いたい時にこの紙を切り抜いて買い物ごっこを楽しんだり、または、ハートやダイヤ・星の形などを印刷しておいて製作に使えるようにしておきます。このようにしてできるだけハサミをたくさん使う環境を用意しましょう。

コラム〔5〕　絵の具の指導　「どんなTシャツがほしい？」

　5歳児クラスの5月に行った実践です。自分がほしいと思うTシャツの模様を考え、まずクレヨンで模様を描きました。固形水彩で大きな空間を塗っていきましたが、この時、「クレヨンと絵の具はどちらが強いか確かめてみよう。」と投げかけました。子どもたちはクレヨンより絵の具のほうが強い」と予想していましたが、絵の具を塗っていくと「クレヨンのほうが強い！」とびっくりした表情を見せていました。

　模様も色もそれぞれの個性が反映されたTシャツができあがりました。

　「個性」ということばを「カラー」ということばで表す意味がここではじめて実感できました。そういう意味で、担任が絵の具を溶いて使うやり方と比べると一人ひとりの好みの色がはっきりと出るのが個人持ち絵の具の良さだといえます。

　なお、5歳児クラスではじめての個人持ち水彩絵の具を使用するため、筆洗バケツの使い方、絵の具の溶き方、筆用タオルの使い方など課題となることがたくさんあります。絵の具を上手に使うためには覚えることがたくさんあるので、年長ならではの教材だとといえます。

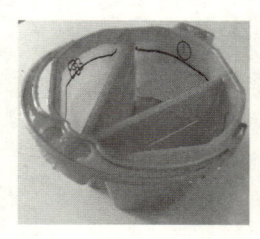

筆洗バケツの使い方

区分け毎に番号をつけておく
水が淵を越えないようめやすの線をつけておく
お風呂…1番に洗うところ
揚がり湯…もう一度洗うところ
薄める水…絵の具を溶くのできれいなまま保つ
※筆を洗ったら必ずタオルで色が完全に落ちているか確かめるようにする。

3　身近な素材で遊ぼう

1.　造形活動のポイント

（1）幼児が自ら能動的にかかわれるよう工夫する。

　子どもたちが造形活動を楽しむためには「遊べる」ことが重要です。子どもたちの中で「作ったら遊べる」というイメージができると、いろいろな工夫が生まれたり、友だち同士で遊びが広がります。壁面に飾る場合もしばらく遊んでから飾るといいでしょう。

（2）一人ひとりの個性を引き出す工夫を。

　「基本はみな同じ」―基本的な形はみな同じにして完成を保障した上で、その後一人ひとりが自由に発展させられるようにすると、各々の個性が光る作品ができます。

2.　粘土の特性と種類

（3）粘土の特性を理解しよう

　乳幼児期の主導的な活動となるのが「感触遊び」です。その中心となる粘土を取り上げてみます。
　≪年齢が低い時≫
　安全性がまず重要です。形を作ることより感触そのものを楽しみましょう。
　≪年齢が高くなると≫
　粘土の特性を理解し、様々な粘土を楽しむことができるようになります。自分の手で目的をもって対象を変化させることを楽しみはじめます。

（4）粘土のいろいろ―粘土の特徴を理解して効果的に使おう。

○油性粘土
　安価で保存しやすいので日常的に保育現場で使われることが多い。「油臭い匂い」「べたべたして重い」などのマイナス面が改善された軽量油粘土が普及してきている。

○紙粘土
　軽くて細工しやすい「軽量紙粘土」が使いやすい。作ったあと保存できるので母の日や敬老の日のプレゼントにするなど、幅広く使われる。絵具での着色も簡単。防腐剤や防カビ剤に化学薬品が含まれているものもある。

○土粘土
　陶芸用の粘土は可塑性に優れ、感触も大変良い。ダイナミックな遊びが可能。しかし保存が難しいという難点がある。

○おがくず粘土
　鉛筆を作る際に出るおがくずを粘土にしたもの。乾くと木のようにナイフで削ることができる。彩色しなくても自然の風合いが出るのが特徴。

○みつろう粘土
　ミツバチの巣から抽出したみつろうを原料にしたもの。手の温度で柔らかくなる。甘い匂いが独特。しかし高価である。

　※その他　寒天粘土、樹脂粘土やブロンズ粘土など様々な粘土がある。

3. 粉で遊ぼう

☆片栗粉で遊ぼう

液体なの？　固体なの？

　「ダイラタンシー」ということばを理科の実験で習ったことがありますか？圧力をかけている間はほぼ固体で、圧力がなくなると液体に近い状態になる現象です。この現象が片栗粉に水を加えると起きるのです。ダイラタンシーによって、片栗粉遊びは他の遊びでは経験できない不思議な体験ができる楽しい遊びになるのです。片栗粉遊びの進め方は、

　　①粉そのものの状態を楽しむ。

　　②徐々に水を加えていく。

　　②耳たぶ程度にまとまったら感触遊びを楽しむ。

> **●ここがポイント！**
> 遊んだ後の片付けは完全に乾燥させてからにしましょう。結晶状態になるので片付けやすくなります。

☆小麦粉粘土で遊ぼう

　口に入れても安全な小麦粉粘土は、形を作ろうとするとはねかえるほどの弾力があります。ですから自由自在に形作りを楽しむことには向いてはいません。何より自分で感触の良い粘土が作れるというところに遊びの目的があります。まずは粉の状態でたっぷりと遊んでみましょう。

材　料

●小麦粉　●食紅を水に溶かしたもの（食紅の濃さで色を調節）
●塩（腐敗防止）　●サラダ油（しっとり感）

☆小麦粉風船って気持ちいい！

　子どもたちが手で握っているといつのまにか癒されて安定する心地よさが味わえるのがこの風船です。

　　≪風船に粉を入れてみよう≫

材　料

●風船2コ—小麦粉用
●じょうご
（ペットボトルを切ったものでもよい）
●割りばし1本

作り方

1 風船を引っ張って伸ばす。

2 風船の口にろうとを入れ、粉を入れていく。割りばしを使って押し込みながら詰める。

3 十分な量が入ったら、口をしっかり結ぶ。

♥小麦粉を入れたもの　片栗粉を入れたもの両方を作ってみると　感触の違いがよくわかります。

☆ケーキを作ろう

　乾くと軽くて壊れにくくなる軽量粘土を使って大きなケーキを作ってみましょう。

○軽量紙粘土の着色について

　マジックや絵の具などを使って着色できるので、形作りと共に色づくりも楽しませたい教材です。大量に色をつけたい場合は、アクリル絵の具やポスターカラーを練りこみます。一人ひとりが着色を楽しむ場合には水性または油性マジックを使ってあらかじめ練りこまんでから形を作ります。

　※ケーキの土台は　カラー段ボールで作ります。

4. 動かして遊ぼう

☆尺取り虫

紙一枚とストローがあればちょっとした空き時間でも遊ぶことができ、作り方も簡単です。動きがユニークで、しかも息のコントロールにつながる活動です。

ストローで印の上を軽く吹いてみましょう。

虫は上下運動で前に進みます。あまり強く吹くと飛んで行ってしまいます。尺取り虫の様に動くように軽く息を吹きかけましょう。

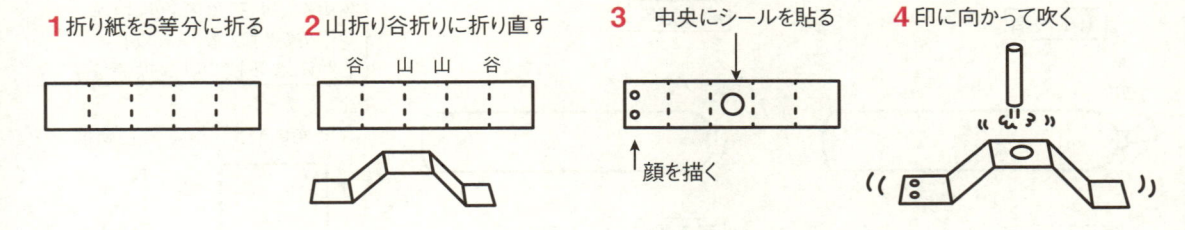

1 折り紙を5等分に折る　**2** 山折り谷折りに折り直す　**3** 中央にシールを貼る　**4** 印に向かって吹く

谷　山　山　谷

↑ 顔を描く

☆コロコロ・・・アルミ虫

蚕が作る繭玉のような形のアルミ虫。その名の通りアルミホイルで作ります。ユニークな動き方に子どもたちの目が輝きます。中には本当に生きていると勘違いする子もいます。

やわらかいアルミホイルでできているので、そっと扱えないとすぐにつぶれてしまいます。4歳以降がお勧めです。

材 料
● ビー玉1個　● アルミホイル（7㎝×20㎝位）1枚　● スティック糊の容器（普通サイズ）

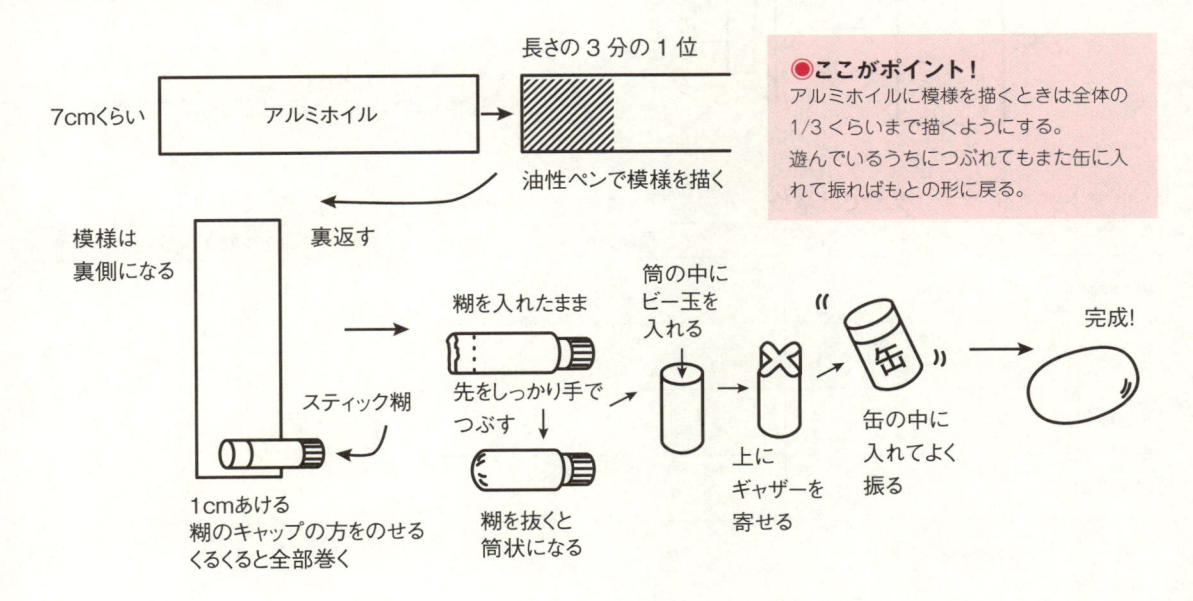

7cmくらい　アルミホイル　長さの3分の1位

油性ペンで模様を描く

●**ここがポイント！**
アルミホイルに模様を描くときは全体の1/3 くらいまで描くようにする。
遊んでいるうちにつぶれてもまた缶に入れて振ればもとの形に戻る。

模様は裏側になる　裏返す

スティック糊

1cmあける
糊のキャップの方をのせる
くるくると全部巻く

糊を入れたまま
先をしっかり手でつぶす
↓
糊を抜くと筒状になる

筒の中にビー玉を入れる

上にギャザーを寄せる

缶の中に入れてよく振る

完成！

5. 飛ばして遊ぼう

☆傘袋ロケット

　軽くてよく飛ぶロケットです。バレーボールのサーブのようにロケットのお尻を叩いて飛ばすのが楽しさのもとです。青空に向かって思いっきり飛ばしてみましょう。

材　料
- 傘袋　1枚
- ペットボトルのキャップ　1個
- 色画用紙—　帯用　羽根用

●ここがポイント！
傘袋を膨らませた後、空気が漏れないように縛るのは保育者がやってあげましょう。

それぞれの段階の飛び方で気が付いたことをまとめてみましょう。

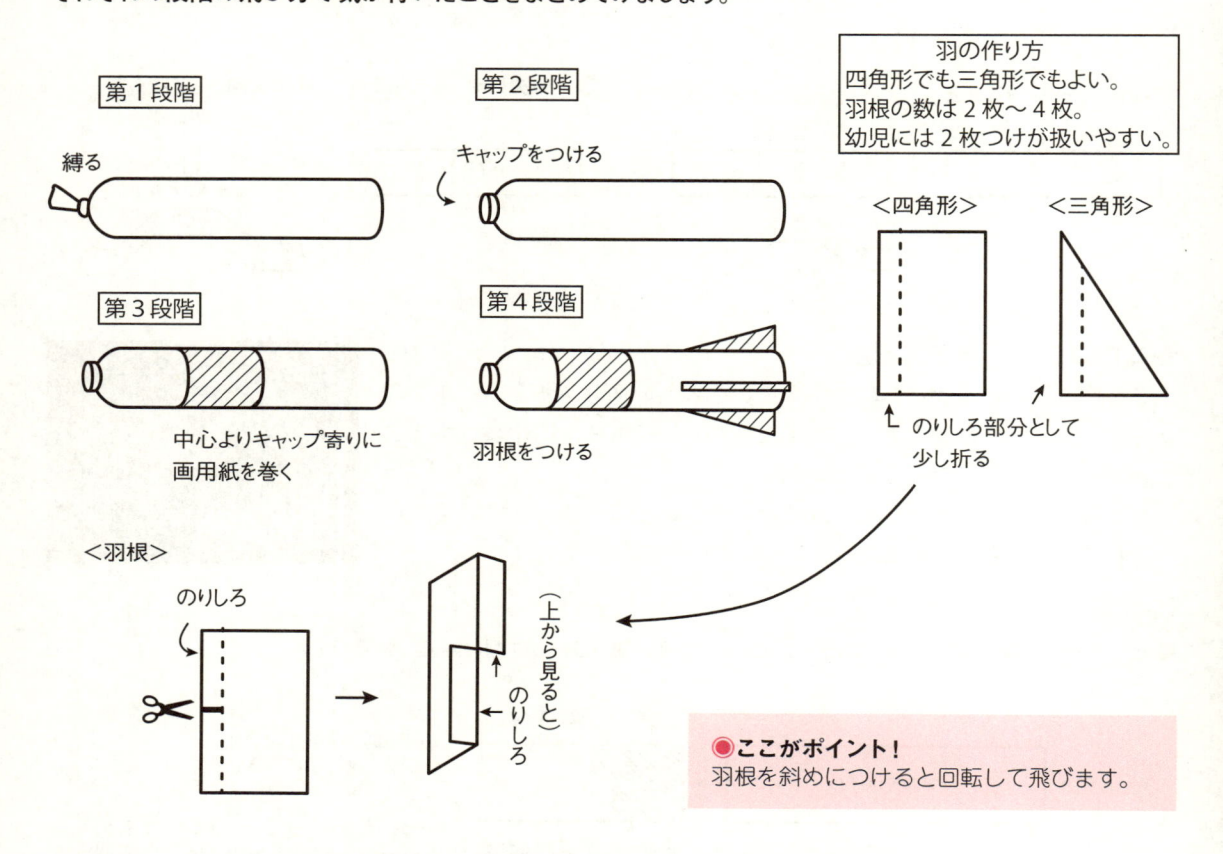

羽の作り方
四角形でも三角形でもよい。
羽根の数は2枚～4枚。
幼児には2枚つけが扱いやすい。

第1段階　縛る
第2段階　キャップをつける
第3段階　中心よりキャップ寄りに画用紙を巻く
第4段階　羽根をつける

＜四角形＞　＜三角形＞
のりしろ部分として少し折る

＜羽根＞　のりしろ　（上から見ると）　のりしろ

●ここがポイント！
羽根を斜めにつけると回転して飛びます。

※アンダーサーブの要領で　傘袋の下の部分（縛ってない方）を軽く叩いて飛ばします。

	飛び方の変化	全体的な感想
第1段階		
第2段階		
第3段階		
第4段階		

☆クルクル

くるくると回転しながら飛ぶ投げ矢です。

重りとしてつけたゼムグリップの数で飛び方が変化します。

的に向かって投げたり、友だちとキャッチしあったりなどいろいろに遊べます。

材 料

● A4コピー用紙　1枚
● ゼムクリップ　3個〜4個

●ここがポイント!
羽根の切り込みはあまり細かくないほうが
きれいです。

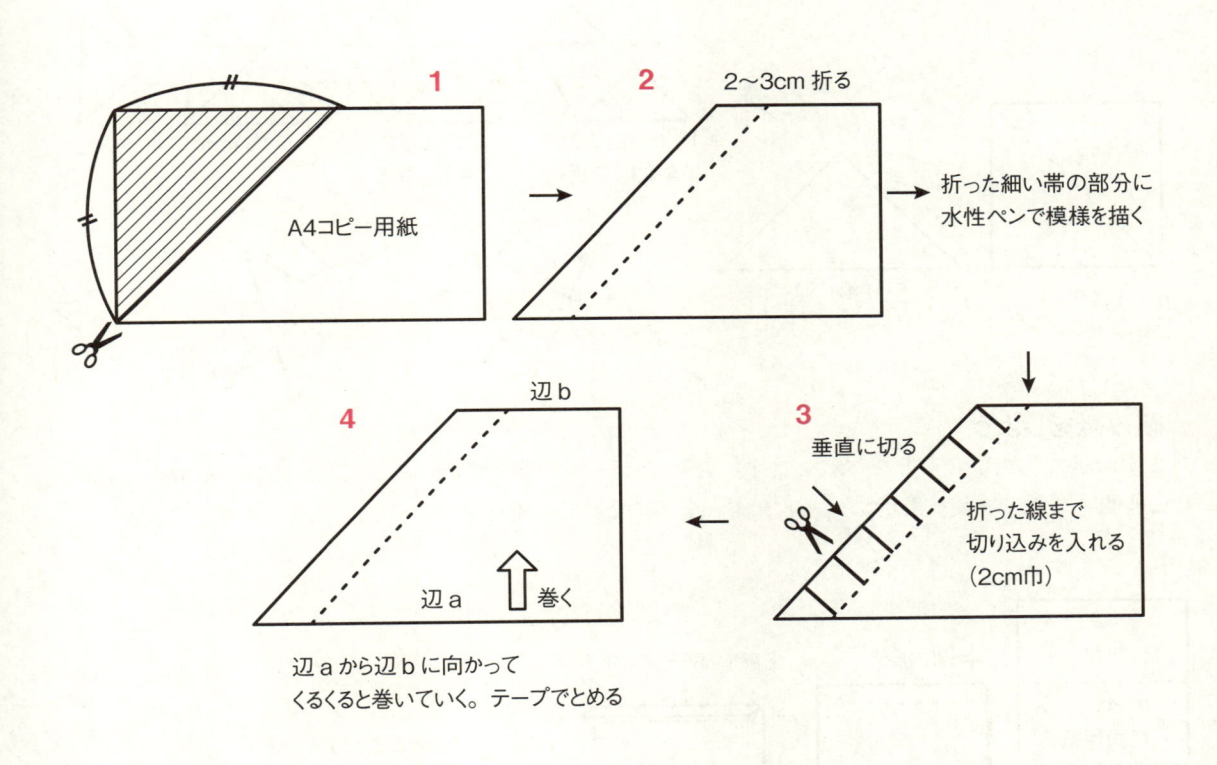

1　A4コピー用紙

2　2〜3cm 折る
折った細い帯の部分に
水性ペンで模様を描く

3　垂直に切る
折った線まで
切り込みを入れる
（2cm巾）

4　辺b／辺a　巻く
辺aから辺bに向かって
くるくると巻いていく。テープでとめる

筒の先
ゼムクリップをつける

写真のように羽を一枚一枚起こす。

筒の先にゼムクリップを3個つけるとよく飛ぶ。

投げるときはゼムクリップがついている方を先
頭にして持ち、放物線を描くように投げる。

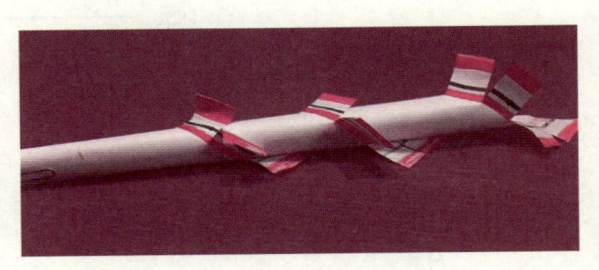

6. 紙で遊ぼう

（1）切り紙の基礎と発展

日本には「紋切り遊び」という伝統的な楽しい遊びがあります。

紙を折って切り抜き、そっと広げれば美しい模様があらわれます。江戸時代に庶民の粋な遊びとして流行ったこの紋切り遊びですが、日本の伝統的な美意識に触れられるとても楽しい遊びです。そして、子どもたちが大好きな遊びでもあります。

まずは保育現場でよく使う基本的な折り方・切り方をマスターしましょう。

☆8折り・10折り

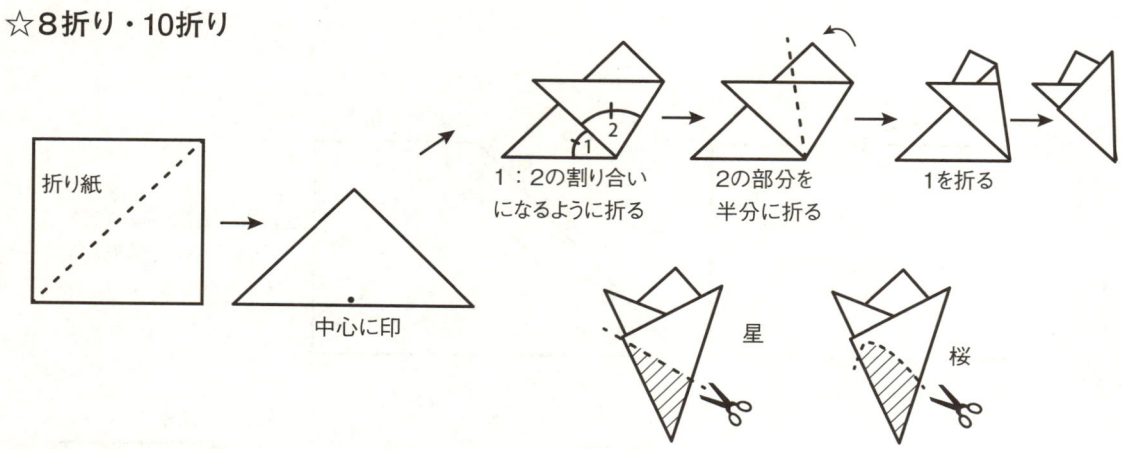

折り紙 / 中心に印 / 1：2の割り合いになるように折る / 2の部分を半分に折る / 1を折る / 星 / 桜

☆組み紙をしよう

まずは紙で「織る」ことを体験します。交互にテープを通していくことがわかれば、そのあとは段ボール織りで毛糸を使ったポシェットを作るなどに発展できる遊びです。

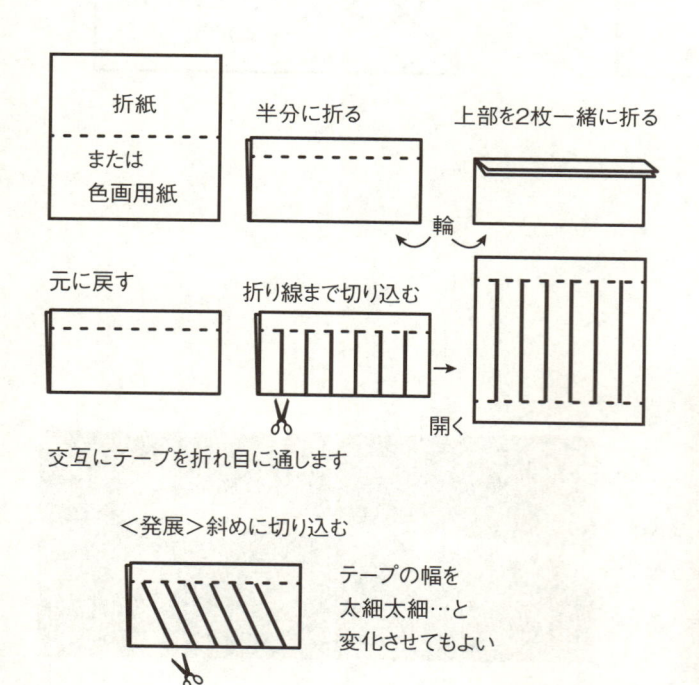

折紙 または 色画用紙 / 半分に折る / 上部を2枚一緒に折る / 輪 / 元に戻す / 折り線まで切り込む / 開く

交互にテープを折れ目に通します

＜発展＞斜めに切り込む

テープの幅を
太細太細…と
変化させてもよい

●ここがポイント！
はじめのうちは2色のテープを使うと、「交互」ということがとてもわかりやすくなります。

（2）　トランスパレントペーパーを使ってみよう

　トランスパレントペーパーはヨーロッパの凧の紙です。半透明で軽くて強い紙です。

　北欧では長い冬を少しでも明るく過ごそうと、このペーパーを使った窓辺の装飾が発展してきました。

　今回はこの紙を使って幼児でもできる飾りを作ったり、簡単な凧を作ります。

　また七夕飾りや、誕生会やクリスマスの装飾など、用途もいろいろ考えられます。

☆クリアカップのつるし飾り

材　料
- ● トランスパレントペーパー（折り紙サイズ）
- ● クリアカップ

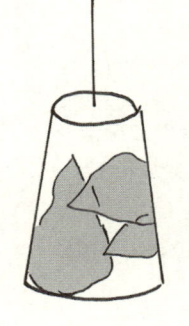

ペーパーを手で好きな形にちぎり
カップに貼る。紙は重ねて貼ると
部分が色が混ざってきれいです。

●ここがポイント！
プラスチックに貼る場合は、液体
糊では乾いた段階ではがれてしまい
います。スティック糊が適してい
ます。

<応用>

プリンカップの
花入れ

☆簡単な凧

材　料
- ●トランスパレントペーパー
（折り紙サイズ）２枚
- ●ミシン糸または木綿糸

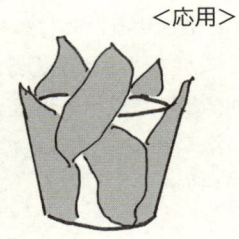

●ここがポイント！
この凧は　微風で揚がる凧です。
軽く作るために揚げ糸は縫物用の
糸を使います。
※折り紙でも作れます。

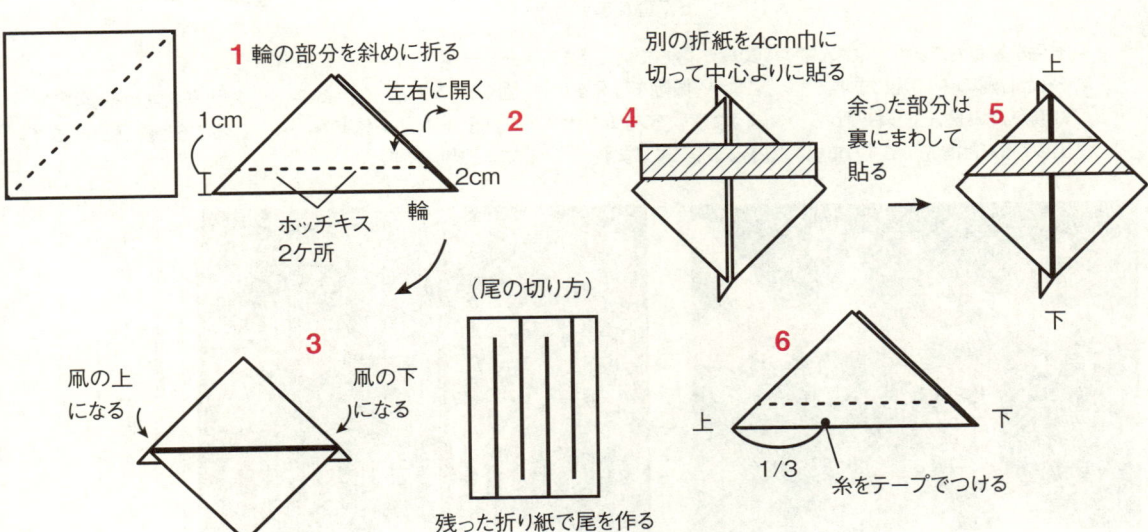

1 輪の部分を斜めに折る

左右に開く

2

1cm

2cm

ホッチキス
2ケ所

輪

3

凧の上
になる

凧の下
になる

（尾の切り方）

残った折り紙で尾を作る

別の折紙を4cm巾に
切って中心より貼る

4

余った部分は
裏にまわして
貼る

5

上

下

6

上

下

1/3

糸をテープでつける

7. 羊毛フェルトで遊ぼう

　羊毛フェルトは冬の保育においてはとても貴重な体験ができる優れた素材です。感触も質感も独特で、冬にぴったりの素材です。おとなの羊毛フェルト製作はニードルを使ったものがほとんどですが、これは幼児にできるように手でできるものにしました。

　石鹸を入れたお湯の中で羊毛フェルトをコロコロしたり、ぐちゃぐちゃしたり、手を動かしながら友だちとおしゃべりするなど楽しい時間がもてます。まずは形を求めず自由に製作し、ふわふわだったものが変化していく様子を十分に味合うようにしましょう。

　自分で作ったものはオリジナリティーが高く、個性的です。

材　料
● 羊毛　　● お湯
● 石鹸（固形石鹸・シャンプー・ボディーソープなど）

基本の準備
・羊毛をフェルト化させるためには　お湯と石鹸の力を借りて羊毛の表皮をはがし、手で圧力をかける必要があります。そこで、たらいなどにお風呂の湯温ぐらいの湯をはり、石鹸をとかします。泡が出ないくらいでよいです。（500ccの湯に粉石けんなら小さじ1位）

応用
丸く作ったら　ゴムをつけて髪飾りにしたり、クリスマスのオーナーメントにしたりできます。
色々な形になったものは「見立て遊び」を楽しんだり、木の枝につけたりして冬の装飾にしてみましょう。

> **◉ここがポイント！**
> 力をいれてこするのではなく、軽く振動を与えるつもりでこすります。
> 表面がけばだつようでしたら　石鹸を少し手につけてこすって下さい。
> でもあまり石鹸をつけすぎると滑って圧力がかかりません。
> しばらくこすっていると　ある一瞬でフェルト化します。面積・体積がぐっと小さくなり、手触りが固くなったら完成です。

4〜5cm

羊毛を繊維に沿って引っ張り4〜5cm位に短くします。

たてよこたてよこと上に重ねます。
（断面）
（5層重ねたもの）

＜丸く作る＞

層に重ねた羊毛を玉ネギの形に丸めて湯につけます。

羊毛を重ねたまま手ではさんでそっとお湯の中に沈めます。お湯が浸み込んだらお湯から出してそっと指先でこすります。

表縁が落ちついてきたらこまかく振動を与えるような感じでフェルト化するまでこすります。

ある一瞬で固くなります。これを「フェルト化」するといいます、

↓

お団子を丸める要領でころころと軽く転がします。

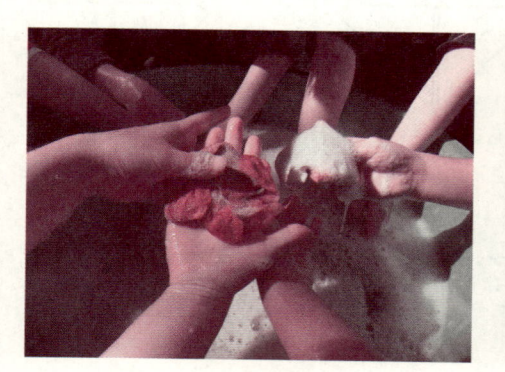

羊毛フェルトで作った着物を巻いたおひなさま（4才児）

8. 毛糸で遊ぼう

　保育園・幼稚園で冬の遊びに欠かせない毛糸遊び。

　毛糸は日々の保育の中で製作の素材の一つとして気軽に扱うといろいろな発展が見られる優れた素材です。例えば、寒くなると子どもたちが毎朝首に巻いて登園してくるのは、自分で編んだマフラー。あやとり遊びのあやとりの糸も子どもたちの手作り。あやとりの糸を鎖編みすると絡まりにくくなるので、より、あやとり遊びが楽しくなるのです。

☆ボンボン

毛糸を巻く―眼と手の協応

毛糸を丸く切り揃える―紙以外のものを切る経験。

形を丸く整える―微妙なハサミの扱いができるようになる。

発展：3 個つなげて青虫　2 個つなげて雪だるま

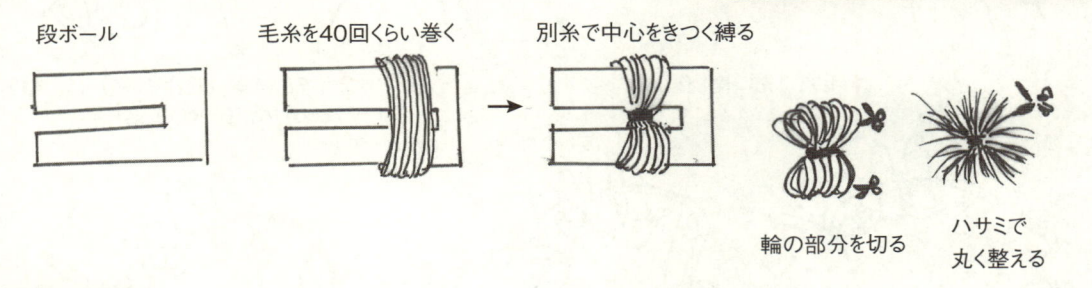

段ボール　　　毛糸を40回くらい巻く　　　別糸で中心をきつく縛る

輪の部分を切る　　ハサミで丸く整える

☆蜘蛛の巣

　毛糸を十字に組んだ木の枝に巻くと幾何学的な模様ができます。理解力、集中力を養える活動になります。（綿棒2本で作るとミニサイズの蜘蛛の巣ができます。ブローチにぴったりです）

　3本にするとよりリアルな蜘蛛の巣に。3本で作る場合ははじめ2本で作り始め、形が安定してきたら3本目を入れて巻き付けていきましょう。

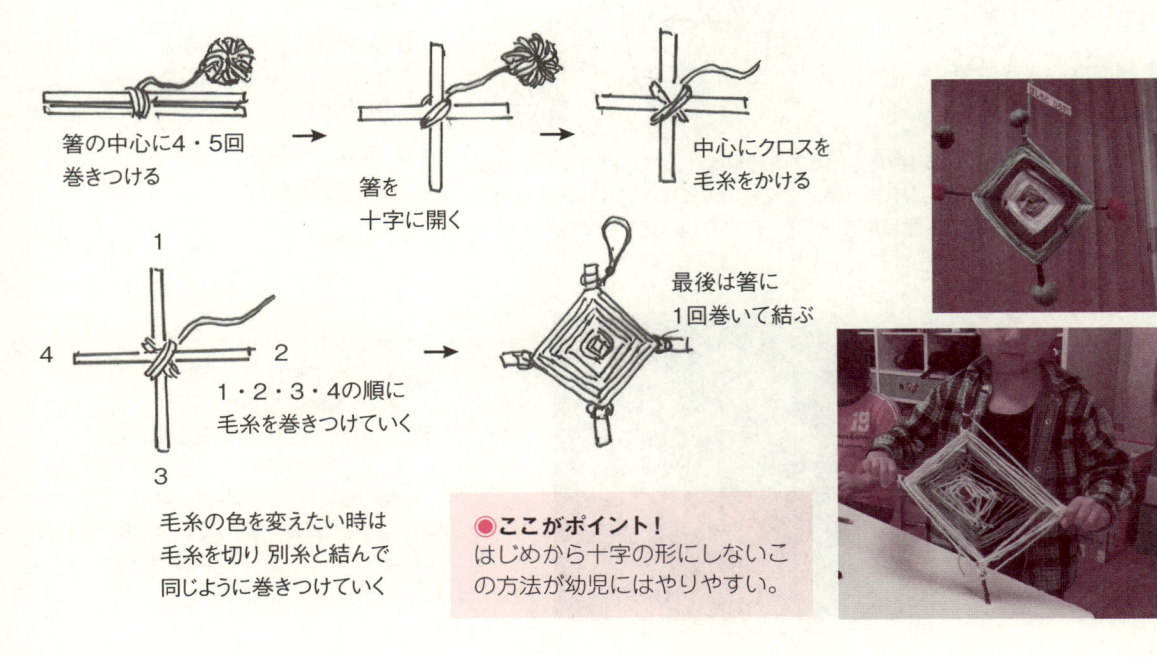

箸の中心に4・5回巻きつける

箸を十字に開く

中心にクロスを毛糸をかける

1・2・3・4の順に毛糸を巻きつけていく

最後は箸に1回巻いて結ぶ

毛糸の色を変えたい時は毛糸を切り 別糸と結んで同じように巻きつけていく

●**ここがポイント！**
はじめから十字の形にしないこの方法が幼児にはやりやすい。

☆指編みのマフラー

　道具を使わず自分の指だけで生活に役立つ素敵なものが出来上がることで達成感を味わえる活動です。実用的なものにするためにはかなり長く編まなければなりませんが、その分出来上がった喜びも大きくなります。

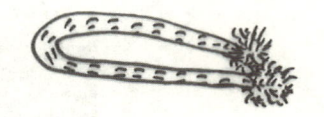

※アクリルの太い毛糸を使用

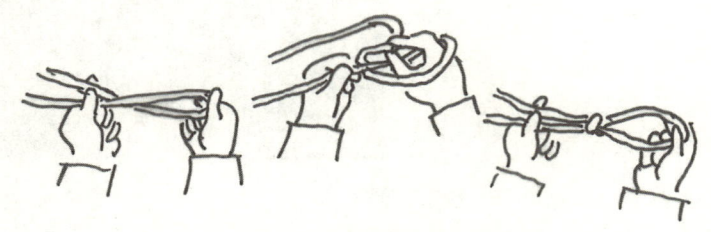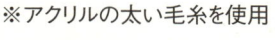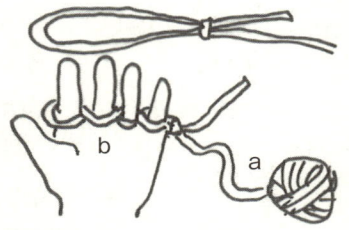

1 毛糸の先に輪を作ります

2 手の指4本（親指を除く）に、輪をひねりながらかけていきます。

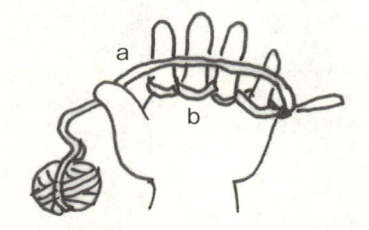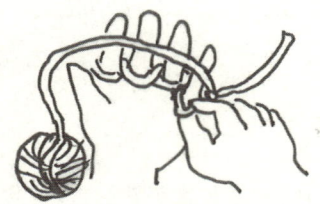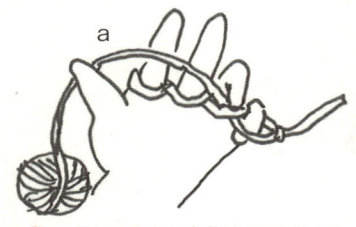

3 ａを指にのせます。必ずａがｂより上にくるようにのせること

4 小指にかかっている毛糸を右手人差し指で引きます

5 ａをかけたまま小指をくぐらせます

8 編み終りは、毛糸を切り、イの部分を口、ハ、二、ホ、の順に通してしぼります。

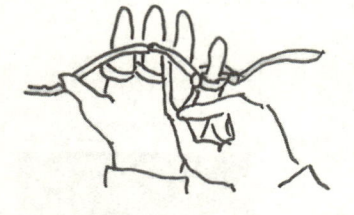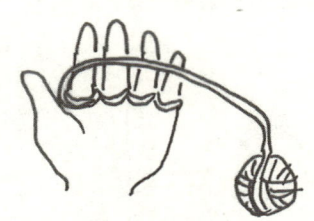

6 次に薬指もかかっている毛糸を引き同じようにくぐらせます。中指、人差し指も同じようにして1段目が終わります。

7 2段目は、人差し指から編み始めます。※いつも編み終わった指から次の段が始まります。

9 両端にボンボンをつけてでき上がりです。

9. 独楽回しを工夫して遊ぼう

☆投げゴマに挑戦

4歳になったら「投げゴマ」を保育にとりいれてみましょう。冬の遊びの中で大きな節目となる大切な遊びとなります。回せるようになると大きな自信になるからです。

◎まずは独楽を回してみよう

基本の投げ方―右手が利き手の場合　≪右巻き≫右巻き：右投げ（体の右側から投げる）

①独楽の心棒にまずひもをひっかけます（はずれないように）。

②こまを横に向けて持ち、まず芯棒に右向きに2〜3回ひもを巻きます。芯棒の根元付近はしっかりと力を入れて巻くのがコツです。

③外周に近づくにつれ、徐々に力を抜いて巻いていきます。紐の最後まで巻きます。

≪左巻き≫左巻き：左投げ（体の左側から投げる）

①までは右投げと同じ

②こまを横に向けて持ち、まず芯棒に左向きに2〜3回ひもを巻きます。芯棒の根元付近はしっかりと力を入れて巻くのがコツです。

③外周に近づくにつれ、徐々に力を抜いて巻いていきます。紐の最後まで巻きます。

（★左利きは上記の反対になります）

※初心者にお勧めは「左投げ」。安定して回りやすいからです。

☆独楽の洋服作りと回し付け

造形表現の中で、「形や色で遊ぶ」というデザイン的な経験も大切なジャンルです。　描画が苦手な幼児でも 抵抗なく楽しむことができるので自信につながりやすいです。

今回の独楽の洋服作りは、実際に描いた柄が独楽が回ることにより、まったく違うものに変化するという驚きや、色が混ざり合うという混色の経験もでき、幼児にとって楽しさがより深まる体験になります。

また独楽を回しながら色をつけるという「回し付け」という方法は格別の楽しさがあるのでしょう、子どもたちは目を輝かせて楽しみます。

材料
- ●画用紙（独楽の大きさに丸く切ったもの）
- ●水性ペン

中心に穴をあける　　　　好きな模様を描く　　　コマにはめて回す

画用紙

☆独楽のプロペラ作り

材料
画用紙　幅3㎝長さ10㎝位
水性ペン
回し付け変化させて遊ぼう

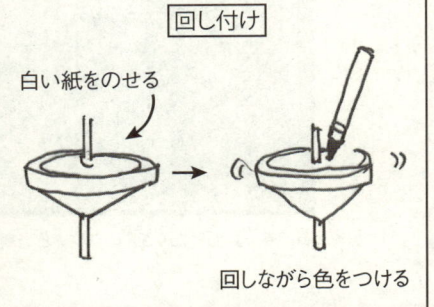

回し付け

白い紙をのせる

回しながら色をつける

上からはめる

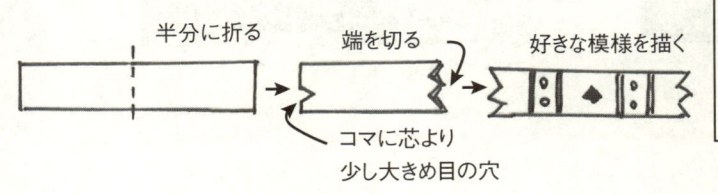

半分に折る　　　端を切る　　　好きな模様を描く

コマに芯より
少し大きめ目の穴

7章

子どもと描画・造形表現

コラム〔6〕　太陽を描く

　夏休みや遠足の思い出画によく登場する「太陽」。多くは、赤い丸から光の線が放射状に描かれます。

　誰から教わることもなく、年上の子や友だちの描いたものを見て、「太陽はこう描くんだ」と思い込んでいるのでしょうか。

　よく晴れた日の外遊びは子どもたちにとって最も心地よいできごとです。身も心も温めてくれる太陽、園庭の花たちも輝いています。命の源でもある太陽ですが、その姿を考えて見ることはおとなでもあまりないかもしれません。

　「太陽をよく観察して描く」というのは実際には難しいので、太陽のことが描かれた図鑑を図書館からたくさん借りてきて、4, 5歳児の子どもたちと太陽のことを調べました。

　「これ真っ黒だよ」（子）
　「太陽から出ている炎を見やすくするために真ん中を黒くしてあるんだよ」
　「どんな色が入ってるかな？」
　「オレンジとか黄色とか…」（子）
　「いつも描いている太陽とちょっと違うかもしれないね」

よく描かれる太陽の姿

　そんなやり取りの後、画用紙に向かって太陽を描きました。

　モノクロの写真では分かりづらいかもしれませんが、子どもたちは紙面いっぱいに太陽を描き、いつも手に取る赤色のクレヨンや絵の具は選ばずに、オレンジ、黄色など、複数の色を使って、図鑑を見た後にイメージした太陽を思い思いに描きました。

　太陽から発する光やフレアー（炎）をどのように表現したらいいのか、年長になる程、「線」から「面」で描こうと工夫している様子が見られます。

　手に取ることも、見つめ続けることもできないけれど、全身で確かに感じることのできる太陽。図鑑を調べ、思いを馳せて描いた太陽はきっと子どもたちの身近なものになったと思います。

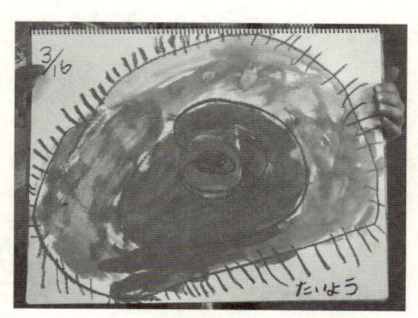

渦を巻く表面とたくさんのフレアと光線

フレアの描き方に注目

8章 家族らしくあることと保育
—福祉社会学から考える、問いの立て方・語り方

1 あたりまえの家族とは

　日もとっぷりと暮れ、照明の明かりがまぶしい保育室、数人の子どもが、思い思いにそれぞれの遊びを行いながら、残っています。預かり保育や延長保育の終了時間間際、多くの親たちが駆け込み子どもと家路についた後のそんな時間、子どもを迎えに行く保護者、あるいは親を迎える保育者たち、そして何よりも当の子どもたち自身は、この時、どんな思いでいるでしょう。上記のような問いから、子どもと〈家族〉について考える本章をはじめることにしたいと思います。

　わたしたちにとって〈家族〉とはいったい、どのようなものでしょうか。自分自身について、最も良く知っている身近な存在であったり、大切な暖かいもの、安心できる素の自分でいることができる場所など、様々でポジティブなことばを私たちは、〈家族〉に付与しているのではないでしょうか。けれども、すべてのひとにとって家族が、そのようなポジティブなことばで語ることができるものとは限りません。家族をポジティブなものとして捉え、それに期待することは、決して悪いことではありませんが、それを当たり前のこと、所与のこととして保育実践を組み立てて行くことは、私たちが真ん中にあって欲しいと願う子どもたちにとって、良いことでしょうか?

　以下では、なぜ、保育実践にとって〈家族〉をあたりまえと捉えるのではなく、いったんカッコに入れた[1]ところからはじめる必要があるのか、いくつかの視点からときほぐしていくことにします。第2節では、家族をめぐる明示的でわかりやすい社会問題として、児童虐待や生活保護の問題を取り上げながら、保育実践にとって家族がどのように位置づけられているのか、また、どのような規範や問いの立て方によってそうした位置づけがされてきたのかを検討していきます。第3節では、家族をめぐるわかりにくい社会問題として家事労働を取り上げながら、時間資源の分配や生活の社会化、生活の複雑化といった視点から、「家族する」ことについて理解を深めていくことにします。さいごに第4節では、以上の検討を踏まえながら保育実践が、家族をどのように支援していけばよいのか述べた上で、冒頭に示した場面について改めて考えてみたいと思います。

2 家族をめぐるわかりやすい問題

1. 児童虐待問題から考える家族

(1) あたりまえの家族と異常な家族?

　家族の古典的な定義の一つに、「夫婦関係を基礎として、親子・きょうだいなど少数の近親者を主要な構成員とする、第一次的な福祉追及の集団」というものがあります。こうした定義の仕方は、家族が夫婦相互の選択と合意によって形成されるものとして家族を捉えるもので、親やおとなの視点から家族を記述したものでしょう。その一方で、子どもの視点からみれば、家族とは自分自身の選択とはまったくかかわりなく、生まれながらにして与えられた自然なものとして捉えられるでしょう。ウィリアム・ロイド・ウォーナー（William Lloyd Warner,1898〜1970、アメリカ）は、上

記のような親と子それぞれの視点からみた家族を、生殖家族と定位家族と呼び、家族研究の基本的分析視角として設定しています。

このような家族に対する理解の仕方は、私たちの保育実践を支えるあたりまえの構成要素としても、その中に埋め込まれています。例えば、児童福祉法において保育は、「保育を必要とする乳児・幼児」に対して提供される社会サービスの一つと規定されていますが、その前提には、同居の〈家族〉が子どもを保育することが望ましいとする社会的な価値があります。幼稚園もまた同じように、「家庭との連携」を図りながら学校教育法第22条に示されるような目標について達成するものと規定されていることから、ある望ましさを備えた〈家族〉を前提として、その教育課程が編成されていることがわかるでしょう（幼稚園教育要領）。端的に言えば、現在の保育制度や幼児教育制度とは、制度を利用しなくても子どもを保育できるような家族や協働できるような力のある家族を、あたりまえの標準的な〈家族〉と捉えるような価値空間のもと構成された、子どもの養育に関する社会システムということができます。

では、上述したような望ましさを備えた〈家族〉を前提とした保育実践、すなわち、子どもの養育に関する社会システムは、現在のところうまくいっているでしょうか。それは、評定者や実践者の社会経済的な位置によって異なるでしょうし、測定の基準をどのように設定するかによっても捉え方は、大きく変わるでしょう。例えば、学齢期以後の教育達成度や学歴取得状況などの相対的水準の高さ、子どもと若者の死亡率や日常生活上のリスク水準の低さ（ユニセフ,2013）などについて諸外国と比較してみれば、そうした社会システムのあり方は、十分以上に評価できるものです。

その一方で、児童虐待や乳幼児死亡率などに対する社会的態度からは、このような社会システムのあり方の肯定的評価も一転して、否定的に評価されるでしょう。それは私たちの社会が、暴力や貧困、病といった様々な「事故」によって子ども

のいのちが失われることについて、ゼロ・トレランス方式のもと課題に取り組むことを社会的に合意してきたからです。社会におけるこうした実践的態度は、エミール・デュルケム（Emile Durkheim, 1858～1917、フランス）が、自殺の社会的効果について「社会から一人の人間が減ったからといって、それがどうだというのだろう」と述べながら、きわめて個人的な現象と思われがちな自殺の社会性について説明してみせた分析的態度[2]とは、まったく対照的な態度といえます。

筆者にとって2014（平成26）年に起こったA市5歳児白骨遺体事件は、今も忘れることのできない大きな出来事ですが、本章の読者のうちどの程度のひとが、この事件のことを記憶にとどめているでしょうか。死亡当時、まだ5歳児であったリクくんが、父親のDV（ドメスティックバイオレンス）を理由に母親が家を出た後、ネグレクト（育児放棄 10章1節参照）により十分な食べ物を与えられずやせ細っていき、最後には「この状態が続くと、死なせてしまうかもしれないと思った」と虐待の当事者である父親に思われながらも、電気もガスも、水道さえも止まった真っ暗な部屋でパンやおにぎりがあっても、それを食べることすらできないほど衰弱しきって亡くなり、7年もの間、誰からも顧みられることのなかったこの死を、どれほどの人が関心を持って記憶しているでしょう[3]。

当時3歳の男の子を育てる父親であった〈私〉にとってこの事件は、息苦しさと悲しみ、そして自らの子育てへの不安を激しくかきたてられるような、大きな衝撃をもたらすものでした。電車の中で何かのキッカケで大きな声で泣きだしてしまった子どもをあやす〈私〉への迷惑そうな視線を感じた時。時間どおりに子どもが行動してくれない時。自分のやりたいことを、子どものために諦めなくてはならなかった時。子どもを育てることに〈私〉が、ほんの少しでもネガティヴな感情を持たなかったかといえば、それは嘘になるでしょう[4]。このように感じる〈私〉と子どもを虐待死させてしまうような親のあいだには、どれくらいの距離があるでしょうか。多くの場合、〈私〉

たちは、自分はそんな残酷な人間でも異常者でもないという思いをもつでしょう。けれども、デュルケムが示したような分析的態度から見た場合、両者のあいだにそれほど大きな距離は、ありません。むしろ、子どもの虐待死は、〈私〉とは違った異常な他者だけが起こす〈特殊〉な出来事ではなく、他の誰でもない〈私〉の経験として起こりうる出来事なのです。

（2）リスクとしての児童虐待と家族へのまなざし

これまで述べてきたように、子どもの虐待とその結末としての死は、異常な家族や個人による〈特殊〉な事例ではなく、誰にでも起こりうる社会問題の一つとして捉えられる出来事です。それでは、社会問題としての児童虐待は、現在、どのような視点から、誰にでも起こりうる出来事として捉えられているのでしょうか。最も一般化した問題の捉え方は、児童虐待を育児不安や育児ノイローゼといった心理学的な用語によってその原因を説明しうる出来事として捉え、その対策として事前の〈予防〉が重要であることを提起するようなものでしょう。**図8-1**は、子ども虐待の予防段階と関係機関の役割を示したものですが、ここか

ら私たちは、児童虐待が実際のリスク／危険の程度ごとに区分けされ、段階ごとに対応機関と方法の選択について管理しようとする社会的分業のありようを見て取ることができます。

上記のようなリスクに応じた虐待の段階モデルに基づく問題の捉え方は、子どもを育てるものならおそらく誰もが抱く様々な不安であっても、虐待問題の「前段階」と見なすような社会的態度を生みだします。つまり、育児不安が、日頃の観察や相談によって専門家が確認し、問題に〈気付く〉ための兆候（サイン）として見なされるようになったことで、児童虐待は、誰にでも起こりうる社会問題の一つとして、捉えられるようになったのです。

筆者が保育現場を訪れた際、保護者支援について語るある園長から「良い親のリトマス紙としての連絡帳」ということばがあることを教えられたことがあります。このことばは、子どもの家での様子や園で行う保育実践に対して、連絡帳や保育者の配布するお便りの中の感想欄にびっしりと感じたことを書き込む保護者が、子どもをよく気にかけ大切にする親であり、園の活動や行事にも積

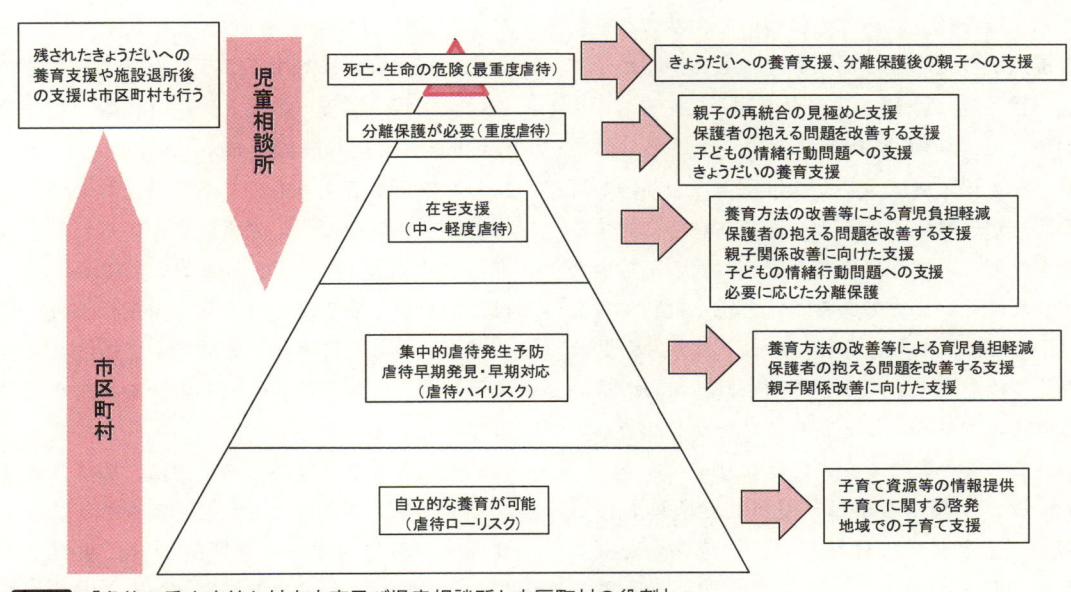

図8-1 「虐待の重症度等と対応内容及び児童相談所と市区町村の役割」
出典：厚生労働省『子ども虐待対応の手引き』平成25年改訂版

極的に参加する〈よい親〉のように見えることを
あらわしたものでしょう。こうした見方に加えて
リスクという視点からこのことばを捉えなおして
みると、連絡帳を通じた何気ない保護者と保育者
の間のコミュニケーションさえもが、虐待の〈発
見〉ツールとして活用されうることを示すものと
して、理解することができます。

　その一方で、サインを見逃すまいとする真摯な
姿勢に溢れる専門家や行政のこのような積極的な
姿勢は、その対象となる親の視点に立ってみれ
ば、自分自身が「何も問題のない立派な親です
よ」という自己呈示を求められる、とても奇妙な
ものとして経験されることとなります。新生児訪
問指導や乳幼児全戸訪問事業、1歳6か月児・3歳
児健康診査、就学時健康診断など様々な場面で、
親たちは、子どもの心身の発育や発達の心配をす
るだけではなく、子どものための適切な養育環境
をつくることに気を配っていることを、専門家た
ちに示さなければなりません[5]。児童虐待の予防
に取り組む社会において家族は、単に〈よい家
族〉である（Doing family）だけではなく、それを
様々な方法によって周囲の人々に呈示しつづける
こと（Displayed family）を強いられているのです。

　上野加代子は、育児不安と児童虐待を結びつけ
るこのような社会のあり方について、リスク社会
論の視点から〈心理と保険数理にもとづくハイブ
リッド統治〉と呼び、考察を展開しています（上
野,2010）。上野の考察をここで取り上げるのは、
育児不安と児童虐待を結びつけるような問題の理
解の仕方が一般化するその一方で、虐待に対する
リスク分配における専門家と家族の間の不均衡が
意識されにくいままであることを鋭く批判するも
のだからです。なぜ、家族のリスクばかりが問わ
れなくてはならないのか、専門家は、自らの援助
実践や組織的活動にひそむリスクをなぜ問わない
のか、このことを考えなくてはなりません。

　例えば、山脇由貴子は、児童相談所における
臨床心理士としての経験から、一時保護が深刻
な親子分離を引き起こしてしまう問題や入職後
の養成プログラムの欠如によって児童福祉司の専

門職性が低いまま、その援助実践が個人的経験の
枠の中で行われている現状を告発しています（山
脇,2016）。また、児童養護施設のフィールドワーク
を行った吉田耕平も、発達障害や情緒障害をも
つ子どもの周辺症状に起因する現場の養育困難感
が、精神科医療による向精神薬の投与によって解
消されている側面を指摘し、虐待の当事者として
の専門職という指摘されにくい問題とそこでの実
践者たちの思いのゆれ動き[6]の記述を行っていま
す（吉田,2013）。

　子どものケアの現場からのこうした批判は、マ
イケル・リプスキー（Michael Lipsky,1940～、アメリ
カ）が、対人サービス職を中心とした行政サービ
スのディレンマとして、その広い裁量権と被援助
者への権力の大きさを批判したことを想起させま
す。しかし、リプスキーによるストリート・レベ
ル官僚制論[7]は、このような批判と同時に、現場
の職員たちがクライアント支配の構造に追い込ま
れてしまう状況について、福祉国家の危機におけ
る新自由主義的再編の進行とニュー・パブリッ
ク・マネジメント（New Public Management）手法の
導入による、現場における慢性的な資源不足であ
るとか、ケースの多様性による判断基準の標準化
困難性といったような組織的課題を記述するこ
とで、現場で奮闘する職員たちを擁護してもい
ます。現場職員に対するこうしたリプスキーの記
述は、保育・福祉・教育という〈仕事〉が、管理
（administration）と擁護（empowerment）という、相
反した性格を有するものであり、なおかつ、そう
したディレンマの中での実践を強いられるもので
あることに気付かせてくれます。（山脇,2016）と
ほぼ同時期に安道理の『走れ！児童相談所』が改
めて出版されたことは、矛盾の中で煩悶とする現
場職員が、どれだけ多くいるのかを物語るもので
はないでしょうか。

　実践における「予防」の重視は、虐待ハイリス
クとラベリングされた要支援家族やそこに属する
要保護児童に対する、専門的知識に基づく「偏
見」や、放っておくことがネグレクトであり、何
が何でもかかわることが援助であるとするよう

な「誤解」に基づく過剰な介入を〈正当化〉する作用を持ってしまいます。こうした予防の必要性が、重要であることを十分に理解したとしても、同時にそれらが、個人の内面における心理現象としてマクロな統計現象に還元されてしまうことで、不可視化されてしまう問題があることを考えれば、最善の方法と言いきることができないことも自覚しておかなければなりません[8]。

心理や保険数理の手法によって児童虐待を同定し、個別の専門家の経験の枠の中で問題に対応していくような、実践における方法論の推し進めは、新自由主義と共振しながら、つぎのような「より一般的に浸透している社会問題から眼を逸らさせる結果」（上野,2009）をもたらします。生活を保障するだけの賃金や仕事、社会資源へのアクセスやアメニティの劣悪な住宅、病児保育を含めた費用の安い普遍的保育サービスの欠如、不十分な教育機会や医療保障といった、社会階層の違いを拡大していくような問題へアプローチすることこそが、政治と社会の課題でしょう。個別の個人や組織の〈失敗〉に焦点をあてて問題の原因を説明し理解する仕方ではなく、家族をとりまく社会構造を、人びとの行為の条件として問題をより深く理解する仕方[9]が、わたしたちの保育実践には、要請されています。

2. 生活保護問題から考える家族

（1）家族ならあたりまえのこと？

家族の抱える問題のうちで最もわかりやすい社会問題として、ここまで児童虐待に焦点をあてながら見てきました。前項での検討から家族は、なにか異常があるから問題を抱えていると捉えるよりも、むしろ、家族を取り巻く様々な社会構造における問題が投げ込まれたその帰結として、問題を表出する主体となっていると捉えなおすことができるでしょう。1960年代に学生運動や第二波フェミニズムが、「個人的なことは政治的なこと（The Personal is Political）」と唱えたことをパラフレーズすれば、「家族が抱える個別の問題とは、あくまでも社会・政治的な問題である」と言うことが

できます。つぎに本項では、生活保護問題を取り上げながら、どのような家族扶養の規範（ルール）に基づいて、子どもの養育に関する社会システムとしての保育実践が、家族を前提とすることを正当化しているのか、検討していくことにします。

生活保護制度とは、憲法第25条に規定される生存権を具現化した個別法である生活保護法に基づいて生活困窮者に対して、最低生活費やサービスの給付が行われるしくみです。資力調査や所得調査と呼ばれるミーンズテストを条件として選別的に行われるもので、世帯人員やその年齢構成に応じて算出される最低生活費に対して、収入が不足した場合に、はじめてその不足分が給付されることになります。しばしば誤解されていることですが、被保護者＝働いていないひとといったイメージや、生活費すべてをお世話になっている人といったイメージとは異なり、老齢年金や障害者年金、遺族年金に加え、働くことで所得を得ているひとなど、その多くが、保護費の他になんらかの収入があり、補足的に給付を受けています。

保育所や幼稚園を利用する家族の中には、当然のことですが生活保護制度の受給世帯もおり、その費用が減額されたり免除されたりします[10]。また、小学校や中学校に子どもを通わせる家族の中には、生活保護制度がカバーしない家族を対象とした就学援助制度の対象となる家族も多くあります。2013（平成25）年現在、就学援助制度を利用する要保護世帯と準要保護世帯をあわせた援助率は、15.42%となっており、小中学校に通う子どものおよそ6人に1人が、その受給者です。就学援助制度における要保護世帯とは、生活保護受給世帯のことで、準要保護世帯とは要保護世帯に準じる程度の世帯を指しますが、それぞれおよそ15万人と137万人となっており、生活保護制度の対象となっていない家族であっても、補足的な給付を受けながら、子育てを行っているのです（2013（平成25）年現在）（文部科学省,2015）。

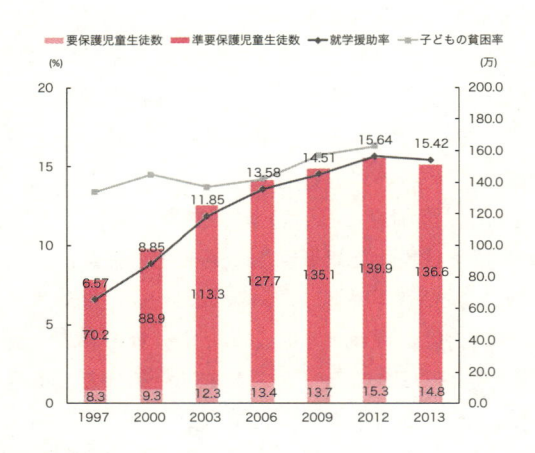

図8-2 子どもの貧困率と就学援助の状況
[文部科学省（2015）および内閣府（2016）より筆者作成]

生活保護や就学援助の他にも子育てに対する社会的な給付は、全世帯を対象とした児童手当・特例給付制度や医療費助成制度、母子家庭および父子家庭を対象とした児童扶養手当、障害のある子どものための特別児童扶養手当など様々にありますが、こうした制度の多くは、生活保護制度における最低生活費の算出基準と連動して設定されています。

生活保護の不正受給問題が、クローズアップされたことで、憲法の指す健康で文化的な最低限度の生活とはなにか、またそれを可能とする最低生活費の水準とはいったいどの程度のものなのか、その決め方はどのような方法によっているのかについて、少なからず注目が集まったことから、生活保護法の改正がされたり、最低賃金制度が見直されるなどされました。しかしながら、不正受給問題の社会への周知状況に対して、どれだけの人びとにこうした制度に関する適切な情報が、周知されているでしょうか。芸能人の〈不正〉受給が問題となって法改正に波及し、福祉事務所による調査権限の強化などによって厳しく取り締まりが行われた直後の2013（平成25）年であっても、告発に至った件数についてみるとおよそ100件程度となっています。しかも、その過半数が、暴力団といった反社会的勢力によるものであり、いわゆるふつうの人びとによる悪質な不正は、ほとんど

ないといってよい状況です（原田、2013）[11]。

生活保護の不正受給問題に対する人びとのやりとりにおいてみられた家族規範は、子どもが親の扶養をするのはあたりまえ、育ててもらったお礼・恩返しをするべき、といった家族の間の互酬的関係性に基づくものでした。活動自粛に追い込まれ、しばらく姿を見ることがなくなった芸能人の問題についても、親を扶養する〈責任〉を限定的にしか果たさなかったその一方で、多くの遊興費を消費していたことなどが、生活保護バッシングを煽りました[12]。その他にも、公務員の三親等以内の親族が生活保護を受給していたことなども、公務員不信と連動して起こりましたが、これらに共通した点は、高い〈倫理観〉や〈道徳観〉が求められる公の職業に就いているとされる人びとが、家族ならしてあたりまえの扶養を怠っているといった〈モラルの低下〉が叫ばれたことでした。さらに、このような一部の人びとの〈モラル低下〉を許してしまっては、まるで、すべての日本人の家族の〈絆〉は維持することができず、バラバラになってしまうといった論調のもと、自助努力に基づく私的な扶養が、公的な扶養（給付）に優先して行われることを、家族に対して求め、それが徹底されるべきだとされたのです。

(2) モラルパニックとしての不正受給と 家族へのまなざし

これまで述べてきたように、生活保護の不正受給問題は、親の扶養をめぐるわたしたちの価値空間における逸脱を発端として引き起こされた、人びとの苛烈な反応として捉えられる出来事です。スタンレー・コーエン（Stanly Cohen,1942～2013、イギリス）は、このような人びとによる苛烈な反応をモラルパニック（moral panic）と名づけ、メディアと道徳的起業家（moral entrepreneur）の連合によって様式化、ステレオタイプ化され伝えられることで、個別の具体的な事例への対処を超えた、大きな社会的反応が呼び起されることを指摘しています[13]。コーエンによるモラルパニック論は、人びとの上記のような行為が引き出される社

会的背景に、急激な社会変動と社会不安があったこと、そして、特定の事態や出来事、個人、集団が、「社会の敵（folk devils）[14]」としてみなされ、スケープゴートとして扱われるようになった過程を明らかにしています（Cohen,1972[2002]）。

それでは、生活保護の不正受給問題においてメディアや道徳的企業家たちが求めた「家族ならしてあたりまえ」という家族扶養をめぐる規範は、民法や生活保護法といったわが国の法規範と一致するものだったでしょうか。家族扶養について民法第877条は、「直系血族及び兄弟姉妹は、互いに扶養する義務がある」とし、さらにその第2項において「家庭裁判所は、特別の事情があるときは、前項に規定する場合の他、三親等内の親族間においても扶養の義務を負わせることができる」と規定しています。前者を絶対的扶養義務、後者を相対的扶養義務と呼びます。また、保護の補足性について定めた生活保護法第4条第2項では、「民法に定める扶養義務者の扶養及び他の法律に定める扶助は、すべてこの法律による保護に優先して行われるものとする」としています。これらのことから、「家族ならしてあたりまえ」という家族扶養規範は、わたしたち社会の法規範と一致するように思われます。

しかしながら、法規範の読解には、いくつかの注意が必要です。第一に、相対的扶養義務について民法は、審判によって〈権利関係を形成すること〉を求める権利を規定しているだけであって、相手方に対する一方的意思表示によって権利を具体化させるものでも、相手方に自己の請求を承諾すべきことを求める権利を与えるものでもありません。第二に、生活保護法における保護の補足性は、普遍主義的な社会保険制度による給付をはじめとした他法他施策による公的な扶養や私的な家族による扶養を、生活保護法による給付に〈優先〉して行うことを規定したものです。扶養義務者による扶養は、あくまでも〈優先〉すべき事項であって、保護の実施に必須の〈要件〉とはされていません。第三に、生活保持義務と生活扶助義務を区別する法理が、これまで学説としてだけで

はなく、判例として積み重ねられてきた点も重要です。生活保持義務とは、夫婦間および未成熟の子どもに対する親の扶養を義務づけたもので、権利者に義務者の生活程度に均しい生活を全面的に保持させるものです。たとえるなら、最後の一切れのパンをも分け合う関係と言ってもよいものかもしれませんが、実際には扶養義務者の最低生活をこえる部分による負担を求めるものと考えられています。また、生活扶助義務とは、直系血族や兄弟姉妹、そして三親等以内の相対的扶養義務者に対して、社会通念上、自己の地位にふさわしいと認められる程度の生活を損なわない限度で負担を求めるものと考えられています。つまり、わが国の法規範は、メディアと道徳的起業家が求めたような「家族ならしてあたりまえ」という家族扶養に関する規範を、現実の家族に適用することについて、大きな制約を与えているのです[15]。

ここまで、児童虐待問題や生活保護問題にみてきたように、わたしたちは、リスクやモラルパニックという家族へのまなざしによって、社会問題を個人化して捉える理解の仕方に慣れ親しんでいます。それは、個々人の自発的な意思決定による家族関係の形成と生活史の積み重ねという個人的経験が、失業や離婚、傷病といった様々な生活上の事故との遭遇を、自己の責任の範囲内で選択された結果の出来事と位置づけ、個人的な問題とみなしていくといった思考形式に、わたしたちを慣れさせるからでしょう。

ピエール・ロザンヴァロン（Pierre Rosanvallon 1948〜、フランス）は、このような個人化した社会問題への対応が、問題の対象となる人びとを援助すること以上に、納税者たちの規範を考慮した政策を生み出していくことを指摘しています。納税者たる中高所得者は、税や社会保険料として集められたカネ（財源・資源）が、無反省に支出されることを許容してはくれません。問題についての明確で透明性のある説明と状況への納得性がなければ、お金は出せなくなったと考えられているのです。生活保護制度とその受給者に対する不寛容な社会の態度は、ある意味で国民が成熟したこと

の証であり、同時に、生活や消費の個人化が徹底された時代における「合理的な愚か者[16]」によって、社会の連帯が縮小していく様を示したものと捉えることができるでしょう。

社会問題の個人化は、特定の社会階層や世代における扶養問題の解決を主とした社会保障制度のあり方と鋭く対立してしまいます。社会保障制度とは、ライフコースの進行とともにその社会的位置の相違が影響して累積してゆく有利と不利によって階層間に発生する、容認しがたい格差を是正するしくみとして、福祉国家によって構想されたリスク分散のためのしくみです。広義の社会保障制度の一つである保育・福祉・教育に携わるわたしたちは、なぜ、社会的な扶養をあたりまえとするのではなく、家族が扶養することをあたりまえと考えてしまうのか、また、家族がしなくてはならない根拠はどこにあるのかを、冷静に問うことが必要です。

3 家族をめぐるわかりにくい問題

1. 家族の中で誰がするのか？

(1) 家事の分担問題から考える家族

子どもの養育に関する社会システムとしての保育実践は、制度を利用しなくても子どもを家庭で養育できるような家族や、保育所・幼稚園、保育者と協働して子どもの保育に臨めるような家族を、あたりまえの標準的な家族と捉えてきました。そうした家族の位置づけは、「家族がするのはあたりまえ」という扶養規範のもと、社会問題を個人化することによって、正当化されうるものでした。誤解を恐れずに言えば、制度を利用する家族や課題を抱えて協働できない家族は、そのあたりまえから逸脱した家族であり、社会的弱者や劣った存在として公的に認定されることで、はじめて支援の対象となることを許容されているということができるでしょう[17]。

その一方で、現実の家族のあり方は、制度とし

ての保育実践に埋め込まれた「標準的な家族」のあり方とは異なり、多様です。例えば、家族の世帯状況に着目してみれば、核家族世帯なのか三世代同居世帯なのか、ふたり親世帯なのかひとり親世帯なのか、専業主婦世帯なのか共稼ぎ世帯なのかといったように、その状況は様々です。また、長い人生のどのタイミングで、いつ結婚するのか、何人の子どもをもち、どういったところに住むのかというようなライフイベントについて見た場合も、個別の家族や個人のライフスタイルに応じて、その選択のされ方は様々でしょう[18]。このような現実の家族の多様性に基づいて保育実践を組み立てていくには、標準家族と問題家族という二項図式によって家族を説明し理解する仕方をやめ、家族の個別の必要（need）に応じた対処の仕方が必要となります[19]。以下、本節では、家族をめぐるわかりにくい社会問題として、家族内での家事労働問題について時間資源や生活の社会化、生活の複雑化といった視点から検討していくことで、「家族する」ことについて理解を深めていくことにしたいと思います。

家事労働をめぐる問題は、前節で取り上げたような児童虐待問題や生活保護問題とは違って、あまり意識されない、わかりにくい問題かもしれません。それは、家事や育児が、家族の中で解決されるべき私的な課題であり、社会問題として考えるには、相応しくない問題と思われているからでしょう。けれども、家事や育児についてのあたりまえをいったんカッコ入れして、家族の中でいったい誰がどのように担っているのかを考えてみると、実に多くの課題について家族が、その境界の内や外でやりとりしながら問題を解決することで、家庭生活を営んでいることがわかります。「問題のない家族」など、実際にはないのです。

家族の中でいったい誰が、どのように家事を担っているのか、そのおおよその実態については、NHK放送文化研究所が5年ごとに行っている「国民生活時間調査」の結果から、イメージすることができます。図8-3は、小学生、中学生、高校生の学校段階別[20]に、どれくらいの子ども

が、どれくらいの時間、炊事・掃除・洗濯や買い物、整理・片付けなどの家事行動を行っているかをあらわしたものです。子どもたちが行っている家事時間は、家事全体の全員平均時間でみた場合、小学生で33分、中学生で45分、高校生で55分と学校段階が進むにつれて、長くなります。その一方で、一日のうちで実際に家事をした子どもの割合（行為者率）についてみると、小学生で24.3％、中学生で16.2％、高校生で17.9％となっています。

このことは、小学校段階の子どもたちが、親の炊事・掃除・洗濯や買い物といった家事に「お手伝い」といった形で参加するのに対して、中学校段階では、そうした「お手伝い」としての家事への参加が減少し、高等学校へと移行した段階になると今度は、炊事・掃除・洗濯や買い物といった家事を親に代わり、子ども自身が主となって分担を引き受けるようになった姿をイメージさせます。

上述のような子どもの家事の分担状況に対して、おとなの家事の分担状況は、どのようになっているでしょうか。おとなの家事時間については、職場における男女差別を禁止した男女雇用機会均等法が施行されたことで、女性の社会進出が進み、共働き家族が増加した現在でも、男女の間

で大きな差があることは、よく知られた事実でしょう。図8-4は、男女別ライフステージごとの家事、仕事の全員平均時間と行為者率をあらわしたものですが、これをみると結婚や子どもの誕生といったライフステージの進行に伴って、男性では仕事時間や家事時間がともに長くなるのに対して、女性では仕事時間が短くなる一方で家事時間が長くなっていることがわかります。実際に家事を行ったものの割合（行為者率）についてライフステージごとにみると、男性では未婚で36％であったものが、結婚で32％、子どもの誕生で41％のものが、女性では未婚で67％であったものが、結婚で96％、子どもの誕生で99％のものが、家事を行うようになることがわかります（渡辺 2016）。

こうしたデータからは、男性の場合、未婚の時には、わずかな時間ですが、自分自身で家事をしていたけれども、結婚を機にパートナー（妻）に家事をまかせ、子どもの誕生によってふたたび家事（育児）を「手伝う」ようになる、といった姿がイメージされます。また、女性の場合は、未婚の時には、親に家事を頼っていたけれども、結婚、子育てを機に、ほとんとすべての女性が家事を引き受けるようになるといった姿がイメージされるのではないでしょうか。男性と女性のこのよ

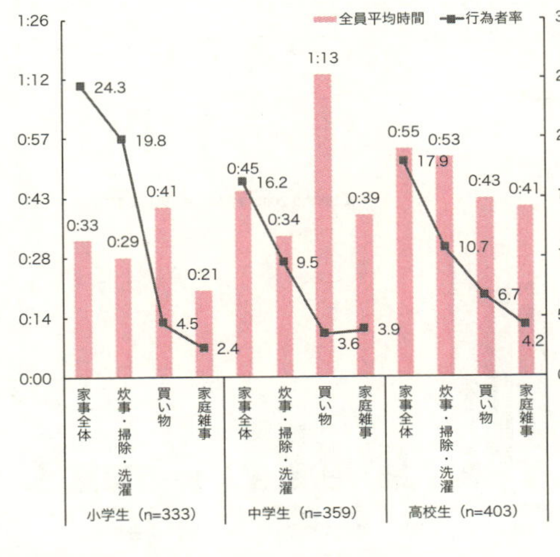

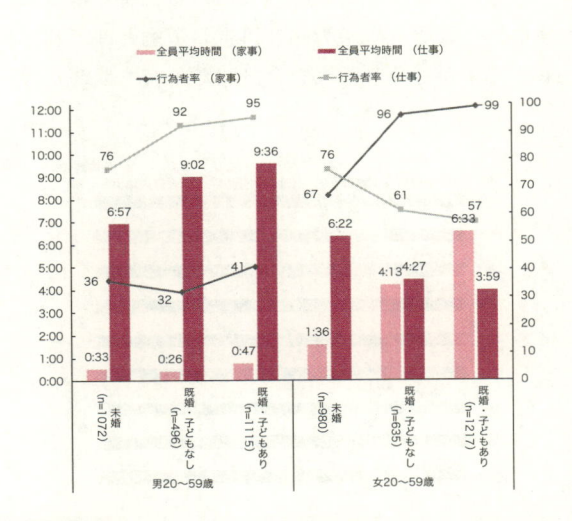

図8-3 学校段階別家事の全員平均時間、行為者率（平日2015年）[NHK放送文化研究所 2015より筆者作成]

図8-4 男女別ライフステージごとの家事、仕事の全員平均時間と行為者率（平日2015年）[出典：渡辺 2016]

うなイメージされる姿と家事時間の分担状況の実態からは、意識の上では男女平等志向が進む（図8-5）その一方で、現実の家事分担を変化させるには、まだまだ程遠いものであるといったことがいえるでしょう。

　もちろん、サービス労働化に伴う非正規雇用の増加をはじめ、劣悪な雇用が増加する現状においては、お父さんも「窒息するオフィス[21]」の中で、家庭生活をかえりみるゆとりがないというのも、また事実でしょう。正規雇用者として家族を養うためには、朝、子どもが起きるよりも早く仕事に出かけ、夜、家族が寝静まってからようやく帰宅し、休日には、仕事の疲れを癒すため、一日中、テレビの前で寝転がらざるをえないのかもしれません。子どもが目にするのは、そんな「ダメな父親」の姿というのも、まだまだ有効なイメージではないかと思います。ただし、家庭外での仕事時間の長短は、男性の家事時間と女性の家事時間の長さの違いを説明づける決定的な要因とはいえそうもないことが、多くの男性から余計なことを言ってくれるなと非難を浴びそうではありますが、つぎの図8-6からわかります。それは、仕事8時間未満の男性有職者であっても、家事に費やしている時間は、1時間30分にも満たないからです。

　家庭外での仕事と家庭内における仕事である家事は、それぞれ生産労働と再生産労働と呼ばれるものですが、それぞれを合計した子育て期の女性

の仕事時間は、膨大な時間に達します。男性である筆者自身も、炊事や掃除、洗濯をしたり、子どもと遊んだりすることで、夫婦の間での家事分担を出来うる限り公平にしようと努力しているつもりですが、結局は、目の前の「気付きやすい家事」を行っているだけで、例えば、子どもたちの食べこぼしや泥だらけの足で汚れた床の拭き掃除などの地味だけれども、怠るととても家の中が汚れていってしまうような、生活の質（quality of life）を著しく損なうことを防ぐための「気付きにくい家事」は、パートナーが行っているのではないかと思います[22]。

（2）時間資源を分配する家族

　家族の中で、家事を誰がどのように分担しているのかについて、家事時間の実態をみることで、そのイメージを描いてきました。そこで描かれたイメージは、家事時間の分配の仕方について、意識レベルにおいては、男女の間の差を縮小するような傾向を見ることができるその一方で、実際の行為レベルにおいては、わずかな時間量の変化しか見られないことを確認してきました。こうした意識と行為の間のズレは、本音と建て前の違いとも、意識としては変化しつつあるけれども、長時間労働を強いる社会・経済状況が、その変化を妨げているとも、解釈することができるものでしょう。ここでは、このようなズレについて詳細な検討は行いませんが、ここまでの検討から、つぎの

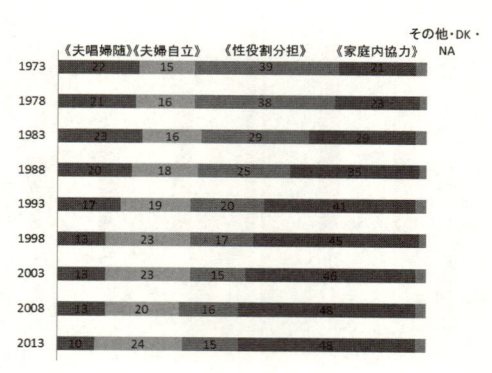

図8-5　理想の家庭（日本人の意識調査より）
[出典：高橋・荒牧,2014p.12]

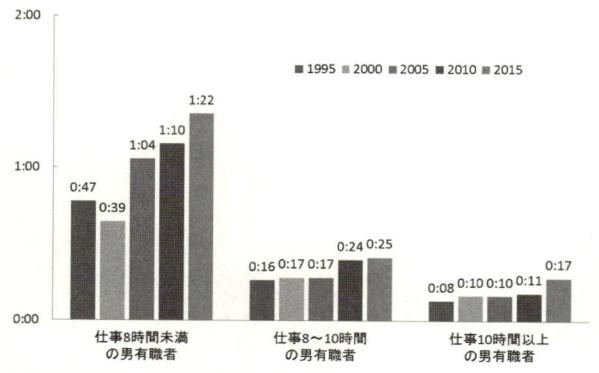

図8-6　男性有職者の仕事時間別の家事時間の推移（平日）
[出典：関根・渡辺・林田,2016,p.10]

ような予測はできるのではないでしょうか。それは、時間という限られた貴重な資源の観点から見たときに、女性は「仕事も家事も育児も」といった要求の中にすでに投げ込まれているし、男性も同じようにこれから「仕事も家事も育児も」といった要求の中に投げ込まれようとしている、ということです[23]。

このような家族内における時間資源をめぐる緊張関係は、子どもと家族にどのような影響を及ぼすのでしょうか。アーリー・ラッセル・ホックシールド（Arlie Russell Hochschild,1940～、アメリカ）は、子育て期の女性が家庭外での仕事だけではなく、家に帰ってからも家庭内における仕事に追われていること、さらに現在では、「家族の時間」を奪われた子どもたちのケアにも追われるようになったことを指摘しています[24]。それに対して子どもたちは、保育所や幼稚園で過ごす「子どもの時間[25]」とは異なる、高速化した「家族の時間」の中で、保育や教育、医療、娯楽といった外部化されたサービスを利用するための時間管理を行う親たちからの取引に、日常的に応じざるをえなくなっているようです。子どもたちは、まだ幼く声をあげることができないために、泣いたりわめいたりし、親たちは、グズグズしたり不満だらけの子どもたちをなだめるために時間を割かなくてはならなくなっているというのです。

ホックシールドの示した「時間よ、急いで、遅刻しちゃう」（Hochschild,1997=2012,p.89）という親たちのことばは、第2節第1項で子どもを育てることにネガティヴな感情を持ってしまった〈私〉が、時間どおりに子どもが行動してくれない時に、つい口にしてしまうことばでしょう。家族の中で分配される時間資源という観点から、あらためて児童虐待問題をみなおしてみると、それは、経済的な貧困や心理的な病理によって引き起こされているというよりも、高速化・高密度化する社会的時間に家族が、耐えられなくなることによって起こってしまっていると述べることができるかもしれません。

また、「時間の貧困」は、わたしたちの社会において平等にではなく、社会階層や世帯の状況によって偏在した形で影響を及ぼしていることも、親が子どもと過ごす時間の重要性に着目する研究が進むことによって、徐々に明らかにされてきています。例えば、大石亜希子によれば、ひとり親世帯とふたり親世帯の間には、子どもが親と過ごすことのできる「家族の時間」に倍近い差があるそうです。6歳未満の子どもの時期において、ひとり親世帯の子どもは、ふたり親世帯の子どもよりも「一日2時間、年間730時間も少ないケアしか受けていない」というのです。さらに大石は、食事場面においても同じように、ひとり親世帯の子どもは、ふたり親世帯の子どもよりも、少ない割合や頻度でしか、親とともに時間を過ごしていないことを指摘しています（大石,2015）。

わたしたちは、1970年代にミヒャエル・エンデ（Michael Ende,1929～1995、ドイツ）が『モモ』で描き出したように、〈効率性〉や〈合理性〉という名の灰色の時間泥棒たちに追われ、子どもたちと過ごす「家族の時間」を奪われてしまっているようです。「時間節約こそ幸福への道」「時間節約をしてこそ未来がある」「きみの生活をゆたかにするために時間を節約しよう」とことば巧みにインチキでひとをまるめこむ灰色の男たちによって、モモの友人フージーさんが、時間銀行に貯蓄した時間は、どんな時間だったでしょうか。それは、休息をとるための睡眠時間であり、家族との大切な食事時間であり、年老いた母親の世話や飼っていたセキセイインコの世話、友人や大切にしていたあのひとと過ごす時間でした。エンデが、物語の中で「人間が時間を節約すればするほど、生活はやせほそっていく」「時間とは、生きるということ、そのものなのです」と語ったことについて、わたしたちは、あらためて考えなくてはならないでしょう（Ende,1973=1976）。

2. 家族の外で誰がするのか？

（1）生活の社会化と劣化する家族？

ここまで述べてきたように家族は、明示的でわかりやすい社会問題以外にも、家庭生活を営む上

での様々な問題について、家族の内部で時間資源を分配することで解決をはかってきました。多くの場合、そうした時間資源の分配に際して家事労働は、女性、すなわち母親によって担われてきたことも確認してきたとおりです。その一方で家族は、これまで伝統的に担ってきたような様々な仕事を、ますます外部に委ねるようになってきています。例えば、子どもの教育については学校によって、食べたり着たりするモノの生産は市場によって専門的に担われることで、わたしたちの生活環境は豊かなものとなってきましたが、現在ではさらに、介護や保育といった家族の扶養に関する仕事や遊びに関する仕事までもが、家族の外部にひらかれています[26]。

家事労働のうち台所仕事についてみれば、わたしたちは、スーパーやコンビニエンスストアで調理済みのお惣菜やお弁当、冷凍食品を購入したり、レンジや炊飯器といった様々な生活家電を利用することで、火や水の管理のために台所仕事に多くの時間を割かなければならなかった頃とは比べ物にならないほど、省力化した生活を営むことが可能となっています。それ以外の掃除や洗濯、買い物といった家事労働についても、便利な生活家電の普及や安価な代替サービスが市場において調達可能であり、生活関連サービスの市場規模は、政府の唱道する女性活躍推進政策のもと、今後も拡大していくことが予測されています（野村総合研究所,2015; 利穂,2016）。

このような生活の社会化は、子どもの養育に関する社会システムである保育実践の視点からみた場合、それまで家族の内で行われていた、様々な「自然さ」を喪失させるプロセスとして理解されることが多いでしょう。子どもは、倉橋惣三の言葉を借りれば、おとなの「実生活を傍観して、活発なる好奇心を心の中に促される」ものであるはずなのに、子どもをとりまく周囲のおとな、すなわち、親の生活があまりにも家族に提供される財やサービスの増加によって便利で快適になりすぎてしまうことで、家族ならあたりまえの「自然」な生活の中で育つことができずに、おかしくなっ

てしまっている。このように子どもの育ちにかかわる問題を分析し、解決しようと努力する時、わたしたちは、皮肉にも「家庭でのしつけが十分にできていない」とか「お母さんたちの子育ての力が弱ってきている」のだから「社会が支えなくてはいけない」といった問題の語り方を導くようになります[27]。

こうした問題の語り方は、前節で取り上げた児童虐待問題や生活保護問題が、様々な社会構造上の要因によって説明されながらも、人びとが個別に経験する身近な逸脱的事例を論拠（warrant）として、問題の説明と理解、個別の事例への対処を越えた社会的反応がおこった過程をわたしたちに思い起こさせるでしょう。人びとは、既存の社会の価値空間の中で、標準から離れて稀に起こる出来事を、われわれ集団のいる此岸から彼岸へと切り離して個別の家族の異常として理解し、問題を構成する重要な「逸話」として語り継ぎます。わたしたちは、こうした「逸話」に基づいて問題を直感的・情緒的に語ることで、解決すべき問題の重要性を示し、より多くの社会資源の獲得を図ろうとしますが、メディアや道徳的企業家たちによって問題の語り方がパッケージ化され伝えられることによって、彼岸の問題としての「家族の劣化」という語り方が、全面的に正しいものと感じられるようになっていきます。わたしたちは、個別の「困っている子ども」の問題について、誠実に解決しようと努力するうちに「意図せざる結果」として「家族の劣化」という説明の仕方を、もっともなことだと理解し、「困った子ども」と「困った家族」という理解の仕方をするようになってしまっているのです。

古市憲寿は、時代を越えて語りのバージョンが変えられながらも繰り返し「若者の劣化」が論じられてきたことを指摘しています。そこでは、若者は「劣化」を唱える人びとにとって「異質な他者」や「都合のいい協力者」とみなされ、当の「劣化」を唱える人びとは、そうした「劣化」を免れる存在として暗黙に仮定されてきたことが明らかにされています（古市,2011[2015]）。同じよう

に「家族の劣化」は、時代を越えて繰り返し人びとによって語られ、児童虐待問題や生活保護問題においてみたような異常で特殊な家族の問題として語られたり、家事問題にみるようなふつうの正常な「いまの家族」の抱える問題として語られてきました。「家族の劣化」を論じる人びとは、「家族ならしてあたりまえ」という特定のあるべき家族や望ましい家族像に基づいて問題を語りますが、すでに述べてきたように「問題のない家族」などありえず、すべての家族において、誰もが家族らしさを支えようとしているはずです。こうした視点から「問題のある家族」をながめてみると、家族らしさを支える個別の家族のやり方が、わたしたちの価値空間におけるあたりまえのやり方から逸脱している、つまり、遠く離れた「異質な他者の方法」として人びとに気付かれやすいからこそ、問題として可視化されていることが、あらためて理解されます。

　「朝、登園してくるとき子どもがお母さんに手をつないでほしそうに歩いてくるんだけれど、お母さんはポケットに手をつっこんで歩いてくるんですよね」とか「朝、子どもをおいて仕事に行こうとすると、まるでお母さんに捨てられたような顔で泣くんですよね」という語りは、子どもと手をつながない母親や、子どもをおいて仕事に出かける母親を、家族ならするはずのあたりまえのことをしない、問題のある母親であり、家族であると捉えるものでしょう。けれども、なぜ手をつながないことや子どもをおいて仕事に行くことを母親らしくないとか、家族らしくないと捉えるのか、また、なぜ子どもが手をつないでほしそうだとか、捨てられたような顔で泣いていると、子どもの心の感情を読み取ることができるのか、そうした理解や説明の仕方の由来について、あらためてみなおす必要があります[28]。

　わたしたちは、子どもの心の感情を推し量ることはできますが、それはあくまでも自分自身の体験や経験に基づく個人的な理解の範疇にあるものであって、子どもの「本当」の心の感情そのものでは、けっしてありえません。問題となっている

家族のこのような視点からの捉えなおしは、わたしたち自身が、家族をどのようにあたりまえだと考えているかについてよく理解を深めることや、自分たち自身の家族をあたりまえとしないような実践上の態度を求めます。保育実践において〈家族〉をあたりまえと捉えるのではなく、いったんカッコ入れしたところからはじめることは、このような自分自身の感じ方や理解の仕方を構成してきた生（life）そのものについて良く知ること、つまり自己覚知からはじめることを指すのです。

（2）複雑化する生活と家族のインターフェイス

　家族は、これまで伝統的に行ってきたような家事労働を外部化し、保育や福祉、教育、遊びに関する様々な生活関連の制度やサービスを利用することで、加速する社会を生きています。こうした制度やサービスの利用にともなう生活の社会化は、エンデが『モモ』の中で描き出したような〈効率性〉や〈合理性〉といった近代社会の原理が貫徹した現代社会の中にわたしたちが埋め込まれて生活している以上、避けえないものでしょう。生活の社会化を、わたしたちの生活や子育てする力を劣化させるものであると非難することはたやすいことかもしれませんが、そうした非難は、ますます「家族の劣化」という問題の語り方をたしかなものと錯覚させるような効果をもつだけで、家族をとりまく社会構造を人びとの〈行為の条件〉として問題をより深く理解する仕方を妨げるものでしょう。今を生きるわたしたち家族は、以前の家族よりも、本当に劣化した存在となっているのでしょうか。

　マリア・ティーレ＝ヴィッティッヒ（Maria Thiele-Wittig、ドイツ）は、新家事労働という概念をもちいて生活の営みが複雑化する中で、家族の外部にある生活関連の諸機関とのインターフェイス（相互関連）の種類が増加することで、これまでとは違った能力が必要になっていることを指摘しています。ティーレ＝ヴィッティッヒは、生活関連の諸機関とのインターフェイスの例として、医療や保育・教育といった制度をあげ、その利用

にともなって生じる「選択」や「決定」といった仕事が、伝統的に行われてきた日常的な家事労働に新たに加わったことを明らかにしています（Thiele-Wittig, 1992=1995）。さらに、そうした「選択」や「決定」にかかわる専門家と素人の間の不均衡が、第2節第1項において言及したリプスキーのストリート・レベル官僚制論が指摘したのと同じようなコミュニケーションの問題を生みだしてしまう状況を記述しています[29]。

尾曲美香は、そうした新家事労働の一つとして待機児童の多い都市部において子どもを保育所に入れるために行うための活動を指すことばとして近年、用いられるようになった保活を挙げながら、保育所の利用によって発生する新たな家事労働を担う母親の「対人スキル」や「交渉力」といった能力を明らかにしています。保育所を利用することは、一般的には母親の家事労働を減少させ、働く機会を保障するものと考えられていますが、実際には、ルーチン化できない入所手続きや出産休業・育児休業の時間を確保するための様々な時間調整、行政担当者や園・保育者、職場とのやりとり、ママ友との情報交換を上記のような「対人スキル」や「交渉力」といった能力を発揮させながら円滑に遂行することが、重要で必須の活動となることを記述しています。この他にも入所後に必要なモノの準備や手作りの品、毎日の送迎、子どもの持ち物の洗濯・準備、連絡帳の記入など、家庭内で子どもを養育する時にはなかった様々な新たな仕事が発生することによって、家族の仕事は一向に減少せず、ますます忙しくなっているのです（尾曲, 2015）。

こうした新たな家事労働の発生は、家事労働をめぐる家族の内と外におけるやりとりについて時間資源の観点からみたときに、炊事や洗濯、掃除といった従来からあった日常的な家事の他に、新たに家族の間で時間管理という仕事が必要になったことを理解させるでしょう。さらに、家族に提供される様々なサービスの利用には、より質の高いサービスやコストパフォーマンスのよいサービスに関する情報の収集、多様でわかりにくい契約

や売買の手続き、利用に必要な細々とした物品の準備といった多くの仕事を、どのように配分しスケジュール管理しながら遂行していくのかといった家庭生活を総合的に運営する能力を家族に要請するものでしょう。生活の社会化は、わたしたちに新たに複雑化した制度やサービスと家族の間の接続面（interface）に関する知識（knowing what）とやり方（knowing how）について、総合的に運用することを求めるようになったのです。

4　「家族する時間」を支える保育実践

本章ではここまで、なぜ、保育実践にとって〈家族〉をあたりまえと捉えるのではなく、いったんカッコに入れたところからはじめる必要があるのか、児童虐待や生活保護、家事労働といった問題を取り上げながら、子どもと家族、そして保育実践を条件づける規範や問いの立て方、問題の語り方について検討することで、考えときほぐしてきました。問題を検討するにあたっては、個人の内面における心理現象や個別の組織の抱えるディレンマとして理解するのではなく、徹底して社会構造や社会関係に埋め込まれた社会的現象として理解することができるよう、記述してきました。こうした記述から子どもと家族をめぐる様々な困った問題は、私とは違った異常な他者だけがひき起こす特殊な出来事ではなく、加速し複雑化した日常を生きる私たち社会の問題であることが、明らかにされてきたことと思います。

けれども、こうした社会的要因（social factors）を強調した視点から問題を理解することは、子どもを養育する親や保育実践に参与する人びとの当面の問題を解決するには、不十分な視点であることも、また事実でしょう。個人因子や環境因子、活動や参加の状況、心身機能や身体構造といったより複眼的思考から実践をリフレクシヴ（reflexive 再帰的）に捉え理解することが、保育の専門家としては必要なのでしょう。ただし、この時、参照

された専門的知識は、あくまでも保育実践を展開していくためのリマインダーとして活かす程度にとどめ、子どもの今ここの姿と声を大切な手がかりとしていくことが、最も重要なことではないでしょうか。

家族であることが人びとのライフスタイルの一つとして選択される現象になった現代社会では、家族の成員相互が、家族でありつづけようと思わなければ、その形を維持することはできなくなっています。わたしたちは、家族する（Doing family）ことで問題を解決し、家族らしくある（Displayed family）ように見えることで、自分たち自身も、また周囲からもよい家族として理解されながら、家族の時間を生きているのです。子どもと家族を支える保育実践は、このような「家族する時間」を支えるすぐれた文化実践であり、子どもと家族の「生活を生活で生活へ」といざなう、社会連帯のひとつのかたちなのではないでしょうか。わたしたちは、子どもや家族が劣化し、そこに問題があるから「支援してあげる」のではなく、子育てや子育ちという社会的行為それ自体に価値があるからこそ「支援する必要がある」、ここから子どもを真ん中にした保育実践を出発すべきであると考えます。

さいごに、冒頭に示した保育室の様子について、ここまでの検討を踏まえながら改めて考えてみることで、子どもの養育に関する社会システムとしての保育実践について論じた本章をとじることにしたいと思います。この場面は、実は筆者である私自身が、はじめて日がすっかり暮れてしまった中、予定の時間を過ぎてもいつまでも終わらない仕事に見切りをつけて、保育時間の終了間際に急いで園に駆け込んだ時の様子です。真っ暗で静まり返った園庭から、遠く見える保育室の様子は、照明の明かりがこうこうとまぶしく漏れる空間の演出によって「なんて寂しそうな様子だろう、かわいそうなことしたなぁ」という思いを私に抱かせるのに十分なものでした。勢い込んで「ごめんね！おまたせ！仕事がなかなか終わらなくて遅くなっちゃったよ。さぁ、パパと早く帰ろう」と言った私に対して「まだ帰りたくない！もっと遊びたい！」と言う当の子どもからの応答は「もう真っ暗なのに寂しくないのかな」「あれ？待たされて、悲しくなかったのかな」という疑問を私に生じさせました。

こうした子どもと私の間のズレは、ただ単に家での「遊びたい」という思いを保障しきれていない私の問題であり、仕事と家庭生活の調和という社会の問題であるかもしれません。しかし、その一方で時計を見てみれば、まだその針は17時をようやく過ぎようかというところを指したばかりでした。17時という時間は、保育の現場にとっても社会にとってもまだまだ決して遅い時間とはいえないこと、そして、子どもがもっともっと遊びたいと感じる時間帯であったかもしれません。そしてなによりも、子どもがそれまで過ごしていた空間は、私が通ってきた寒く暗い空間とは違って、あたたかくて明るいたっぷりと「子どもの時間」を保障してくれる素晴らしい保育者たちに囲まれて過ごしていた空間でしょう。この時「寂しそう」という心の感情を構成していたのは、他ならぬ私自身であり、決して子どもの心の感情や思いではありません。「さあ、パパと早く帰ろう」という私のことばは、当の子どもにとっては「子どもの時間」から、加速した「家族の時間」に引き戻されるものとして聞こえたのかもしれないし、「まだ帰りたくない！もっと遊びたい！」という子どものことばは、ゆったりとした豊かな「子どもの時間」に〈私〉を引き戻そうとするメッセージとして聞くことができるものかもしれません。

[注]

1 カッコ入れとは、専門的には現象学的還元と呼ばれる社会科学の対象理解の仕方のひとつで、考察したい対象の常識的な理解の仕方について、いったん保留・分析・解釈することで、対象を批判的・反省的に捉えなおす試みのことです。

2 デュルケムは、自殺について、統計的観察に基づいた実証主義的な検討を行うことで、その社会的側面を明らかにしてみせました。そのような分析態度は、悲劇や病理といった個人的要因から現象を説明する理解の仕方が見落としてしまう、現象そのものの背後にある社会的要因への理解を深めることに寄与するものでしょう。

3　本事件については、「ふすまふさぎ男児監禁　厚木遺棄死亡までの2年間」『朝日新聞』2014年6月18日　朝刊38面を参照された。

4　山カッコ付きの私は、筆者個人を指し示すだけではなく、育児の際に息苦しさを感じる〈私〉や、これから保育を学ぶ〈あなた〉を含みます。ところで、筆者は子どもと一緒に『おさるのジョージ（Curious George）』シリーズを見たり、読み返したりするたびに、ジョージを養育する黄色い帽子のおじさんの姿に驚き、気付かされます。ジョージがどんなに失敗しても、周囲に迷惑をかけようとも動じずニコニコと微笑み見守る姿は、子どもを信頼し、子どもが自ら分析しやり直す機会を提供するという点から、子どもと接する上で基本となるような姿勢でしょう。それと同時に、子どもを養育する親には、社会に対するある程度の「鈍感力」も必要だということを示してくれているように思います。子育てしやすい社会とは、人々がみな、黄色い帽子のおじさんのような心持ちになることかもしれません。あなたは、子どもが主体となった保育、いいかえるならば、子どもが自ら分析し、やり直す機会を提供するような保育、してますか?

5　例えば、新生児訪問指導や乳幼児全戸訪問事業が行われるような出産後間もない時期は、気分が落ち込みやすいことや、家の中が片付かない状況、頻回の授乳やおむつ交換など、慣れない育児のために心身ともに疲労困憊している時期でしょう。それに対して訪問員は、訪問時の赤ちゃんの様子や家事分担状況、家の中の様子など、事細かなリストのもと、経済問題や家族問題、母親の疾患、養育環境の把握などから、家族の〈養育力〉の査定を行うという〈目的〉を持ってやってきます。ところで、マニュアルの中では、里帰りが長引く傾向にあるという指摘を受けて、「祖母に頼り過ぎ」（益邑 2013）かもしれない母親への対応が、虐待予防のため、真剣に検討されています。家族を貴重な〈資源〉として捉える視点が、強調されるその一方で、実家の親（自らの定位家族）に頼ることは、必ずしも子どもの適切な養育環境に貢献しないという理解の仕方がありうることにも気付かされます。

6　吉田2013は、児童養護施設における現場の施設職員たちが、子どもに副作用を引き起こす向精神薬の投与について疑問を感じながらも、施設や学校における集団生活の中で〈トラブル〉を起こすことを回避するためには、「仕方がない、割り切るしかない」というディレンマのもと容認されていることを指摘しています。こうした指摘の背景として、吉田は、処遇困難な子どもの行動をてっとり早く変容させるための方法として、「体罰」による管理から、「医療的ケア」による管理の仕方への変更があったことを指摘しています。

7　国家の政策立案や決定に主に関与するようなテクノクラート官僚に対して、ストリート・レベルの官僚は、クライアントと直接的なやりとりを行う第一線職員を指します。その典型例としてリプスキーは、教師や警察官、ソーシャルワーカー、医療従事者を挙げ、職務執行過程において相当程度の裁量をもつとしています。

8　早期の発見・予防によって起こる弊害への目配せ、そして何より専門職や組織に起因するリスクを反省的に問うことが、必要になります。予防という理解の仕方は、親にとってだけではなく、専門家や組織にとっても楽な道ではありえません。

自らの実践が、問題を生みだしている可能性を常に考慮しなくてはならないからです。

9　社会構造を行為の条件と捉えることの実践的な意義は、フェリクス・ポール・バイステック（Felix Paul Biestek）が、ケースワークの7つの原則としてあげた対象理解のための専門職の態度に凝縮されるでしょう。バイステックは、①個別化、②意図的な感情表出、③統制された情緒的関与、④受容、⑤非審判的態度、⑥自己決定、⑦秘密保持、を挙げています。

10　保育所については、入所選考基準において順位が高く設定されることで、就労自立に向けた支援が行われてもいます。また、私立幼稚園や類似施設、こども園などについては、義務教育ではないため、生活保護法に基づく教育扶助の対象とはなりませんが、私立幼稚園等園児保護者補助金や私立幼稚園就園奨励費補助金などの補助金制度によって、通園は十分に可能です。それぞれ、居住する自治体によって給付額や減免の程度が異なりますが、生活保護基準を超えるその他の世帯と同じように、所得に応じて給付を受けることができます。

11　不正受給についてあげた数値が多いとみるか少ないとみるかはさておき、認可保育所や無認可保育所における死亡事故と比較してみたとき、どのように感じられるか思考実験的に確認してみましょう。厚生労働省の示す「保育施設における事故報告集計」にもとづいて施設数に対する死亡事故の発生率を計算すると、2013（平成25）年に認可保育所ででは0.017%、無認可保育所では0.191%となります。また、子どもの数に対する発生率は、認可保育所でで0.0002%、無認可保育所で0.007%という数値を揚げることができます。それに対して同じ、2013（平成25）年の生活保護における保護世帯数に対する不正受給の告発件数の発生率は0.006%、保護人員数に対する不正受給の告発件数の発生率は0.005%となっています。比較のために挙げたこれらの数値は、あまり意味のない数値であるし、子どものいのちが失われることも不正が起こることも、なくなった方がよいことは確かなことでしょう。けれども、監視される対象となる人びとにスティグマ（烙印）が付与され、受給者やその家族を自死に追い込むような事件やいじめが発生したことも含めて問題を考えていく必要があるのではないでしょうか。

12　実際には、扶養照会にきちんと回答し私的な扶養を行うことで、〈適正〉な受給として公的に認められたケースでした。もちろん、より多くのお金を仕送りできたはず、といったさらなるバッシングもあります。しかしながら、正式な審査手続きを経て合法的に給付されたものが、一部の人びとの声で、当人の自発的な行為に基づいた返還があったとはいえ、あたかも〈不正〉受給とされたことは、法治国家としては疑問の残る後味の悪い一件でした。

13　生活保護問題においてメディアは、「この国の底がぬけた」とか「生活保護3.7兆円が日本を蝕む」といったセンセーショナルな煽り文句のもと、高額所得者の芸能人や偽装離婚した母子家庭、昼間からギャンブルや飲酒をする男性といった一部の道徳違反者たちを切り取り、映し出すことで、「働けるのに働かない人びと」や「本当は困っていないのにもらっている人びと」といった〈不正〉受給に対する歪んだイメージを形成しています。

14 コーエンは、folk devilsの例として、本章で取り上げている児童虐待や社会保障・社会福祉の不正受給などを挙げています。とくに福祉の不正受給は、かなり古くから人びとの敵とみなされ、シングルマザーや未婚の母、失業保険生活者（dole scroungers）が、その対象となってきたことを指摘しています。

15 生活保持義務と生活扶助義務の区別は、日本家族法学の父と呼ばれる中川善之助によって提唱されたもので、彼に主導された戦後の家族法学は、戦前の「家」制度や「家」意識から独立した、家族についての新しい法理論を確立しようとしてきたものと評価されています。また、夫婦や親子の〈実態〉に基づいた、あるべき家族の姿をあらわすものとして構想され、これまで支持されてきました。その一方で、「家」制度の廃止には、根強い反対意見があったように、生活保護行政においても相対的扶養義務の適用拡大（例えば、民法による扶養義務者を超える「知己縁故者からの徳義上の援助」や「地域の風俗、習慣」とか、「平素親族と同様の交際をしている者」などによる私的扶養）の欲望は、常に存在してきました。戦前および旧生活保護法下における恩恵的福祉観への回帰が、現在も自己責任や家族自助の強調により志向されていることをかんがみれば、勢いに乗って学説と判例の積み重ねを超えて、国民的合意を生み出すこともありえるでしょう。

16 アマルティア・セン（Amartya Sen）が用いた造語で、経済学が前提としてきたホモ・エコノミクスという人間像を批判した概念のこと。ここでは、きわめて単純化して、人びとが、それぞれの合理的な選択に基づいておこなったはずの行為が、結果として自らの選択を支える基盤をも掘り崩してしまう状況を生みだす様を指して用いています。

17 三歳児以上の保育所利用率が、およそ50％を超えた現在において、弱者や劣ったものと表だって言われることは、さすがになくなったと思います。けれども、0歳や1歳といった時期に子どもを保育所に預けることを「かわいそう」と感じる人びとの根底には、単に三歳児神話や一歳半神話があるだけではなく、0歳や1歳といった「こんなにも早い時期から、子どもを保育所に預けなくてはならないんですね」といったまなざしがあるのではないでしょうか。また、生活保護を受ける家族が、私立幼稚園に入園することや保育所に優先して入所することを許容できないといった不寛容な態度の根底には、「福祉をもらっているくせに、わたしと同等の生活をするのか」といったまなざしがあるのではないでしょうか。

18 例えば、ひと口に保護者支援といっても、保育者のかかわることになる親の年齢幅は、とても広くなっています。学校を卒業したばかりの保育者は、当然、自分よりも年長の親や自身の親の年齢と同じか、それ以上の親と出会ったり、その逆に、自分自身よりも年下の親、例えば10代の親に出会ったりすることもあるでしょう。中堅やベテランの保育者になっていけば、子どもほどの年齢の親、もっといえば孫にあたるような親たちと出会うことになります。どのようなことばかけを行えばよいのか、どのようなかかわり方をすればよいのか、また、どのようなことに悩んでいるのか、それは熟練した保育者にとっても想像と判断が難しいものではないでしょうか。

19 必要（need）とは、欲求（want）や要求・需要（demand）といった意味を含み込んだ、いわゆるニーズとは区別されるものです。保育や教育、福祉の実践において、「何が公的に保障されるべきものなのか」を考えることも重要なことです。また、家族の多様化は、選択可能性の増大によって、戦後の典型的家族とみなされてきた核家族の比重が、相対的に低下することで、高度経済成長期以降に進行したとされています。その一方で、選択可能性の増大の恩恵は、特定の階層に限定されており、選択可能性が著しく制限される階層や人びと（障害家族や一人親家庭など）がいることも明らかにされてきました。家族ごとのリスクにたいする耐性は、家族の格差を拡大させるものとして、問題化されています（久保田 2009）。

20 国民生活時間調査は、10歳以上の国民を対象とした調査結果で、年代別の集計結果および小学生・中学生・高校生といった学校段階別の集計結果が公開されています。このことから、小学生とは、小学校4年生以上の子どもを指すことになります。

21 ジル・アンドレスキー・フレイザー（Jill Andresky Fraser）が、働きすぎと低すぎる報酬に基づく不健全な職場文化を描き出したレポートの邦訳書名のこと。人びとが、レイオフを恐れて、長時間労働に苦しみながらも、生産性向上を求められる中でなんとか持ちこたえている（Hang in there）状況を指摘しています。日本語版の序文においては、働きすぎる親たちによって、子どもが、授業の始まる何時間も前に校庭に連れてこられる一方で、迎えに来る時間はますます遅くなっていることが、述べられています。

22 家事の行われている状況を平日と休日に分類して、その詳細を検討してみると、毎日の生活を維持するのに必ず行わなくてはならない行動と、休日にまとめて行えばよい行動があることがわかります。例えば、食事の準備や片付けといった行動は、毎日、必ず行わなくてはなりませんが、買い物などは休日にまとめて行うことが可能です。男性の家事参加は、こうした休日にまとめて行うことができるような家事であることが、先行研究では明らかにされており、個別の家事行動ごとに、その時間消費の性質が異なることも、意識することが必要です（石田，2011）。

23 だからこそ、若者はリスクの最小化戦略としての非婚やDINKS（double income no kids）といった戦略をとるのだと思います。また、ライフスタイルの多様性が、高学歴や高所得層に偏っている現在、DEWKS（double employment with kids）であることも、家族の強さのためには、必要なことかもしれません。

24 ホックシールドは、ジェンダーの視点から、共働きの子育て期の女性が、家庭の外における仕事だけではなく、家に帰ってからも次の仕事としての家事労働に追われている状況をセカンドシフト（第2の勤務）と呼び、さらに、子どもへのケアが必要となり、それを強いられている状況をサードシフト（第3の勤務）と呼んでいます。これにもし、親の介護も重なってしまえば、フォースシフト（第4の勤務）を強いられることになるといえるでしょう。今のところ、子どもの小さなうちに親の介護が必要になるケースよりも、親が子育ての資源となるケースの方が圧倒的に多いように思われるため、フォースシフトは、問題化されていませんが、そのような状態に追い込まれている家族は、論理的にはゼロではありません。また、晩婚化や晩産化が進み、人の健康寿命が短くなった場

合、フォースシフトは、多くの人びとが経験することになる社会問題となるかもしれません。

25 ホックシールドは、保育所における「子どもの時間」を、「子どものペースで物事は進み、変更は自由で、ゆっくりしている。保育士たちは、子どもが一生懸命、靴紐を結ぶことに集中する様子や、おまるでうんうんと頑張る様子、そして行き戻りつしつつ話そうとする様子を、忍耐強く見守る」（Hochschild,1997=2012 p. 26）と描写しています。今の日本の保育実践は、「子どもの時間」を保障することができているでしょうか。様々な行事や体験、英語や音楽、運動といったおとなによって好まれる「将来に役立つこと」に子どもたちは、追われていないでしょうか。早期教育や発達支援、予防、保幼小接続、ICT環境などの取り組みが、表面的なものになってしまった場合、こうした「子どもの時間」を、効率性や合理性の支配する近代の徹底によって、切り詰めてしまうことにつながるようにも筆者には思えます。

26 家族の機能は、論者によって様々に整理されますが、それらを総合的にみると身体と心理、経済と社会という2つの軸を設定して、4つの象限に分類することができそうです。また、近代化による産業社会の進展は、こうした家族の持っていた機能を、外部化・社会化してきたと論じられ、最後に残るのは「愛情」だと言われたことがありますが、果たしてどうでしょうか。家族の絆を強調しながらも、経済的・身体的扶養を強制する社会の姿勢は、実は家族の愛情を切り崩す作用を持っていることにも注意をしなくてはならないでしょう。

27 広田照幸による子どものしつけについての考察は、こうした「家族の劣化」という問題の捉え方について、現実の家族の多様性を無視したものであり、「地域共同体が消失し、学校が不信の目にさらされる中で家庭の責任がより強まっている」ことを指摘することで、「家族の劣化」ではなく、「地域の劣化」を強調したものでしょう。これに「子どもの劣化」を加えれば、白書の目次ができあがりそうですが、これまでも繰り返しのべてきたように本稿は、個別の子どもや家族、組織、地域が、劣化しているから問題がある、という立場をとりません。

28 子どもと親の距離の持ち方が、時代によって変化してきたことは、例えば、牟田和恵の『戦略としての家族』において示されています。子どもを愛し慈しむ人びとのやり方は、時代や社会を越えて、普遍ではありません。

29 ティーレ＝ヴィッティッヒの議論が、リプスキーの議論へと貢献することは、専門家と素人の間のコミュニケーションの問題が、単に広い裁量権と被援助者への権力の大きさ、現場における資源不足や標準化困難性といった組織的課題として生じるだけではなく、家族と制度のインターフェイス、つまり接続面に関する不均衡に起因して起こるものであるという理解を付け加えることです。

親子の時間

演習 1
第 1 節冒頭の事例にあげられるそれぞれの人物の感じている思いについて、あなたの推測するところをあげてみて下さい。

演習 2
家族が実際に行っている家事をリストアップしてみよう。そして、家族の中の誰が、その家事を行っているのか整理してみましょう。それらの家事は、なぜ、家族の中でそのひとがやっているのか、理由をあげてみましょう。

コラム〔7〕　若者と仕事

保育や教育といった対人援助の仕事は、しばしば「終わりのない仕事」と言われます。子どもたちのために、より質の高い保育や教育をしようと思えば、準備や振り返りのための〈時間〉が、際限なく必要だからです。希望をもって保育の現場に出た卒業生の誰もが、一生懸命働いているにもかかわらず、「保育の仕事って難しいですね」と無力感に苦しむ姿を毎年、見聞きします。それは、保育の力量不足や先輩職員との人間関係の悩みだけではなく、目の前の子どもたちのために「自分の時間」が持てないことに苦しみを感じることによって、増幅される思いのようです。お金を貰うのだからあたりまえだと考える〈大人〉も多いでしょうが、勤続年数の短い保育者がもらえる報酬は、学生時代に稼ぎ出すアルバイト代とあまり変わりがなく、やりがいにはつながりにくいものでしょう。

保育者のやりがいを搾取しない働き方の実現には、大人も若者も、雇用主も労働者も、男性も女性も、誰もが〈働き方〉という「問題の当事者」として、職場環境について考えることが必要です。記事にある田中俊之著『男が働かない、いいじゃないか』（講談社）は、男性的な働き方（恒常的な長時間労働）を問いなおす上で、とても多くのアイディアを私たちに与えてくれます。「仕事にやりがいを見いだせず、責任を取りたがらない『ぶら下がり社員』」が増えている、と現状を理解し「今の若者の劣化」を嘆くのではなく、ワーク・ライフ・バランス（Work Life Balance：仕事と家庭生活の調和）という、過去の若者（いまの大人）をも含みこんだ社会全体の問題として考えていくこと。時間制約を前提とした仕事管理や働き方を「あたりまえと考える」のではなく、育児や介護によって仕事に投入できる時間に制約のある人びとを前提とした職場環境について考えること。保育という仕事が、子どもの育ちのためという理念のもと、働くひとの〈やりがい〉を搾取する労働となってしまう危険性があることに十分に注意を払いながら、職場環境を改善していくことが、今、求められています。

出世イヤ 若者増殖中

解を探しに　引き算の世界①

魅力薄れ、ほどほど望む

「もうイヤになっちゃって」。東京都内に住む高橋有人さん（仮名、31）は3年前、4年間勤めたIT関連会社を辞めた。理由はいくつかある。その一つが上司のこんなセリフだ。「お前は、同期の誰がライバルなんだ？」

連日深夜まで続く残業、土日出勤の無言のプレッシャー、そして同期責任やノルマを背負わせ、部下の世話でストレスをためるくらいなら、出世なんてしたくない」と感じた。

業、士日出勤の無言のプレッシャー、そして同期を業績で競わせる社風。責任やノルマを背負わせる、部下の世話でストレスをためるくらいなら、出世なんてしたくない」と感じた。

社員の相互投票で「実力ランキング」を決めるIT企業のカヤック（横浜市西区）＝一部画像処理しています

高橋さんの理想は仕事3割、私生活7割、のバランスだという。仕事は真面目にこなす。定時に近く、あちこちで増えていく015年度は14・2%む退社し、アフター5で映画を見る。そんな生活を目指して転職した。給与は多少減ったが、「重い

高橋さんのよう昔から高橋さんのような社員はいた。しかし最近が46・7%だったが、2015年度は14・2%む。「地位には関心がない」は逆に20・0%から30・8%に増加した。

社長目標 14%

裏付けるデータもある。産業能率大の調査で、都内で行われた流通社の30歳向け研修。人事担当者が席を外した際、人は、男性新入社員が目標とする地位はバブル期の1990年度は「社長」会保険労務士の福田秀樹り）。代わりに半年に1度の社員の相互投票「実力ランキング」で給料を決める。結果も公表する。

「みなさんは管理職になりたいですか」。昨夏、勤を伴う。「未知の土地に移り住み、部下を抱えて働きたくはない」のが「社員一人ひとりが経昇進を敬遠する理由だと営に関わる実感を持つこいう。

「上司にゴマをすり、出世競争に勝ち抜けば明るい未来が待っている、という時代はバブル崩壊とともに終わった」とみ教（社会学）。日本経済の先行きも不透明での、「社会的地位の向上で満たされる方が難しい。難題を突きつけら

とがやりがいにつながり、会社が好きになる」という。

「仕事は生活費を稼ぐ単なる手段」と語る若い社員が増える中、企業は「出世」に代わる仕事の魅力を示すことができるのか。難題を突きつけら社と部下の板挟みになった先輩がうつ病になった」。消極的な意見が会場を覆った。

研修を担当した人材研修会社「シェイク」の吉田実社長は「真面目だが仕事に注ぐ力は70%。仕事にやりがいを見いだせず、責任を取りたがらないい中4人。「ノルマがきついのに権限がない」「上司と部下の板挟みになった先輩がうつ病になった」。消極的な意見が会場を覆った。

◇

昇進の魅力が薄れ、負のイメージが目立つように給、裁量の拡大といったくなってきた。出世にこだわらない。極力物を持たない向とは違う価値観が広がってきた。人間関係は面倒くさいだけ――。現代にこだわらない。極力物を持たない志向、人間関係は面倒くさいだけ――。「引き算」に向かう社会の光と影を見つめた。

減る「担い手」

材研修会社の社員が尋ねた。手を挙げたのは23人「ぶら下がり社員」が増えれば日本は危ういと警告する。

「3人連続で断られました。どうすればいいでか。

これまでの経済や社会が成熟し、成長・拡大志向とは違う価値観が広がってきた。出世にこだわらない。極力物を持たない向。人間関係は面倒くさいだけ――。「引き算」に向かう社会の光と影を見つめた。

IT企業「カヤック」（神奈川県鎌倉市）には「ぶら下がり社員」が増えれば日本は危ういと警告する。

昨年末、社長より下の役職がない。部長より下の役職がない会保険労務士の福田秀樹り）。代わりに半年に1度の社員の相互投票「実力ランキング」で給料を決める。結果も公表する。全社員が年2回参加する「ぜんいん社長合宿」で、社長になったつもりで経営課題を議論する。

人事部の柴田史郎部長は「社員一人ひとりが経営に関わる実感を持つこ

◇

▼Web刊→紙面連動
▶関連記事「サラリーマン世代論」を電子版に

「引き算の世界（1）出世イヤ、若者増殖中―魅力薄れ、ほどほど望む（解を探しに）
『日本経済新聞』2016年4月16日　朝刊43ページ

9章　子どもの生活と地域資源

章　子どもと遊び」に詳細に書かれています。

1　今の家族を取り巻く生活と地域

　私たちは、家庭から地域、そして社会へと徐々に生活範囲や人間関係を広げたり、その地域や社会の様々な資源を利用しながら生活をしています。それは時代とともに移り変わり、家族や地域、社会が果たす役割や環境も変化しています。本章では、「子どもの生活と地域資源」をテーマに子どもとその保護者が現在、どのような地域環境のもとにいるのか、生活、労働、子育てを通して地域でどのように暮らしているのか、そして地域で安心して生活をしていくためには、何が必要か、現在の支援について述べたいと思います。

1. 子どもたちの生活－子どもの育ちをめぐって－

　現在の子どもの育ちとはどのようなものでしょうか。1960年代の高度経済成長時から、日本社会は経済的に豊かになることを最優先課題にしたこともあり、そのことが好景気をもたらし国民の所得水準の上昇をもたらしました。一方で、大都市の人口集中により、過疎と過密問題を生み、住宅事情の劣悪化、交通渋滞、ゴミ問題といった生活環境を中心とした課題が誕生しました。さらに企業による公害問題、労働問題（低賃金、劣悪な環境）などが社会問題として登場しました。またこの当時から、子どもたちにとって、このような社会や地域環境で生きることは、遊ぶことができる環境が少ないこと（空間）や、一緒に遊ぶ仲間がいないこと（仲間）、遊ぶ時間そのものが足りないこと（時間）といった三つの間が足りていないことが問題視されてきました。このことは、「第5

　さて、現在、子どもたちはどのような生活を送っているでしょうか。データをもとに、特に保護者の子育ての不安や負担感が高い就学前の子どもと親にスポットを当てて、見てみましょう。

（1）就学前の子どもたちの居場所

　現在は就学前に日中、家庭で過ごす子どもの割合よりも、何等かの保育施設、教育施設を利用している子どものほうが多くなっています。2016（平成28）年度の厚生労働省の調査によると、3歳以上の子どもたちの多くが保育所（以下、保育園と表記）または幼稚園に入園しており、3歳未満児で保育園を利用している割合は32.4%となっています（厚生労働省,2016）。**図9-1**は、3歳以上児と3歳未満児別の幼稚園もしくは保育園の利用率の割合を表しています。この背景には、女性の就業率の上昇と相まって、保育園等利用率が増加していることがあります。さらに子ども虐待や子育て不安、子育て負担を軽減するために、様々な子育て支援が地域の特色を生かして行われており、就学前の子どもたちは何等かの形で専門的もしくは社会的な子育て支援を受けている場合が多いと思われます。

（2）生活リズム－早寝早起き傾向が強まっている

　次に就学前の子どもたちの今の生活状況についてみてみましょう。ベネッセ教育総合研究所が行った『第5回幼児の生活アンケート』では、幼児の起床時間は「7時頃」（34.3%）、「6時半頃」（20.2%）が半数以上を占めています。**図9-2**は、1995（平成7）年から2015（平成27）年の20年間の

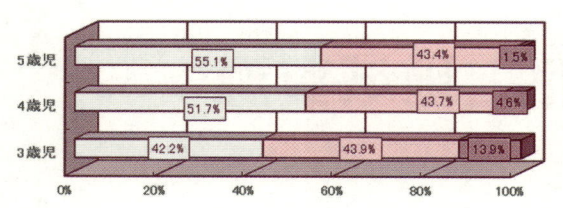
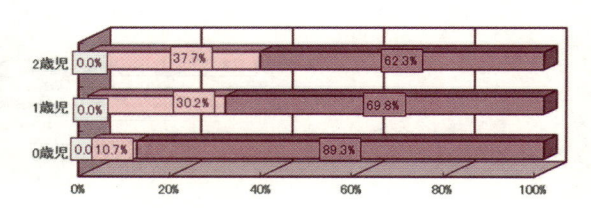

【3～5歳児】＜学年齢別＞

5歳児　55.1%　43.4%　1.5%
4歳児　51.7%　43.7%　4.6%
3歳児　42.2%　43.9%　13.9%

【0～2歳児】

2歳児　0.0%　37.7%　62.3%
1歳児　0.0%　30.2%　69.8%
0歳児　0.0　10.7%　89.3%

□幼稚園就園率　□保育所入所率　■未就園率

図9-1 厚生労働省社会保障審議会児童部会保育専門委員会（第2回）「就学前教育・保育の実施状況（平成25年度）」
（出典）『保育をめぐる現状』（資料2），p.4　平成28年1月7日，転載

変化を示しており、「6時半頃」の増加が顕著で、ますます早起きの傾向が強まっていることがわかります。

一方で、就寝時刻はどうなっているのでしょうか。**図9-3**は、同じくベネッセ教育総合研究所（2016）による就学前の子どもたちの就寝時刻の推移です。

これを見ると、2015（平成27）年の調査では「21時頃」（28.5%）、「21時半頃」（23.0%）、「22時頃」（15.2%）が7割を占めています。継続調査では若干変化は緩やかに見えるが、就寝時刻は徐々に遅い傾向にあります。また同調査の中で、「平日、『22時頃』以降に就寝する割合」については、乳児のうち未就園児（25.1%）、保育園児（42.1%）となっており、保育園に通園している子

どものほうが就寝時刻は遅いという結果でした。さらに幼児でも、保育園児（40.5%）、幼稚園児（11.1%）となっており、保育園児は保護者の労働・生活時間の影響を受けていることがわかります。

（3）家で過ごす時間─帰宅時刻が遅くなっている

NHKが行った『2013年幼児生活時間調査』では、保育園に通う子どもたちは、帰宅時刻が遅くなっており、保育・教育施設を利用していない子どもたちはもちろんのこと、幼稚園に通う子どもたちとの間で益々差が開いています。幼稚園児は16：15～16：30には50%が帰宅しているのに対し、保育園児は、6%です（**表9-4**）。幼稚園に通う子どもたちの半数以上は、2003（平成15）年では

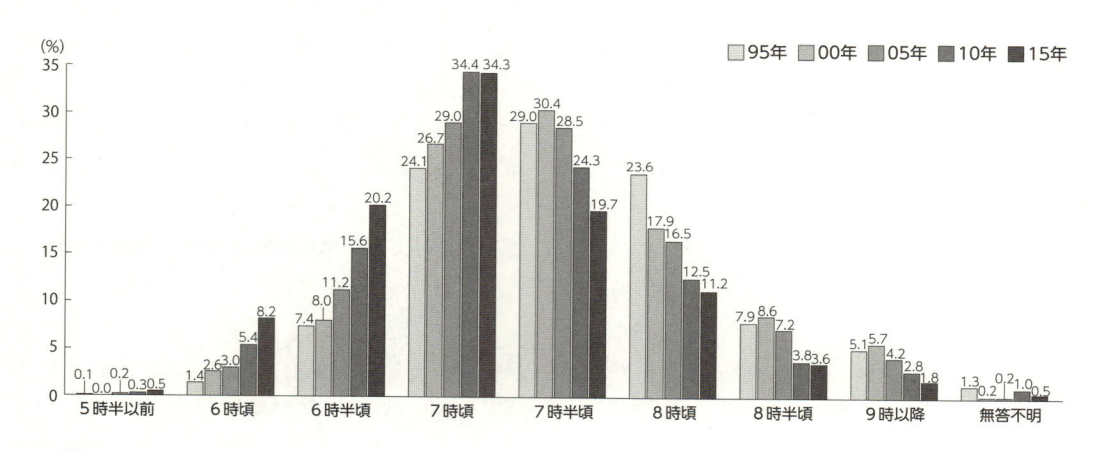

図9-2 平日の起床時刻
（出典）ベネッセ教育総合研究所（2016）「第5回幼児の生活アンケート」より抜粋

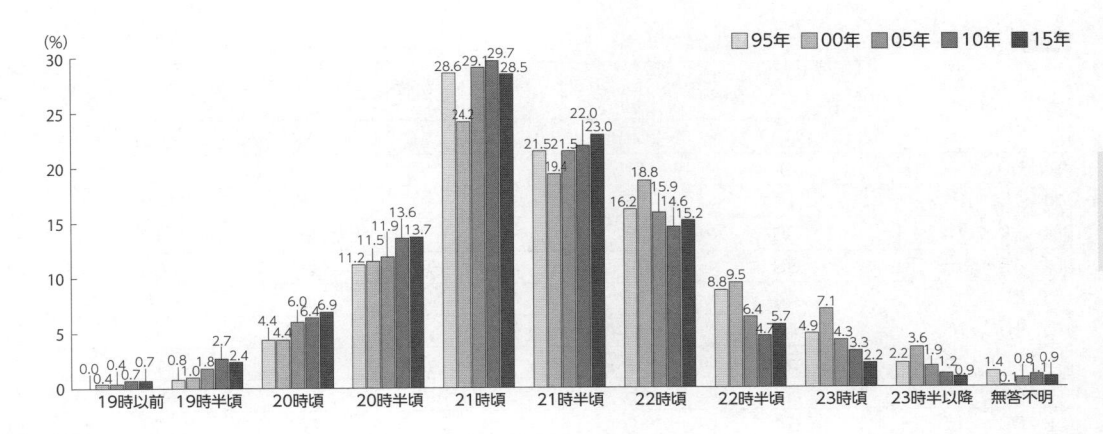

図9-3 平日の就寝時刻
（出典）ベネッセ教育総合研究所『第5回幼児の生活アンケート』2016より抜粋

15：30〜15：45頃から帰宅していますが、2013（平成25）年になると16：15〜16：30以降になっています。さらに、保育園に通う子どもたちを見ると、17：45以降に帰宅する割合が46%であったのが、2013（平成25）年には同時刻は35%に減少しています。つまり、2013（平成25）年には、18時になってもまだ65%が帰宅していないということなのです。別の調査からは、保育園を利用する子どもの7割は、園で過ごす時間が「8時間くらい」から「10時間くらい」だとされています。また幼稚園に通う子どもも「5時間くらい」（50.2%）から「6時間くらい」（33.2%）園で過ごしているようです（ベネッセ教育総合研究所,2016,p.17）。このことから、園生活を送る子どもたちは早く起き遅く眠る傾向が強く、園で過ごす生活時間が年々長くなっていることがわかります。

(4) 習い事について—英会話や通信教育の利用が増加

次に習い事の利用の有無についてです。ベネッセ教育総合研究所（2016）では、2000（平成12）年〜2015（平成27）年の15年のうち、ほぼ横ばいで増加傾向はあまりみられません。2000（平成12）年には就学前の子どもたちの49.4%、2015（平成27）年には48.6%でした。一方で年齢別にみると、2015（平成27）年では、1歳児後半の子どもたちは17%、2歳児（25.7%）、3歳児（29.8%）と

なっていますが、4歳児（47.9%）、5歳児（71.4%）、6歳児（82.7%）と、4歳児以降は高い比率で習い事をしていること、5.6歳で急増することがわかります。

習い事と一口で言っても、様々です。ベネッセの同調査によると、低年齢児の場合は、体を動かす種類のもの「バレエ・リトミック」が多く、次に月1回程度、定期的に行う通信教育、英会話の比率が高くなっています。また、未就園児と保育園児で比較した場合、習い事の種類はほとんど変わりがありませんでした。

高年齢では、昨今の特徴として、幼稚園、保育園で有料で行っているものと、幼稚園、保育園以外で有料で行われているものと2つのタイプの習い事があるようです。幼稚園で保育内容の一部として取り入れている習い事は、体操（14.7%）、サッカー（6.9%）でした。これは家庭で個別に通っている場合よりも高く、保育園の子どもたちと比べても高い比率です。一方、園外で習っているものではスイミング（25.4%）、「受験目的ではない学習塾や計算・書き取りの塾月1程度、定期的に教材が送られてくる通信教育」（16.1%）、「英会話などの語学の教室」（13.9%）でした。

同じ高年齢でも、保育園の習い事については、5%以下となっており、幼稚園と比較すると保育園ではあまり取り入れていません。一方で園外でスイミング（20.4%）、「受験目的ではない学習塾

表9-4 幼稚園・保育園・未就園児童の帰宅時刻の推移（%）

	幼稚園児		保育園児		未就園児	
	2003	2013	2003	2013	2003	2013
14：00〜14：15	9	11	2	3	44	40
14：15〜14：30	17	16	2	3	43	40
14：30〜14：45	36	26	1	2	44	38
14：45〜15：00	38	29	2	2	44	38
15：00〜15：15	44	36	1	3	46	41
15：15〜15：30	46	38	2	3	47	42
15：30〜15：45	51	44	2	3	49	46
15：45〜16：00	53	46	2	3	50	47
16：00〜16：15	54	49	6	6	59	50
16：15〜16：30	54	50	7	6	60	51
16：30〜16：45	61	54	14	10	65	57
16：45〜17：00	62	56	18	12	66	58
17：00〜17：15	69	64	30	23	69	68
17：15〜17：30	71	66	34	24	70	70
17：30〜17：45	77	71	44	32	72	74
17：45〜18：00	79	73	46	35	72	75

（出典）NHK放送文化研究所（2013）「『2013年幼児生活時間調査』の主な結果について」p.5

や計算・書き取りの塾月1程度、定期的に教材が送られてくる通信教育」（13.6%）、「英会話などの語学の教室」（9.8%）などがあり、幼稚園の子どもたちとあまり差が見られません。このことから、幼稚園の子どもたちは園内の有料の習い事を行っている場合が多く、保育園の子どもたちは、園外の有料の習い事を行っている場合が多いことがわかります。どちらにせよ、保護者のニーズとして、幼児という早い時期から習い事を通わせたいという思いが反映された結果でしょう。

　この背景には、「小学校以降の学習に遅れてほしくない」、「少しでも早い段階から経験させたい」という保護者の願いがあるものの、経済的な余裕のない家庭では習い事に子どもを通わせることが難しいという実態もあります。また本調査の回答者の多くは子育て情報にアクセスする能力や経済力があるひとともいえます。

（5）メディアの接触—テレビの視聴時間は減少し、DVD、録画番組の視聴時間は増加

　スマートフォンの普及から見るように、就学前の子どもたちのメディアの接触はとても身近なものとなっています。これは保護者自身が利用するものであり、ともに生活する子どももその影響を受けているからです。

　同じくベネッセ教育総合研究所（2016）を見ると、家にあるものとして「絵本」、「テレビ」が上位にきますが、1995（平成7）年からの20年間で「テレビゲーム」は減少しています。他に知育玩具（19.9%）、スマートフォン（11.7%）、ワーク（11.0%）が近年増加しています。また、「絵本」の比率は1995（平成7）年から比率が一貫して高い傾向があり、特に母親と利用している家庭が7割に上っています（**図9-5**）。

　あわせて、家にあるものとして「テレビ」はほとんどの家庭でありますが、1日2時間以上視聴している乳幼児は約5割、ビデオ・DVD・ハードディスクレコーダーは約2割となっています。スマートフォンについても3歳児の約4割、6歳児の約5割が接触しています。第5章や第11章に詳述は譲るとして、これらの背景には、先ほど上げた子どもたちの在園時間の影響もあるかもしれませ

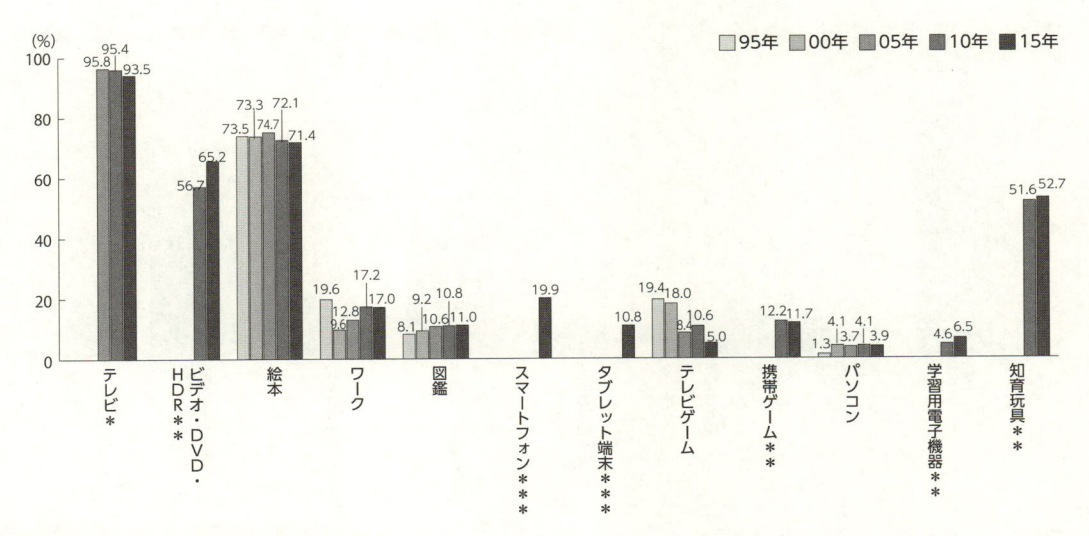

（%）
凡例：95年　00年　05年　10年　15年

図9-5 家にあるものを使う頻度（経年比較）
（出典）ベネッセ教育総合研究所（2016）『第5回幼児の生活アンケート』より抜粋

ん。つまり、帰宅後、家の中で「スマートフォン」などの電子端末に接触している可能性もあるかと思われます。

（6）子どもたちの遊び
―友だち、兄弟と一緒に遊ぶ比率が減少

次に実際に就学前の子どもたちが幼稚園や保育園以外で、誰と、どのような遊びを行っているのかを幼稚園や保育園以外で見てみましょう。同様にベネッセ教育総合研究所（2016）を見ると、1995（平成7）年からの20年間を見ると、母親が増加しており、友だちは減少しています（**第5章、図5-1**）。この背景として、ベネッセ教育総合研究所は「共働きの増加」により回答者に保育園児の親が増えていることや幼稚園児も保育園児も「登園のため家の外にいる時間が年々ながくなっていること」を掲げています（ベネッセ教育総合研究所,2016,p.29）。9割近くの私立幼稚園が預かり保育を実施する中、幼児が午後から夕方に戸外で近所の友だちと遊ぶ風景は見られなくなっているといえるでしょう。

さらに平日に一緒に遊ぶ相手が未就園か、幼稚園か、保育園に通園しているかどうかでも違

いがあります。低年齢児であれば、未就園の子どもたちは母親が96.3%にのぼり、保育園の子どもたちは88.5%です。園に通っていない子どもたちは母子との密着度が高い傾向にあるといえるでしょう。一方で父親と遊ぶ子どもたちは保育園児（34.1%）、未就園児（14.6%）となっており、保育園児の子どもたちのほうが父親と家庭で過ごす機会が多いことがわかります。この傾向は高年齢児でも同様で、幼稚園に通う子どもたちは10.3%、保育園児は26.9%です。

「よくする遊び」については、2016（平成28）年の調査を見ると、「公園の遊具を使った遊び」（80%）、「つみ木、ブロック」（68.4%）、「人形遊び、ままごとなどのごっこ遊び」（60.5%）となっています。代表的な遊びは20年間の変化を見ても差がありません（**第5章、表5-3**）。

遊ぶ場所についての調査では、最も多いのが「自宅」でした。次に、「近所の空き地や公園」、「学校、幼稚園、保育園の運動場」となっています。**図9-6**は、年齢別の遊ぶ場所を表したものですが、年齢が上がるにつれて、自宅から「学校、幼稚園、保育園の運動場」や「近所の空き地や公園」が多くなっています（**図9-6**）。

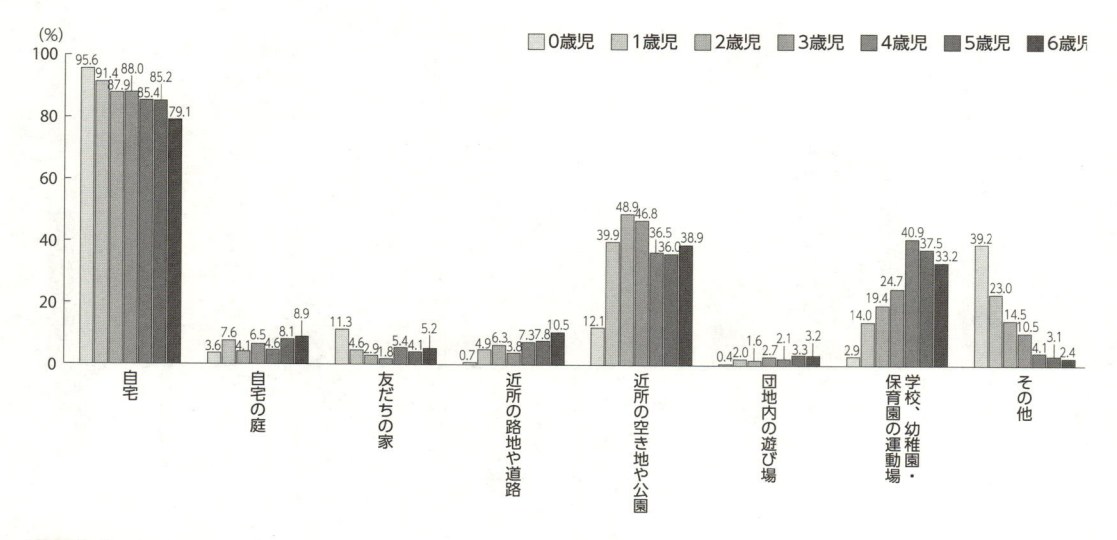

図9-6 遊ぶ場所
（出典）ベネッセ教育総合研究所（2016）『第5回幼児の生活アンケート』より抜粋
注）２つを選択して回答されたもの

（7）生活習慣に関する発達—できない課題が増えている

　表9-7は子どもの年齢別の経年の比較です。表を見ると、大幅に減少したのは「家族やまわりの人にあいさつする」、「おはしを使って食事をする」、「オムツをしないで寝る」です。5歳児、6歳児であっても、達成率が8割以下の項目があり、ほとんどの子どもたちができるようになるまでに、時間がかかる課題が増えています（ベネッセ教育総合研究所,2016,p.32）。また特に達成率が低いものとして、「家族やまわりの人にあいさつする」が挙げられます。挨拶は家庭で習慣づけられるものですが、家庭内で挨拶をかわすことが少ないことが明らかとなりました。これは子どもに対し生活習慣を教えていくゆとりが無くなっている保護者が多いことや、あまり地域住民との人間関係が希薄になっていることなどが影響していると思われます。（**表9-7**）

2. 保護者の生活—子育て・生活をめぐって—

　次に保護者の生活（子育てやその意識）について実態を見てみましょう。現在、「子ども」を育てることはとてもお金がかかることとされ、産み育てたいと望んでも将来の不安を感じ、それを断念する若年層も増えています。この背景には、非正規雇用の増加、長時間労働による過労自殺や精神疾患等の罹患など、労働に従事しながら健康的な生活を送ることができるのかといった不安も大きな要因です。さらに保育園の待機児童問題など、子どもを産み育てることができるための社会保障や社会福祉の整備にも課題があります。一方で専業主婦の家庭であっても、母親が子育ての大半を担っていることが多いため、子育て不安や子育て負担を抱えることが多いと思われます。

（1）暮らしへのゆとり感—生活が苦しいと感じる子育て世帯が多い

　子育て世帯の45.4%は「暮らし向きが苦しい」もしくは「やや苦しい」と答えています（独立行政法人労働政策研究・研修機構,2015）。世帯別でみると、ふたり親世帯と比較すると、ひとり親（特に母子世帯）世帯は暮らし向きが苦しいと感じることが多いようです。母子世帯（67.7%）、父子世帯（51.9%）が苦しいと答え、ふたり親世帯は42.3%となっています。

　また同じ調査の中で、子育て世帯の平均税込収入は656.4万円であり、手取り所得では484万円となっています。一方で300万未満の低所得世帯は全体の11.5%、1,000万円以上の世帯は14.9%

表9-7 生活習慣に関する発達（子どもの年齢別　経年比較）

	1歳児		2歳児		3歳児		4歳児		5歳児		6歳児	
	05年	15年	05年	15年	05年	15年	05年	15年	05年	15年	05年	15年
	(660)	(614)	(740)	(583)	(340)	(626)	(312)	(610)	(326)	(671)	(276)	(657)
コップを手で持って飲む	69.5	65.8	98.4	94.8	98.2	96.3	98.1	93.5	97.8	94.0	96.0	92.7
スプーンを使って食べる	64.8	62.3	97.4	95.0	98.2	96.3	98.1	93.5	97.8	94.0	95.7	92.4
家族やまわりの人にあいさつする	45.9 >	35.6	83.5 >	72.6	92.5 >	87.4	93.6 >	87.3	91.8	87.9	91.7	88.0
歯をみがいて、口をすすぐ	14.8 >	9.3	73.3 >	59.1	91.6 >	84.2	95.2 >	88.0	97.5 >	91.6	95.3	91.2
おしっこをする前に知らせる	3.3	4.7	25.2 >	18.4	86.3 >	75.4	97.8 >	90.4	96.9 >	91.9	94.6	90.7
自分でパンツを脱いでおしっこをする	1.2	1.3	17.7	13.0	79.1 >	70.1	98.1 >	90.9	97.3 >	91.9	94.9	90.3
自分でうんちができる	5.6	6.4	24.4 >	18.9	78.8 >	64.4	95.2 >	85.9	96.7 >	90.4	94.6	90.3
ひとりで洋服の着脱ができる	1.4	2.4	18.4 <	23.7	62.0	64.9	92.3	87.5	96.3 >	91.0	93.8	90.7
おはしを使って食事をする	4.5	4.1	32.0	35.2	62.0	58.3	83.7 >	72.1	94.2 >	83.8	93.5	88.9
決まった時間に起床・就寝する	55.6	56.1	62.2	64.4	72.6	68.0	82.4	79.2	85.8 >	77.5	84.4 >	78.2
ひとりで遊んだあとの片付けができる	17.0	16.5	46.8	46.3	64.7	61.7	85.6 >	74.5	88.1 >	80.5	85.1	83.9
オムツをしないで寝る	0.6	1.0	6.3	3.8	45.9 >	35.0	81.1 >	66.0	84.8 >	79.0	90.2 >	83.6

（出典）ベネッセ教育総合研究所（2016）『第5回幼児の生活アンケート』抜粋
注）数字は％で、「できる」割合をあらわしている

となっています。

　さらに、収入源では同調査の中で、母親が就業した収入で賄っている割合は、ふたり親世帯（58.2%）、ひとり親世帯（84.1%）です。さらにその他の収入では、ひとり親世帯はふたり親世帯と比較すると、子どもにかかわる諸手当（児童手当、特別児童扶養手当、生活保護費など）など社会保障給付費を受給している割合が高い傾向です。

（2）母親の家事時間―上昇傾向にある

　平日1日につき炊事、洗濯、掃除などの平均の家事時間数は214分です。世帯別にみると、ふたり親世帯の母親は平均223分、母子世帯の母親は146分であり、ふたり親世帯のほうが家事時間は77分長く、さらに妻が夫より高収入の場合は、妻である母親の家事時間数は159分で、全体よりも1時間ほど短い結果となっています。

　母親の就業別でみると、家事時間が最も長いのは専業主婦（267分）、パート（207分）、派遣・契約社員等（205分）、正社員（156分）となっていま

す（独立行政法人労働政策研究・研修機構,2015,p.26）。

（3）父親の家事時間―父子世帯の場合は、ふたり親世帯の父親よりも5倍

　一方で父親の家事時間についても見てみましょう。一日あたりの平均家事時間は25分です。世帯別では父子世帯の父親は124分、ふたり親世帯の父親は24分となっており、5倍の差があります。さらにふたり親世帯では、妻が夫より高収入の場合は、父親である夫の家事時間数は38分で、全体よりも13分長くなっています。

　母親の就業別で父親の家事時間数が最も長いのは、妻が正社員（34分）、派遣・契約社員の家庭（28分）、パート・アルバイト（21分）、専業主婦（20分）の順です。さらに、父親の3人に1人は家事時間ゼロであり、専業主婦家庭が最も多く（41.6%）、妻が正社員の共働き世帯で最も少ないようです（27.4%）。

　また同調査では、母親（妻）は父親がどれくらい家事・育児を分担しているのかが「良い父親」

としての評価にかかわっていることも明らかにしています[8]。家事・育児を半分以上分担している父親に対して、母親は「良い父親」（57.2%）、「まあまあ良い父親」（22.2%）と8割が評価している一方、まったく分担していない父親に対する母親の評価は、「良い父親」（12.8%）、「まあまあ良い父親」（14.2%）と、3割にとどまっています。「良い父親」としての評価ポイントは現代では「稼ぐ力」よりも「家事・育児の分担力」となっていることが伺えます（独立行政法人労働政策研究・研修機構,2015,p.27）。

（4）子どもの習い事・塾代
―所得の多い世帯ほど高くなる傾向がある

　次に保護者がどれくらい子どもの習い事・塾代に費用をねん出しているか、見てみましょう。小学生（6〜11歳）のいる家庭は、「出費がない」（17.1%）と回答した割合が最も低くなっています。中学・高校（12〜18歳）のいる家庭は、平均支出額が最も高く、月額2.1万円（25.7%）。さらに所得の多い世帯ほど、子どもの習い事・塾代に出費する額が多い傾向があります。「出費がない」世帯は、「貧困層」（60.3%）、「中低所得層」（48.5%）、「中高所得層」（32.1%）、「高所得層」（30.2%）となっています（独立行政法人労働政策研究・研修機構,2015,p.30）。

（5）しつけや教育の情報源
―母親の友人・知人やインターネットの比率が高い

　情報源として、「母親の友人・知人」（70.7%）、「インターネット・ブログ」（65.4%）、「テレビ・ラジオ」（54.0%）、「（母方）の祖父母」（44.8%）、「育児・教育雑誌」（42.0%）です。子どもの年齢別にみると、未就園児をもつ母親のうち、子どもの年齢が0歳6か月〜1歳5か月は、「（母方）の祖父母」（54.5%）となっています。また子どもが1歳6か月〜3歳11か月になると、「インターネット・ブログ」（69.0%）、「母親の友人・知人」（65.4%）、「テレビ・ラジオ」（54.7%）、「子育てサークルの仲間」（24.4%）など、徐々にその割合が増えてい

ます。一方で保育園に通っている子どもの母親は、「園の先生」（75.9%）であり、未就園の子どもの母親はより多くの人やものから情報を得る割合が高く、保育園に通っている子どもの母親は園の先生を頼りにしていることがわかります（ベネッセ教育総合研究所,2016,pp.54-55）。

（6）母親の子育て意識
―子育ての将来の不安が高まっている

　2000（平成12）年〜2015（平成27）年の経年調査の中で、子育てへの肯定的な感情が高い傾向に変化はあまり見られません。2015（平成27）年には「子どもがかわいくてたまらないと思うこと」に対して、「よくある」・「ときどきある」と答えた割合は98.1%です。一方で「自分の子どもは結構うまく育っていると思うこと」に対しては2000（平成12）年は81.7%、2015（平成27）年は75.4%と減少しています。また否定的な感情の項目では、「子どもが将来うまく育っていくかどうか心配になること」では、2000（平成12）年は59.6%、2015（平成27）年は65.7%となっており、子どもの育ちへの不安が増加しています。

　母親の就業別では、2000（平成12）年からの10年間の調査で専業主婦は子育てへの否定的感情に関する数値が減少しつつありますが、常勤者、パートタイムでは高まっています。特に常勤者では「子どもがわずらわしくていらいらしてしまうこと」、「子どもに八つ当たりしたくなること」、「子どもを育てるためにがまんばかりしていること」などの子育てへの負担感が高い傾向がみられました（ベネッセ教育総合研究所,2016,p.51）。

3. 地域と家族

　ここまで子どもの育ちや保護者の子育て状況や意識などを通して、現在の子育て家族についてみてきました。本節では、子育て家庭が住む地域を通して、どのような資源があるのか、また課題や現状についてみてみましょう。

（1）地域と子育て家庭

　私たちは、家庭の中だけでなく地域の中で生きています。会社に行き仕事に従事すること、保育園や幼稚園、または学校に行き、遊んだり学ぶこと、買い物、旅行など地域資源を活用しています。私たちは生活をする上で様々な資源によって生活を成り立たせていくこと無しに生きていくことはできません。

　内閣府の調査（平成26年）では、「大切と思う人間関係やつながり」について尋ねた項目では「家族」（96.9%）、「親戚」（55.1%）、「地域の人」（49.4%）となっています。これは年齢別でみると、「地域の人」と答えた割合は、60代以上では6割近く、30代〜50代の働いている世代は「仕事の仲間・上司・部下」と同様に4割〜5割近くに上り、地域の存在は大切だと認識されています。

　しかし一方で、大都市、中都市、小都市、郡部別でみると、居住地域の規模が小規模になるほど、男女ともに6割近くが「地域の人」と答えています。これは普段から、地域住民同士のつながりが都市部に比較するとあり、生活や仕事にも地域の人の存在が欠かせないということではないかと考えられます。地域の範囲が大きい都市圏では、仕事内での人間関係や家族との交流が多く、地域住民とは関係性が希薄になりやすいということでしょう（内閣府,2014,p.4）。

　この問題については、核家族化の増加なども大きくかかわっています。家族が小さな規模になることで、母親（妻）が父親（夫）以外に相談できるひとがあまりいないため、マンションの一室で母親と子どもだけで過ごすことが多くなり、子育て不安・負担を抱えやすくなり、育児ノイローゼ、虐待といった問題を引き起こしやすい傾向にあるようです。先ほどの内閣府の調査（平成26年）でも「子育てをする人にとっての地域の支えの重要性」を尋ねているが、「とても重要だと思う」（57.1%）、「やや重要だと思う」（33.8%）と9割のひとが地域の支えを重要視しているのです。

　また「地域で子育てを支えるために重要なこと」としては、「子どもの防犯のための声かけや登下校の見守りをする人がいること」（64.1%）、「子育てに関する悩みについて気軽に相談できる人や場があること」（58.1%）、「子育てをする親同士で話ができる仲間づくりの場があること」（54.5%）となっています。

　さらに「地域で子育てを支えるために重要なこと」と「参加したい活動」では、その回答の差が最も小さい項目として「子どもと大人が一緒に参加できる地域の行事やお祭りなどがあること」（重要45.8%、参加36.3%）、「子どもと一緒に遊ぶ人や場があること」（重要42.0%、参加32.1%）、「子どもに自分の職業体験や人生経験を伝える人や場があること」（重要24.5%、参加16.2%）となっています。子育て世帯が、地域住民や世代間交流を重視していることや、また高齢者等の地域住民もまた子どもたちに対する何等かの支援を望んでいることがわかります。

（2）地域の資源と子育て

　では現在、子育て世帯への支援としてどのような地域資源があるのでしょうか。地域で行われている子育て支援は多岐に渡っています。乳幼児期は家族や家庭を土台としながら、子どもたちの発達や成長に応じて、地域住民との交流や地域にある様々な資源と協力して地域全体で子育てを行っていくことが重要です。先に述べた調査から、子育て世帯も地域住民もお互いに関心を寄せあっていることが明らかとなっています。本来、子育て支援は政策として支援が必要になるまでは、地域の中でなされてきたものでした。それは、地域の様々な行事（運動会、祭りなど）や生活（農業などを通した交流）を通して、地域に住む一人ひとりの姿をそこに住むひとたちが知り、支え合うつながりを作ってきたものです。しかし人間関係の希薄化が進む中で、関係性を意識して作り上げる必要に迫られています。最近ではもともと町で行っていた行事を近年になって復活させている地域もあります。

　例えば、東京都八王子市南大沢地区では24年ぶりとなる2016（平成28）年8月21日に「南大沢

八幡神社の夏祭り奉納」を復活させました[1]。記事によると、戦前からこの神社の奉納行事は、模擬店の出店、獅子舞があるなど、南大沢地区の子どもから年配者までが集まる地域の場として役割を果たしてきました。しかし、1970年代に入り、ニュータウン開発が進むと、その担い手であった農家が減少し、都心に勤めるサラリーマン層の増加により行事への参加者は減っていきました。1990年代からはこの傾向は顕著になり、1992（平成4）年を最後に定期的に奉納行事は開催されなくなったそうです。「子どもたちに地域での経験を」、「子どもたちに地域の思い出を残してもらうのに最適なもの」として、地域住民が望み、協力し合って復活したのです。

このような取り組みは、住んでいる地域の文化や生活、人びとについても知ることができ、自分自身もその地域の一員であると認識することができるきっかけとなります。子育てを行う中での孤立感や不安感を人間関係のつながりの中で解消したり、一緒に子育てをしていく仲間も見つけることができるのではないでしょうか。

> **演習1**
> あなたの子ども時代を思い出し、子どもの頃に参加した地域の行事を書き出してみましょう。

2 子どもの育ちと保護者を支援する様々な地域資源

本節では、より具体的に地域の子育て支援について見てみましょう。地域が自主的に行っていく活動もありますが、現在は社会的関心が高くなる中で、制度として枠組みを位置づけています。

1. 社会的な取り組みとしての子育て支援

日本の子育て支援施策は、1990（平成2）年の「1.57ショック」から少子化対策としてスタートし、「仕事と子育ての両立」、「子どもを生み育て

やすい環境づくり」を目的として子育て支援が国の大きな課題に位置付けられました。

それから2010（平成22）年の「子ども・子育てビジョン～子どもの笑顔があふれる社会のために～」が立案される10年間は、少子化対策として主に働く母親を中心に考えられてきました。しかし2010（平成22）年以降からは子どもやこれから生み育てる若者たちや専業主婦への支援も含めて、地域の力を利用した子育て支援へとシフトしてきました。

特に代表的な制度として位置づけられた子育て支援事業は、①乳幼児家庭全戸訪問事業（別名を「こんにちは赤ちゃん事業」といい、生後4か月を迎えるまでの間に1回訪問する）、②養育支援事業（保育者などが家庭に訪問し子育て相談を行う）、③地域子育て支援拠点事業（子育ての孤立化などを防ぐために地域の中でその拠点を作り支援する）、④一時預かり事業（保育所その他の場所で家庭での子育てを行うことが一時的に困難になった場合に預かる）があります。

これらの中で特に③地域子育て支援事業は、地域住民が参画しながらの子育て支援です。地域の中でNPO法人、ボランティア団体も含めて市町村もしくは市町村が認めた者へ委託をすることができ、1）子育て親子の交流の場の提供と交流の促進、2）子育て等に関する相談、援助の実施、3）地域の子育て関連情報の提供、4）子育て及び子育て支援に関する講習等の実施（月1回以上）を基本事業として行うものです（厚生労働省雇用均等・児童家庭局長,2015）。さらに具体的な事業として、一般型（常設の地域子育て支援拠点を開き、子育て家庭の保護者と子を対象にする）と連携型（児童福祉施設・児童福祉事業を実施する施設で地域の子育て支援のニーズに対応する）の2つがあります。

平成27年度でこの事業は6,818カ所で実施されています（厚生労働省,2015）。実施場所としては、保育所（2,975カ所）、公共施設（1,484カ所）、児童館（888カ所）、認定こども園（419カ所）が多いです。その他、地域の空き店舗を利用した事業（163カ所）、民家（113カ所）、ビル・アパート・マンション（154カ所）、公民館（54カ所）、幼稚園（32カ

表9-8 地域子育て支援拠点事業の概要

	一般型	連携型
機能	常設の地域の子育て拠点を設け、地域の子育て支援機能の充実を図る取組を実施	児童福祉施設等多様な子育て支援に関する施設に親子が集う場を設け、子育て支援のための取組を実施
実施主体	市町村（特別区を含む）、社会福祉法人、NPO 法人、民間事業者等への委託も可	
基本事業	①子育て親子の交流の場の提供と交流の促進 ②子育て等に関する相談・援助の実施 ③地域の子育て関連情報の提供 ④子育て及び子育て支援に関する講習等の実施	
実施形態	①〜④の事業を子育て親子が集い、うち解けた雰囲気の中で語り合い、相互に交流を図る常設の場を設けて実施	①〜④の事業を児童福祉施設等で従事する子育て中の当事者や経験者をスタッフに交えて実施
従事者	子育て支援に関して意欲があり、子育てに関する知識・経験を有する者（2 名以上）	子育て支援に関して意欲があり、子育てに関する知識・経験を有する者（1 名以上）に児童福祉施設等の職員が協力して実施
実施場所	保育所、公共施設空きスペース、商店街空き店舗、民家、マンション・アパートの一室等を活用	児童福祉施設等
開設日数	週 3 〜 4 日、週 5 日、週 6 〜 7 日	週 3 〜 4 日、週 5 〜 7 日
時間数	1 日 5 時間以上	1 日 3 時間以上

（出典）厚生労働省（2015）「地域子ども・子育て支援事業の実施について」より

所）などがあります。

0歳〜2歳人口1000人当たりの箇所数は、1都道府県あたり2.15カ所となっています。3か所以上設置している都道府県は12県、2か所以上3か所未満は24県、1か所以上2か所未満は11県でした。最も事業の設置が多い県は山形県でした。

2. 特色ある地域の実践―「NPO 法人ふれあいの家　おばちゃんち」の実践

ここでは実際に地域の中で行われている子育て支援事業について取り上げます。東京都品川区にある「NPO 法人ふれあいの家　おばちゃんち」（以下、「おばちゃんち」と省略）の実践です。

(1)「おばちゃんち」とは

「100軒のおばちゃんち、100人の仲間を！」をスローガンに赤ちゃんから高齢者までが、世代を超えてふれあい暮らすことができる、まちづくりを目指しています。

小さな一軒家や小さなサロンで自分のできることで子育てを支援したり、HPや情報誌、講座・場づくりなどを手がける様々なひとたちがつながり、地域を作る活動を行っています。

(2) 設立の経緯

2002（平成14）年9月に「ふれあいの家―おばちゃんち」が発足しました。2003（平成15）年3月にNPO法人格を取得し、2004（平成16）年はニュースレター、しながわ子育てポータルサイト「てとてとねっと」編集局発足、品川子育て情報誌「SKIP」編集委員会を発足させました。それ以降は、数々のコンサート、子育て交流ルーム「品川宿おばちゃんち」開設、子育てメッセなどを開催し、2008（平成20）年には「あしたのまち・くらしづくり活動賞子育て支援活動部門内閣総理大臣賞」を受賞します。

代表の幾島博子氏は、「小さい子どもがいるため社会参加を諦めている母親は多い。でも参加を求めている彼女たちに対しての参加支援も大切である。またお母さんたちはお客様にはしない。支える人とお母さんたちが、お互いに支え合うしくみを作っていくことが大切。これまでは地域が共同して子育てが行われてきたが、それが無くなり、家庭だけでも行政だけでも共同することが難しくなっている。だから私たちのようなNPO活動が必要なのだ」と言います（2016年8月26日の幾島氏と筆者とのインタビューより）。

「ふれあいの家—おばちゃんち」へようこそ

ふれあい広場

ホットほっとHOT
赤ちゃんから大人までホッとできるひと時を。
9月中下旬の日曜日　11時～15時
場　所　北品川児童センター（予定）
参加費　大人ひとり100円

親子で集う
みこちゃんち&しょうちゃんち
乳幼児と大人の方々の憩いの場です。
保育士・栄養士による子育て相談が受けられます。
実施日　毎週月曜日（祝日を除く）11時～15時
場　所　みこちゃんち　品川宿おばちゃんち
　　　　しょうちゃんち　昭和通りおばちゃんち
参加費　1家族100円

ほっと・サロン@八潮にじっこ
子どもの笑顔を真ん中に、みんなで作るみんなの居場所
実施日　毎週木曜日　13時半～15時半
お休みの場合もあるので、おばちゃんちHPをご覧ください。
場　所　こみゅにてぃぷらざ八潮　託児室（品川区八潮5-9-11）
参加費　1家族100円

若者をつなぎ、集う場
なんくるないさ～
若者同士、また世代を超えたつながりを持てるように
情報発信します。集いの企画も応援します。

忍者修業の旅
町なかに隠れている忍者を探しだし、子ども達は忍者修業をつみます。
実施日　4月/11月
場　所　北品川周辺

「北浜こども冒険ひろば」
土ろこ、水あそび、火おこし、木のぼり等と親しめる広場です。
実施日　月曜日～土曜日　14時～18時まで
　　　　第1・3水曜日　11時～18時まで
詳しくは「北浜だより」をご覧下さい。
品川区北品川2-28　京急新馬場北口　徒歩7分

つながりあい広場

まちの子育て情報室
品川区内、周辺の子育てに関する様々な情報を集め掲示等で発信します。

子育て・子育ちにやさしいまちづくりネットワークINLながわ（子ネット）
子育て関連団体や自主グループが交流をし、子育て子育ちにやさしいまちづくりをすすめます。
（春・秋2回開催）

子ども若者応援ネットワーク
ネットワークの仲間と協働し、子ども若者応援フリースペース
（平塚橋ゆうゆうぷらざ）の運営、
セミナーの開催を通し、子ども・若者が輝くまちをめざします。
https://peraichi.com/landing_pages/view/kodomowakamono

協働ネットワークしながわ
協働について関心のある個人、団体が繋がり、区民・団体・企業・行政の協働による豊かなまちづくりをめざします。

しながわ区民公園プレイパークを考えるネットワーク
2017年度開設予定のしながわ区民公園プレイパークをより良いものにしていくために団体・個人が参加するネットワーク。

荏原ほっとサロンニッコリータ
見守りあい、助けあい、楽しく過ごす赤ちゃんからじーじばーばまでのサロン。
運　営　子育て仲間＊はらっぱ
実施日　毎週火・水曜日　11時～15時
場　所　荏原ほっと・サロン
　　　　（品川区荏原4-12-20武蔵小山駅徒歩10分）
参加費　100円
http://plaza.rakuten.co.jp/harappa/5001/

まなびあい広場

Nobody's perfect
親として共に育ちあう仲間と出会う、カナダ生まれの親育ちプログラムです。
実施時期　6～7月/9～10月（年2回）

子育てサポーター養成講座
子育て中の親を暖かく支える子育てサポーターを養成します。
実施時期　5～9月（全10回と保育実習）

「外あそび　ワクワク！」
北浜こども冒険ひろばや野外での活動について学びます。
実施時期　2～3月（全3～5回）

えがお
子育てに関するよろず相談を面談でおこないます。
実施日　随時（できる限り事前に予約をしてください）
料　金　無料（保育が必要な場合、保育料1時間500円）

あずかり広場

ほっぺ&わっこ
理由は問わずに安心してお子さんを預けられるところです。
実施日　月～土曜日　9時～17時
場　所　ほっぺ「品川宿おばちゃんち」
　　　　わっこ「昭和通りおばちゃんち」
保育料　区民500円/1時間　4時間以降600円/1時間
年会費　2500円
申し込み　ほっぺ（TEL03-5463-6458）
　　　　　わっこ（TEL03-5749-3212）
（詳細及び他区の方の利用については、お問合せください。）

えくぼ
登録した自主グループ・団体のグループ保育に、認定保育サポーターを派遣します。
保育料　子どもひとり　500円/1時間
団体年会費2500円（団体の目的により条件が異なります。詳細はお問い合わせください。）

ら～ん・うぃず
講座開催・自主グループの立ち上げをサポートし、講師の派遣や紹介をします。

ふれあい広場交流会
子育て広場を運営しているスタッフが共に学び交流します。　年3回

きかくの広場
スタッフ、サポーター、子育て当事者の誰もが提案し、子育て子育ちに関する様々な企画をおこなっていきます。

NPO法人　ふれあいの家　おばちゃんち

子育て交流ルーム
「品川宿おばちゃんち」
品川区北品川2-19-6　京急新馬場北口　徒歩5分

子育て交流ルーム
「昭和通りおばちゃんち」
品川区西中延2-18-1　東急池上線荏原中延　徒歩5分

協働

しながわ子育てポータルサイト
「てとてとねっと」
しながわの子育て情報満載のポータルサイト。
随時コンテンツ更新中。
http://www.tetoteto.net/

品川子育てメッセ
品川区、品川子育てメッセ実行委員会と共催して開催します。
2016年11月11日（金）　大井町きゅりあん
詳細は　http://www.s-messe.com

とうきょうご近所みちあそび
HSBC（香港上海銀行）とTOKYO PLAYと協働し、都内各所でモデル事業を実施。旧東海道品川宿では「緋毛氈ロード」をおこないます。（4、7、11月予定）

にじっこコンサート
親子で楽しめる楽しいコンサートです。
2016年8月28日（日）　きゅりあん大ホール（大井町）
詳しくはおばちゃんちHPをご覧ください。

あそびうたフェスティバル
うたをあそぼう♪あそびをうたおう♪
2017年3月12日（日）　スクエア荏原 平塚ホール
詳しくはおばちゃんちHPをご覧ください。

大崎にこにこるーむ
乳幼児親子の交流サロン
運　営　にこにこぶっけ
実施日　月曜日　10時半～14時半
場　所　大崎ゆうゆうプラザ（品川区大崎2-7-13）
参加費　無料
※にこにこぶっけは親子ふれあいあそび等の公演もしています。
http://niko2room.blog.fc2.com/

荏原&平塚橋すきっぷひろば
気軽に立ち寄れる親子の広場
運　営　品川SKIP編集委員会
実施日　荏原：月曜日　10時半～14時半
　　　　平塚橋：木曜日　10時半～14時半
場　所　荏原（品川区荏原5-6-5荏原区民センター）
　　　　平塚橋（品川区西中延1-2-8平塚橋ゆうゆうプラザ）
参加費　無料
※品川SKIP編集委員会は、品川区「いきいきあんしん子育てガイド」の編集、フリーペーパー発行、子育て講座の開催もしています。
http://blog.canpan.info/shinagawa-skip/

2016.6

図9-9　（出典）「ふれあいの家　おばちゃんち」のパンフレットより

（3）現在の活動内容

　また現在の活動内容は下記のおばちゃんちのチラシである。今年で14年目を迎えた活動は、主に①ふれあい広場、②あずかり広場、③まなびあい広場、④つながりあい広場、⑤きかくの広場の5つ事業が「おばちゃんち」を中心に活動しています。

　①ふれあい広場とは、赤ちゃんから大人まで誰もが参加できる活動や新しい仲間と触れ合うことなどを目的として行われています。②あずかり広場とは、保育を必要とする人のお子さんを預かる事業。③まなびあい広場とは、保育サポーター養成講座（子育て中のママ・パパを暖かく支えるサポーターを養成）、子育て講座の開催、育児サークルの立ち上げのサポート、よろず相談です。ちなみにNobody's perfect「完璧な親なんていない」は、はじめての子育てに戸惑っている保護者に対して親として育ちあうカナダ生まれの子育てプログラムです。④つながりあい広場は、品川で子育て関連事業を行っている団体やグループの代表、子育て当事者、保育サポーターが共に学び、活動交流し、ネットワークを進めるものであり、ニュースレターや情報を集めて発行しています。⑤きかくの広場では、「おばちゃんち」の活動DVDや記念事業の開催など、スタッフ、サポーター、子育て当事者のアイディアから様々な新しい企画を行う場です。

　14年を通し、「おばちゃんち」は地域に着実に子育ての根強いネットワークを構築してきました。これは、先ほど幾島氏が述べていたように、子育て当事者である保護者をお客さんにせず、子育てを卒業したら、今支援を必要とする子育て家族に対し、自分のスキルを活かして応援していくしくみにあるといえるでしょう。例えば、Nobody's perfectに参加した母親が次に子育てサポーター講座を受講して、サポーターとして活躍したり、品川子育てメッセといった大きな事業を企画したり、様々な活動に挑戦していきます。そしてそこに「おばちゃんち」や子育てサロンと交流し、困難な課題も共有しながらどんどん活動が広がっていくのです。もちろんその中には、世代や性別を超えて様々な地域住民も参加し、共同の輪が徐々に広がり「子育てコミュニティ」が築かれていきます。

　幾島氏にこのような活動を行っていく上でのコツを尋ねると、「やりたい人がやりたいことをできるだけ行っていく。またお互いの違いを認め合うこと」だそうです。「どこに行っても『おばちゃんち』だったらつまらない。たくさん色々なものがある」ことも大事なのでしょう。つまり多様な関係性や活動、地域のあり方を認め合うことが、地域づくりに大変重要だといえそうです。

3. その他の特色ある地域の実践
　　―コンビニ、商店街、児童館など

（1）コンビニと提携した子育て支援

　コンビニは、私たちの地域に非常に身近なものとなっています。場所も時間も住民の生活に合わせて設置されていることが多く、気軽に手軽に利用することができるものです。2016（平成28）年3月末で全国に、52,707カ所設置されています[2]。このコンビニと提携することで子育て支援を行っている地域があります。富士宮市は、コンビニと組み、地域の育児サークル「母力向上委員会」の協力を受けて地域一体の育児支援を行っています。セブンイレブン・ジャパン、ファミリーマートとそれぞれに事業協力の協定を提携し、紙おむつの販売やミルク用の湯の提供など、子育て中の母親にとって生活しやすい地域づくりを行っています。さらに母力向上委員会が設けた子育て支援の基準を満たす店舗を「ふじのみやベビーステーション」として認定し、登録した店舗にステッカーやのぼりを設置しています（日本経済新聞,2016年）。

（2）商店街の空き家を利用した子育て支援[3]

　足立区では商店街の空き店舗を利用して学童保育を行っています。実施主体は商店街の振興組合です。利用時間は、放課後から午後6時までで、保護者の勤務時間による午前8時30分〜午後8時

までの延長保育も行っています。地域の親子が集う広場として開放し、運営は学童保育の実績があるNPO法人が行い、日常の保育は、保育士など数名採用し、2名が常駐しています。さらに商店街では買い物客向けのオープンスペースとして開放しながら「アモール学童クラブ」として自主運営しています。特徴として、子どもの放課後の居場所を確保し、商店街の活性化も視野に入れた取り組みがなされています。

(3) 童心児童館＆「どうしん」つどいの広場

　児童館を利用した子育て支援事業は地域の子育て家庭を主として、遊び、障がいのあるお子さんへの支援、仲間づくり、親子教室などのプログラムを中心に行われています。ただ、プログラム化は、「いつでも」「気軽に」行くことが難しいため、親子がゆっくりと自分たちのペースで利用できる「ひろば」としての子育て支援事業もニーズとして高まっています。児童館は地域の幅広い年齢層が出入りしやすいという利点を生かし、異年齢の交流から子どもたち、保護者への支援を行うことができます。

　大分県中津市にある童心児童館および「どうしん」つどいの広場は、九州初の私立児童図書館「童心会館」内にあります。長い歴史の中で地域の文化センターとして青少年の育成に貢献してきました。昨今では女性の就労率が高くなり、小学校1年生から3年生までの児童約60名のうち23名が利用しています。「どうしん」つどいの広場は、2002（平成14）年に大分市の委託事業として始まりました。現在では月間約500人の親子が利用しています。利用者主体の広場であり、イベントやおもちゃ図書館の他は親子の自由な交流の場として活用されていることが特徴です。スタッフは気軽な相談相手として見守り役として活躍しています（厚生労働省,2007,p.19）。

演習2
あなたが住んでいる地域もしくは特色ある実践が行われている地域を取り上げ、マップを作成しましょう。子育てをテーマにどのような地域資源があるのかを視覚化しましょう。参考に下記に地域資源マップの説明と作成方法を明記しています。

【地域資源マップについて】
▼地域資源マップとは▼
　地域資源マップは「つくる」ことが目標ではありません。作る過程でどのような地域なのかを知ることや、マップを活用する中で関係機関と連携をしながら効果的に使用されることを目指すものです（東京都福祉保健局,2010）。高齢者、障がい者、子ども、医療分野と様々な対象者に合わせたマップ作りが行われています。また地域資源とは、「人的資源、物的資源、各種制度、資金・顕在化した資源、潜在的な資源、フォーマルな資源、インフォーマルな資源」であり地域にあるすべての資源を指します（橋本,2014）。

　図9-10は大正区が作成した詳細な地域資源マップです。保育園、幼稚園をはじめ、子育て支援センターから子育てサークルや大正区独自のプラザ、ボランティアビューローなどの所在地や利用時間等の記載があり、大正区に住む保護者とその子どもが利用できる地域の資源が一目で分かるようになっています。（図9-10）

▼地域資源マップの作成方法▼
　地域資源マップを作成するにあたり、対象となる地域で子育てを行うために、①実際にどのような社会資源があるのかを具体的に挙げてリストを作る。②リストには、資源名（具体的な施設や学校などの名前）、住所、利用できる日時、対象者などを記載する。③その地域の地図（Googlemapなど）を活用し①の住所地を調べ、印をつける。④③で作成した地図の周りに、②で調べた情報を明記しわかりやすいマップを作る。

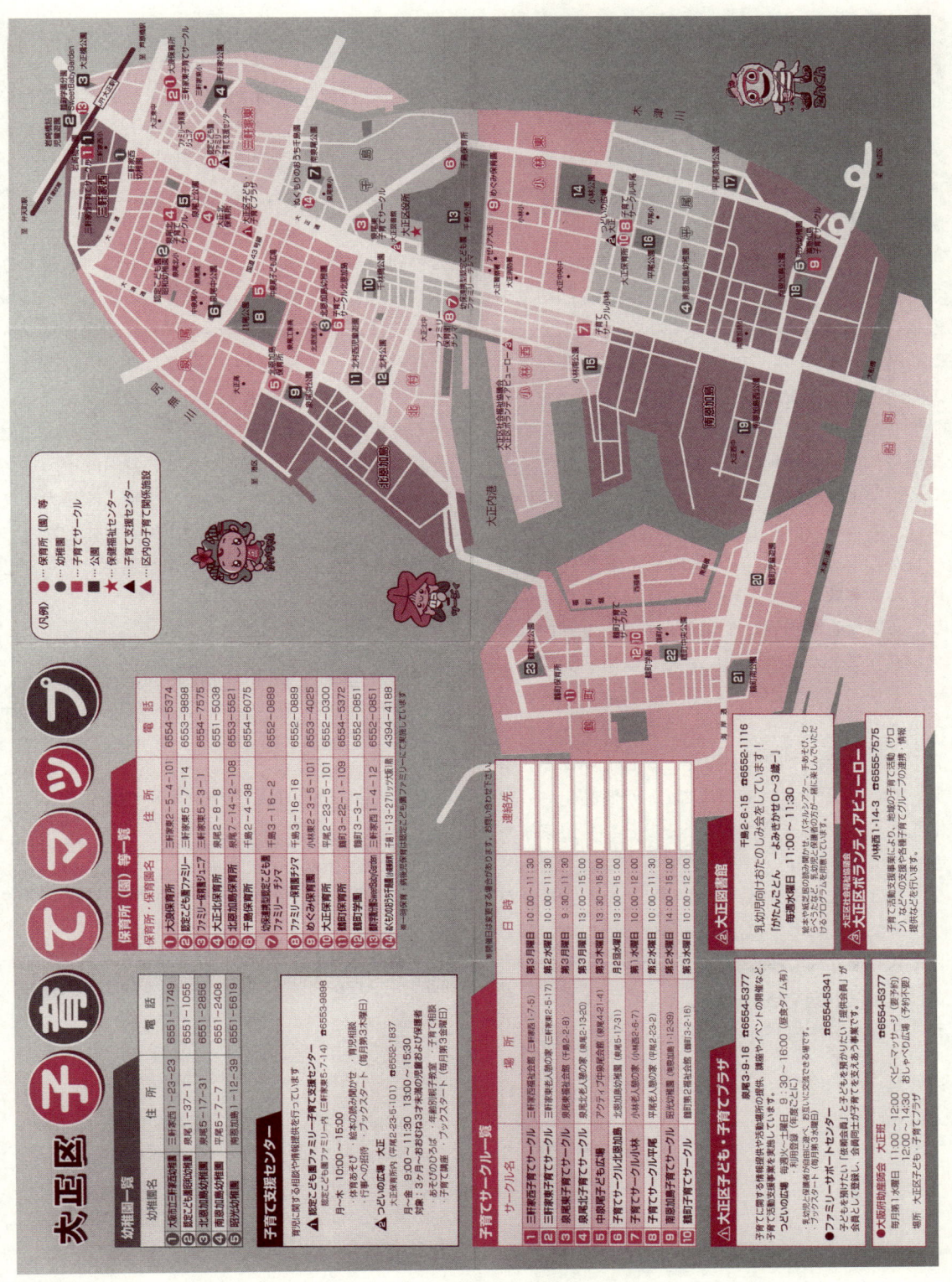

図9-10 地域資源マップの一例（大正区の子育てマップより。一部編集にて加工）

3　子ども時代を豊かに過ごすために必要な地域とは

　最後に、子ども時代を豊かに過ごすために必要な地域環境について考えてみましょう。地域とは「職業、年齢の異なる様々な諸個人が、平等な関係を基礎に相互の差異を認めあいながら、日常生活のレベルで恒常的な住民組織や多様なアソシエーショナルな集団を形成し、共同的な諸活動を縦横につくり出していくことのできる領域」（黒田,1994,p.246）です。つまり、地域には様々な人生のストーリーをもつ人たちが住んでいますが、平等な関係の中で文化や価値観の違いを認め合いながら、共同して地域に集団を作り、生活する上で必要な地域活動を行うことができる場所なのです。

　しかし私たちが生活する地域や家族、社会は日々刻々と変化をしていきます。生活は豊かになり、必要な生活物資はインターネットも利用しながら買うことができます。さらに教育、労働、家事、子育て、介護など、これまで家族や地域が引き受けてきた役割もまた、大きなマーケットの一部になり、金銭で購入が可能となっています。つまりインフォーマル（私的な部分）が商品化、外部化されることで、そこに携わるひとたちが家族や地域ではなくなりつつあるのです。ここで問題となるのは、家族や地域が私的なものを引き受けなければならないのではなく、完全に切り離されてしまうことです。例えば、子育ては保護者が孤立して育児不安を抱え込むことがないように、サポートをする体制が地域にあることや、地域も子育て家族が安心して住むことができるように、環境を整えていくことが必要なのです。

　2015（平成27）年度から「放課後子ども総合プラン」が施行され、学校外での子どもや若者が育つ環境づくりが重要な政策課題となりました。地域の中で子どもたちが安心・安全に、各年齢の育ちを一人ひとりが大切にされていくには、子どもの権利の視点からプランも考えられなければなりません。また次世代へ人間を育てることは、地域環境をはぐくむことにもつながります。地域は、それぞれ長い歴史を持ち、そこに住む人びとは生活、労働、行事、自然などを通して豊かになり、住みやすい地域環境を創りあげてきました。またそれは地域によって違いがあり、持ち味やニーズも異なります。地域特有の様々な持ち味を大切にし、子どもたちも含めた地域住民が主体となって環境やしくみを作っていくことが重要であり、必要なのではないでしょうか。

[注]
1　タウンニュース八王子版，2016年7月21日号 http://www.townnews.co.jp/0305/i/2016/07/21/340928.html （2016年12月1日閲覧）

2　都道府県データランキング『コンビニエンスストア』http://uub.jp/pdr/m/c.html （2016年9月1日閲覧）

3　厚生労働省「1. 地域における子育て支援」『次世代育成支援に係る先進的取組事例』http://www.mhlw.go.jp/topics/bukyoku/seisaku/syousika/030819/8a1.html （2016年12月1日閲覧）

4　大阪府大正区子育てマップ　http://www.city.osaka.lg.jp/taisho/page/0000042069. （2016年10月1日閲覧）

10章 社会的養護の中の児童と家族

1 社会的養護の現状と課題

1. はじめに

（1）社会的養護とは

社会的養護とは、厚生労働省（H26）によると「保護者のない児童や、保護者に監護させることが適当でない児童を、公的責任で社会的に養育し、保護するとともに、養育に大きな困難を抱える家庭への支援を行うこと」とされています。2015（平成27）年現在、日本国内には約4万6千人の社会的養護が必要な児童がいます。

社会的養護の将来像[1]においても、「児童の最善の利益のために」「社会全体で児童をはぐくむ」という理念のもと、児童と家庭への支援が展開されています。少子社会の進展や核家族化が高度に進んだ現在の日本の児童家庭を取り巻く状況の中では、最近注目されている児童の貧困の課題をはじめとしてその課題解決策については施設と児童・家庭の中だけで語りつくすことは困難です。重層化する社会の構造的な課題の中に巻き込まれた児童家庭への支援には、施設はもとより、地域に存在する官民の支援組織・機関や地域住民の協力が欠かせない時代になっています。また、本書の読者の多くを占める保育系学生にとっての将来の進路の選択肢として必ずしも保育所・幼稚園に限るものではありません。保育士の資格があれば様々な児童にかかわる仕事に就くことが可能であり、現に保育士資格等を取得した多くの先輩諸氏が児童施設や児童相談所・社会福祉協議会等々、様々な分野で活躍しているところです。したがって本項では児童相談所はじめ地域の関係機関（民間事業者等含む）が社会的養護に果たす役割の重要性についても触れています。

では最初に社会的養護の体系について、みていきましょう。社会的養護には施設養護と家庭（的）養護があります。施設養護は乳児院や児童養護施設などの要保護児童が共同生活をする場のことです。家庭（的）養護とは、養子縁組や里親制度等に代表される家庭を中心とした養育環境をいいます。（**図10-1**）

以上で示した社会的養護の現状について次に示します。（**図10-2**）

（2）要保護児童[2]とは

2016（平成28）年6月の改正児童福祉法（以下、改正法）施行[3]では、第1条で児童が権利の主体であることが明確化されました。また、児童虐待の防止に関する法律（以下、虐待防止法）も改正され、第14条においてしつけを名目とした体罰等虐待の禁止についても明確化されました。ここでいう児童虐待とは以下のことをいいます。

・身体的虐待……殴る、蹴る、やけどを負わせる等身体に傷を負わせる行為

・心理的虐待……ことばによる脅し、脅迫。きょうだい間での著しい差別的扱い、父母のドメスティクバイオレンス（DV）の目撃による心理的ダメージ等

・ネグレクト（育児放棄）……食事を与えない、重い病気になっても病院に連れていかない、必要な教育を故意に受けさせない、自動車の中に放置する等

・性的虐待……児童の性器を触る、ポルノグラフィーの被写体にする、性的行為を見せる等

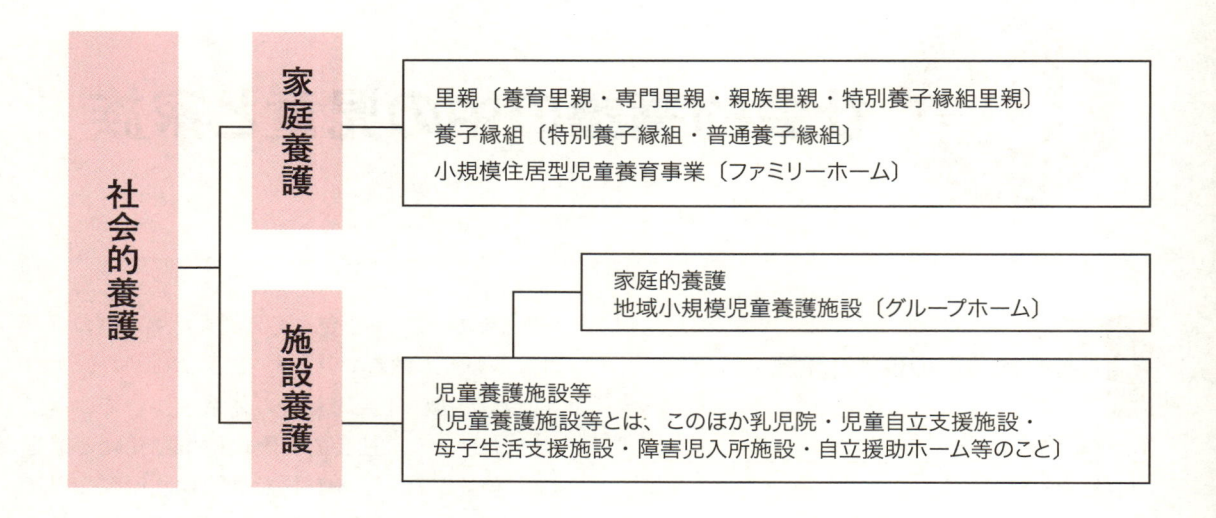

図10-1 社会的養護とは何か

1. 社会的養護の現状　（1）施設数、里親数、児童数等

保護者のない児童、被虐待児など家庭環境上養護を必要とする児童などに対し、公的な責任として、社会的に養護を行う。対象児童は、約4万6千人。

里親	家庭における養育を里親に委託		登録里親数	委託里親数	委託児童数	ファミリーホーム	養育者の住居において家庭養護を行う（定員5～6名）	
			9,949世帯	3,644世帯	4,731人			
	区分（里親は重複登録有り）	養育里親	7,893世帯	2,905世帯	3,599人		ホーム数	257か所
		専門里親	676世帯	174世帯	206人			
		養子縁組里親	3,072世帯	222世帯	224人		委託児童数	1,172人
		親族里親	485世帯	471世帯	702人			

施設	乳児院	児童養護施設	情緒障害児短期治療施設	児童自立支援施設	母子生活支援施設	自立援助ホーム
対象児童	乳児（特に必要な場合は、幼児を含む）	保護者のない児童、虐待されている児童その他環境上養護を要する児童（特に必要な場合は、乳児を含む）	軽度の情緒障害を有する児童	不良行為をなし、又はなすおそれのある児童及び家庭環境その他の環境上の理由により生活指導等を要する児童	配偶者のない女子又はこれに準ずる事情にある女子及びその者の監護すべき児童	義務教育を終了した児童であって、児童養護施設等を退所した児童等
施設数	134か所	602か所	43か所	58か所	243か所	123か所
定員	3,865人	33,017人	1,962人	3,753人	4,869世帯	826人
現員	2,939人	27,828人	1,358人	1,397人	3,465世帯児童5,766人	486人
職員総数	4,661人	17,046人	1,024人	1,847人	2,051人	519人

小規模グループケア	1,218か所
地域小規模児童養護施設	329か所

※里親数、FHホーム数、委託児童数は福祉行政報告例（平成27年3月末現在）
※施設数、ホーム数（FH除く）、定員、現員、小規模グループケア、地域小規模児童養護施設のか所数は家庭福祉課調べ（平成27年10月1日現在）
※職員数（自立援助ホームを除く）は、社会福祉施設等調査報告（平成27年10月1日現在）
※自立援助ホームの職員数は家庭福祉課調べ（平成27年10月1日現在）
※児童自立支援施設は、国立2施設を含む

1

図10-2　（出典）厚生労働省（2016）「社会的養護の現状について（参考資料）平成28年11月」

特に第14条の改正は、児童相談の現場で虐待の疑いで児童相談所が児童を一時保護した際、保護者から親権（懲戒権）をひきあいに出して「しつけの範囲である」と強弁してきたこと等をうけて児童一人ひとりの人権尊重の観点からの改正です。

こうした児童虐待の定義（身体・心理・性的・ネグレクト）に該当する環境下の児童家庭を含め、保護者のいない児童そして保護者の監護では不適切な養育下にある児童等なんらかの社会的援助が必要な児童のことを「要保護児童」（改正法第6条3）といいます。要保護児童としては虐待を受けた児童に限らず、以下のような児童の例がこの定義に該当します。

要保護児童の例：

> ・虐待には至らないが極度の貧困生活を余儀なくされ食事に必要な栄養が確保されない等の状況下にある児童等
>
> ・保護者の精神疾患等に起因する子育て不安や入院等による子育て困難な状況下にある児童
>
> ・親の離婚等により母子・父子家庭となり、こうした子育て環境の変化を受けて心身に不調をきたしている児童（※父母が児童の面前で激しい夫婦喧嘩を見せている等については、DV［ドメスティック・バイオレンス］目撃による児童への心理的虐待の定義にあてはまる）
>
> ・落ち着きのなさなどの性格行動・発達に著しい特徴があり学校や家庭生活等での支援が必要な児童
>
> ・新生児の出産後、その後の養育について保健所など関係機関からの支援が必要と認められるにもかかわらず支援を拒否し児童の発育に問題が生じかねない家庭
>
> ・周囲に子育てを支援する者がおらず、育児に不安が募り児童の養育に孤立している家庭

これはあくまでも例示に過ぎません。例えば、医療機関から手術等、必要な医療を受診すれば助かる生命についての適切な手術を拒否する場合や、親の一方的な価値観をおしつけ必要以上の教育（勉学・スポーツ・芸術等）を強いる場合も虐待にあたることがあり、社会的養護の必要な児童の対象となります。なお、要保護児童には非行児童等も含まれている点にも留意が必要です。

2. 社会的養護において施設の果たす役割

図10-1で示したとおり、社会的養護を担う児童施設等には①児童養護施設②乳児院③情緒障害児短期入所施設④児童自立支援施設⑥母子生活支援施設⑦自立援助ホーム等があります。

この中でも、児童養護施設と児童自立支援施設・乳児院等については、主に児童福祉法第27条第1項3号による児童相談所からの措置[4]による入所となっています。

（1）施設の果たすべき役割

施設は児童にとってどのような場所なのでしょうか。例えば児童養護施設にはその規模により小舎制から大舎制まであります[5]。事情があり施設に入所した児童であっても、産みの親を心底憎いと考える児童ばかりではありません。虐待を受けた児童の場合でも、「自分が悪かったから施設に入れられたんだ」と自責の念にかられている場合もあります。施設に入り、保護者と別々に暮らすことを余儀なくされた環境に不安・不満を抱える児童に、施設の職員はここ（施設）が児童自身の安心の場であること、困ったときにいつでも戻ってこられる場所であること、自分が飾らない自分でいられる場所であること、等を伝えていくこととなります。一方で施設職員には、他の児童たちとの共同生活であるが故の制約や施設内での共通のルール・約束事などについても説明し実行を促す役割もあります。入所してくる児童の中には幼い頃の愛着形成の経験が乏しく、生活指導にあたる職員の指示が耳に入らず暴力的な言動に出てしまうことも珍しくありません。職員には手厚く粘

り強い信頼関係に根差した指導が求められているのです。すなわち、どの施設であっても、児童の最善の利益を追究し、児童福祉法で定められている「児童が心身ともに健やかに生まれ、且つ、育成されるように努めなければならない」という責務を果たしていく必要があるのです。

（2）自立支援計画と施設でのケアの流れ

1997（平成9）年2月、厚生労働省は「児童養護施設等における児童福祉施設最低基準等の一部を改正する省令の施行に係る留意点について」（児童家庭局家庭福祉課長通知）等で、「自立支援に向けた処遇の充実」を推進させることを目標とし、施設に入所する児童一人ひとりの個別育成計画を策定するよう通知しました。施設で生活する児童はその年齢や発達状況に応じて一人ひとりに異なる支援が必要なのです。このことを定めたものが自立支援計画です。自立支援計画は施設養護の中核をなすもので、施設における児童指導の根幹を形成しているといってよいものです。児童が施設入所して施設から巣立っていくまでの育成を施設が当該児童とともにどのように育んでいくかについて作成します。自立支援計画は施設に入所した時点からアフターケアにいたる継続的な自立支援を、施設だけでなく児童相談所や各関係機関が連携しすすめていく上でとても重要なものです。

こうして策定される自立支援計画が実際にどのような流れで施設内において展開されるかについて以下に簡単に触れておきます。

≪アドミッションケア≫

アドミッションケアは、施設等に入所する児童にこれから生活する施設等がどのようなところなのか、児童の理解度・年齢に応じた新しい生活スタイルへの心構えや気持ちの整理を進めるために説明をすることといってよいでしょう。アドミッションケアは、入所する施設の職員だけでなく、施設への入所を決定した児童相談所や、これまで通っていた学校の教員等もその役割を担うことが児童の円滑な施設生活のスタートにつながりま

す。

児童に対して必要なアドミッション・ケアの例として具体的には、第三者評価基準の評価細目・着眼点のチェック項目に次のように書かれています。

□児童や保護者等に対して、支援の内容を正しく理解できるような工夫を行い情報の提供を行っている。

□施設を紹介する印刷物やビデオを使用している。

□施設を紹介する資料は、言葉遣いや写真・図・絵の使用等で誰でもわかるような資料となっている。

□見学等の希望に応じている。

これをみてわかるように、アドミッションケアは、これから入所する施設と児童・保護者等の間だけで実施されるものだけではなく、措置にあたる児童相談所の役割が極めて大きいことがわかります。すなわち、児童相談所に一時保護[6]された児童は、その後どのような進路となるのかについて大きな不安を抱えているのです。一時保護された児童の多くは親子関係の改善や、それが期待できる状況になったとして家庭に帰りますが、家庭に帰れない児童は保護者と離れて施設生活を始めることとなります。この時児童は自分の進路について不安な気持ちでいっぱいで、こうした児童に施設生活の必要性を説明し、説得・納得されていくのは児童相談所の一時保護所職員や児童福祉司（ケースワークの専門職）の重要な仕事の一つです。特に非行等をなした児童が入所することが多い児童自立支援施設[7]の入所説明は、施設入所に前向きではない児童も多く、児童福祉司による根気強い説明・説得が必要となります。[演習課題参照]

≪インケア≫

インケアは、児童を施設に受け入れた時から始まる施設ケアの中核をなすものです。不安な気持ちでいっぱいの児童に対して施設職員は当事者が施設に入ってきたこと、迎え入れたことを歓迎し

ているというメッセージを発信していきます。当日の施設長・職員からの歓迎のことばにはじまり、施設生活に必要な約束事等の説明を受けるところから始まります。この中で1週間・1か月と、節目節目ごとに児童の気持ちの変化をくみとり、施設が新しく入所した児童にとって安心・安全な場所であるというメッセージを発信していくことが重要となります。こうしたメッセージは、一緒に食事の準備をするときや買い物・運動会等の学校行事などあらゆる生活場面での出来事を活用しながら行われ、児童との信頼関係を重ねていくこととなります。

≪リービングケア≫

施設からの退所・自立が直前目標としてみえてきた児童に対して行われるケアのことを示します。施設生活を続けた児童の中には自立していくことへの不安を抱く児童も少なくありません。例えばスマートフォンの契約やアパートの賃貸契約等、自立生活を支える金銭管理や近隣のひととの付き合い方等をはじめ、食事のつくり方など日常生活を自分自身だけでまかなうことには様々なハードルが残っていることがあります。施設職員は児童の成長発達や特性に応じ、施設を巣立った後に自活できるような手立てを援助していくこととなります。こうした施設を安心して児童が巣立っていけるようにしていく取り組みをリービングケアといいます。なお、リービングケアは退所に向けた取り組みですが、これまでのインケアでどれだけ施設職員との信頼関係が形成されてきたかによりその効果が異なってくるということに留意が必要です。リービングケア施設と児童の間だけでなされるものではなく、必要に応じて児童相談所の児童福祉司の指導が行われたり、時には施設から退所してあたらしい生活を始める地域の保護司や民生委員・児童委員、主任児童委員や新たに通学する学校教職員などもこのリービングケアの一翼を担うことがあります。特に18歳未満で虐待等を原因としてこれまで別々に暮らしてきた保護者との関係改善で自宅に戻る場合（家族再統

合）には、虐待の再発を防ぐ意味でも地域の関係機関の引き続きの見守りがリービングケアを考える中で必要となってきます。施設入所以前の状態が再度、家庭で繰り返されるようならば児童自身がSOSのサインを発信できるかどうか、このとき児童自身の失われた本来持っているエネルギーや自信が回復できているかエンパワメントにも着眼しておくことが大切です。

≪アフターケア≫

アフターケアは原則として18才満年齢で措置解除となり、施設を巣立った後の援助を示します。自立生活が始まってからも生活に不安を抱く退所者は少なくありません。施設職員は「困ったことがあればいつでも施設に帰ってきていいんだよ」「ここはあなたが戻ってきていい場所なんだよ」というメッセージを常に投げかけていることが、特に頼るべき身内が誰もいない退所者には大切です。これを裏付けるため、施設職員の定期的な退所者家庭への訪問も実施されています。児童相談所では特に虐待を受けて入所・退所した児童家庭には児童福祉司による児童福祉司指導が、原則として退所後6か月間継続して行われます。

こうした一連の取り組みの中にも、保育士の有資格者は保育所・施設・児童相談所、あるいは民生委員・児童委員等としてかかわっているのが現状です。

2016（平成28）年改正法により、施設と児童相談所が協議し18歳以降も児童相談所による措置延長の対象となる児童も今後は増加することが予想されます。また特に大都市の児童施設はすでに定員に達する勢いで入所数が伸びて、新たな児童の受け入れがほとんどできない状況の施設が近年多いのが課題となっています。こうした中で、グループホーム[8]の設置促進等を含めたより小規模な施設・家庭的養護の拡充等も急がれています。

(3) 施設等職員の倫理

前述のように様々な職種の職員が施設等で児童を支えていますが、保育士に限らず職員として求

められている倫理観について少しふれておきます。

　それはまずなによりも新しい児童福祉法第1条で示された児童の権利を護り、保障する存在であることです。しかしながら残念なことに近年、児童施設内で施設職員による児童の人権の侵害に関する事故が頻発しているのが現実です。施設職員による児童への体罰、性的逸脱行為等がこれにあたります。児童福祉従事者としての信頼を失墜させるこうした行為は、当該本人だけの責務にとどまらず、社会的制裁を受けた施設全体の風評として、一生懸命に職務に精励する同僚職員へのダメージも図り知れません。地域住民からの信頼を回復するのにも長期の時間がかかると考えていいでしょう。こうした事態を未然に防ぐために当該本人はもとより施設長はじめ施設において管理監督に当たる職員への研修充実も欠かせません。こうした事故がひとたび発覚した場合は、各都道府県に設置されている被措置児童虐待[9]案件として報告することが施設内部の職員にも義務付けられています。報告を受けた自治体は、事故案件についての調査に乗り出し、施設運営の改善を求めることとなります。このように一人の職員の起こした一瞬の事故・事件は、当該児童の家族への謝罪、施設への社会的制裁、地域からの失望・行政機関・警察等からの調査など、その後に追わなければならない負の遺産は計り知れません。

　被害児童の心身を傷つけることはもとより、安心できる場所であるはずの施設の職員による加害ということで人間不信に陥ってしまう児童の気持ちは癒えることがないでしょう。児童の最善の利益に携わる者には児童を護る高い倫理観が求められています。

　次に守秘義務についてです。施設に入所してくる児童にはそれぞれ複雑な家庭事情を有する場合が多いですが、こうした児童とその保護者等について施設生活を通じて知り得た事実について不必要に第三者に漏らしてはならないことが児童福祉法第25条の5第2号に明記されています。たとえ家族であっても、知り得た児童に関する個人情報

等は話すことはできません。バス車中など公共機関を利用する際の会話に児童個人の名前がはっきりと同乗する第3者に聞こえ、苦情として行政機関に告げられたこともあります。個人に関する情報はどのような場面でも第3者の耳に入る可能性があることに充分留意が必要です。

　この他、個人情報を無断で持ち出して紛失してしまったり、インターネット等、不特定多数の者が閲覧可能な状況下に個人に関する写真やデータを掲載したりすることも個人情報保護に関する守秘義務違反として罰せられますので注意しましょう。

（4）児童相談所・市町村・その他関係機関の役割

　これまで社会的養護について主として施設生活を中心に触れてきましたが、児童相談所はじめ市町村・民間を含む関係機関のかかわりについてもあらためて記しておきます。

　児童が児童養護施設等に入所するのは児童相談所からの措置によります。

　虐待通告を例にとり、児童相談所における相談の流れを**図10-3**で示します。

　特に保育士を目指す読者の多くは地域の保育所や幼稚園に勤務することが想定されますが、こうした機関は虐待等のリスクを発見しやすい立場にあります。こうした関係機関には虐待の疑いがある児童を発見した場合の通告義務が課せられています（児童福祉法第25条）。現実的に保育所や幼稚園への日々の登園による「見守り」があるので施設から家庭復帰させるという判断を児童相談所がすることは少なくありません。かように保育所や幼稚園・学校は社会的養護の中でも期待されている存在なのです。

　施設に入所が必要な児童は、要保護児童（既出定義参照）として児童相談所に警察署や学校・住民の方々から通告されてくるのが一般的です。要保護の要件が緊急かつ重篤な場合は児童相談所による一時保護（児童福祉法第33条）が実施されます。この一時保護された児童が生活する場所が一時保護所であり、いわば児童の緊急避難場所の位

置づけで児童相談所により実行される法的権限の一つです。一時保護は保護者の同意なく行われる児童相談所長に与えられたきわめて強力な権限であるがゆえに、保護の実施にあたって保護者と対立することが近年多く発生しているのが現状です。このため児童相談所は保護の必要性・即時性について慎重・果断な判断・調査が求められています。一時保護中の児童は保護者との分離の必要性やその緊急性等の理由から、これまで通っていた学校・保育所等には通えなくなるのが通常です。一時保護の期間は、原則二か月以内と定められ、これを超える場合は児童福祉審議会の意見を求めなければならないとされています。このように一時保護所は、要保護児童を緊急に保護する場所であり、児童養護施設等とは異なる場所であることを理解して下さい。

この一時保護中に児童福祉司（児童相談所に配置される専門的なケースワーカー）による家族間の調整

が行われ、その多くは家庭復帰していくこととなります。被保護者と児童との関係修復が困難である場合にはじめて施設入所等を児童相談所が検討することとなります。しかし児童にとり、これまで慣れ親しんだ環境から離れることは容易ではありません。たとえ保護者から虐待を受けていた児童であったとしても、これまで経験してきた生活とは異なる一時保護所での集団生活に窮屈さを感じ、「自宅に戻りたい」と訴える児童も現実には多く存在します。この時、ケースワーカーである児童福祉司や一時保護所で生活指導にあたる保育士等は、「今は自宅に戻れない」ということや「施設入所があなたの将来にとってとても大切なことである」、というメッセージを伝えていくこととなるのです。この行為も前述したアドミッションケアの一つです。特に児童自立支援施設への入所については、非行等をなした児童が入所する施設という性格上、すでに地域の児童グループ

10章 社会的養護の中の児童と家族

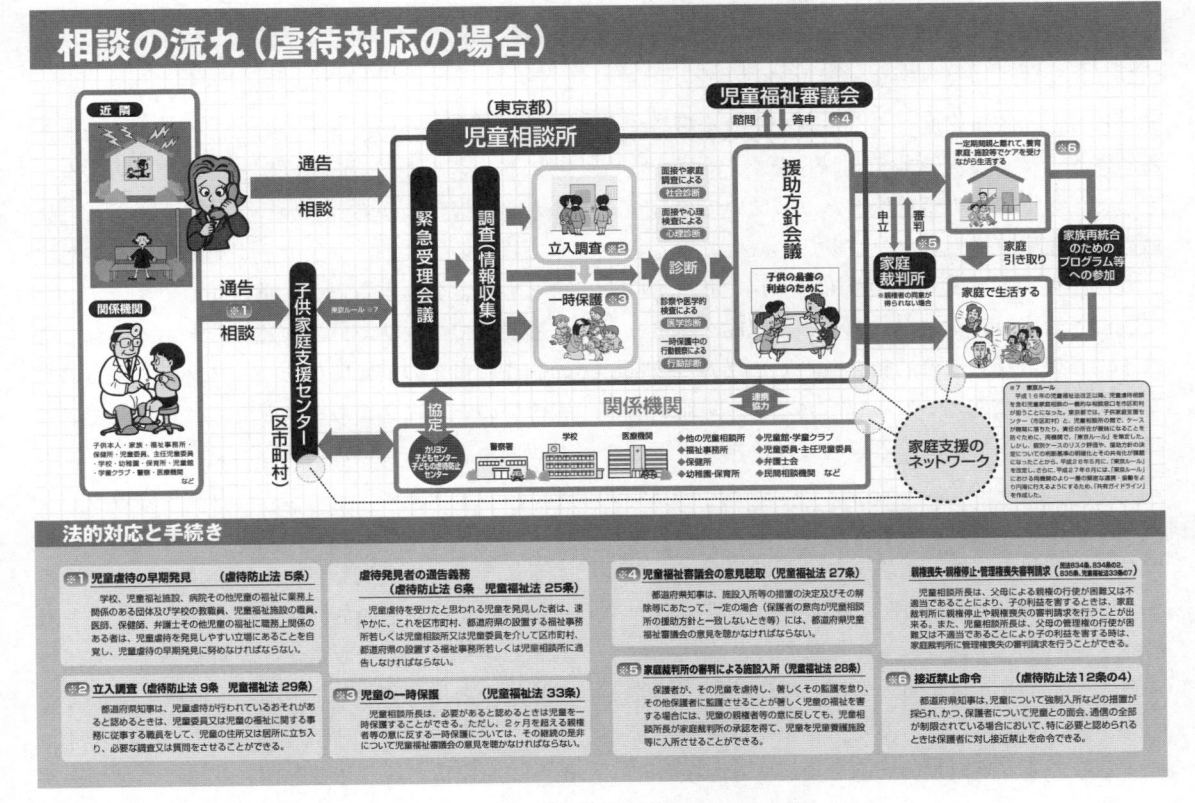

図10-3 （出典）東京都児童相談センター「みんなの力で防ごう児童虐待」[2015年版]

の中で、「日課が細かく決められている厳しい施設」等々の一面的な情報が流れていることがあります。情報が歪曲されたり事実と異なる情報が児童のコミュニティの中でうわさとしてとんでいたりすることもあります。また非行児の保護者についても同様の施設入所経験があり良いイメージを持たず児童の施設入所に反対したり、そもそも入所の必要性を感じていない場合もあります。こうした現実の中でアドミッションケアには相当な労力を児童福祉司は要していることは一般にはあまり知られていません。児童自立支援施設については、小学校高学年から中学生の学齢期に校内暴力や非行で入所となることが多いですが、在籍している学校から排除されてしまったという喪失感を抱えてしまう児童も多くいます。アドミッションケアの一つとして、所属する小・中学校側にも「今回はいったん施設に行くことが必要だが、いつでも戻ってこられるよう施設での生活を応援している」という応援メッセージも児童に対して必要なのです。アドミッションケアは、児童相談所や学校・保育所等がばらばらに実施していては児童やその家族にとっても混乱を招くだけとなります。こうした児童家庭へのケースワークを調整する機関が「要保護児童対策地域協議会」[10]です。そしてこの協議会の調整機関となっているのが地域の児童家庭支援センター[11]等です。

　要保護児童対策地域協議会は市（区）町村単位で設置されており（法27条の2）、この構成メンバーは正当な理由なくその活動を通じて知り得た情報を漏らしてはならない（法25条の5）が、同地域協議会は児童の福祉に関する資料又は情報提供等の必要な協力を求めることができる（法25条の3）とされています。一方、要保護児童の福祉に関する旨以外に情報を伝達した場合には罰則規定があります（法61条の3）。要保護児童対策地域協議会の構成メンバーの中には民生・児童委員、主任児童委員[12]、保育所・幼稚園・学校・医療機関・保健所等が入っていることも多く、児童だけでなく家族ぐるみで要保護児童の家庭を支援する存在として重要です。なかでも保育所等で働く保育士は前述のように虐待を第一に発見できる立場にあるとして通告が義務化されているとともに、子育てに悩む父母のよき相談相手として極めて重要な役割を果たしています。

　一方、心に病を持ち、そのことが児童の健全な養育に大きな影響がでている保護者のもとで暮らす児童にとっては、保護者の医療機関への通院治療等が必要な場合があります。こうした家族への支援に医療機関や保健所・保健センター職員の果たす役割が重要です。

　このように施設に入所するという気持ちを児童が決心していくまでの過程には、様々な関係機関が児童に対して入所の必要性や児童を護るためにかかわっているわけです。

　こうした関係機関はアドミッションケアの段階だけでなく、施設から家庭に復帰していく際のリービングケアやアフターケアの場面でも一翼を担う場合があります。すなわち、施設生活からもともと在籍していた学校生活に戻る児童にとって、これまでどおりの友人関係を続けていけるか、授業についていけるか等々、不安な気持ちでいっぱいなこともあります。この時、学校の担任から「○○くんが戻ってくることを、みんな楽しみにしているよ。」とか、「戻ってきてから授業でわからないことがあればいつでも先生のところにきてほしい」というメッセージを施設内でのケアとともに、発信することが重要なのです。

　施設内での生活では、前述したとおりこれまでの施設職員との信頼関係をベースとして児童の将来の夢の実現に必要な援助とともに自立していく力が備わってきているというエンパワメントにも職員は力を注ぎます。また、足りない力についてはその足りない部分をどのような社会資源を活用することにより解決し自立生活を過ごしていけるかという児童個別の能力・特徴に応じたケアを展開していくこととなります。児童相談所や前述した地域の各関係機関はこの時、「地域に戻ってくることを私たちが応援しているよ」というメッセージを発信し続けることが、その後のアフターケアを成功に導いていく鍵を握っているといって

	里親制度	養子縁組制度	
	養育里親	特別養子縁組	普通養子縁組
根 拠 法	児童福祉法	民法（児童福祉法）	民 法
決 定	各都道府県知事	家庭裁判所	家庭裁判所
要 件	18歳未満の要保護児童（里子となるためには父母の同意が必要）	原則として6歳未満児が対象	15歳以上の場合は養親と養子の合意 15歳未満は実親等の合意が必要
戸籍への記載	な し	長男・長女等	養子（養女）等
実親との関係	実親との関係は継続	実親の親権はなくなる	実親との民法上の関係は継続
その他	原則18歳までの家族関係	実子同様の生涯の親子関係	養子にとって父母は4人、存在

表10-4 養育里親制度と養子縁組制度（概要）

種類	養育里親		養子縁組を希望する里親	親族里親
		専門里親		
対象児童	要保護児童	次に揚げる要保護児童のうち、都道府県知事がその養育に関し特に支援が必要と認めたもの 1．児童虐待等の行為により心身に有害な影響を受けた児童 2．非行等の問題を有する児童 3．身体障害、知的障害又は精神障害がある児童	要保護児童	次の要件に該当する要保護児童 1．当該親族里親に扶養義務のある児童 2．児童の両親その他当該児童を現に監護する者が死亡、行方不明、拘禁、入院等の状態と なったことにより、これらの者により、養育が期待できないこと

表10-5 （出典）厚生労働省ホームページ
http://www.mhlw.go.jp/stf/seisakunitsuite/bunya/kodomo/kodomo_kosodate/syakaiteki_yougo/02.html

もよいでしょう。

2　家庭的養護の現状と課題

1. 家庭的養護とは

　厚生労働省によると家庭的養護とは、社会的養護体系の中でもより家庭的な環境の中で要保護児童を養育することを示しており、その中でも、養育里親制度については家庭養護と定義されています。

　さて、この「里親制度」ですが、一般国民の中では、養子縁組制度（特別養子縁組制度）と養育里親制度の違いを明確に理解している方は少ないと推察されます。さらに里親制度ということばをイ

ンターネットで検索すると中には犬猫のペットや樹木の栽培の相手向けに用いているサイトもあります。この後者の里親という用語の用い方については、全国里親会から「ペットの飼育などに里親・里子という言葉を使用しないでほしい。」というメッセージが発出されていることを、保育士をこれから目指す読者の方々には明記しておきます。

　以下に養育里親制度と養子縁組制度（特別養子縁組制度）の違いを簡潔に**表10-4**にまとめてみました。

　このように制度上はまったく違うにもかかわらず、特に養育里親制度については比較的国民の理解がある養子縁組制度と同様と誤解されていることも多く、国民のみならず行政機関の間でもこ

の制度理解が不十分なのが現状です。このため家庭養護に占める養育里親制度の普及啓発が課題となっています。

2. 養育里親制度について

国は2011（平成23）年4月に「里親委託ガイドライン」を策定、その中で里親委託優先の原則を明記しました。このことは2016（平成28）年6月の改正法第3条2にも盛り込まれ、家庭と同様の環境における養育を推進することとなりました。しかし前段で述べたように養育里親制度の国民理解の乏しさは、そのまま、児童の最善の利益を推進する現場の取り組みに大きく影響していることが報告されておりまだまだ制度周知が足りないのが現状です。

以下にその制度の概要を記しておきます。なお、東京都では養育里親のことを独自に「養育家庭（愛称：ほっとファミリー）と呼んでいます。

3. 養育里親のもとで育つ里親子のケア

児童が養育家庭のもとで育つまでの措置の流れについては、児童相談所から施設入所に至るまでの過程と同様です。児童相談所に一時保護されている間に、心理診断・医学診断・社会診断・行動診断（一時保護所）が実施されますが、対象となる児童にとってより家庭的な生活下でのケアが適切な場合に、養育里親が適当と援助方針会議で措置決定されることとなります。児童にとっては新しい家庭での生活であり、これまでの一時保護所のような集団生活ではなく里父母との生活が始まることを伝えていくこととなり、これも児童相談所における重要なアドミッションケアです。なぜなら、新しく生活を始める里父母宅には、すでに実子がいることもあり、きょうだいとしての生活をできるだけ負担感のない状況でスタートさせるにはどうしたらよいかや、これまで要保護の児童が名乗ってきた苗字を名のり続けるのか、それとも里親宅の苗字を当面の間、名のるのかなど、養育里親宅での生活を始めるにあたっては、里子（里親宅で暮らすこととなった子ども）と家庭が準備しな

ければならない心の準備は多いのです。こうしたことについても児童相談所の児童福祉司は丁寧なアドミッションケアを実施しています。

さらに特別養子縁組制度についても、養育里親制度についても、幼少期に委託された場合、「真実告知」の必要性が生じてきます。真実告知は一般的には「産みの親の存在を育ての親が子に伝える取り組み」とされており、いわば養親が養子に対して行う産みの親のことを知らせる重要な儀式の一つです。このことだけを取り上げれば、幼い段階で養育里親宅に委託された里子についても真実告知が必要な場合があります。これまで実の父母と信じて暮らしてきた人物が、そうではなかったと知らされたときの児童の心理的負担は察するにあまりあります。動揺を隠しきれず荒れたり、思春期の児童であれば家出や家庭内暴力に発展してしまうこともあり、こうした事態への里親と児童相談所の児童福祉司への取り組みは、ときに施設入所児童よりも困難を伴うことがあります。それは家庭養育という長所が「家庭という密室での養育」という短所として出現することもあるからです。施設生活では職員が交代で児童と向き合うことが多いため、双方に息抜きの時間がありますが、里親子にはそうした時間がありません。最近では里親のためのレスパイトケア（休息期間）[13]も設けられるようになりましたが、親子ともに逃げ場のない家庭の中で里親（養親）からの「見えない虐待」が発生するのもこうした状況下の時です。児童相談所の児童福祉司には、里親に対する養育支援とともに、里子に対する治療的ケアの要否の判断など、まさに施設におけるインケア以上の濃密なケアが求められます。こうした中、近年、このインケアを支える存在として着目されているのが里親支援機関事業[14]です。里親支援機関事業は、2008（平成20）年から里親制度の普及啓発促進のため導入された新しい制度で、この事業の実施主体は、都道府県（指定都市及び児童相談所設置市を含む）です。都道府県は事業内容の全部又は一部について、里親会、児童家庭支援センター、児童養護施設、乳児院、NPO等、当該事

業を適切に実施することができると認めた者に委託して実施できることとされています。

実際に実施している事業としては、東京都の場合、児童相談所からの里親子ケアや家庭訪問とは別の角度から養育里親宅を訪れ在宅養育の支援にあたっています。また里親サロンなどの集まりを児童相談所とともに実施したり、独自の里親制度の普及啓発広報を行ったり、児童相談所だけでは対応できない取り組みにも積極的な活動を展開している事業者も多く出始めてきています。2016（平成28）年6月の児童福祉法改正では、家庭的な養育環境のもとで養育するしくみを促進することが柱の一つとしてもりこまれ、里親制度だけでなく養子縁組についても児童相談所は力を注ぐこととなりました。こうしたことをかんがみると各自治体の児童相談所が里親等の支援にあたる上記の民間・NPO組織等とよりいっそう連携していくことが必要な時代となっていくことが予想されます。

以上の他、原則18歳の児童相談所からの措置解除に向けては、里子の実親との関係を今後、どのようにしていくのかについてや、これまで家族同然に付き合っていた里親子なのに18歳の時点でその関係が法的に解除されるということへの里親子の不安など、里親制度の中には施設入所児童にはない濃密なケアが必要な場面がまだまだあります。

4. 里親の養育倫理について

最後に養育里親にとっての養育倫理についてふれておきます。養育里親のメリットはあたたかい家庭生活の中での養育を担保していることです。デメリットはこの裏返し、つまり児童相談所からの措置であるにもかかわらず、家庭内の密室養育になりがちなことです。こうしたデメリットをなくすために里親養育指針ハンドブック（全国里親委託等推進委員会）では里親に「開かれた養育」

の大切さを強調しています。「開かれた養育」とは、社会や地域に向かって開かれた養育を、という意味です。近年、都市部では緊急に一時保護が必要な児童が増えており、その後家庭復帰が困難で施設入所となる児童も増加しているところです。中には家庭的な養育環境で児童の育ちを見守るほうが良い児童もおり、こうした児童は里親に委託されることとなります。しかし、措置時点で顕著ではなかった心身の特徴的な行動が成長とともに発出することがあり、その結果、家庭内暴力や不登校等社会不適合として顕著になった時、里親との葛藤が家庭内で発生します。この時、里親が無理に登校を促して体罰を加えてしまい、施設内虐待として行政機関が対応することに発展することもあるのです。しかし家庭という密室のため、施設のように職員間の他者の目がゆきとどきにくく、問題が深刻化して発見されることも少なくありません。また、里親家庭にはそれぞれの子育て観を有し、その価値観は里子の有無にかかわらず里親にとって変更することは容易ではないのです。このことが時に里親の閉鎖的な養育として問題の発見を遅らせてしまうことも少なくないのです。里親がこのような事態に陥らないよう、関係機関の専門的な支援力も高めていくことが必要なのです。里親宅での生活は家庭のあたたかさを味わったことがない里子にとっては最も幸せな時が流れていく時間です。これからの里親養育は、里父母とのかかわりだけにとどまらず、児童相談所はじめ地域の子育て機関の力を借りながら社会全体でチームとして支えていくものであるとするのが開かれた養育の理念です。このため里親には積極的に地域里親の会の行事や里親サロンに参画し、時に他の家庭の養育への工夫を学び、時に新人家庭に助言をするなど、横のつながりを広げていく中で「子育て」を「孤育て」にしない取り組みを関係機関で進めていくことが求められているのです。

○児童の最善の利益を探求する児童相談所と施設・地域関係機関のかかわりを学ぶ

演習 1

地域生活の限界から児童相談所への一時保護までの流れについて学ぶ

〈事例1〉

　Ｓさんは中学二年生。保育所から小学校時代までは父子家庭の中ですくすくと育ってきました。建築現場での仕事をしている父は日によって働く場所が異なり、現場に行く時間も朝の始発電車に乗って行く日もあれば、昼過ぎから夜10時頃までの夜間勤務の日もありました。

　Ｓさんには保育所に通う妹がいました。Ｓさんが中学二年生の春に、これまでの住宅では手狭になったため、Ｈ区に引っ越してきました。

　引っ越した直後から、お父さんが仕事のために自宅にいられない時間がどんどん増えていきました。転校して以降、友だちがなかなかつくれなかったＳさんは、学校にも行かずゲームセンターなどで過ごす時間が増えてきました。この様子が地元では名の通った不良グループの目に留まり、「楽しいこといっぱいあるから仲間に入りなよ。」と誘われました。自宅に帰っても小学校に通学し始めた妹のためにご飯を作る仕事が待っているＳさんは、それが嫌になりだんだんと不良仲間と過ごす時間が長くなっていきました。やがて夜8時すぎになっても帰ってこない日が多くなり、Ｓさんの夜間徘徊は夏休みにかけてエスカレートしていきました。

　そんな中、8月10日夜11時30分、明星警察署の少年係から父の携帯電話に一本の電話が入りました。明星警察署員から「お宅の長女のＳさんですが、コンビニの前で高校生と一緒に喫煙しているところを発見しました。事情を聴きたいのですぐに警察署に来ていただけないでしょうか」という内容の電話でした。しかし父親は「今夜は徹夜で仕事をしているので迎えに行けない」と警察署に返答。他に引き取れる親族もいなかったＳさんは、警察署からの連絡を受けた児童相談所に緊急保護されることとなりました。

　Ｓさんにとって一時保護所での生活が始まりました。一時保護所での生活中、児童相談所の児童福祉司による面会、心理判定員による診断・評価を含めたケースワークが展開されました。この中でＳさんの学習進度がかなり遅れていることがわかりました。また、喫煙は発見されたときだけでなく、常習化していることについてもわかりました。父親も「もう私の手に負えない」と児童福祉司に打ち明けました。

　児童福祉司は、一時保護の後、すぐには家庭に戻れる状況にはないと考え、しばらく施設入所の必要性があると判断。このことをしっかりとＳ児童さんに伝えていく必要があると考えました。児童福祉司による施設入所に向けたアドミッション・ケアが開始されることとなりました。

〈考察ポイント〉

(1) このケースの場合は一時保護となりましたが、一時保護にならないためには地域の関係機関は何をすべきだったでしようか

(2) あなたが児童福祉司なら施設入所に向けてどのようなアドミッションケアを行うでしょうか。

演習2

児童相談所の児童福祉司（ケースワーカー）の動きを通してアドミッションケアについて学ぶ

〈事例2〉

　一時保護所での生活も一か月を過ぎた9月21日、Sさんの今後の進路を決定するための援助方針会議が児童相談所で開催され、「児童自立支援施設入所適当」という判断（措置決定）が下されました。

　9月23日午前、F児童福祉司（女性　以下、F司）が一時保護中のSさんに児童自立支援施設入所と決定したことを伝えるために一時保護所に出向き、面接しました。Sさんは一時保護所の中で決められたルールをきちんと守って暮らしていたので、自宅に戻れると内心では信じていました。

　Sさん「えっ 施設！？　ちゃんとここ（保護所）でやってるじゃん！　もう絶対、夜出歩かないから！。」

　F司「うん、Sさんの頑張りは知ってるよ。でも今戻ったら、また同じことを繰り返すと思うよ。」

　Sさん「絶対に繰り返さないから！　信じて！　絶対、いかないから施設なんか。しかも児童自立支援施設のY学園なんていやだ！」

　F司「このY学園は決して悪いところじゃないよ。確かに、Sさんが仲間から聞いているような厳しい日課もあるのは事実だけど、その生活の中で健康な心身を取り戻してほしいと思っているの。」

　Sさん「あんたに私の何がわかるの！　いままでだって仲間と遊んで楽しかったのに！　うざいっ！」

　F司とSさんの面会は不調に終わりました。この夜、Sさんは一時保護所を深夜2時に無断外出。明け方4時に新宿で見知らぬ社会人男性と不純異性交遊しているところを新宿警察に発見され、再び一時保護所に戻ってきました。そのときのSさんの顔面には大きな痣が二つ、できていました。夜間に身柄を引き受けた一時保護所職員が確認したところ、その男性とホテルに入って刃物で脅され、抵抗したときに殴られた跡ということでした。この日はF司は休務日でしたが、Sさんが無断外出したことと、発見されて保護所に戻ってきたという連絡を受けて一時保護所に面会に来ました。

　F司「心配してたよ！　私、夜、まったく眠られなかった。Sさんになにかあったらどうしようって、ずっと考えてた。戻ってこられてよかったけど大変だったね」と、F司は涙を流しながらSさんに語りかけました。SさんはF司の話をずっとうつむいたまま、無言で聞いていました。

　週明けの26日（月）、一時保護所の職員からF司に「SさんがF司に会いたいと日記に書いてきた」と電話が入りました。聞けば日記には『わたしのために涙を流してくれた先生は今までいなかった。本当に私のことを心配してくれていたんだって知ってとても嬉しかったけど、なんとなく面と向かって言葉に出せなかった。あれからよく考えてみたけど、先生（F司）の言っているとおり、Y学園で頑張ってみてもいい。でも、施設のことでわからないことが多くて不安。先生（F司）ともう少し話をしてみたい・・・』と書かれていたということでした。

〈考察ポイント〉

(1) Sさんに対して、F児童福祉司からどのような「ケースワーク」が展開されているでしょうか。Sさんの気持の変化に着目しながら考えて下さい。

(2) 児童自立支援施設とはどのような施設でしょうか。児童養護施設との違いについて自習・復習しましょう。

演習3

施設内でのインケアからアフターケアの流れについて学ぶ

〈事例3〉

　F児童福祉司（以下、F司）の説得に応じたSさんは10月5日、担当のF児童福祉司と二人でY学園に到着。とても広い敷地の中に施設はありました。まず施設長に挨拶。緊張しているSさんに施設長が優しそうな笑顔で「ここに来たことは決して失敗したからじゃありません。これまでの自分の生活を振り返り、心身ともに健康な生活を取り戻す中で将来の夢を追い続けていって下さい。」と説明を受けました。

　その後、寮長はじめ寮の職員5人と面談し、施設生活の説明を受けました。学園生活の朝は早く、部屋の掃除や朝食準備等に当番があること、学校登校・下校が集団行動であること、それに農作業があることなども説明を受けました。F司から聞いてはいたものの、現実にその場に来てみてあらためてSさんは「自分にできるだろうか」と不安になりました。この不安な様子を見たF司は「子どもの権利ノート」について説明を繰り返しました。

　Sさんが入所した寮の担当職員はSさんの入所直後の不安を十分理解し、忙しい中でも1日一回、Sさんと二人で話をする時間を設定し、Sさんからの疑問や悩みについて丁寧に聴く時間を設けました。

　それでもSさんは学校の授業中座っていることさえ苦痛で、授業中に不良交遊時代の楽しかったことばかりが頭に浮かんでいました。二週間ほど経ってから寮生活に耐えられなくなり、10月30日の深夜、寮を無断外出してしまいました。心配した寮の職員らが昼夜休日を厭わず本人の捜索に出向き、友人宅にいるところを発見。Sさんは友人宅からY学園に戻ることを強く拒否しましたが、学園職員がSさんの施設生活の不安にじっくり耳を傾け、あらためてSさんがこのY学園で生活をする中で体得してほしいこと、Sさんに期待していることについて話しました。翌日にはF司も以前、Sさんが在籍していた中学校の担任教諭とともに施設を訪問。F司はSさんの苦悩に耳を傾けるとともに、お父さんとも相談しSさんが妹のために食事を作ったりと世話をしなくてもいいようにするために必要なことや夜、家を空けなくても働ける仕事を見つけて生計のスタイルを立て直してほしいと伝えていること、それにはあと1年はかかるのでY学園で頑張ってほしいことを助言しました。在籍していた学校の先生も、けっしてSさんのことを見捨てたわけではないことや、クラスの友だちが書いてくれた寄せ書きを見せて、頑張るよう励ましました。

　一方、SさんはF司と先生に、将来、ヘアデザイナーになりたい夢があると語りました。F司は、「Y学園卒業後のSさんの夢がかなうよう、今はすぐ答えを出せないけど、何ができるか一生懸命考えるね」と励ましました。Sさんの表情から険しいものが消えていました。

　それから1年……中学校卒業式の日を迎えました。春からは美容学校に進学が決定しています。

　SさんはY学園内にある公立中学校の中のトップの成績で表彰されました。その姿を卒業式に参列したお父さんもF司も涙を目頭にいっぱいためながら見つめていました。

〈考察ポイント〉

(1) 子どもの権利ノートはなぜ、必要なのでしょうか。どのような内容が書かれているのでしょうか。自習しましょう。

(2) 事例の中でどのようなインケア・リービングケアがおこなわれいるでしょうか。

(3) 施設生活でリービングケアがなぜ、重要なのでしょうか。この事例に即して考えましょう。

[注]

1　厚生労働省における「児童養護施設等の社会的養護の課題に関する検討委員会」・「社会保障審議会児童部会社会的養護専門委員会」が2011（平成23）年7月にとりまとめた報告書のこと。

2　児童福祉法第6条の3に規定する「要保護児童（保護者のない児童又は保護者に監護させることが不適当であると認められる児童）」であり、虐待を受けた児童に限られず、非行児童なども含まれます。

3　2016（平成28）年の改正児童福祉法施行この改正法の施行により、家庭的養護の推進・社会的養護の必要な児童の18歳以降の支援充実等が明記されました。

4　児童福祉法第27条1項3号の措置によらない入所の例としては、同法第28条による家庭裁判所の決定による入所があります。これは保護者が児童相談所からの施設入所に親権者として応じない場合、児童相談所がその判断を家庭裁判所に求め、施設入所が適当と判断された場合入所となる制度です。

5　大舎制とは児童養護施設における一つの生活ユニット内の児童定員が20人以上　小舎制とは12人以下の施設運営形態を示します。（ちなみに13人から19人規模のユニットは「中舎制」としている。）2012（平成24）年現在、全児童養護施設に占める大舎制の割合は50.7%（2008（平成20）年75.8%）小舎制40.9%（同23.4%）となっており、施設内ユニットの小規模化が進んでいます（2014（平成26）年3月厚生労働省「社会的養護の現状について（参考資料）」より）。

6　児童福祉法第33条に定められている児童相談所長に付与された権限の一つ。児童相談所長は、児童に緊迫する危険があると判断した場合や不適切な養育の疑いがあり家庭から離れて児童の調査が必要と判断した場合等に、児童の一時保護を行い、又は適当な者に委託して、当該一時保護を行うことができるとされています。なお、施設入所措置の場合と異なり、親権者の同意は必要とされていない点に留意されたい。

7　主として非行行為を行った児童やその恐れのある児童が入所する施設。児童福祉法第44条により、都道府県に設置が義務付けられています。1997（平成9）年の児童福祉法改正により、「教護院」から名称を変更し、「家庭環境その他の環境上の理由により生活指導等を要する児童」も対象となりました。

8　児童福祉の分野でいうグループホームとは、地域小規模児童養護施設のことです。児童養護施設本体の支援のもと、地域の民間アパート当も活用しながら定員六人以下で家庭的な養育を実践することを示します。厚生労働省から「児童養護施設等のケア形態の小規模化について」2005（平成17）年3月30日付厚生労働省雇用均等・児童家庭局長通知）が発出されて以後、設置が急速にすすんでいます。
なお、小規模居住型児童養育事業（ファミリーホーム）と混同しないよう留意されたい。これは定員5、6人の家庭養育の形態で民間事業者も参入できるが多くの場合、養育里親が里

子養育の中で運用しています。

9　社会的養護の施設等では、施設職員からの体罰等（施設職員が入所児童同士の暴力や不適切な行為等を知り得ていながら見逃している場合も含む）が禁止されています。しかしこうした体罰等が絶えないことから、2009（平成21）年4月施行の児童福祉法改正により、施設職員等による被措置児童等虐待について、都道府県市等が児童本人からの届出や周囲の人からの通告を受けて、調査等の対応を行う制度が法定化されました。

10　要保護児童対策地域協議会とは、児童福祉法第25条の2第2項で定められた要保護児童の適切な保護を図るために必要な情報の交換を行うとともに、要保護児童等に対する支援の内容に関する協議を行う会議体のこと。同協議会は各構成メンバーの所属する代表者で構成する「代表者会議」、実務を担当するメンバーで構成する「実務者会議」、各個別の事案の直接的な担当者等で構成する「ケース会議」の三層構造の会議体である。同協議会の設置主体は地方自治法第1条の3に規定する地方公共団体であり、普通地方公共団体である市町村及び都道府県の他、特別地方公共団体である特別区や地方公共団体の組合（一部事務組合や広域連合）等も含まれます。
　同協議会の構成メンバー間では、個別の要保護児童等に関する情報交換や支援内容の協議についての情報の共有化ができます。一方で守秘義務も課せられている点に留意が必要でとなります。構成員及び構成員であった者には、児童の最善の利益等を求める同協議会の主旨を逸脱した情報拡散当を行ってはならないとされています。同協議会の構成委員には地域協議会の職務に関し知り得た秘密を漏らしてはならない義務があります（児福法第25条の5）。この義務に違反した場合には、1年以下の懲役又は50万円以下の罰金に処されることになります（児福法第61条の3）。

11　児童に関する家庭等の相談のうち、専門的な知識及び技0援を行うことが明記され、施設内に里親を支援する里親支援専門相談員の配置も進んでいます。
なお、東京都には児童家庭支援センターは存在しない点に留意して下さい。2016（平成28）年現在、これと類似する役割を各特別区・市町村に設置されている「こども家庭支援センター」が担い、要保護児童対策地域協議会の調整機関となっています。

12　民生委員は、厚生労働大臣から委嘱され、それぞれの地域において、常に住民の立場に立って相談に応じ、必要な援助を行い、社会福祉の増進に努める方々であり、「児童委員」を兼ねています。また、児童委員は、地域の児童たちが元気に安心して暮らせるように、児童たちを見守り、子育ての不安や妊娠中の心配ごとなどの相談・支援等を行います。また、一部の児童委員は児童に関することを専門的に担当する「主任児童委員」の指名を受けることになります。

13　ここでは里子を受託している里親が、短期間の旅行や冠婚葬祭で里子の養育を、児童相談所の判断で他の養育者にゆだねるしくみのことを指します。また、里親が養育に行き詰っている場合にも、一時的に他の里親に養育を委ね、これまでの養育の振り返りができるしくみのことを指しています。

14　里親支援事業事業の実施主体は、都道府県（指定都市及び児童相談所設置市を含む。以下 同じ。）。なお、都道府県は事業内容の全部又は一部について、里親会、児童家庭支援センター、児童養護施設、乳児院、NPO等、当該事業を適切に実施することができると認めた者に委託して実施できることとされています。

実施する事業は、里親委託に関する委託促進事業や里親制度の普及啓発事業、里親研修の実施等。この事業の実施にあたっては、「里親委託等推進員」を配置するとともに、関係機 関と連携し里親委託等を円滑に進めるため、都道府県の単位及び児童相談所の単位において、里親委託等推進委員会を設置することとされています（厚生労働省雇児発第0401011号 平成20年4月1日「里親支援機関事業の実施について」より抜粋・加工）。

子育て支援事業　親子でどこんこ遊び

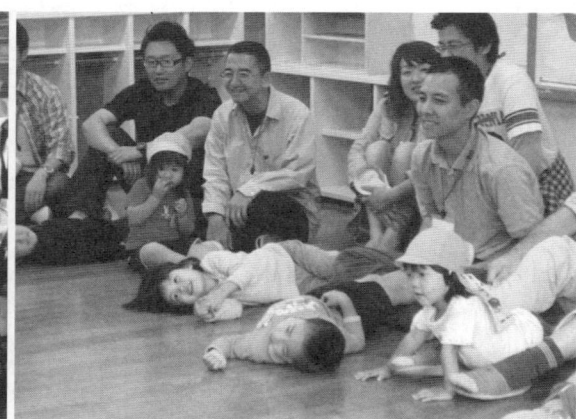

子育て支援事業　親子で遊ぼう

11章 子どもと情報社会

1 情報社会に生きる子ども

2016（平成28）年12月、インターネット上で人気を集めてきた情報サイトが次々と公開中止を行いました。「他人の文章を盗用した可能性のある生活情報」が大量に含まれていたことが判明したからです。大手IT（情報技術、Information Technology の略）企業は運営する10サイトすべてを非公開にし、社長も、「著作権者への配慮や質の担保」に問題があることを認めています[1]。

このように、情報社会の中で生きる私たちにとって、情報は欠くべからざるものですが、その情報を活用するための知識や技術、そしてルールを私たちは知っておかなくてはいけません。例えば、どんな情報をなんの目的でどのように活用していくのか、そこにはどんなルールが存在しているのかなどということです。

そこで、本章では、子どもの情報活用能力と教育の関連や情報機器を活用する際のルールや倫理観、保育の中で情報とかかわり生活を豊かにしていくことの意味などについて考えたいと思います。

1. 情報とは

子どもにとって情報とは何でしょうか。また子どもが情報機器を使うことはどんな意味があるのでしょうか。

情報[2]とは、「私たちの日常生活や社会生活で、判断を下したり行動を起こしたりするために必要で役に立つ知識や考え方」であり、単なる知識一般ではありません。「行動を起こすための何らか

の意思決定をする材料・根拠となる知識」ということができます（崎野,2002,pp.17-18）。例えば、本章第3節では実際に身近な情報を子どもたちが地図化する活動を紹介しています。活動の際、子どもたちは、地図に何を書き込み、何を表現するか考えながら、身近に体験的に得た情報を元に意思決定を行っています。

2. 情報活用能力と教育

それでは、情報機器を使うことはどんな意味があるのでしょうか。

文部科学省は、教育現場におけるICT（情報通信技術：Information and Communication Technology）の導入を積極的に推進しています。2010（平成22）年10月には、「教育の情報化に関する手引き」が出され、「情報教育の体系的な推進」が目指されました。この時点では、まだ、ICTの活用による校務の効率化を図ることで教育の質の向上を期待する面が大きかったようですが、近年は、児童生徒の情報活用能力の育成そのものが、教育課程の中でキーワードとなってきています。例えば、2016（平成28）年4月に出された「『2020年代に向けた教育の情報化に関する懇談会』中間取りまとめ」でも、「情報や情報手段を主体的に選択し活用していくために必要な情報活用能力を、各学校段階を通じて体系的に育んでいくことの重要性が高まっており、また、急速に深化するICTなどの技術を使いこなす科学的素養を全ての子供たちに育んでいくことが重要である」と述べられています。

このように情報活用能力が重視される背景には、子どもたちを取り巻く膨大な情報と情報技術

の急速な変化があります。

　世界各国でも、21世紀に入り、新しい学力観の模索が行われました。Partnership for 21st Century Learningでは、21世紀型スキルとして、第一に情報・メディア活用スキル、第二に思考力・コミュニケーション・コラボレーション・創造力といった学びと刷新のためのスキル、第三に生活と職業のためのスキルを挙げています。また、OECD（経済協力開発機構：Organisation for Economic CO-operation and Development の略）でも、DeSeCo（デセコ：Definition and Selection of Compitencies の略）プロジェクトが、「コンピテンシーの定義と選択」プログラムを1997（平成9）年にスタートさせました。「コンピテンシー」とは、「単なる知識や技能だけではなく、技能や態度を含む様々な心理的・社会的なリソースを活用して、特定の文脈の中で複雑な要求（課題）に対応することができる力」[3]のことです。急速な社会変動・複雑化、そしてテクノロジーの進展の中、いまや「コンピテンシー」の育成を目標とする教育課程改革は世界的潮流となっています。

　このように、情報機器を受け手として使用するだけでなく、膨大な情報から取捨選択して必要な情報を取り出し、他者と協働して新たな価値を創造し、豊かな生活を作り出していく力が子どもたちには必要になっているのです。

2 **乳幼児を取り巻く情報と映像メディア**

1.　情報端末の普及と乳幼児の接触

　2010（平成22）年あたりから急速に普及してきたスマートフォンやタブレット端末を利用する家庭の増加に伴い、乳幼児もそれらの情報機器に接する機会が増えてきました[4]。

　モバイル専門マーケティングリサーチ機関のMMD研究所（モバイルマーケティングデータ研究所）はインテルセキュリティと共同調査を行い、乳幼児のスマートフォンに関する利用実態を報告しています。それによれば、0〜2歳までにスマート

フォンに接触し始める子どもが2019人中47%おり、6歳以下の乳幼児1,752人中30.6%がほぼ毎日触れていること、また子どもが「使いすぎでなかなか手放そうとしない」と回答する割合が64.6%であったことなどが報告されています（MMD研究所,インテルセキュリティ,2016）。

　スマートフォンやタブレット端末で使われる乳幼児向けと称されているアプリケーションは、膨大な数が公開されており、家庭などでも活用されているにもかかわらず、「幼児教育ICT活用実証実験事業」や「保育でのタブレット端末を活用する遊びのプランを作成・実践し、カリキュラムを作成」する試みがようやく取り組まれ始めている現状であり、家庭に比べ、園のICT環境は進展しているとはいえません（堀田ほか,2016,p.313）。

　このようにスマートフォンやタブレット端末が普及しアプリケーションが増加する中で、乳幼児が家庭でそれらを簡単に扱えるようになっていることも、第1章や第3章で指摘されているようなメディア依存・スマホ依存の問題を深めている要因となっています。しかし、前節でみたように情報活用能力を育てていくためには、乳幼児を取り巻く情報・メディアに対しどう捉え、それを取捨選択しながら活用する能力をどう育てていくのかを、現場においても、考えられる必要があると思われます。

2.　映像メディアの変化と普及について

　日名子太郎は、1990（平成2）年に「子どもの生活していくこれからの社会が、これまでと全く構造の異なる映像的メディアに変化しており、この文化にはこれまでの文化の伝達や習得に必要であった力が必要なくなり、全く別の能力の学習が必要になってきている」と予言していました（日名子ら,1990,p.17）。そのひとつの根拠が「乳幼児は、現在に生きているが、彼らの大人として生きる世界は少なくとも20年後の未来にある。」という文言にあります。人工的環境の急激な変化の中で、映像メディアに漬かる乳幼児が増える中、後付けで理論を組み立てざるを得ないのです。その

指摘からすでに30年近く経ちますが、事態はより複雑に変化しています。それは「映像的メディア」の変化と普及をみても理解できます。

2016（平成28）年の欧米や日本の夏を席巻したのは、街のモンスターを収集するスマートフォン向けのゲームのアプリケーションでした。このゲームの特徴は、スマートフォンのもつGPS（全地球測位システム、Global Positioning Systemの略）機能を利用したAR技術を応用した点にあります。

舘（2002）によれば，AR（オーグメンティド・リアリティ）とは、「『現実空間に情報や映像をVRとして付け加えた空間』をつくる技術のこと」です。「オーグメンティド・リアリティの応用の発展型が、物や装置に情報を書き込んだICを組み込んでおき、人間が近づいたり注視したりするとその情報を発信する、あるいは、人間側の機器から働きかけて読み取るというシステム」で、さらに技術開発により、映像メディアとウェアラブル・コンピュータとの合体が考えられています。「もっていることを意識せず、衣服のように着ている、身に付けているという感覚で持ち歩くことができるように」なり、さらに「人間の視界中に常にコンピュータの情報を表示しながら歩いたり、作業したりする」ことができるところまで開発され、普及しています。

その元になった技術がバーチャルリアリティ（VR）技術です。舘（2002）によればバーチャル（virtual）とは、「みかけや形は原物そのものではないが、本質的あるいは効果としては現実であり原物であること」であり、『抽出された現実』とも言い換えられるものです。「バーチャルは、『ほとんどリアル（almost real）』」なのです。

舘はさらに、VR（バーチャルリアリティ）を、「人工現実感」と呼び、「『現実そのものではないが、本質的には現実と同じ空間あるいは人工物』をつくるもの」と定義した上で、「『制御（control）、通信（communication）、創造（creation）、解明（elucidation）、経験（experience）、楽しみ（entertainment）』という3つのCと3つのEのための道具である。」とも述べています

（舘,2002,pp.14-142）。このように、創造や楽しみなどから技術開発がすすめられ多様な映像メディアの技術開発と普及がすすめられています。その一端がARとGPSをドッキングさせたようなゲームアプリの誕生と爆発的なブームを生み出したといえるでしょう。

3. 映像メディアの使用について

2歳未満のメディア使用について、森田ら（2015）は、「アメリカ小児科学会およびアメリカ幼児教育協会共に否定的な見解」であり、その理由として、「メディア使用による教育効果の根拠が不明瞭であることや、言語などを含む心身の発達、健康、睡眠への影響の懸念、そして新たにバックグラウンドメディアの問題など」があると指摘しています。

バックグラウンドメディアとは、背景雑音的に誰も見ていないのにつけっ放しになっているテレビなどのことで、乳幼児は、自分に対して発信していないメディアに常にさらされているということなのです。

3歳以上の幼児については、アメリカ幼児教育協会の声明には、「テクノロジーや双方向性のあるメディアは、幼児期における創造的な遊びや外遊び、仲間遊びや大人との社会的相互作用に取って代わるものであってはならない」という条件のもと、双方向性のあるメディアの利用を促し、その魅力を高めるために、エビデンスに基づいた実践研究の必要を主張しています。森田らは、事例を踏まえた上で、「メディアを介して人的相互交流が促進されたり、あるいはメディアコンテンツ自体に応答性がある場合など、メディアが適切な効果を高めるよう」な研究が必要であるとも述べています。

今後の多様なメディアが存在する世界に生きる上で、子どもたちは必要な資質を身に付けることを要求されています。「両極的な是非論にとどまることなく、子どもたちの発達にとって適切なメディア使用の状況と真に有効な条件を実証的に検討していくこと」（森田ら,2015,p.9）が求められて

いるといえるでしょう（持田,2015,p.9）。

　また先に取り上げたMMD研究所とインテルセキュリティの共同調査から、インターネット情報端末としてのスマートフォンとタブレット端末を乳幼児が利用する際の、個人情報保護に関して懸念される調査結果が出されています。

　乳幼児の個人情報保護に関する勝見らの研究では、知らないおとなに声を掛けられた時のロールプレイングで、4・5歳児共に拒否反応を示したが、5歳児は「すみませんが、教えられません」と理由を添えて丁寧に断り、4歳児は「ダメ！」「イヤ！」の一点張りだったと報告しています。そこで勝見らは、事前に個人情報の保護に関する指導を受けた幼児に、不審者に見えない見知らぬおとなから声を掛けられるという実験を行いました。その結果、事前に指導を受けた子どもは、受けていない子どもよりも、情報保護に積極的だったということです。

　このように、4歳の段階からでも個人情報保護の指導の効果は、明らかです。文部科学省は、情報教育の目標としての「情報活用能力」は、「A情報活用の実践力、B情報の科学的な理解、C情報社会に参画する態度」の3観点から考えるべきであり、相互に関連を図りながらバランスよく指導することが重要としていますが、これらは、「小学校以降の各教科を通じて育成されるもの」という視点だけでなく、乳幼児期におけるメディア・リテラシーのあり方という視点で考えていく必要があるのではないかと思われます。

　日名子太郎の次のことばは、映像的メディアのもつ「影響」について考えさせられます。

　「近代科学や理工学的所産である人工的環境によってもたらされる現代人の精神的荒廃である。とくに自然との触れ合いによって培われてきた情緒性や美的感受性などの喪失である。」（日名子太郎,1990,p.13）

3　子どもの情報環境

　子どもの情報環境というと何をイメージしますか。情報環境は、第1節で紹介しましたように幅広い概念です。子どもが直接見たり聞いたり嗅いだり触れたりして獲得するものもいわば情報です。ですから、子どもの身の回りの環境の中で「情報」を獲得できる環境は「情報環境」なのです。

　ここでは、その情報環境の中での子どもの遊びの事例として、ある保育園の年長児（5・6歳児）の遊び場地図の一連の事例を紹介します[5]。

　図11-1の写真が、子どもたちの作成した遊び場地図です。写真の左下にある個人ロッカーを比較して大きさを想像して下さい。

　それは、カレンダーの裏紙の真ん中に付けた点から始まりました。

　元小学校教諭の松本美津枝先生は、2010（平成22）年11月15日月曜日の出前講座の終わりに、子どもたちにこんなことばを投げかけました。

　「ここがぽぷら（保育園）だとするよ、みんなが知ってることを描いて、地図を作ってごらん」

　その時、5歳児担任の塙先生は、「地図かぁ、小学生の社会科みたいだな」と思ったそうです。ところが、その日の午後、7人の年長さんと相談すると、子どもたちはすぐに動き出します。

　はじめに、直接白い紙に描くのではなく、別の紙に描きたいものを描いて、それを切ってのりで貼り始めました。

　「ポプラの木を描く」「じゃあ、バイソン山」「ブランコ描く」「うんていはこっちの方だよ」「せんだんの木は6本」と次々描き、「場所はこっちだ」「あっちだよ」「でか過ぎ！」「もっと紙ください」とあっというまに1時間半が過ぎます。

　そして、毎日「地図やっていい？」と言いながら、地図と向き合う日々が4日間続きました。延べ時間は、6時間位。ぽぷら保育園の庭、駐車場、ビオトープ、新島公園、HOくん家、GEくん家、KAちゃん家、上の池にいたシラサギ、ざ

りがに、どんぐり、トンボや、バッタも登場、竹藪、へびがいた所、ナマズを捕まえた所、水神様、ぽぷら保育園の窓にはトランスパレント、庭で遊ぶ自分も描いて貼っていきます。どんどん自分たちで用意して始める子どもたち。自分たちの遊びと生活の場を地図にするという取り組みが、毎日の生活に活気を与えます。

その後は、クリスマス会やお正月の行事が入り、カルタ作り、鬼の面、お雛様と制作が続き、冬の遊びも楽しんでいたので、地図はピアノの上でそのままになっていました。

しかし、翌年2月18日に『また続きがやりたい』というので、再開します。子どもたちは自分たちの家を描きたいといい、描いていくうちに、どんどん想像が膨らんでいきました。家の向こうにある地図の西側にある散歩道、北にある渡良瀬川、南のほうにある公園の側の職員の家、さらに南にあるショッピングモール、さらに遠くにある利根川、埼玉県、熊谷、方角を変えて、東の足利、佐野、さらに東へとイメージが膨らんで、東京、ディズニーランドへと会話が広がっていきます。

会話が止まると「じゃあ、みんなの知ってる、行ったことのある遠いところってどこ？」と声を

かける塙先生。親戚のいる、知っている限りの遠方へとイメージが広がり、日本海にまで話が進みます。そこで、本当の日本地図と世界地図の本を開いてみました。日本地図を見ながら身近な地名が出てきます。

今度は、世界地図を開いてみました。地図を見ながら海をずっと追っていくと「ぐるっと」世界を一周しました。それを見た子どもたちは思わず「地球、作ってみたいね〜！！」と叫びます。

このようにして、年長さんの遊び場地図は、3月11日金曜日の、給食の前まで続きました。縦1m26cm、横2m73cmの大きさになり、下の池での夏の遊び、雑木林、藤づるの基地も描かれていました。みんなの地図の名前は『ぽぷら遊び場地図』と決まりました。

幼児を取り巻く環境は「もの」だけではありません。保育内容の環境では、自然的環境、物的環境と人的環境の三つの視点から捉えることが重要だと言われますが、まさにこの保育実践では、子どもたちは、三者が関連しあった身の回りの環境と対話しているのです。

また、この実践は、小学校からの地図教育、地理教育の萌芽として捉えることもできますが、幼

11章 子どもと情報社会

図11-1 ぽぷら遊び場地図

児期の情報教育の在り方を教えてくれる実践でもあります。幼児の身の回りの環境から直接体験を得られた情報をもとに情報の記号化も行っています。テレビや絵本などを通じて知るよりも、よりリアルな生きた知識としての情報教育が行われているのです。

　本実践で子どもたちが製作した地図は、子どもたちなりの子どもならではの地図です。地図といえば、国土地理院の発行した地図をもとにした小学校から高等学校まで使われる地図を思い浮かべるおとなから見ると、幼い子どもたちの描いたも

のは、「地図のような絵」という捉え方がなされるかもしれません。しかし数学の研究者である崎野三太郎は、この種の地図を精査し、トポロジー的見地からすると記号化された「もの」（自然物と人工物）の位置関係が正確に表されている[6]と指摘します。

　もちろん国土地理院のように正確な測定装置によって測地されたデータに基づく正確さに比べて、ここで描かれている大きさや色ではリアルな関係を反映するのは難しいことです。しかしこの遊び場地図は、動物園や遊園地の園内案内図に類

図11-2

図11-3　地図に描かれた「流れ」

図11-4　ぽぷらの側の小道

図11-5

似しています。方角と、位置関係が正確にあらわされていることが重要で、記号化されている動物の絵や遊具の絵の大小関係の正確さは要求されていません。

そのような地図の製作の過程で、リアルな絵からよりシンボルとしての絵すなわち地図記号のようなものであらわそうとする傾向も生まれてきています。例えば川は、水色で複数の線の集合で表しています。

この実践は、子どもたちの身近な環境から感覚を使って獲得した情報を子どもたちなりに表現し、他の子どもたちと共有しながら、さらに新奇な有益な情報を獲得する意欲を生み出しています。

情報の獲得→表現→情報の伝達→新たな情報の獲得へとつながる学びを、子どもたちが協働で作り出しているともいえます。

このような直接体験から得た情報を次第に記号化して表現しようとする姿勢は、子どもの思考の発達に沿い、やがて小学校以上の教育の場において、様々な記号化、そして記号の操作を通じての学びにつながると考えられます。

4 保育者の情報認識と情報倫理

2016（平成28）年現在、幼稚園教育要領と保育所保育指針の改定に向けて作業が進んでいます。その中で、注目すべき3点が打ち出されました。

それは、幼稚園だけではなく、幼児教育から高等学校教育までアクティブ・ラーニングの視点に立った指導方法の充実をはかること、協働的学びの促進、そして幼児の段階からの情報の選択活用です。

その背景としては、政府が進める日本再興戦略、世界最先端IT国家創造宣言や教育再生実行会議提言に見られます。「第4次産業革命を支える人材育成・教育施策」や「初等中等教育でのアクティブ・ラーニングの視点による学習」、「社会

的課題の本質を掘り下げて IT の利活用による解決策をデザインできる・・人材の創出が必要」、そして「課題解決に向けた主体的・協働的で、能動的な学び（アクティブ・ラーニング）へと授業を革新し、学びの質を高め、その深まりを重視すること」といった文言に現れています。

そこから、幼稚園教育要領に導入されるのが「アクティブ・ラーニングの視点に立った指導方法の充実」です。アクティブ・ラーニングそのものについての議論の中で、幼稚園小学校の教育現場からは、「従来から初等教育の場では、教師からの一方的な説明中心の一斉授業ではなく、グループワークや個人の調べ学習が多く導入されており、いまさらアクティブ・ラーニングの導入といっても何が違うのか」（初等教育研究会,2016）といった疑問が呈されていました。

そうした声に対し、中央教育審議会では、「学びの質や深まりを見る視点」として、幼児教育の特性に配慮した幼児期において育みたい資質・能力を明確化するために、図11-6および図11-7のようなアクティブ・ラーニングの3つの視点を踏まえた学びの過程のイメージを示しています[7]。

ここでは、『深い学びの過程』『対話的な学びの過程』『主体的な学びの過程』を相互に関連させながら、学びの広がり（3つの視点）を意識した指導計画の工夫が重要であると示されています。また、遊びのプロセスとして「遊びの創出」→「遊びへの没頭」→「遊びの振り返り」→「次の遊びの創出」という過程を「ポップコーンパーティー」の活動を例示しながら説明し、幼児の遊びをアクティブ・ラーニングの3つの過程として捉えることを提起しています。アクティブラーニングとしての「環境を通して行う教育」の中で、幼児の学びの広がりがみられることを説明しているのです。

情報の選択活用については、幼稚園教育要領にも、「幼児に新しい世界を開き、生活を豊かにする一方で、心身の健やかな育ちに少なからず好ましくない影響を与えること」もあり、「幼児期の発達のためには直接体験が重要であることも踏

まえながら、必要に応じて情報を選択し、活用していくようにすることが大切である。」と説明されています[8]。つまり、保育者は幼児が直接体験から情報を獲得し、活用できる情報を選び、表現し、他の幼児に伝え、他の幼児と共有していくことで、さらに新奇な情報を得ようとする意欲を育てていくことが必要だということでしょう。

それでは、保育者の情報認識はどうあるべきなのでしょうか。

保育者自身の情報認識の中心は、「乳幼児の安全」です。そこから保育者の情報メディア利用について考えなければなりません。

スマートフォン・タブレットの普及によりインターネット接続が、もはや個人レベルとなった現在、保育の場では、「ビデオによる保育参観、インターネットを媒介とした保護者との連携、電子媒体での子どもの個人情報・個人記録の扱い」が身近な存在となりました。

ビデオによる保育参観とは、園内・保育室内にカメラを設置して、保護者のスマートフォンから定時に画面を見ることができることで、職場でも家庭でも子どもの保育の様子を見ることができるシステムです。インターネットを媒介とした保護者との連携とは、先日の東日本大震災の際、保育所にいる乳幼児についての情報を保護者のメーリングリストを利用して共有したことで、様々なリスクを回避できたという事例がありました。ただし、これは、保育者を含め乳幼児が四六時中監視される状況を作り出す可能性もあり、今後の検討は必要です。

電子媒体での子どもの個人情報・個人記録の扱いについては、児童保育要録、こども要録や幼児指導要録をコンピュータのディスクに保存しておくことが普及しています。しかし個人のパソコンやディスクに保存しておくことは、万が一の事故による流出という取り返しの付かない事態に発展するリスクがあります。それを防止するために個人のパソコンやディスクに保存した場合は、そのパソコンやディスクを園外に持ち出さない、またパスワードで管理された管理サーバに保存しておいて、アクセス記録をとるなどの慎重な扱いが要求されています。個人情報保護とそのルール、自己情報コントロール権、著作権やセキュリティ対策など保育者や教師が身に付けておくべき情報リテラシーの範囲は広がっています（楢原,2016）。冒頭で挙げた、剽窃の疑いがある情報サイトの事例のように、子どもたちに育てるべき情報倫理、そして、保育者が見つけるべき情報倫理もあります。これらのことは、保育者が常に念頭において保育している「子どもの安全・安心」を守るために必要な情報倫理なのです。

［注］

1　情報サイト『盗用』横行−学生ら数十人、ネットの画像・文章つなぎ『記事』」朝日新聞2016年12月10日朝刊「医療情報サイト不正確、ネットに氾濫」東京新聞12月18日を参照されたい。https://dbs.g-search.or.jp/aps/WMSK/main.jsp?ssid=20161224143607659gsh-ap01（2016年12月24日閲覧）

2　田原文夫（2001）は、情報の区分として、ロナルド・モースが挙げた「①データ(data)、②インフォメーション

演習1

第3節で紹介した、幼児が身近な情報を取捨選択して統合し自分たちならではの情報を作りだしている幼稚園・保育所での取り組みを調べましょう。

演習2

第4節で紹介したような情報機器を園で活用する事例を挙げ、そのメリットとデメリットをまとめてみましょう。○ビデオによる保育参観、○インターネットを媒介とした保育者との連携など

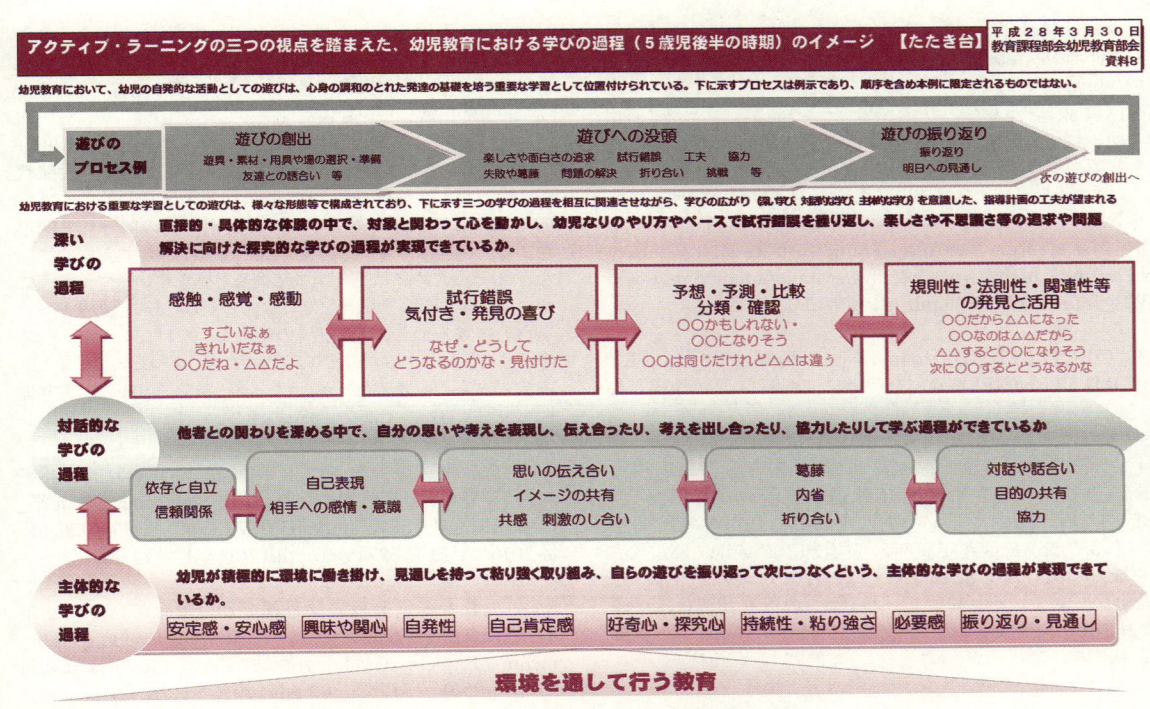

図11-6 （出典）中央教育審議会教育課程部会幼児教育部会　平成28年3月30日　資料8

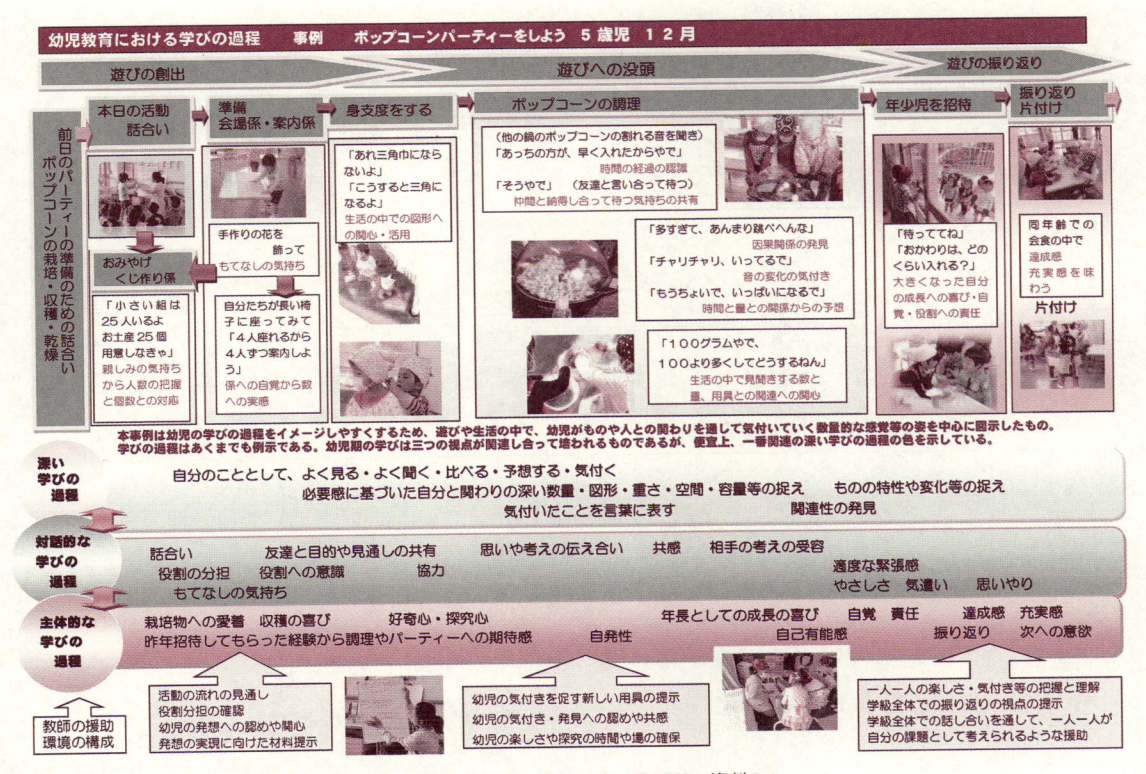

図11-7 （出典）中央教育審議会教育課程部会幼児教育部会　平成28年4月25日　資料5-1

11章　子どもと情報社会

(information)、③インテリジェンス(intelligence)、④インテレクチュアル(intellectual)、⑤アフォーダンス(aordance)の5つ」を紹介した上で、それぞれの特徴として「①データは、社内で発生するもの。②インフォメーションは、データと同じだが、社外で発生するもの。③インテリジェンスは、①と②を意味づけたもの（日本でいうインフォメーション）。④インテレクチュアルは、それを活用できる形にしたもの。⑤アフォーダンスは、本能に近いもの」と説明しています。Partnership for 21st Century Learning Framework for 21st Century Learning　http://www.p21.org/storage/documents/docs/P21_framework_0816.pdf（2016年12月24日閲覧）

3　OECD『The Definition and Selection of KEY COMPETENCIES』などを参考に文部科学省が作成した定義。

4　総務省情報通信国際戦略局『平成27年度通信利用動向調査結果（概要）』p.7の情報通信機器の保有状況（世帯）によれば、スマートフォンが平成22(2010)年の9.7%から平成27(2015)年の72.0%へと増加、タブレット端末が平成23(2011)年の8.5%から平成27(2015)年の33.3%へと増加している。それに対し、パソコンの保有状況は、平成22(2010)年の85.8%から平成27(2015)年の76.8%へと減少に転じている。

5　「ぽぷら保育園」は、群馬県太田市にあり、現在NPO法人三樹会「認定こども園ぽぷら」となっています。引用文中、許諾を得て子どもの氏名を仮名にし、一部の記録をまとめた文に直して掲載しています。

6　子どもの手描き地図をめぐる議論の際に、崎野三太郎教諭（柴田女子高等学校　現在東北女子大学教授）より数学的見地からの教示を得ました。①位相空間の同一化と関連がある。例えば、手つきコップとドーナツはトポロジー的に同じ、②そのためには基準となる同じと見なすいくつかの点については同じ順序を維持している、③そしてある点のまわり、（近傍）、すなわち、その近くの範囲をつなげていくと、全体を覆うことができる。つまり、④お隣さんをつないでいくと町内会が全部つながるというようなイメージで子どもの手書き地図を説明できるのではないかということです。

7　中央教育審議会教育課程部会幼児教育部会平成28年3月30日資料8を参照されたい。http://www.mext.go.jp/b_menu/shingi/chukyo/chukyo3/057/siryo/__icsFiles/afieldfile/2016/04/19/1369745_07.pdf（2016年12月24日閲覧）

8　中央教育審議会教育課程部会幼児教育部会平成28年4月25日資料5を参照されたい。http://www.mext.go.jp/b_menu/shingi/chukyo/chukyo3/057/siryo/__icsFiles/afieldfile/2016/05/06/1370323_02.pdf（2016年12月24日閲覧）

12章 子どもの育ちと保育者の役割

1 社会変化の中で

1. 社会の変化が子どもの育つ環境に与えたもの

　高度経済成長を境に、仕事と豊かさを求め人口の都市集中がすすみ、三世代が共に農林漁業で生活を営んでいた「大家族」から、父・母・子どもという単位の「小家族」（核家族）が主流となる変化が起き共働き家庭も増えていきました。都市化の中で、街は「土からコンクリートへ」と変貌を遂げてゆきました。大きなビルやマンションが立ち並び、交通網も発達し、高速道路も建設され、1964（昭和39）年には東海道新幹線も開通しました。都会の地下には何層もの地下鉄が走り、速さと便利さを求め、社会が音を立てて変化していった時代だったといえます。保育所の送り迎えにも車が大半を占めるようになり、街は多くの車で溢れ、「光化学スモッグ」が発生するなど環境破壊の原因にもなりました。

　「24時間戦えますか！」という栄養ドリンクの宣伝文句に挑発されるように、長時間労働が当たり前となり、「過労死」などということばも聞かれるようになると共に、朝ごはん抜きの子どもたちが目立つようになったのもこの頃からでした。「朝は、コーヒーだけ・・・」が、おしゃれな生き方と思い込んだ都会のサラリーマンたちが増えた時代でもあり、親になっても、「家は、朝は食べませんから」と、育ち盛りの子どもたちも親の生活の仕方に巻き込まれていたのです。

　コンクリート化した街は子どもたちから遊び場を奪い、路地から聞こえた子どもたちの声はいつしか聞こえなくなり、子どもたちは家の中でテレ

ビやゲームの虜になっていきました。外であまり遊ばなくなり、テレビやゲームに興じる子どもたちが多くなるに従い保育現場では、「朝からあくび」、いすに座らせても背筋が伸びず「背中がぐにゃ！」「転んでも手が出ない」というような子どもの姿が目立つようになりました。また、「午前中ボーっとしていて遊べない」、午睡は真夜中のように「ぐっすり寝込んでしまう」などという子どもが増え、保育現場では「子どもの体がどこかおかしくなっている・・・」と、父母も交えた学習会などが盛んに行われ、実践の中でできることはないかと試行錯誤しながら、「全身を使ったリズムあそび」などの研修も盛んに行われ、取り組む保育所も多くありました（斎藤,1980）。

2. 子どもの生活実態を理解する

　保育所の2歳児の入園面接での一場面です。

保育士「○○ちゃんは、毎日、何時頃寝ますか？」

母　親「うーん、昨日は○○△△□が終わってからだから23：00過ぎかな・・・」

保育士「・・・・・そうですか。」（○○△△□は、おとなの恋愛ドラマでした。）

保育士「○○ちゃんは、何時頃起きますか？」

母　親「10：30位に起きれば早いほうかな・・・」

保育士「そうですか・・・。　お母さんのお仕事は何時からですか？」

母　親「9：00から・・・。そっか、もっと早く起こさないとだめだ！」

保育士「○○ちゃんは、未だ2歳だから10時間位寝ないと機嫌よく起きてくれないと思

うから、もう少し早めに寝ないと、朝が大変になるかもしれませんね。」

母　親「うーん（としばらく考えてから）、私、朝8：30に預かってもらわないと遅刻だから、夜22：00に寝て、8：00に起こせば間に合いますよね。」

保育士「うーん、それだと、○○ちゃん、朝ごはんも食べられないかな・・・」

母　親「えっ、朝ごはん・・・。朝ごはん食べるんだ。」

と、少し驚いたようでしたが、これまでの生活の様子をお母さんが話してくれました。

母　親「夫が優しい人で、会社に出かける時も子どもがいて大変なんだから、寝ていていいと言ってくれるので、布団の中で見送り、子どもが起きる時に一緒に起きていました。私、朝はコーヒーだけなので、その時、一緒に牛乳を飲んでいたんです。すぐ、12：00だから、お昼だし・・・」

　この母親の伝えてくれた○○ちゃんの生活は決して特別なケースとはいえません。しかし、母親も仕事を持ち、保育所に通う毎日の中で、「子どもの育ちや生活づくり」について、保育者や親同士が伝え合い学び合いながら、少しずつ良い方向へと変化を作り出していくこともできます。

　また、子どもたちが、外で遊ばなくなった頃から、「早期教育」「超早期教育」などということばをよく聞くようになりました。多くの早期教育教材のホームページでは、「できた！がつくる、できる！の自信。」、「自ら学び考える土台を育む」、「みとめて、ほめて、愛して、育てる」、「IQ180・190も充分可能」、「子どもを医者にしたいなら幼少期の教育が全てと言っても過言ではありません！」、「小さな"できた！"を積み重ね自信につなげるお手伝い」など、親をその気にさせるうたい文句が沢山並んでいます。

　また、3歳を過ぎるといわゆる習い事でスイミング、バレー、キッズダンス、アイススケート、サッカー、ピアノ、バイオリン、英会話、公文・・・などの教室に通う子どもが多くいます。

　平日はスマホやパソコン、テレビで帰宅後を過ごし、保育所を休む土日はほとんど習い事という子どもたち。中には午前中は「塾や英会話」午後は「キッズダンスやスイミング」と掛け持ちの子どももいます。それが済むと、家族で買い物や映画を見たり、夕食はファミレスや居酒屋で・・・。一日中、忙しくわいわいした中で過ごした子どもたちは、月曜日には、ぐったりと疲れています。少しの事でイライラしてトラブルを起こしたり、逆に無気力で午睡の時間を待ちかねたようにぐっすりと寝込んでしまいます。

　「早期教育」のデメリットと思われる子どもの姿もあります。私の勤務していた園でも、小さい時から、お母さんの言う通り「お勉強」を一生懸命頑張っていた4歳児のMくん。九九も言え、文字もスラスラ読むことができるのですが、保育所では、ボーっとしていることが多く反応が薄く、無気力で「遊べない」・「食べない」という状態でした。

　また、ご両親が海外留学や海外協力隊で活躍されていたということで、子どもにも語学力を養いたいと、家庭内では英語だけで会話をしているというYくんは、4歳児で入所してきましたが、やはり反応が薄く、無表情で保育者や友だちからの働きかけにうなずくだけ、遊べず、保育士と手を繋ぎ見ているだけです。卒園までの間、Yくんが自分からことばを発することはほとんどありませんでした。保育所は日本語だけの生活だったので家との環境の違いに戸惑っていたのかもしれませんが・・・。

　また、最近の傾向として、「お母さんの前ではいい子」が多いようです。しかし、保育者には抱っこやおんぶを求めたり、自分の思い通りにならないと、手や足が出たり、物を投げたり罵声を吐いたり、荒れた姿を示す子どもたちが多くなってきているのではないかと思われます。家では「いい子」、保育所では「やりたい放題」これが子ども本来の姿でしょうか？私が保育者になった頃

の子どもたちは、お母さんには目いっぱい甘えても、4, 5歳児になると集団の中ではちょっと背伸びしてかっこいい自分でありたいという姿を示していたように思うのですが・・・。

また、近年、心配される傾向に「スマホ利用」があります。電車の中で、"子どもに目を向けず、スマホに夢中のお母さん"が出現してから大分たちました。この頃では"スマホネグレクト"（倉本,2016）ということばも聞かれます。つい先日のことですが、車道の直ぐわきで若い女性がスマホに夢中です。その足元では2歳児らしい男の子がしゃがみこんでいます。時々、おかあさんを見上げ笑みを送りますが気付いてもらえず、しゃがみ腰のまま、お母さんの足元を一周。そして、また、笑みを送りますが気付いてもらえず・・・。何度繰り返したことか、みているこちらが辛くなる光景でした。池袋から秩父に向かう特急の中でも、窓際の3歳児らしい男の子が、車窓をじっと見ています。隣のおかあさんはスマホに夢中。男の子はお母さんの気を引きたくて「あっ、飯能だ！」と言ったりするのですが、まったく無視です。私の最寄り駅までの間、お母さんは、ただの一度も男の子のアクションに応えることはありませんでした。

また、「母もスマホ・子どももスマホ」という光景も見るようになりました。それも、1歳児、2歳児の子どもたちが乳母車の中で画面をじっと見つめ、無表情のままタッチを繰り返しています。操作がうまくいかない時は母親を見るわけでもなく「うっ！」と、スマホを差出します。それに対し、母親も、子どもを見るわけでもなく画面操作をして、子どものほうに戻します。何とも奇妙なやり取りに見えますが、この親子にとってはこれが日常なのかもしれません。乳幼児向けのアプリも増えており、学習系のアプリを使用させることで、「知識が豊かになるのでは・・・」と考える親が多いのも事実でしょうが、目や健康も心配されますし、将来の「スマホ依存」に繋がらないかという不安もあります。ひと昔前、私たち保育者はよく「テレビに子守りをさせないで！」と

言いましたが、今は「スマホに子守りをさせないで！」という時代なのかもしれません。また、家庭のみならず、幼稚園や保育所でもタブレット端末を使った教育が広がっていることも今後の大きな検討課題なのではないでしょうか。

3. 子どもの生活は父母の生活実態から把握する

「平成25年 国民生活基礎調査の概況」で最新の相対的貧困率（2012年）が公表されましたが、日本の「子どもの貧困率」は16.3%と過去最悪を更新（2009年：15.7%）したことがわかりました。これは、日本の子どもたちの6人に1人が「貧困状態」であることを示しています。国際的に見てもOECD加盟国中5番目に高い結果となっています。

また、おとなも含めた「相対的貧困率」は、16.1%（2009年：16.0%）で、同省はこの原因を、「母子世帯の増加と、働く母親の多くが非正規雇用であることも影響したのではないか」と指摘しました。同省による「平成23年度全国母子世帯調査結果報告」によると、母子世帯の年収は児童扶養手当・養育費なども含めた平均収入で223万円となっており、父子家庭の380万円を大きく下回っています。また、「平成27年国民生活基礎調査の概況」によると、子育て世代の1世帯当たりの平均所得金額を見ると、29歳以下は365万3千円、30〜39歳では558万9千円で、その生活実感は「苦しい」「大変苦しい」が60%以上という状況です。

また、2016年保育白書によると、父母共に長時間労働という状況が増え、幼稚園児も保育園児も家を出る時間が早まり家に帰る時間が遅くなっています。「保育園児の保育時間は10時間から12時間以上が3割を超え、幼稚園児では5時間〜6時間位が8割を占め」、就労する母親の増加の影響と、ビデオ・DVDなどの視聴時間の増加が指摘されています。

ここ10年で、幼児全般（幼稚園児・未就園児も含）の就寝時間が、「早寝早起き傾向になってきている」といわれているが、一方で親の就労の関係で

就寝時間が遅いままの子どもが父母の出勤時間に合わせて早く起床するため、睡眠不足の傾向が強まっているのではないかと考えられます。

朝食も「パンと牛乳」「シリアルと牛乳」「おにぎり」「ヨーグルト」などで済ませることが多いようです。開所時間に合わせて登園するようなケースでは、家では食べる時間が取れず、まったく食べていない子どもがいる場合もあり、子どもたちの健康を守り、午前中の活動を保障する（子どもの発達保障という観点から）上でも、職員全員の合意を作り、父母におにぎり等持参してもらい「保育所で食べさせる」というケアも大切になります。

労働問題は、政府が労働時間短縮を国会できめるだけでは実現しません。また、単に短縮するだけで賃金も下がってしまったのでは生活は苦しくなるばかりですので、簡単に実現する話ではありません。しかし、子どもの生活は、今も日々継続しているわけですから、当面の課題として、一日をトータルで考えて個々に応じた睡眠時間を保育現場で保障していくことも大切なことではないでしょうか。

4. まず父母を理解する

どの子も父母にとっては大切な我が子であり、大切な宝です。ですから、それぞれの人の価値観に応じた「子どもへの思いや願い」を持っているものです。そして、子どもも親が大好きなのは言うまでもありません。親が安心できない所で、子どもたちが安心して過ごせる訳はありません。親に信頼されない保育者には、子どもも信頼を寄せることは難しいのではないでしょうか。私たち保育者は、保育の専門家として沢山のことを学び、年を重ねるごとに、沢山の子どもたちに出会い経験を積み、子ども理解を深めていきます。だからといって、私たちの経験や知識を通して、新たに出会った親子を判断し、ましてや、私たち保育者が正しいと思える価値観を押し付けることは間違いではないでしょうか。

〈事例1〉　エッ！お迎え忘れた？・・・

姉妹の母親は、これまでも、帰りが遅い為、朝は子どもたちも大変で、朝食を食べずに登園することが多く、午前中、元気が出ないこともよくありました。朝ご飯に持参してもらったおにぎりやパンを保育士と食べていました。また、夕方のお迎えも、忙しさのあまりの父母の連携不足から行き違いも何度かありましたが、今回のようなことははじめてでした。

いくらなんでも「子どものことを忘れるなんて」と思われるかもしれません。しかし、大学の同級生で、お互いの夢を理解し合い結ばれ、結婚しても互いの夢を実現できるように支え合っている素敵なご夫婦です。子どもが生まれたことで、二人だけの時のように自分の夢に向かってまっしぐら・・・とはいかず、現実の生活は厳しかったそうです。そんな中でも、子どもにも一生懸命向かい合おうと、休みの日は、散歩を楽しんだり、家族そろって買い物をし、四人で夕食作りをしたり・・・。なにげない生活の中で子どもを大切に育てたいと思っている人たちです。そして、「自分たちは親としては未熟過ぎて、子どもにたいしたことはしてやれないかもしれないけれど、美しいものを美しいと感じることができ、自分も他人も大事にできる人に育てたいです。」と子どもへの思いを話してくれました。

時々、保育所としては、ドキッとさせられるけれど、この父母の思いをしっかり受け止め、二人の子どもたちを預かっていくことこそが保育所の役割ではないかと考えます。

今はまだ、親としては未熟でも、園の大きな仲間の中で子どもの成長と共に、親としての成長も、築いていけるはずです。また、それこそが、保育所の保育所たる所以ではないでしょうか。

2　子どもの育ちと保育士の役割

1. 子どもの育ちの土台をつくる為に

子どもの育ちの基本として大切な事。それは、

〈事例1〉 エッ！お迎え忘れた？・・・

4歳児クラスのAちゃん、1歳児クラスのBちゃん姉妹は父・母と4人家族です。父は大手企業のエリート社員、母はテレビ局で仕事をしています。大きな特集を組む為、残業続きで姉妹は、4月からほとんど毎日保育所で夕食を食べていました。

6月の職員会議の日でした。遅番の職員が二人のお迎えがまだであることを報告に来たのです。さらに、姉妹は今日は夕食ではなかったので、補食のおにぎりを食べただけであり、父母からの連絡も入っていないということでした。時計は20：00。保育所が終わる時間です。

朝、母から、「今日は私が迎えに来ます。今日は早めに来られると思うので、夕飯は家で食べます。」という連絡を担任は受けていました。「何かあったのではないか」という思いが、職員全員の胸によぎりました。担任はすぐ、子どもたちの保育にあたり、栄養士は二人の夕食の準備に入りました。何度も、父母の携帯に電話をかけましたが、二人とも「電源が入っていないか、電波の届かない・・・」という状態でした。職場にかけても、大分前に職場を出ているということでした。

時計が22：00を過ぎた時でした。「すみません。忘れてしまって！」と、母親が飛び込んできました。それと前後して父親から電話がありました。

次の朝、父母がそろって、来てくれたのですが、来月から放送となる特集番組が完成し、自分でも本当に満ち足りた思いと開放感で、スタッフの方たちと、夕飯を食べに行ってしまったそうです。電車を降りて保育所の前まで来たら保育所が明るいのを見て、子どもたちのことを思い出したということでした。父親は、母親が早く帰れると言ったので、同僚と飲みに行ってしまい、帰り道、携帯を見て保育園からの度重なる着信に驚き、電話をしてきたということでした。

豊かに「食べ」、たっぷり「眠り」いっぱい「遊ぶ」こと。「食べる力」「眠る力」「遊ぶ力」は相互に関連し合って育ちます。

食事中、遊び食べが多く、おしゃべりばかりでなかなか食事に集中できない子ども、自分ではあまり口に運ぼうとせず、保育者が食べさせても・・・。一時間近くかかっても食べ終わらない子もいます。

そんな時、クラスの担任として振り返らなければならないのは、「午前中の保育」です。「細切れのカリキュラムになっていないか」、子どもたちは「主体的に遊び、自分を十分に表現できているか」「気付かない内に日々流されるような保育になっていないか」、「クラスの子どもたちの発達に見合った活動量を遊びの中で保障できているか」、「今の子どもたち自身の成長要求に見合う保育内容が保障できているか」まず、午前中の保育と、子どもの姿を振り返りたいものです。

日々、食が進まない子どもたちの姿の中に、午前中の遊びでも、自分から遊ぼうとしない・ブランコに腰かけて何となくゆらゆらしながらボーっ

としている・園庭の隅のタイヤやテラスに腰かけていることが多く、あまり動こうとしない・砂場でもお尻をついてべったり座り込んでいたりする姿が見られる・など、遊ぼうとしない姿が見られることが多いものです。このような姿を示す子どもたちの食事に向かう姿勢は、背中が丸くなり、どこか老人の座る姿に似ています。そして、このような姿を示す子どもたちはどこのクラスにもいます。そして、どんなに励ましのことばかけをしても、口に運んであげても、好き嫌いとは別に、食が進まないのです。そして、午睡の時間になるとぐっすり寝込んでしまい、ゆすり起こしても起きられない・・・繰り返しの毎日があるのではないでしょうか。

そんな姿が見られた時こそ、父母の力を借りたいものです。まずは、家での生活の様子を教えていただくことからです。夜は何時に寝て、朝は何時に起きて・・・。家での朝、晩の食事の様子。よく食べるほうなのか？　誰と食べることが多いのか？　テレビ、ビデオ、ゲームのこと、休日の過ごし方等、家での生活の仕方を教えていただき

ながら、父母と共に考えていきたいものです。

その時に気を付けたいことは、父母それぞれの働き方の違いからくる生活の違いです。子どもの育ちにとって、どんなに正しいことでも、その正しさを振りかざしたり、できないからといって、父母を責めたりしても何も生まれません。

できれば、日中の様子もお父さんやお母さんに見ていただきながら、自然な形で話せるといいですね。

たっぷり遊び、おなかが満ち足りれば、満足して落ち着いて眠ることができ、たっぷり眠れば、機嫌よくめざめ、いっぱい遊び、おなかもすき集中して食べることができます。いっぱいあそべれば、おなかもすき、食事も美味しく食べられます。そんな当たり前の生活を子どもたちに保障する為に、家庭としてできること、保育所としてできることを考え合っていくことが大切です。

2. 豊かに「自分」を表現する力を育てる

みなさんは、どのような状況に置かれた時、相手を信頼し安心できますか？きっと、相手が、ありのままのみなさんを理解しようと受け入れてくれた時ではないでしょうか。入園時、はじめての保育所に子どもも父母も緊張しています。大好きなお母さんやお父さんから離れて、激しく泣く子どもたちは安心です。自分の不安を体いっぱい表現できている訳ですから…。でも、不安そうなのに泣くこともできず一生懸命我慢している無表情な子どもがいたら心配しなくてはいけませんね。「泣くこと」も、「泣くのを我慢している姿」も、子どもたちの心のサインです。私たち保育者は、泣いている子にも、泣くのを我慢している子にもそっと寄り添い、「ことばかけ」は勿論ですが、「眼差し」や「仕草」や「全身から醸し出す雰囲気」すべてを通して、「泣いていいんだよ。先生がいつでも一緒にいるからね。大丈夫だよ」という思いを子どもたちに伝えていける存在であることが大切です。

こんな出会いから、子どもたちは、「ここが自分の居場所」であることを感じ取り、いつもそば

に居てくれ、やさしい眼差しで見守ってくれる保育者を信頼し、安心できるようになっていくのではないでしょうか。そういう出会いを土台にしながら、自分の思いを少しずつ表現できるようになっていきます。

父母にとても同じことです。我が子とのはじめての別れは辛さと不安でいっぱいです。ましてや泣き叫ぶ子どもの姿を見たら・・・。新年度は、泣きながら振り返り振り返り園を後にするお母さんの姿が毎年見られます。仕事場に着いてからも我が子のことが心配で不安な時間を過ごしているはずです。だからこそ、入園期は特に、子どもたちの時間ごとの変化なども丁寧に伝えていくことが大切です。父母が安心できるよう職員みんなで見守っている保育所としての姿勢が伝わるよう、登降園時など出会った職員が、快く挨拶するのは勿論、「日中は笑顔が沢山見られるようになりましね！」等、ことばをかけてあげることが大切です。「頼りになるのは担任だけ」というより、「担任の先生は勿論だけど、みんなで見守っていてくれるんだ！」と実感できた時、保育所は親にとっても安心できる場所になっていくのではないでしょうか。

また、そうなった時、子どもにとって、保育所は「まるごとの自分を安心して表現できる場所」になっていくはずです。

3. 共感しあえるおとなや
##　仲間との暮らしを大切にすること

「みなさんの記憶をたどってみましょう。思い出せる自分のこと・それは幾つ位のことでしょうか・・・？」

何年かに渡って、学生にそんな質問をしてきたのですが、楽しかったことだったり、嫌なことだったり色々ですが、多くは年中、年長時期のことが多いようです。時々、「2歳の時、妹が生まれたこと」なんていう人もいますが、それは、もしかしたら、お母さんやお父さんが、「妹が生まれた時ね、あなたは○○○○だったんだよ。」と懐かしく繰り返し話してくれたからかもしれませ

んね。

　私たちの多くは、0歳〜2歳の頃のことは、ほとんど覚えていないようです。人間の記憶に残らないこの時期の保育を保育所では「乳児保育」といいますが、この時期の保育がその後の「人とかかわる力」に与える影響は極めて大きいといえます。

　子どもたちにとっての安心感は、どんな時でも、自分を見守っていてくれる保育者がいてこそ育ちます。また、「安心感」の育ちには複数担任である担任相互の関係が醸し出すクラス内の雰囲気が大きく影響してくるものです。担任同士が個人的な仲良しである必要はありませんが、子どものことは何でも話し合える関係であることが大切です。その為には、お互いに専門性を磨く姿勢と努力が必要ですね。日常の保育の中では、阿吽の呼吸で今やるべき事を感じ取り、保育していく力が大切です。

〈事例2〉　心地よい空間は保育士の心が通い合ってこそ・・・

　保育所で保育士が一番忙しい時間。そして、昨今ではアレルギー児も多く、個々に配慮されたメニューを間違いなく食べられるようにする為の緊張感がある場面でもあります。そんな時間だからこそ、お互いに落ち着いて、ゆったりと・・・。「どんな時でも、子どもにとって安心できる居心地のよい空間をつくろう」という、保育者の専門性から生まれる見事な連携ですね。

　安心感に包まれた空間の中で、保育者との丁寧な応答関係を通して、子どもたちはひとに対する基本的信頼感を形成していくことができます。

〈事例2〉　心地よい空間は保育士の心が通い合ってこそ・・・

　担任4人の内、A保育士はテーブルを配置したり、最初に食べる子を確認しながら、離乳食を並べたりしています。B・C保育士は最初に食べる子どものおむつ替えをしています。室内のおもちゃのあるコーナーで、

残りの子どもたちと遊んでいたD保育士が、わらべ歌遊びを始めました。A保育士はその歌声に合わせて優しい声で一緒に歌い始め、B・C保育士はおむつ替えをしている子と目線を合わせ、ことばかけをしながら、体でリズムをとったりし始めました。保育室全体が歌声で穏やかな空気に満たされ、居心地のよい空間になっていきます。その中で子どもたちが安心感に包まれているのは言うまでもありません。

4. 仲間と共に育ちあう集団を作る保育こそ大切

　「『ある保育園のゼロ歳児クラスで、散歩に行くために次々に部屋を子どもたちが出て行ったところ、まだハイハイ段階の子どもが二人残ってしまった。みんなの後を追うように進み始めたが、部屋から照明の暗い廊下を見て、一瞬躊躇した。互いに顔を見合わせて、他方が来ることを確認したところで廊下に進み出していった。"仲間"がいることで不安な空間がそうでないものになったと解釈できる。』同じ世界が、友だちのいるおかげで違った意味をもつ世界として理解される。この点に乳児期の友だちの最も大切な意味があると考えられる。」（神田,1997）

　神田が述べているように、まだ「友だち」の存在を明確に認識しているとは思えない0歳児でも日々集団で育つ中で、お互いの存在がお互いを励まし、学び合う関係が育ち始めているといえますね。しかし、この関係性を成立させる為には、0歳児クラスの保育の在り方が問われるのです。日々、生活や遊び全体を通して、子どもたちがお互いの存在を認識できるようなかかわりを意図的に作り出す保育士がいるからこそ、豊かな関係性が育っていくのです。

　1歳半頃、誕生した自我が拡大し始める1歳児クラス。友だちの存在を意識し始め、いっしょが楽しい時期です。生活や遊びの場面で、「一緒ね—！」「おんなじ！」「ね—！」という思いが溢れている頃です。

〈事例3〉「一緒ねー！」「おんなじねー！」

こんな楽しい場面もいっぱいの1歳児クラスですが、まだ十分ことばでのやり取りができないので、「かみつき」なども起こりやすい時期です。こんな1歳児の保育では、保育士がお互いの「思い」を受容し、寄り添い、お互いの「思い」の橋渡しを丁寧に積み重ねていく保育が大切になります。日々、同じような場面が繰り返し起こるものです。その都度、丁寧にお互いの思いを聞き取り、寄り添い続けてくれる保育士の姿から、やがてお互いの思いの違いに気付き、お互いを受け入れられるようになっていくんですね。

そして、仲間をくぐって成長する2歳児クラス。「友だち大好き」という姿をどの子もみせてくれる時期です。イメージの世界が豊かに広がってくる2歳児です。砂場でも室内のままごとコーナーでも「おうちごっこ」や「ねこごっこ」などで、よく遊びます。おうちごっこでは、みんながお母さんです。一家にお母さんが沢山いても矛盾は感じず、むしろ、「一緒！」の思いを楽しんでいるようです。「ねこごっこ」はちょっと奇妙です！猫になっている間は何が起こっても

「ニャー！」です。気分や感情もニャーで表現しています。

また、みんなで探検に出かけ、その途中、お化けや狼が出てくるのも2歳児の「つもり」の世界は大いに待ち望んでいます。ちょっと、怖いけど「みんなでやっつけてやる！」と、後ずさりしながら頑張ります。

まだまだ、トラブルも多いけれど、そのトラブルに負けない楽しい生活や遊びを通して、「おもしろいね！」「楽しいね！」という経験を積み上げ、笑顔と共感のあふれる日々を作っていきたいものです。

また、拡大している自我を発揮しながらの毎日。日々、「自分で！」「いやだ！」と頑張ったと思えば「見てて！」「できない！」「やって！」と甘える姿も強烈です。かわいさと、言いようのない大変さが満載の時期です。この姿は、園でも家庭でも強烈に発揮され、こんな姿の連続に若い保育士は「自分は保育士に向いてないのかな？」と悩み、自信喪失に陥ることもありますが、どんなに立派な先輩の保育士も、同じような体験を重ねながら、子ども理解を深めてきたのです。

〈事例3〉　「一緒ねー！」「おんなじねー！」

戸外遊びを終えて、シャワーをしてもらいさっぱりした顔の子どもたちが、食事の準備中のテーブルに着き始めました。

保育士「喉が渇いたねー！　お外暑かったね。麦茶飲もうか？」

みんな「うん、飲む！」「○○も！」「△△も！」・・・

保育士についでもらった麦茶をおいしそうに飲み始めた次の瞬間、敬ちゃんと翔太くんは目を合わせて"ニッ"と笑いながら、テーブルに"ジャー！"と・・・。目を合わせてうれしそうな二人。それを見ていた春ちゃんとちーちゃんも次々"ジャー""ジャー！"と、やってしまいました。そばで、食事の準備中だった保育士が「やっぱりやったか！」という心の声が聞こえそうな「あーあ」という、声をあげ、素早くテーブルを拭きました。四人とも、「仲間だもんね！一緒だもんね！」と言わんばかりの表情でした。

そこへ、子どもたちのシャワーと着替えを終えた他の保育士たちが何事も見なかったように、笑顔で加わりました。みんなにお茶がいきわたった時、リーダーの保育士が「今日は、いっぱい遊んだから、みんなで乾杯しようか！」と子どもたちにことばをかけました。すぐのってくる子どもたちは友だちとコップを合わせ「カンパイ！」と、はじけそうな笑顔です。まさしく「一緒だね！」という思いが保育室いっぱいに広がった瞬間です。そして、どの子も満足そうに食べ始めました。

3　「共育て」とは何か

1. 父母と保育者が共に力を合わせて

　父母が「保育所」に子どもを預けるという選択ができるのは、「保育所」という場所が歴史的に果たしてきた役割への安心感があるからです。また、「保育者」という職種・資格に対しての信頼感があるかです。

　私たち保育者を目指す者は、専門性を身に着ける為に大学で沢山の学びを積んできました。そして、保育現場に出てからも、沢山の子どもや父母との出会いの中で、日々、生きた学びをしながら、保育理論や発達についての学びを積み、さらに専門性を高めていくわけです。そんな毎日の中で、私たち保育者は、一生懸命に保育をすればする程、「保育園がこんなに頑張っているのに、お母さんもう少し頑張ってくれないかな・・・」という思いに埋没してしまうことがあります。その結果は、「専門性を持つ保育者が、ダメな親を指導する」という構図を作ってしまうことになります。そうなってしまうと、「子育ては専門家の先生にお願いして・・・」と、父母と保育者のあいだに溝ができてしまうことにもなりかねません。親を理解しようという姿勢がない保育者には、親は心を閉ざし、信頼を寄せることはありません。

　「共育て」とは、文字の通り、父母と保育者が共に力を合わせて子どもを育てていくことです。その為には、私たち保育者はまず、「我が子に対する親としての思いや願い」を教えていただくことから保育を始めなければなりません。そして、事あるごとに、各家庭のやり方や価値観も教えていただきながら、それぞれが大切にしているやり方や思いを尊重しながら、父母の子育てを支える為に「保育所としては何ができるか」を考えていきたいものです。一人ひとりの父母の思いや置かれている状況を理解することが、まるごと子どもを理解できるようになっていく一番の近道でもあります。

　また、子どもは起きている時間のほとんどを保育所で過ごします。そこでは、父母が知らない子どもの一面が見られることもあります。保育者は、日々の子どもの姿を父母に伝えながら、共に成長を喜び合える関係を大切にしたいものです。

　子どもたちが不安定な姿を示した時も、すぐ、家庭に問題を求めず、まずは、一人ひとりの子どもたちにとって、「保育所での生活やあそび、友達関係、保育者との関係は満たされたものになっているか」、「安心して過ごせる場所になっているか」を、見つめ直したいものです。その上で、なお、子どもに不安定な姿が見える時は、お母さんやお父さんと共に考えたいものです。

〈事例4〉親の大変さに寄り添ってこそ・・・

　Sちゃんの園での不安定な様子から、まず、園の保育を見直したこと、父母の仕事や生活の微妙な変化も、職員同士の連携で気付きを伝え合い、父母と率直に話し合えたことで、園でも家庭でもSちゃんにとって安定できる状態を作り出すことができました。子どもが安定する為には、父母が安定して生活することが大切です。Sちゃんの夕食が済んでいることで、家に帰宅した後、お母さんもお風呂でジャンケン遊びをするゆとりが持てたわけです。父母が良い表情で子どもと向き合える生活が築けるよう援助していくことは、保育所の大きな役割ではないでしょうか。

　「今日は、あのお母さん休みじゃないの？　休みの日ぐらい家で見ればいいのに！」「お迎えの時間は厳守ですよ。一日、かわいいお子さんと離れているんですから、買い物などしないで、お迎えにきて下さい」と働く親にとっては厳しいことばが現在でもよく聞かれます。しかし、フルタイムで働いていれば、たまった家の用事を片付けたいこともあります。少しは、リフレッシュして、自分を取り戻したいこともあります。その時間を保障してあげることで、父母が元気になり、安定して、子どもと向き合えることができるのであればそれに勝るものはありませんね。

　夕方の買い物もそうです。0〜2歳児を連れての買い物を考えてみて下さい。一刻も早く帰って夕飯の支度をし、お風呂に入れ、寝かさなければ

〈事例4〉　親の大変さに寄り添ってこそ・・・

　最近、すぐけんかしたり、泣きだすと長泣きをするようになったＳちゃんの姿が気になっている担任のＤ保育士は、休憩時間に昨年Ｓちゃんの担任だった先輩のＢ保育士に話してみました。Ｂ保育士は「Ｓちゃんは早生まれだったわね。仲良しのＴちゃんたちが、この頃、ドン・ジャンケンに夢中でしょ。今日たまたま近くで遊んでいたんだけれど、Ｓちゃんはまだ、ジャンケンがよく理解できてないみたいで、戸惑っているように見えたけど・・・」と話してくれました。

　また、それを聞いていたＡ保育士からは昨日の遅番の様子を聞くことができました。平常であれば、18：00頃のお迎えなのですが、ここの所、19：00を過ぎることもあり、昨日も19：10頃だったそうです。よく遊んでいたのに、お母さんが帰ってきたら、「帰りたくない」とごねだしてお母さんが大分手を焼いているようだったこと、その時のお母さんの様子は、随分、疲れてそうだったので、気になりことばをかけたら、「今、仕事が忙しくて」と話してくださったということでした。

　最近のＳちゃんの様子は、園での遊びも消化しきれない状態で、家でもお母さんが疲れていることが、イラつきや、長泣きの原因になっているかな・・・と考え、その日はお母さんの帰りを待って話してみることにしました。

　Ｄ保育士が最近のＳちゃんの様子を伝え、月齢から考えてもまだ、ジャンケンの理解がおぼつかなくて当たり前だったことに気が付かずＳちゃんへの遊びの中での援助が不十分だった事、保育士として、もう少しきめの細かい配慮をするべきだったと反省していることを伝えました。すると、お母さんは、最近の仕事の様子、夫も毎日帰りが遅く、家に帰ってからも疲れてしまって、子どもの事もうるさく感じてしまうことがあり「これではいけない」と思っていたことなど話してくれました。

　お父さんの帰りも遅く、お母さんが一人で頑張っていたことがわかり、お母さんの負担を軽くする為に、Ｄ保育士は、お母さんの仕事が一段落するまで、園で夕食を食べることを提案してみました。

　翌朝、お父さんとも相談されて、しばらく園で夕食を食べることになりました。その後のＳちゃんの様子は、夕食を食べておなかも満たされ、夕方はスムーズに笑顔で帰れるようになりました。日中も、保育士がこれまで以上に遊びの様子を見守りながら、援助していく中でジャンケンの理解もでき始め、ドン・ジャンケンも楽しめるようになっていきました。Ｓちゃんの話によると、お風呂の中で「お母さんとジャンケンで、どっちが勝つか競争してる」ということでした。また、一か月程でお母さんの仕事が落ち着き、いつもの生活に戻ることができました。

　ならないのに、子どもを連れての買い物は時間ばかりかかってしまいます。子どもの生活リズムを守り、父母が少しでもゆとりを持って、家で子どもと向き合える為にも、子ども連れでの買い物は休みの日のお楽しみにしたいものです。

　これらのことに保育士が目くじらを立てるのは、保育士の労働条件が深くかかわっていると思いますが、自分たちの労働条件の不備をもっともらしい理屈をつけて、親や子どもへのしわ寄せで解決しようとするのは決して正しいとは言えないばかりか、むしろ、父母とのあいだに目に見えない対立を引き起こし、信頼関係を築くことも難しくなってしまいます。

　また、些細なことで、父母と保育者の、思いが

行き違うことも時にはあるかもしれません。

　そのほとんどが、お互いのことば足らずや、「この位大丈夫」という思い込みから起こることが多いものです。

　入園当初、慣れない子どもたちの受け入れで精一杯の時、実は慣れないで不安なのは父母も一緒です。「このエプロンどこに置くのかな？おしぼりは・・・？連絡帳はどこに出すのかな？汚れ物入れは？着替えは？・・・」と、登園しても、やるべきことの多さに冷や汗をかくお母さんやお父さん。慣れずに泣く子どもの受け入れで精一杯の保育者。父母が迷っているのが分かっても、声を掛ける余裕がありません。こんな時はことばが不十分になるのを補う分かりやすい表示などの細か

い配慮や工夫が必要ですね。子どもに泣かれるだけでも不安で自分も泣きたい思いの父母にとっては、保育者の手一杯な状況は分かっていても、「不親切だ」と、思ってしまいがちな場面です。

　午前中の外遊びでの出来事。園庭で友だちと楽しそうに追いかけっこをしていた時、転んでひざを擦りむいてしまった○ちゃん。担任はすぐ、様子を見に走りましたが、出血はしていませんでした。念のために、よく水道で洗いました。その後も、元気に走りまわっていた○ちゃんにすっかり安心し、夕方のお迎え時、お母さんにそのことを伝えないままにしてしまいました。しかし、お風呂に入った時、○ちゃんのひざは、少し紫がかり、擦りむいた後がはっきり浮き出していたのです。当然、「どうしたの？」と、○ちゃんから転んだことを聞いたお母さんは「どうして、先生は伝えてくれなかったのか・・・？　ちゃんと、子どもを見てくれてないんじゃないかしら・・・？」と、思っても仕方ないですね。こんなことの積み重ねで不信感は始まります。保育者も決して、子どもを見てないわけでもなく対処してないわけでもないのに、『伝える』ということがおろそかになった結果です。

　また、父母も、「今日は出張で会社にいない」ことを、保育所に伝え忘れた・・・。そんな時に限って、子どもが発熱・・・何ていうことも珍しくはありません。会社に連絡しても、中々、連絡がとれないこともあったりします。こんな日は、第二の連絡先を用意して、朝、その日の状況を保育所に伝えておきたいものですね。

　保育者も父母もお互いが『ことば』での伝え合い（会えない時はメモで）を大切にしていきたいものです。しかし、こんな時、父母の心の中に蓄積される不信感を払拭することができるのは、普段の「保育所」としての保育姿勢ではないでしょうか。本音のところで、働く父母の状況を深く理解し、共に歩もうとする姿勢そのものであり、子どもを本当に大切に保育してくれているという「実感」がどれだけ父母に伝わっているか・・・それが、決め手となります。

ですから、「保育士」として、日常的に父母の状況をどれだけ掴み、大変さをどれだけ理解しているかが問われるわけです。

　人生を共に生きる仲間として、尊重し、子育ての願いを共有させていただきながら、子どもを真ん中に手を繋ぎ合える関係を築いていきたいものですね。

2. 共に子育てする仲間として　手を繋ぎ合える父母の輪を

　現場の保育者たちが実際の保育の中で、どのように父母同士を繋ごうとしているか事例で見ていきたいと思います。

〈事例5〉保育室で仁王立ちになったお父さん！（1歳児）
〈事例6〉そして、迎えた懇談会

　その後、このクラスは、卒園まで、毎年増えていく新入園児の父母を巻き込みながら、親として学び合い、子どもを守る太い絆を築いていきました。また、共に働く者として、お互いの職場の悩みを話し合い、支え合える仲間になっていったのです。帰りに携帯メールを送り合い、ストレスを解消しながら、園に着く時分には、すっかり気分転換できていたり・・・。「お母さんの会」「お父さんの会」（飲みながらしゃべる会）を作り、「それぞれの会が開かれる時は、夫婦が互いに子どもの世話を引き受ける」という約束をはじめての懇談会終了後、担任を中心にしていたのでした。

　「保育」という仕事は、まさしく、人間関係を構築していく仕事です。

　未来の担い手である子どもたちが家庭でも、保育所でも安心して、心豊かに育っていくことができるように、父母と保育者の間に確かな信頼関係を築いていきたいものですね。

　そして、働きながら共に子育てする仲間の輪を作り、沢山のお父さんやお母さんたちの関係に中で、子どもの育ちにとって大切なことを学び合える関係を作り出せる力量を蓄えた保育者を目指したいものですね。

〈事例5〉　保育室で仁王立ちになったお父さん！（1歳児）

　1歳児から5歳児までの110名定員の保育園です。4月に入園したばかりの1歳児クラス15名のクラスでの出来事です。4月生まれから3月生まれまで月齢差の大きいクラスでした。Mちゃんは9月生まれから3月生まれまで7名の低月クラスでした。

　入園して2か月が経ち、子どもたちも安心して一日を始められるようになったある日の朝、Mちゃんのお父さんが、突然保育室のドアの所で仁王立ちになり、「どいつがやったんだ！家のMに噛みついた奴は出てこい！」と大きな声を出したのです。子どもたちは、起こった出来事を把握できないのでしょう。「ポカン！」と、Mちゃんのお父さんを見上げています。いつもは保育室に入ってくるなり、笑顔で子どもたち一人ひとりにことばを掛けたり夕方は、遊んでくれたりするお父さんなんですから・・・。子どもたちの中に不安が広がる前にこの場を何とかしなくてはと、クラスリーダーの保育士が静かに、素早くお父さんの所に行き、子どもたちに笑顔を向けたままお父さんを廊下に押し出した形になりました。そのまま、事務室に来ていただき園長も含めてお父さんのお話しをお聞きしました。

　「今まで、Mが傷を負ったことなどなかったのに、入園してから、これで、2回目だ。それも、一晩たっても消えない程、きつく噛まれている。どんなに痛かったかと思うと居たたまれない。私たちが仕事をしているから、Mを守ってやれないのかと思うと情けない。先生たちは、前に噛まれた時も、昨日も、お迎えの時に、丁寧に謝罪してくれたし、Mが寝た時間を見計らって電話もしてくれ、傷を心配してくれたけれど、親として、やった奴が許せなかった」ということです。

　1歳児に「どいつだ！」と怒鳴っても仕方のないことなのですが、親としての子どもを思う当たり前の気持ちです。お父さんは、「どいつだ！」ということばの中に、「家のかわいいMが噛まれないように、ちゃんと見てなかった保育士はどいつだ！もっと、しっかり見ててくれよ！」という気持ちではなかったのでしょうか。私たち保育士は、その思いをしっかり受け取らなければなりません。そして、「父母の労働を支える」という社会的な役割をもつ保育所として、「自分たちが働いていたから、子どもを守ってやれないのか」というような思いを親にさせてはいけないのです。

　お父さんに、心からお詫びしたのは勿論ですが、その週末に予定されていたクラス懇談会で、色々、話し合いができれば・・・という事で、その場は納得していただきました。

４　保育者として専門性を鍛える

1.「学びあう力」が「保育者としての専門性」を鍛えていく

　私はＴ市の公立保育園に勤務していたのですが、園長になり、二度目の異動をした園でのことです。今でも鮮明に覚えていますが、主任をしていたベテラン保育士が他園に異動になる時に次のような話をしてくれました。

　「園長先生、今だから言えるけど先生と仕事をさせてもらうようになって、私、保育士になってから、はじめてこんなに本を読んだんです。初めは、この年になって、なんでこんなに本を買って読まなくちゃいけないの、保育のことを今更勉強するなんて！と、思ったんです。でも、職員会議でみんなと読み合わせをしたり、子どもの見方を話し合うと、今まで見えなかったものが見えてきて、「保育」という仕事が楽しくなってきました。今まで、25年もの間、もったいないことをしていたと思ったりしています。私は、保育士になってからずっと、毎日、子どもを楽しませるのが保育だと思っていたので、今日は何やろう！明日は・・・と、楽しく過ごせるネタを探して保育していたような気がします。そして、何年か経つと、私の引き出しの中に色々なことを貯め込むことができたので、それを、繰り返し出しては使い、また、大事にしまって・・・を繰り返していたんです。子どもたちもその場は楽しそうだし、親にもさすがベテランの先生で安心と言われ、満足してきたんですけど、どこか惰性というか・・・、これでいいのかなと、考えること

〈事例6〉　そして、迎えた懇談会

　事前の担任からのクラスだよりでのお知らせや連絡帳を通しての個別の呼びかけ、勿論、お迎え時の直接的なお誘いで、仕事以外の父母は全員があつまり、15世帯27名の参加でした。私たちに思いを吐き出してくださったMちゃんのお父さんも、お母さんと一緒に笑顔で参加して下さいました。

　自己紹介の後、担任から、"入園してから今日までの様子"が話され、日中の遊びの姿、昼食から午睡までの様子をビデオでも見ていただきました。はじめて見る保育園での我が子の姿にお父さんやお母さんたちのあいだに笑顔と穏やかな空気が広がりました。感想をお聞きすると、みなさん、一様に「連絡帳に書いてあったことや、クラスだよりで伝わってくることがそのまま見られたようで、安心しました」という思いを話して下さいました。そして、編集なしなので、保育士の姿も映っていたわけですが、「先生たちがよく動いているのに、忙しく感じさせないし、本当に優しい眼差しでさすがプロだと思った。」という感想を、保育士をしているお母さんからいただき、「本当にそうだね」「さすが、目の付け所が違うね」と、そのお母さんの専門性の高さに共感が広がりました。

　そして、お互いの子育てへの思いを話していただき、担任からも、自我が芽生えはじめ、「自分で!」「自分が!」という思いがいっぱいの1歳児。でも、ことばでの伝え合いもまだ十分でなく、トラブルも発生しがちで、時には、噛みつきやひっかきということも起きてしまうことがあること。全力で防ごうと見ているが防ぎきれないこともあったりし、申し訳ない思いでいることが話されました。

　園長からも、噛みつきは、噛まれる子の親も悲しく辛い思いをするけれど、噛む方の子の親も辛い思いであること。それは、我が子のやったことでも、自分ではどうしようもない時間に起きているわけで、園で起きることは、総て、預かっている私たちの責任であると考えていること。自我の発達と共に、どの子も月齢ごとに、次々同じような姿を示しながら大きくなっていくこと。園としてもこの時期を豊かに超えていけるようフリーの保育士を配置するなどして、見守っていきたいことを伝えたわけです。

　それまで、静かにみんなの話を聞いていたKくんのお母さんが口を開きました。「今、家のKが、すぐ噛むようで、本当にみなさんに申し訳なくて・・・。」お父さんも「言い聞かせてみたんですが中々・・・」

　これを聞いていたMちゃんのお父さん、「どこのどいつが家のかわいいMをやったのかと思ったら、Kちゃんだったのか・・・」とニコニコです。それもそのはずで、お迎えの時間、いつもニコニコ近づいていくKちゃんを、抱き上げたり、遊び相手になったりして「姫もかわいいけど、男の子もかわいいよな!」と、子煩悩ぶりを発揮していたからでした。

　すっかり、みなさん打ち解けて、「送り迎えの時、みんなで、どの子にももっとことばをかけたりできるといいかもしれないですね。」「これから、5年間、みんなで育っていくんだからね!」「一人ひとりのことが分かっていると、何かあった時も理解できることもあるからね。」「保育所って、兄弟がいっぱいできたみたいですね。」と、和やかに終了した懇談会でした。

もあったんです。だから、そろそろ、"辞め時かな・・・"何て考えてもいたんですよ。でも、私、定年まで、この仕事をしたいなと思えてきました。」というのです。

　「保育」を「子どもを楽しませること」と捉えると、沢山の楽しいネタを貯め込んでいれば、小出しにしながら日々過ごすこともできます。しかし、それだけでは、保育という仕事の本当の楽しさがわからなかったわけです。私は「よく、25年頑張れたわね」と思わず、言ってしまいました。彼女が25年続けてこられたのは、家のローンがあったことが一番の理由だということでした。また、ピアノが上手なので、ピアノで子どもが歌ったり、一斉に動いたりしてくれると、"自分が素晴らしい保育をしているような気になり、日々それなりに楽しいと思えた"と話してくれました。

　また、私が退職間際に勤務した園でも、「先生、勉強は大学で終わりじゃなかったんですね。むしろ、現場に出てからが本当の学びなんだとわ

かりました。本を読んで、みんなで話し合ったりすると、自分のクラスの問題が見えてくるんです。今まで、私がこんなに一生懸命頑張っているのに、うまくいかないのは"子どもの質が悪い"と、子どものせいにしていました。自分の思いだけで走っても駄目なんですね。子どもたちをしっかり見て、その思いをちゃんと受け止めながら保育することが大切なんですよね。分かっているつもりだったし、それが保育だと学んできたのに、本当の所で分かってなかったんですね」と、5年目の保育士のことばです。

この保育士たちのことばが「保育」という仕事の本質を見事に語ってくれているのではないかと思います。そして、学ぶことの大切さを、私たちに教えてくれているのではないでしょうか。"保育園必要悪"と、存在自体を否定された時代から、劣悪な労働条件の中で、父母と共に保育実践を積み上げ、集団保育の素晴らしさを証明してきた先輩たちがいます。その先輩たちの努力に沢山の研究者が応え、現場の実践と共に歩みながら、保育理論を構築しています。保育理論は日進月歩です。それを、私たちが学び、また、実践を積み上げていくわけですね。この繰り返しの中で、「乳児保育の重要性」や「集団保育と子どもの発達の関係性」などが明らかにされてきたわけです。それをしっかり学び合いながら、父母や子どもたちと共に実践を積み上げていくことが大切なのではないでしょうか。

2. 共同する力がより良い保育を創りだす

子どもたちは環境を選んで生まれてくることはできません。それと同じで、子どもたちは"ぼくはこの保育所で保育されたい！"と、選ぶことはできませんね。ましてや、現在の"保活時代"は、申し込みをしただけでは保育所に入ることもできないのです。2015（平成27）年4月時点の保育園に入れなかった子どもたちは、2万3,167人となり、5年ぶりに増加したことが厚労省調査で明らかになりました。そして、2016（平成28）年3月には厚労省がはじめて隠れ待機児童を明らか

にし、その数は6万208人に上り、4月時点の待機児童と合わせると8万3,375人もいることになります。子どもが生まれる前から、また、乳飲み子を抱えて"保育所を増やして！"と、署名を集めたり、国会や役所の前で「保育園落ちたのは私たちだ！」（2016年3月）と、プラカードを持って集会を行ったりしないと入れません。いや、それでも入れないのです。このような現状であるにもかかわらず、「民間にできることは民間に」という国の政策の為に、この10年で約2,500か所もの公立保育所が消滅させられたのです。その結果が、大量の待機児を生み出してしまったといえるでしょう。

行動を起こした父母の力に押されて、2016（平成28）年3月28日、政府は「待機児童解消緊急対策」を打ち出しましたが、これまでと変わらず、既存施設への子どもの詰め込みと規制緩和が中心の内容であり、それどころか、国の最低基準以上に保育士の配置を上乗せし、保育の質向上に努めている自治体に対し、国基準までの「基準切り下げ」を要請する内容でした。子どもの安全を無視する内容に、多くの父母や保育関係者から怒りの声が上がっています。父母は子どもを安心して預け、働くことができる保育所を求めているのです。"預けられればどこでもいい"などと考えている父母はいません。「非常階段」や「園庭」があるのは勿論ですが、子どもの安全が図られる保育室のスペースや有資格の保育者の数が確保され、安心して食べさせることのできる給食が提供される認可保育所を求めているのです。

待機児童問題と共にクローズアップされているのが、保育士不足です。資格を持っているひとは沢山いるのに、仕事に就くひとが少ないのです。その原因が、「賃金の低さ」です。全産業の平均より10万円も安い実態があります。

「認可保育所を守り増やしていくこと」と、「保育者の待遇改善」は同じ土俵の問題です。待機児童解消は父母の問題で、待遇改善は保育者の問題と捉えることは誤りです。私たち保育者は、「地域の子育て」に責任を持たなければなりません。

保育所への入園を希望する総ての子どもたちが保育所に入れるように、地域の子どもたちの育ちに責任を負わなければなりません。ですから、地域で待機児童になっている非通園児の父母や保育所に通園する父母と共に保育所を増やす運動を担うことも大切です。

また、より良い保育を実現する為の環境改善を求めていくことは大切なことですが、条件が整わなければやらないという姿勢ではなく、どんな困難な中でも、今、目の前の父母や子どもの状況を見極め、必要とされていることは引き受け、やりながらより良い保育を生み出す実践を追求していくことが大切です。

自分たちの条件が整うまで、父母や子どもに、今、必要なことでも目をつぶってしまうという姿勢からは何も生まれません。自分たちの条件の不十分さを父母や子どもへのしわ寄せで解消しないことです。日々、子どもや父母に誠実に「保育者としての使命」を果たそうとする保育者の姿と、集団の中で確かに成長する子どもたちの姿を実感した時、父母は私たちと共により良い保育を創っていく主体へと変化していくのです。

保育所で育つ子どもたちの姿には、地域のひとたちも深い関心を持っています。散歩でお会いする地域の方々に親しみを持って挨拶することがはじめの一歩です。夏祭りや運動会の練習をする子どもたちの姿も、地域の方々と保育所のかかわりを深めてくれます。夏祭りの太鼓の練習を年長さんがしていたら、フェンス沿いに散歩で出会うおじいちゃんやおばあちゃんがいつの間にか集まってきて拍手してくれたり、運動会の練習の時も、玉入れや綱引き、リレーなどに大声援が飛び交います。そういうおじいちゃんやおばあちゃんたちを敬老の日にご招待し、子どもたちに遊びを教えていただいたこともあります。

また、園庭を覗いている小さい子ども連れのお母さんに挨拶をしたり、「園庭で遊んで行って下さいね」とお誘いするなど・・・、日常の何気ない取り組みがあってこそ、子育てで困った時、「保育所に行ってみようかな」と思ってもらえる

存在になれるのではないでしょうか。勿論、意図的に計画される「育児教室」や、「園庭開放」も大切な取り組みになりますね。地域の方々に足を運んでいただき、実際の保育所を体験していただいてこそ、保育所や、保育士の仕事・保育の大切さを理解していただけるのではないでしょうか。

このような取り組みをすることで、保育所が長年蓄えた子育ての力を地域にお返しすることができると共に、「保育所」は「地域の財産」として認知され、保育者の社会的地位も確立されていくのではないでしょうか。

<table>
<tr><td>5</td><td>保育は明日の社会を創る仕事
未来を創る私たちの仲間を育てる仕事</td></tr>
</table>

1.「保育」という仕事

「保育」という仕事は、保育者が目の前の子どもの姿に学び、子どもが自ら育とうとする力を丁寧に育てていく取り組みです。その過程において、子ども自身が乗り越えなければならない壁もあるはずです。その壁を乗り越える為の道筋を見通し、必要な手立てをとりながら、あくまでも子ども自身が乗り越えられる時を、父母と共に楽しみに待ってやることが大切です。その過程において、父母の子育てへの願いや思いも教えていただき、家での様子、保育所での様子を伝え合いながら、共に子どもの姿を見守っていきたいものです。

また、お父さんやお母さんたちが、仕事を終えてからの限られた時間を少しでもゆとりを持って子どもと向き合えるよう、保育所でできることを誠実に引き受けながら、子育てを支え、保育所としての社会的使命を果たしていきたいものです。

「保育」という仕事は、保育者がその専門性を磨く努力を惜しまず誠実に向き合えば、必ず自分自身を豊かに成長させてくれる仕事です。日々、目の前の子どもたちから笑顔と感動をもらい、時には、父母の生き方や、深い思いに共感したり、子どもの成長を確認し合い共に泣いたり笑った

り・・・。そして、1年過ぎるごとに、子どもたちや父母とのかかわりを深めながら、自分を豊かに耕し、沢山の宝物を貯め込んでいくことのできる仕事なのです。

しかし、仕事の仕方によっては、子どもと共に成長する喜びを実感することができない不幸な保育者人生がないとは言えません。

保育室の中で、力が一番強いのは保育士です。幼い子どもを力づくで押さえつけようと思えばできてしまうことでしょう。しかし、それは、幼い子どもたちを深く傷つけるのは勿論ですが、保育者自身も一生背負っても背負いきれない傷を負う結果となるのではないでしょうか。

〈事例7〉　魔法の眼鏡

しかし、考えてみると、経験を積んだ保育者になればなる程、このような保育をしてしまうことがあるのではないでしょうか？　"保育経験○年目！"という肩書があると、落ち着いたクラスを作って当たり前…、話をしっかり聞けるようになって当たり前…、友だちを思いやれる集団になって当たり前…と、沢山のプレッシャーがあるのかもしれません。また、長年の保育の中で、経験主義に陥り学ぶ姿勢を忘れた為に、子どもを従わせる方法ばかり身に着けてしまったのかもしれません。

最近のことですが、ある学生が実習に行った先の4歳児クラスで、担任が少しの時間保育室を開け子どもだけで待っていてもらうのに、「おじぞうさまになって待っててくれるかな？」と子どもたちに言ったそうです。「こんな風に子どもを静かに待たせることもできるのか」と、実習生は感心したそうですが、果たしてそうでしょうか？

4歳児であれば、「今から先生は園長先生と大切なお話ししてくるから、みんな、静かに待っていられるかな？」と、子どもたちを信頼して話してみたらどうでしょう。子どもたちは張り切って静かに待っていてくれるはずです。そして、それが子どもたちを「人として尊重して育む」ということではないでしょうか。

2.　終わりに

2011（平成23）年、3月11日2時46分、東日本大震災発生。マグニチュード9.0、最大震度7.0という大地震でした。続いて起こった大津波は東北地方沿岸を軒並み飲み込んでしまいました。この地震による死者数は15,000人を超え、現在もなお2,500人を超える方々が行方不明のままです。

関東地方に暮らす私たちは、長く続く大きな揺れの中で情報を求めてテレビをつけると、次々と町やひとを飲み込んでいく大津波の映像が映し出されましたが、その映像が、「今、この瞬間に日本で起きていることなのだ」と理解しがたかったのではなかったでしょうか。

そして、追い打ちをかけるように、地震と津波による福島第一原子力発電所の爆発。東北関東一帯に拡散した放射能。今もなお、海へ排出されている汚染水、海も山も大地もすべてが放射能で汚染されてしまいました。それから、6年がたつわけですが　今だに収束への見通しはありません。原発の周りの地域では村ごとの避難を余儀なくされた所も多く、2016（平成28）年6月現在で全国各地への避難者数は15万5千人（復興庁のまとめによる）ということです。

地震直後、煙を上げる福島原子力発電所がテレビに映し出されましたが、当初は「福島が大変なことになっている」と福島のことを心配していた方も多かったのではないでしょうか。しかし、この事故により拡散された放射能の影響は私たちが考えるより遥かに私たちの生活に直結したものでした。私の勤務先である埼玉県T市の公立保育園でも「原発事故発生」に機敏に対応したのは小さい子どもをもつ父母の方々でした。「外に出さないで下さい」「エアコンの使用は止めて下さい」「水道水の使用はやめて下さい」「給食の食材の産地を明らかにして下さい」・・・。しかし、子どもたちから「戸外遊び」を奪うことはできませんでした。お母さんたちと話し合い、園庭や砂場の汚染状況を調べてみようということになり、市役所に調査を依頼し、「安全の範囲内」という結果をいただきました。それでも、心配されるお母さ

〈事例7〉 魔法の眼鏡

　まだ、私がＴ市に就職して5年目の時です。幼稚園で10年の経験を積み、Ｔ市に再就職して十数年という大ベテランのＡ保育者がいました。Ａ保育者が5歳児クラスの受け持ちになった時のことです。かなりのつわもの揃いで、4歳児クラスの担任は大分苦労していました。この子たちを無事卒園させられるのは、Ａ保育者しかいないだろうということで担任になったわけです。本当に、見事というか、4月はじめから29人の子どもたちは誰一人として、今までのように、けんかして大騒ぎもせず、先生の話をしっかり聞き、「はい」と返事までします。今までであれば、先生が話していても自分の思いついたことを次々しゃべりだし、収集がつかなくなることもしばしばでした。一日を落ち着いて過ごしているように見え、「さすがＡ先生！」と、みんな感じていました。給食では好き嫌いも結構あり、一人ひとりの調節に時間がかかるクラスでしたが、皿に盛られた一人分は全員食べられるようになっていたのでビックリでした。ただ、4歳児クラスの時は、給食室がうれしい悲鳴をあげるほど、お代わりを沢山していたのですが、ほとんどお代わりをしなくなってしまったようです。これには、給食室も心配をしていました。

　5月も終わろうとしていたある日のこと、Ａ保育者の田舎で不幸がありお休みを余儀なくされ、3日間のお休みをとることになったのです。フリーだった私が代替えとして、保育に入ることになりました。一日目は何人かの子どもたちが体を寄せて抱きついてきたり、手を引いて遊びに誘ってきたりしました。とりあえず、私が話すことも聞いていましたが、なんとなく返事をするタイミングを計られているようで違和感を覚えました。給食も大多数の子が、黙々と食べていました。午前中、抱きついたりしていたＷちゃんが私の顔をじっと見ているので、「どうしたの？」と聞くと、小さい声で「ピーマン食べられない」と言ってきました。「そうか、苦手だったんだね。でも頑張っていっぱい食べたんだね。後は残したらいいんじゃない？」というと、ホッとしたような表情になりました。そのやりとりを見ていた隣のＯくんが「先生、お魚お代わりしたいんだけど。」「どうぞ。」と、私。すると、Ｅちゃんが「先生、私全部終わってないけど、お魚お代わりしてもいい？」と、遠慮気味に聞いてきました。「勿論、いいわよ！」と私。それを聞いていた何人かの子どもたちがお代わりに行きました。もう「ごちそうさま」をしていたＢくんが「そんなことして、魔法の眼鏡で見えちゃうよ」といったのです。「何？それ？魔法の眼鏡があるの？先生も欲しいな！」と笑ってしまった私でした。しかし、その時、周りにいた子どもたちの背筋が伸びたような気がしました・・・。

　何とか一日を過ごし、「帰りの会」をしようと集まった時でした。お昼の時、"魔法の眼鏡"発言をしたＢくんが神妙な顔で「先生、魔法の眼鏡で、全部みえるんだよね？」と、聞いてきました。周りの子どもたちも真剣な表情です。よく聞いてみると、Ａ保育者は「自分が休みの間も魔法の眼鏡でみんなのことを全部見ている」と言ったそうです。「いつもと違うことをすると全部わかるから、先生が来た時、沢山お話しするようだね」と言ってお休みに入ったそうです。一見落ち着いて過ごしているように見えたクラスは、保育者の強烈な支配力によるものだったのです。ましてや、自分がお休みの間も子どもたちを"魔法の眼鏡"で支配していたのでした。こんな形で、子どもたちを委縮させ、自分を発揮する自由を奪い、食べる自由も奪う保育があるなんて・・・。その事実にショックを受け、まだ、保育経験も浅かった私は「魔法の眼鏡なんてないから大丈夫だよ！」と、子どもたちに真剣に話すのが精いっぱいでした。勿論、その日の内に主任や園長に相談し、その後、「保育の在り方」を全職員で深める学習をしていったわけですが・・・。

んたちが、ガイガーカウンターで毎日計りにきて下さいました。子どもが散歩に出るときは、「道端の草に触らせないで欲しい」。園の周りの林が子どもたちの豊かな遊び場でしたが、「落ち葉には絶対触れさせないで欲しい」という要望も寄せられました。この一例だけ考えても、原発事故は、子どもたちの育つ環境を一瞬にして奪ってしまったといえるでしょう。

　ある研修会で福島県の保育士さんが、「毎日、園庭はながめるだけ。遊び場だった山も川も畑

も今はながめるだけ。運動会も戸外ではできません。原発事故は子どもたちから太陽も土も奪ってしまいました。子どもたちの育ちから大切なものを奪ってしまったのです。子どもたちのこれからの育ちが心配です。私たち保育者に何ができるかと模索の毎日です。」とスクリーンに映し出された「雄大な高旗山と一面の菜の花畑」の前でお話しされたことを忘れることはできません。

日本は周りをすべて海に囲まれた小さな島国であり、地震大国でもありますが、国土の周囲を取り囲むように18箇所の原子力発電所があります。点検作業で東日本大震災後はすべてが停止していましたが、多くの人びとの反対の声を無視して、次々と再稼働していく方向です。福島原発事故で明らかなように、いざ事故が起きたら収束への見通しも明らかにできない現状で、安全性も保障できないままの再稼働です。

私たち保育者は、子どもが安心して裸足で駆け回ることのできる「土」を子どもたちに残してやらなければなりません。子どもたちが安心して泳げる「川」や「海」を守っていかなければなりません。散歩に出て、探索の盛んな1歳児が安心してタンポポを摘める「野原」を残してやらなければなりません。安心して飲める水、安心して食べられる野菜や肉や魚…。

未来を担う子どもたちが、生き生きと暮らせる日々を、生活を守っていくのも私たち保育者の使命ではないでしょうか。

子どもは、明日の社会の担い手です。私たち保育者は「保育」という仕事を通して未来の担い手である子どもたちの成長・発達に責任を持っているのです。

それと同時に働く父母が安心して働くことができるよう、その子育てを全力で支え、子どもと子育てに優しい社会をつくる責任を負っているのです。そして、この子たちの生きる未来が豊かで、安全で、平和であるように全力を尽くさなければなりません。

保育者はとかくおしゃべりなものです。特に自分のクラスの子どもたちのことを話し出したら話題にことかかないものです。休憩時間でも、たまに開かれる飲み会でも、職場旅行でも子どもたちのことを話し出したら止まりません。そして、そんなおしゃべりも、結果として、みんなが園全体の子どもたちの状況を共有し合うことに繋がっているのです。

また、みんなで同じ本を読んだり、研修会に参加したり、同じ職場の保育士同士、「保育」を深め合える環境を大切にしたいものです。そして、父母や仲間の保育者同士、子どもたちの成長を喜び合える関係を築きながら保育をしていきましょう。そのことが、きっと、自分自身も豊かに成長できる「保育」に繋がるはずですよ。

コラム〔8〕　子どもと体操・踊り

　現在、保育現場では様々な体操や踊りが取り入れられています。昔ながらの童謡や、シンガーソングライターが乳幼児向けに作った踊り、近年では子どもに人気のキャラクターが題材の体操など、種類も豊富です。身体を動かすことで、しなやかな動きやメリハリのある動きの発達が促されるだけでなく、創造力が養われ、気持ちを伝える際の自己表現も豊かになることが期待できます。子どもの成長と密接に関連した体操・踊りは多くの園で実施され、保育とかかわりの深いものといえるでしょう。

　では、保育現場で体操や踊りを取り入れる際、どのようなことに留意する必要があるのでしょうか。主活動に続く"導入"としての体操なのか、もしくは"主活動"としての体操であるのかによって内容やアプローチが変わってきます。また、新しい体操に取り組む刺激を求めている時もあれば、子どもたちが親しみを持っている体操に安心感を求め取り組む時もあるでしょう。**どのような場面で、どのような積み重ねがあって、子どもたちがどのような発達過程にあるのかを踏まえ、選定理由に明確な根拠を持たせることが、目的に沿った有意義な活動に繋**がります。

　幼児クラスともなると、子どもたちは登園するや否や「先生！ピアノ弾いて！」と目を輝かせてとリクエストし、繰り返し飽きることなく身体を動かし続けます。最初は興味を持っていなかった子や隣のクラスの子まで引き込まれて、あっという間に広がっていくなんてこともあるでしょう。

　しかし、体操や踊りに慣れてくると、惰性になり、本来の意味合いとは離れた活動になるということも起こり得ます。同じ音楽、内容に飽きてしまった子どもたちに対しては、動きにアレンジを加えたり、リズムを変えたりするなど、新たな楽しみ・発見が持てるように工夫すると同じ題材でも輝きが戻ってきます。生活の流れの一つとしての体操やダンスではなく、アクセントとなるよう取り入れることで、子どもの「楽しい！」が返ってくるのです。

　あらかじめ振りが決まっているような体操や踊りに取り組む時は、子どもは保育者の動きを真似するところからスタートします。その際に気を付けたいのが、保育者の表現の仕方です。子どもは動きを全体的に捉えるので、肘の伸び方や膝

（イラスト　林　亜貴）

保育園・幼稚園に人気の体操・踊り

楽曲名	作詞	作曲	備考
あ・い・うー	日暮　真三	渋谷　毅	歌：横山　だいすけ・三谷　たくみ
エビカニクス	増田　裕子	増田　裕子	歌：ケロポンズ
おいものてんぷら	田村　忠夫	田村　忠夫	
おふろやさんに行こう	阿部　直美	阿部　直美	歌：岡崎　裕美
きのこ	まど・みちお	くらかけ　昭二	歌：山野　さと子
キューピー体操	水谷　光	越部　信義	歌：眞理　ヨシコ
少年少女冒険隊	柚　梨太郎	柚　梨太郎	歌：中山　譲
TAKIO'S SOHRAN 2	伊藤　多喜雄	北海道民謡	歌：伊藤　多喜雄＆ TAKIO BAND 編曲：伊藤　多喜雄
どうぶつたいそう1・2・3	阿部　直美	阿部　直美	歌：岡崎　裕美
バスにのって	谷口　國博	谷口　國博	歌：たにぞう 編曲：本田　洋一郎
はとぽっぽ体操	松本　民子	服部　正	歌：斉藤　みはる
ピンポンパン体操	阿久　悠	小林　亜星	歌：杉並児童合唱団・金森　勢
ぺんぎんたいそう	齋藤　槙	齋藤　恭子	歌：岡崎　裕美
まつり	きたがわ　てつ	山本　さとし	歌：きたがわ　てつ
ようかい体操第一	ラッキィ池田・高木　貴司	菊谷　知樹	歌：Dream5
わ～お！	もり　ちよこ	小杉　保夫	歌：ゆうなちゃん・ワンワン

の屈折等、細かな部分を掴みにくく、振りが小さくなりがちです。身体を動かすことはある種の表現です。目に見える身体の動きだけでなく、心の動きも大いに関係してきます。そこで保育者は「これでもか！」というくらい気持ちを解放させて、伸び伸びとオーバーリアクションで踊ってみましょう。敏感な子どもたちは保育者の表情や動きから雰囲気を読み取り、次第に動きに夢中になっていくのです。踊りながら「ぎゅーっと小さくなって」と抑揚を付けた擬音語を用いたり、「ゾウさんのようにのっそりゆっくり動くよ～」と子どもたちに親しみのある例えを含んだことばがけを使用してみたりするのもいいかもしれません。伝わりやすい表現を模索し、子どもたちの反応を見ながら伝えていくことが大切です。

保育をしていると様々な子どもに出会います。踊りが上手で大好きな子もいれば、苦手意識を持っていて参加しない子もいるでしょう。生活リズムや気持ちの流れは人それぞれで、さっきまで笑顔で踊っていたのに急にそっぽを向く子もいます。上手でなくても、踊っていなくても、子どもは考えながら前に進んでいるのです。目の前にいる子どもが何を感じ、どのような気持ちを育てているのか、保育者は寄り添いながら考えていく必要があるでしょう。子どものありのままを受け止める保育が実現できているか、日々立ち返りながら、体操・踊りの中でも子どもとのかかわりを大切にしたいものです。

わらべうた・手遊びうた

　わらべうたは、「ことば」と「うた・リズム」と「身振り」が一体となって子どもに働きかける日本の子どものための貴重な文化遺産です。3章や5章でも触れられているように、一般的には「子どもたちが日常の遊びの中で口伝えに歌い継ぎ、作り替えてきた遊び歌のこと」（武田,2016,p.251）ですが、子どもたちが歌い継いできたものだけでなく、子どもたちのためにおとなが歌い継いできたものとの二種類があると考えられます。ことばの「ここちよいリズムと温かさで、子どもたちを楽しませ」るだけでなく、「人とのふれあい、人への信頼感を深めていく大きな力」になるのがわらべうたです（久津摩,2003,p.4）。

　わらべうたの分類については、町田・浅野（1962,pp.9-14）は、大きく「遊戯唄」「子守唄」「歳事唄」「天体気象の唄」「動物植物の唄」の五つに分類しています。また佐藤（1996,pp.198）は、どちらかといえば主に「遊戯唄」に分類されているわらべうたを、「遊び方」と「隊型」の視点で分け、遊びの中心となる特徴によって「動作遊び」や「鬼遊び」など11種類に分類しています。対象年齢でみると、「遊戯唄」の多くは主に幼児・児童を対象とし、音楽表現・身体表現の発達や集団づくりに寄与するものとして位置付けられるでしょう。

　しかし、乳児を対象としたわらべうたもあります。それらは乳児の心を穏やかに豊かにするためにおとなが唱えるうたであり、例えば、「いっぽんばし」や「でこちゃん・はなちゃん」「ここはとうちゃんにんどころ」のようにあかちゃんの手や顔に触れながらうたうもの（触れ遊び）、「かぼちゃ」や「たけのこ」のようにあかちゃんに見せて楽しむもの、「このこどこのこ」や「どてかぼちゃ」のように揺らし遊びうたなどがあります。

　また、口伝えに歌われてきたわらべうた以外にも多くの遊びうたが保育現場には存在します。子どもとかかわる保育者や音楽家らにより作られた手遊びうたもあります。遊びうたというものは作者不詳のものも多く、地域によって、旋律や歌詞に違いがある可能性もあります。いずれにしても、オリジナルで目指された思いや意図は大切にしていきながら、その園で歌い継がれているわらべうた文化・遊びうた文化を大事にしていきたいものです。

　また、最後に、風の子保育園（静岡市）で歌い継がれてきた絵本『めっきらもっきらどおんどん』（長谷川摂子作,ふりやなな画,1990）の挿入歌を掲載しました。絵本作家の長谷川摂子さんの作詞に、当園保育士であった故・板倉昌子さんがメロディーをつけたものです。20数年間、園の子どもたちが大好きで劇遊びや運動会の表現などで歌っているそうです。大好きな絵本の中の歌を園で歌い継いでいくことは日本ではよく見られることですが、これらの歌も、歌いやすく絵本の世界観にマッチするような楽しい歌になっていると思い、ここにご紹介させていただきます。

齋藤政子（イラスト　小川貴代子）

1. いっぽんばしこちょこちょ

わらべうた

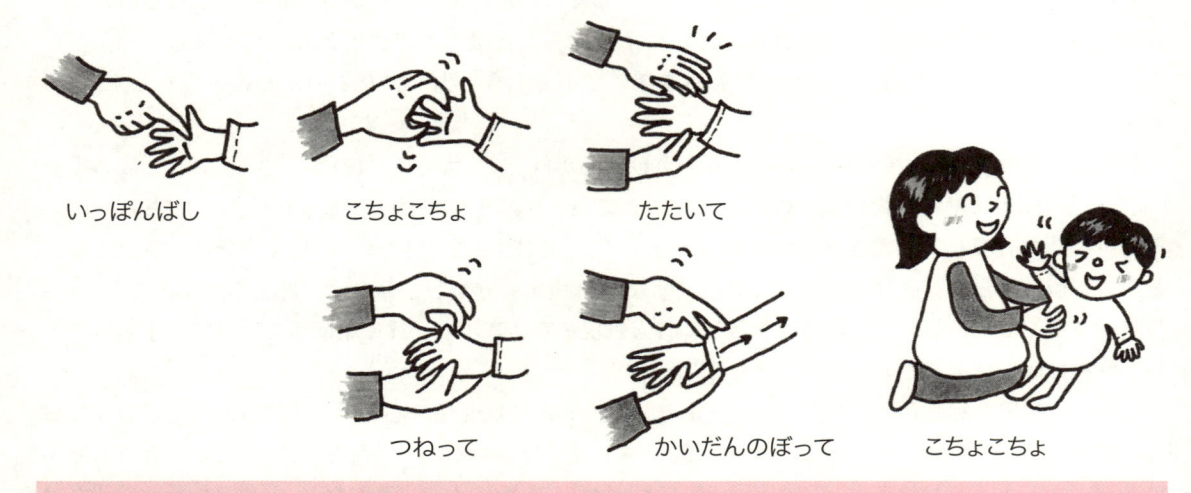

いっぽんばし　　こちょこちょ　　たたいて

つねって　　かいだんのぼって　　こちょこちょ

2. でこちゃんはなちゃん

わらべうた

でこちゃん　　はなちゃん　　きしゃぽっぽ

※赤ちゃんにとってはいきなりひとさし指一本が顔に近づいてくるのはこわいものです。
手のひら全体で顔をさすり、「きしゃぽっぽ」のところで優しくほおをさわりましょう。

252

3. ここはとうちゃんにんどころ

わらべうた

ここは　とうちゃん　にんどころ

ここは　かあちゃん　にんどころ

ここは　じいちゃん　にんどころ

ここは　ばあちゃん　にんどころ

ここは　ねえちゃん　にんどころ

だいどう　だいどう

こーちょこちょ

※両手でそっと赤ちゃんの顔をなぞるようにしてそっとほおをさわりましょう。
信頼関係ができていない場合には最初は嫌がります。仲良くなってから行いましょう。

付録　わらべうた・手遊びうた

253

4. かぼちゃ

わらべうた

かーぼーちゃー　めーだして　はーなー　さいて　ひーらいて　ちゅっちゅのちゅ

かぼちゃ

めだして

はなさいて

ひらいて

ちゅっちゅのちゅ

5. たけのこめだした

わらべうた

たけのこ　めだした　はなさきゃ　ひらいた　はさみで　ちょんぎるぞ　えっさえっさ　えっさっさ

たけのこ　めだした
両手を頭の上で合わせてタケノコにする。そのままの格好でひざを4回屈伸させ、同時に合わせた手も4回上下に動かす。

はなさきゃ　ひらいた
両手で花をつくり、左右にゆらす。

はさみで　ちょんぎるぞ
両手をチョキにして左右にゆらす。

えっさ　えっさ　えっさっさ
両足跳びを3回しながら、同時に両腕を上下に3回ふる。

遊びかた
※手遊びとして行うこともありますが、数人で輪になって行うこともあります。徐々にスピードをあげて楽しむこともあります。
※2人組で向い合ってじゃんけんをする遊びもあります。最後の「えっさ　えっさ　えっさっ」と3回両足跳びをした後、「さ」でじゃんけんをします。あいこの場合は、勝負がつくまで「えっさ　えっさ　えっさっさ」と続けましょう。

6. このこ　どこのこ

わらべうた

♩= 80
このこ　どこのこ　かっ　ちん　こ

※赤ちゃんを抱いて優しく揺らしながら歌いましょう。
また、おとなが二人でしっかりした布の上に横になっているあかちゃんを揺らしながら歌うという方法もあります。

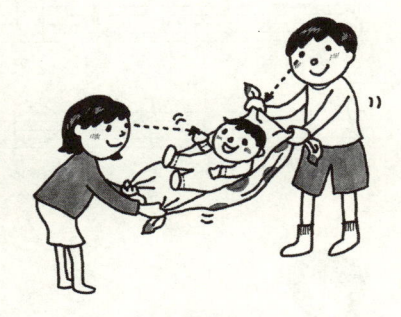

7. どてかぼちゃ

わらべうた

おらうちの　おらうちの　どてかぼちゃ

ひにやけて　くわれない

※タオルを持ちあげる時には、頭のほうから静かにあげ、次に足のほうをあげましょう。降ろす時は、その逆です。激しく揺らすのではなく、子どもの目を見ながらゆったりと揺らしましょう。

8. サラダをつくりましょう

作者不詳

○○ちゃんサラダを　つくりましょ　きゅうりを　トントントン　トマトを　トントントン　レタスを　ちぎって　マヨネーズを　かけて　まーぜて　まぜて　まーぜて　まぜて　できあがり

○○ちゃんサラダをつくりましょ
（おとなが手を7回たたく）

きゅうりを（子どもの両腕をさすります）
トントントン（手の横の部分を使います）

トマトを　（子どもの両足をさすります）
トントントン（手の横の部分で使います）

レタスを（頭をさわります）
ちぎって（3回頭をさわります）

マヨネーズをかけて
（全身をさわります）

まーぜて　まぜて（両足をもって右にまわす）
まーぜて　まぜて（左にまわす）

できあがり
（おとなが手を5回たたく）

いただきまーす　むしゃむしゃむしゃ
（おへそのあたりをくすぐります）

※脚は無理に持ちあげないで下さい。ベビーマッサージの要領で優しく行いましょう。

9. キャベツのなかから

作者不詳

キャベツのなかから
あおむしでたよ（手をたたく）

ニョキニョキ

1番　おとうさんあおむし（親指）
2番　おかあさんあおむし（人差し指）
3番　おにいさんあおむし（中指）
4番　おねえさんあおむし（薬指）
5番　あかちゃんあおむし（小指）

〈6番〉

キャベツの中から
あおむしでたよ

ニョキ

ニョキ

ニョキ

ニョキ

ニョキ

ちょうちょになりました
（手をちょうちょの形にする）

10. キツネがね　ばけたとさ

作者不詳

コーンコン　コーンコン
キツネがね

ばけたとさ

おだんごかな

いしっころかな

いやちがう　いやちがう

はさみかな

おはしかな

いやちがう　いやちがう

はっぱかな

おさらかな

いやちがう　いやちがう

おにだとさ

はとだとさ

11. あたまのうえでパン

おざわたつゆき 作詞　阿部直美 作曲

あたまのうえで　パン／チョン／ドン／パンチョンドン
おかおのよこで　パン／チョン／ドン／パンチョンドン
おへそのまえで
パン／チョン／ドン／パンチョンドン
おしりのうしろで　パン／チョン／ドン／パンチョンドン
(mf)パン　パン　パン　パン／(p)チョン　チョン　チョン　チョン／(mf)ドン　ドン　ドン　ドン／(f)パン　パン　パン　パン
パン　パン　パン　パン／チョン　チョン　チョン　チョン／ドン　ドン　ドン　ドン／チョン　チョン　チョン　チョン
パ　パン　パ　パン　パン／ド　チョ　ドチョン　チョン／(f)ド　ドン　ド　ドン　ドン
パン／チョン／ドン　ヤー／ヤー／ヤー

あたまのうえで　　1番 パン　2番 チョン　3番 ドン　　おかおのよこで　　1番 パン　2番 チョン　3番 ドン

おへそのまえで　　1番 パン　2番 チョン　3番 ドン　　おしりのうしろで　　1番 パン　2番 チョン　3番 ドン

〈1番〉

パン パン パン パン
パン パン パン パン
パンパ パンパン パンパン

〈2番〉

チョン チョン チョン チョン
チョン チョン チョン チョン
チョチョン チョチョン チョンチョン

〈3番〉

ドン ドン ドン ドン
ドン ドン ドン ドン
ドドンド ドンドンドン

※4番はパンドンチョンを
すべて組みあわせて行います。

259

12. おべんとうばこ

わらべうた　齋藤政子　補詞

これくらいの　おべんとばこに　おにぎりおにぎり
これくらいの　おべんとばこに　サンドイッチサンドイッチ

ちょっとつめて　きざ　みしょうがに　ごましおパッパ　にんじんさん
ちょっとつめて　から　しバターに　こなチーズパッパ　いちごさん

さんしょうさん　シイタケさん　ゴボウさん　あなのあいた
さくらんぼさん　ハムさん　きゅうりさん　かわいいかわいい

れんこんさん　すじのとおった　ふーき
とまとさん　すじのとおった　ベーコン

これっくらいの
おべんとうばこに

おにぎりおにぎり

ちょっとつめて

きざみしょうがに

ごましおパッパ

にんじんさん

さんしょうさん

シイタケさん

ごぼうさん

あなのあいた
れんこんさん

すじのとおった

ふき

〈2番〉

これっくらいの
おべんとうばこに

サンドイッチ
サンドイッチ

ちょいといれて

からしバターに

こなチーズパッパ

いちごさん

さくらんぼさん

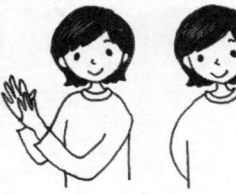
ハムさん

きゅうりさん

かわいい かわいい
とまとさん

すじのとおった

ベーコン

13. いっぽんといっぽん

作詞不詳　外国曲　編曲：植田光子

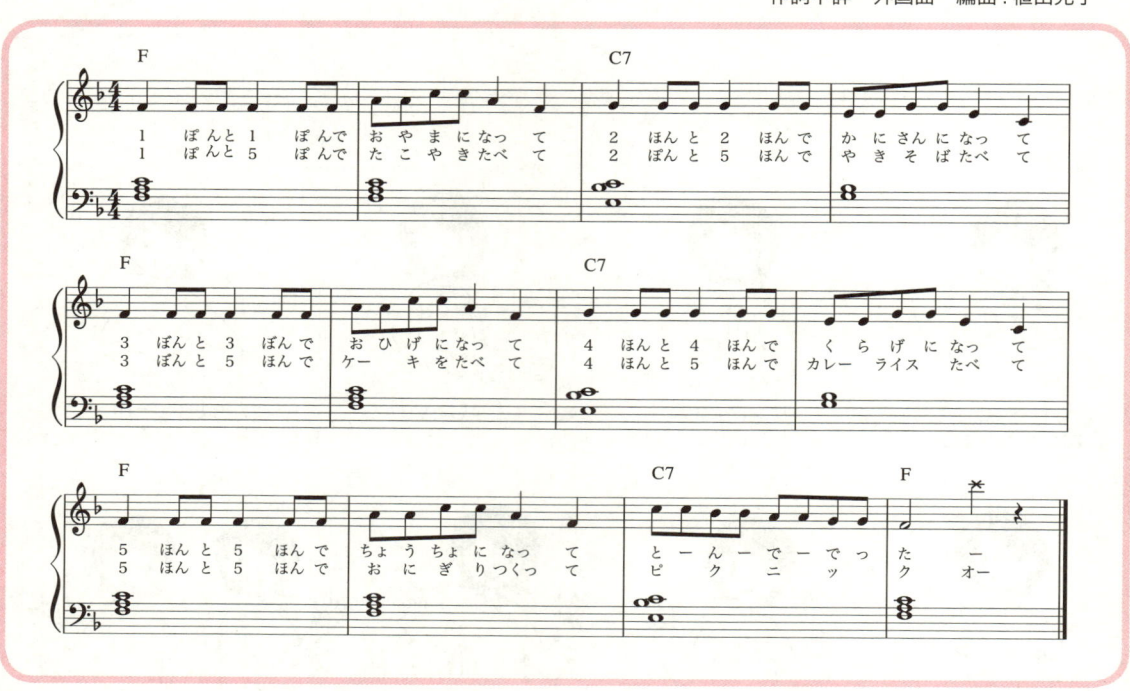

※「1 ぽんと 1 ぽん」と「ピクニック」は同じ曲です。

1ぽんと1ぽんで

おやまになって

2ほんと2ほんで

かにさんになって

3ぽんと3ぽんで

おひげになって

4ほんと4ほんで

くらげになって

5ほんと5ほんで

ちょうちょになって

とんでった

14. ピクニック

作詞・作曲不詳　編曲　植田光子

1ぽんと5ほんで

たこやき

たべて

2ほんと5ほんで

やきそばたべて

3ぽんと5ほんで

ケーキをたべて

4ほんと5ほんで

カレーライスをたべて

5ほんと5ほんで

おにぎりつくって

ピクニック　オー

付録　わらべうた・手遊びうた

15. 5つのメロンパン

イギリスのあそびうた　訳詞：中川ひろたか　補詞：伊勢原市保育内容研究会

1. パンやに いつ つの メロンパン
2. パンやに よっ つの メロンパン
3. パンやに みっ つの メロンパン　　ふんわり まるくて おいしそう
4. パンやに ふた つの メロンパン
5. パンやに ひと つの メロンパン
6. パンやに ぜろ この メロンパン　　なんにも ないけど いいにおい

こどもが ひとり やってきて （会話）おばちゃんメロンパンひとつちょうだい

はいどうぞ　　メロンパン ひとつ かってった
　　　　　　　メロンパン かえずに かえってった

パンやに　いつつのメロンパン

ふんわり　まるくて

おいしそう

こどもがひとりやってきて

(会話)「おばさんメロンパン
ひとつちょうだい」

「はいどうぞ」

メロンパンひとつかってった

16. やきいも　グーチーパー

作詞：阪田寛夫　作曲：山本直純

やきいも　やきいも

おなかが

グー

ほかほか　ほかほか
あちちの

チー

たべたらなくなる
なんにも

パー

それ　やきいもまとめて

グー

チー

パー

グーチーパーのかわりに
ジャンケンポンをして
楽しむこともあります。

17. まがりかど

作者不詳

おとうさんがかけてきて

おとうさんがかけてきて

まがりかどでぶつかって

おまえがわるいんだぞ
おまえがわるいんだぞ
おまえがわるいとけんかして

ふたりそろって

ぷんぷんぷん

おかあさん

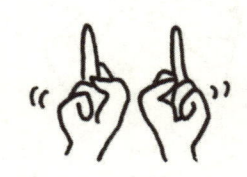

おにいさん

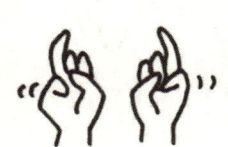

おねえさん

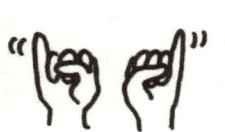

あかちゃん

18. パンやさんに　おかいもの

作詞：佐倉智子　作曲：おざわたつゆき　振付：阿部直美

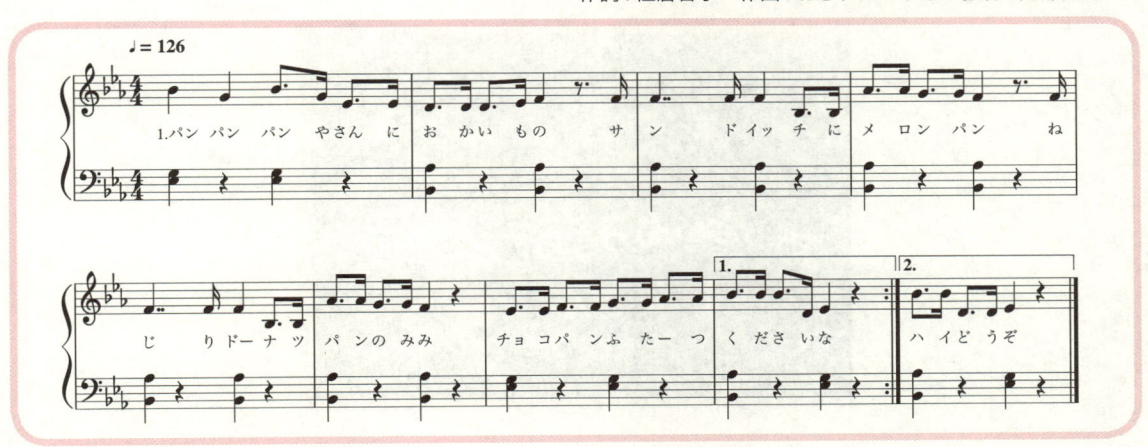

パン　パン　パンやさんにおかいもの

サンドイッチに

メロンパン

ねじりドーナツ

パンのみみ

チョコパンふたつ

くださいな

※赤ちゃんに対して、顔遊びとして行う場合もあります。
ゆったりとしたテンポで優しく行いましょう。

絵本『めっきらもっきらどおん　どん』
（作：長谷川摂子　画：ふりやなな　福音館書店）より

19. ちんぷくまんぷく

作詞　長谷川摂子　作曲　板倉昌子

ちんぷくー　まんぷくー　あっぺらこ　の　きんぴらこ　じょんがらー

ぴ　こ　た　こー　めっき　ら　も　っき　ら　どー　ん　どん

21. なわとびうた

作詞　長谷川摂子　補詞　作曲　板倉昌子

やま　を　けっと　ば　せ　ぴょー　ん　ぴょん　　つき　を　ひっ　かけ　ろ　ぴょー　ん　ぴょん

おい　らは　おき　つね　さー　ま　よ　な　わ　とび　めい　じん　よー　お　間奏

20. ももんがーごっこ

作詞　長谷川摂子　補詞　作曲　板倉昌子

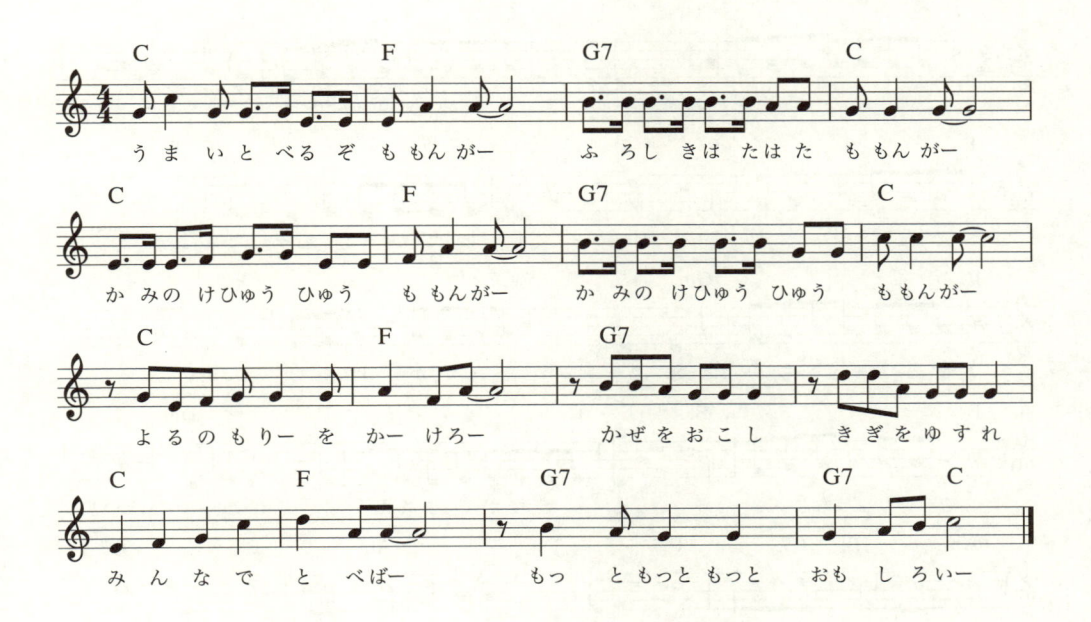

うま いと べるぞ ももんがー　ふ ろし きは たはた ももんがー

かみの けひゅう ひゅう ももんがー　か みの けひゅう ひゅう ももんがー

よるの もりー を かー けろー　かぜをおこし　きぎをゆすれ

みんなで と べばー　もっ ともっともっと　おも しろいー

22. ともだちのうた

作詞　長谷川摂子　作曲　板倉昌子

こんやはー　うれしやー　ともだち だー　こんやはー

うれしやー　ともだち だー　うたえー　うたえー

あのうた を　そらからー　きこえたー　あーのうた をー

23. ふしぎなゆめ

作詞　作曲　板倉昌子

ふしぎなゆめを　みた　ー　よるのもりのできごとさー

つめたかった　こころが　ー　あたたかく　なった　よー

ひとりぼっ　ちのとき　も　ー　だれかが　ぼくを　よんでるー

ひとりぼっちじゃな　い　ー　ともだちがいるんだー　こころのかぎ

を　あける　おまじな　い　ー　うたえばひろがる　たのしいせかいー

ゆうきを　だし　て　ー　まえに　すすもうー

主な引用文献と参考文献

はじめに

OECD（2006）*OECD Starting Strong II: Early Childhood Education and Care* OECD PUBLISHING

秋田喜代美（2016）「いま"保育"を考えるために」秋田喜代美監修・山邉昭則・多賀厳太郎編『あらゆる学問は保育につながる―発達保育実践政策学の挑戦』東京大学出版会 pp.1-14

第1章

安部富士男・安部奈穂編著（2014）『ぼく からだふたつあるといいな 安部幼稚園口頭詩集「あべっこ」100選』新読書社

中央教育審議会教育課程部会（2016）「幼児教育部会における取りまとめ（案）」
http://www.mext.go.jp/b_menu/shingi/chukyo/chukyo3/053/siryo/__icsFiles/afieldfile/2016/07/29/1374873_3.pdf（2016年9月1日閲覧）

浜谷直人（2004）『困難をかかえた子どもを育てる：子どもの発達の支援と保育のあり方』新読書社

菱谷信子（1990）「保育内容の構造と方法」全国保育問題研究協議会編『乳児保育―ひとりひとりが保育の創り手となるために―』新読書社

猪熊弘子（2016）「「貧しい保育」のなかで活きる子ども・親・保育者」秋田喜代美・小西祐馬・菅原ますみ編『貧困と保育―社会と福祉につなぎ、希望をつむぐ』かもがわ出版 pp.144-166

乾孝（1961）「話し合い保育の問題点」『保育問題研究』第71号

岩田恭子（2006）「ねがえり」宍戸・茂木・金田監修 保育小辞典編集委員会編『保育小辞典』大月書店 252

James J. Heckman（2013）*Giving Kids a Fair Chance* The MIT Press Cambridge: London（=2015 ジェームズ J. ヘックマン著 古草秀子訳『幼児教育の経済学』東洋経済新報社）

厚生労働省社会保障審議会保育専門委員会（2016）「保育所保育指針の改定に関する議論のとりまとめ」（平成28年12月21日）
http://www.mhlw.go.jp/file/05-Shingikai-12601000-Seisakutoukatsukan-Sanjikanshitsu_Shakaihoshoutantou/1_9.pdf（2016年3月5日閲覧）

加藤繁美（2006）『対話的保育カリキュラム〈上〉理論と構造』ひとなる書房

加藤繁美（2012）『0歳～6歳心の育ちと対話する保育の本』Gakken

河崎道夫（2015）『ごっこ遊び―自然・自我・保育実践』ひとなる書房

木村敏（2005）『あいだ』筑摩書房（=1988, 弘文堂）

木村敏（2008）『自分ということ』筑摩書房

国立社会保障・人口問題研究所（2016）『第7回世帯動態調査 現代日本の世帯変動』（人口問題調査研究報告資料 第34号）

小西祐馬（2016）「乳幼児期の貧困と保育―保育所の可能性を考える」秋田喜代美・小西祐馬・菅原ますみ編『貧困と保育―社会と福祉につなぎ、希望をつむぐ』かもがわ出版 pp.25-53

楠凡之（2005）『気になる子ども気になる保護者：理解と援助のために』かもがわ出版

文部科学省中央教育審議会 初等中等教育分科会 教育課程部会幼児教育部会（2016）「幼児教育部会における審議の取りまとめ」（平成28年8月26日）
http://www.mext.go.jp/b_menu/shingi/chukyo/chukyo3/057/sonota/__icsFiles/afieldfile/2016/09/12/1377007_01_4.pdf（2016年9月1日閲覧）

日本財団子どもの貧困対策チーム（2016）『子供の貧困が日本を滅ぼす』文藝春秋 pp.131-139

野田俊作（2001）『性格はいつでも変えられる アドラー心理学トーキングセミナー』アニマ2001

OECD（2006）*OECD Starting Strong II: Early Childhood Education and Care*（=2011星三和子・首藤美香子・大和洋子・一見真理子訳『OECD保育白書―人生の始まりこそ力強く：乳幼児期の教育とケア（ECEC）の国際比較』明石書店）

大宮勇雄（2017）「指針・要領改訂論議は、保育をどこに導くのか―その批判的検討と私たちのめざす保育―その3「対話的学び」の視点からの検討」保育研究所（編）『保育情報』No.483全国保育団体連絡会 pp.13-16

大竹文雄（2015）「解説・就学前教育の重要性と日本における本書の意義」ジェームズ・J・ヘックマン著／古草秀子訳『幼児教育の経済学』東洋経済新報社 pp.109-124

Piaget, Jean.（1972）*Ou va l'education?*（=1982 秋枝茂夫訳『教育の未来』法政大学出版局）

Rousseau, J. J.（1762）*EMILE OU DE L'EDUCATION*（=

1962-1964 今野一雄訳『エミール 上・中・下』岩波書店)

清水民子（2006）「自制心」宍戸健夫・金田利子・茂木俊彦監修・保育小辞典編集委員会編『保育小辞典』大月書店

汐見稔幸（2016）「保育に活かせる文献案内（14）音楽教育の哲学をめぐって」『発達』37（147）pp.76-79

宍戸健夫著・乾孝監修（1974）『日本の集団保育』博文社

田中昌人・田中杉恵著；有田知行写真（1984）『子どもの発達と診断 3乳児期』大月書店

第2章

阿部明子（2011）「紙芝居が育てるもの―幼児教育・保育の中の紙芝居」子どもの文化研究所編『紙芝居子ども・文化・保育 : 心を育てる理論と実演・実作の指導』一声社pp.128-149

Carson, Rachel Louise. (1965) *The Sense of Wonder* (=1996 上遠恵子訳『センス・オブ・ワンダー』新潮社)

後藤紀子（2008）『つくってうたってあそべるパネルシアター』アイ企画

市毛愛子（2013）「シアタースタイルの児童文化財」川勝泰介・浅岡靖央・生駒幸子編著『ことばと表現力を育む児童文化』萌文書林pp.158-168

生駒幸子（2013）「絵本と童話」川勝泰介・浅岡靖央・生駒幸子編著『ことばと表現力を育む児童文化』萌文書林pp.119-142

子どもの文化研究所編（2015）『おすすめ紙芝居400冊』一声社

古宇田亮順・松田治仁（1973）『パネルシアター : 楽しい絵ばなしと歌あそび』大東出版社

中谷真弓（2001）『ピカピカのエプロンシアター』小学館

右手和子（2011a）『心をゆさぶる紙芝居の世界―効果的な紙芝居の使い方・読み方と児童文化の重要性』明星大学教育・保育セミナー資料

高橋美知子・浅沼節子・高橋アツ子・宮手一恵（2012）『えほんの回転木馬 ― 楽しい読みきかせ―』NPO法人うれし野こども図書室

月下和恵著・大田理恵イラスト（2009）『パネルシアター楽しもう : 実践講義』アイ企画

右手和子（2011b）「心に届く、紙芝居の演じ方」子どもの文化研究所編『紙芝居子ども・文化・保育 : 心を育てる理論と実演・実作の指導』一声社pp.4-79

全国学校図書館協議会（1972）「全国学校図書館協議会絵本選定基準」（1972年制定）
http: //www.j-sla.or.jp/pdfs/yoiehon-senteikijun.pdf
（2016年9月1日閲覧）

第3章

阿部ヤエ著・福音館書店母の友編集部編（2003）『「わらべうた」で子育て 応用編』福音館書店

天野清（1999）「子どものかな文字の読み書き習得における音節分析の果たす役割―大六一志著論文に対する反論」『心理学研究』（66）pp.253-260

東洋ほか（1995）『幼児期における文字の獲得過程とその環境的要因の影響に関する研究』平成4-6年度科学研究費補助金（総合研究A）研究成果報告書

Fantz, R. L. (1961) The Origin of Form Perception. *Scientic American* 204 pp.66-72

藤田浩子編著・近藤理恵絵（2012a）『おはなしおばさんのくるりん・ふしぎことば』一声社

藤田浩子編著・近藤理恵絵（2012b）『おはなしおばさんのふれあいあそびギュッ』一声社

藤田浩子編著・近藤理恵絵（2012c）『おはなしおばさんの詩でダンスダンス』一声社

舟橋斉（2006）「児童文化財」宍戸健夫・金田利子・茂木俊彦監修・保育小辞典編集委員会編『保育小辞典』大月書店

加藤繁美監修・齋藤政子編著（2016）『子どもとつくる4歳児保育』ひとなる書房

小林衛己子編・大島妙子絵（2010）『あかちゃんとお母さんのあそびうたえほん』のら書店

くどうなおことのはらみんなの詩；ほてはまたかし画（1992）『のはらうた : 版画』1，2，4　童話屋

倉本英彦（2016）「スマホは現代のアヘンか―「スマホネグレクト」にみる新たな人間疎外」『児童心理』70（11）pp.825-829

中川信子（1998）『健診とことばの相談』ぶどう社

西村繁男（2012）『ターくんのちいさないけ』かがくのとも6月号 福音館書店

岡本夏木（2013）『子どもとことば』岩波書店

小田豊・芦田宏編（2009）『保育内容言葉』北大路書房

大場幸夫（1980）「知的発達」山下編『乳幼児心理学』東京書籍

汐見稔幸監修（2007）『映像で見る0・1・2歳のふれあいうたあそびうた―やさしさを育む88の関わり』エイデル研究所

第4章

岩城敏之（2011）『かしこいおもちゃの与え方―あふれるばかりのおもちゃの中で―』三学出版有限会社

川勝泰介・浅岡靖央・生駒幸子（2013）『ことばと表現力を育む児童文化』萌文書林

加古里子（1978）「伝承あそび 多元的な、おもしろさの結晶」ユキグチ・クニオほか『子どもと楽しむ伝承あそびの百科』小学館

厚生労働省（2008）『保育所保育指針解説書』フレーベル館

永田桂子（2007）『よい「おもちゃ」とはどんなもの?』チャイルド社

文部科学省（2008）『幼稚園教育要領解説』フレーベル館

Spiel gut Arbeitsausschuss Kinderspiel + Spielzeu（1980）*Gutes Spielzeug von A bis Z*（＝1980 遊びと玩具研究会訳『良い玩具のAからZ遊びと玩具の小事典』遊びと玩具研究会事務局）

瀧薫（2013）『保育とおもちゃ―発達の道すじにそったおもちゃの選び方』エイデル出版

第5章

我孫子市子ども部子ども支援課（2014）「「子育て」「子育ち」環境等に関する総合調査まとめ（経年分析）」
https: //www.city.abiko.chiba.jp/shisei/toukeijoho/chosahoukoku/kosodatekosodachi/keinenbunseki.files/20140404-150319.pdf（2016年9月1日閲覧）

ベネッセ教育総合研究所（2016）『第5回幼児の生活アンケート』
http: //berd.benesse.jp/up_images/research/YOJI_all_P01_65.pdf（2016年9月1日閲覧）

Caillois, Roger.（1958）*Les jeux et les hommes*（＝1990 多田道太郎・塚崎幹夫訳『遊びと人間』講談社学術文庫）

Huizinga, Johan.（1938）*Homo Ludens*（＝1973 高橋英夫訳『ホモ・ルーデンス―人類文化と遊戯』中公文庫）

岩城敏之（2011）『かしこいおもちゃの与え方―あふれるばかりのおもちゃの中で』三学出版

神代洋一（2011）『バスレクアイデアガイド』汐文社

神代洋一（2012a）『一輪車をはじめよう!―第1巻きほんの乗り方』汐文社

神代洋一（2012b）『一輪車をはじめよう!―第2巻乗り方いろいろ』汐文社

神代洋一（2012c）『一輪車をはじめよう!―第3巻みんなでいっしょに』汐文社

神代洋一（2012d）『コミュニケーションを高める!レクリエーションアイデアガイド①クラスみんなで』汐文社

神代洋一（2013a）『コミュニケーションを高める!レクリエーションアイデアガイド②少人数から』汐文社

神代洋一（2013b）『コミュニケーションを高める!レクリエーションアイデアガイド③身近なものを使って』汐文社

環境庁（1996）『環境白書（平成8年版）』

川勝泰介・浅岡靖央・生駒幸子（2013）『ことばと表現力を育む児童文化』萌文書林

小西行郎（2003）『赤ちゃんと脳科学』集英社

厚生労働省（2008）『保育所保育指針解説書』フレーベル館

正木健雄・井上高光・野尻ヒデ（2004）『脳をきたえる「じゃれつきあそび」』小学館

正木健雄・野井真吾・阿部茂明・中島綾子・下里彩香・鹿野晶子・七戸藍（2011）「子どもの"からだのおかしさ"に関する保育・教育現場の実感：「子どものからだの調査2010」の結果を基に」日本体育大学紀要41（1）pp.65-85

文部科学省（2008a）『小学校学習指導要領解説体育編』

文部科学省（2008b）「幼稚園教育要領」

文部科学省（2008c）『幼稚園教育要領解説』フレーベル館

文部科学省（2015）「平成26年度体力・運動能力調査結果の概要及び報告書について」
http: //www.mext.go.jp/component/b_menu/other/__icsFiles/afieldfile/2015/10/13/ 1362687_02.pdf（2016年9月1日閲覧）

永田桂子（2007）『よい「おもちゃ」とはどんなもの?』チャイルド本社

内閣府（2016）「平成27年度青少年のインターネット利用環境実態調査結果（速報）」
http: //www8.cao.go.jp/youth/youth-harm/chousa/h27/net-jittai/pdf/sokuhou.pdf（2016年9月1日閲覧）

野田正彰（2016）「スマホネイティブ世代の今とこれから―コンピュータ新人類の研究」から三〇年を経て」『児童心理』1025,pp.1-9

瀧薫（2013）『保育とおもちゃ―発達の道すじにそったおもちゃの選び方』エイデル研究社

UNCRC（2013）UNCRC-General Comment No.17（　＝

2013 鈴木善永・大屋寿朗訳「子どもの権利委員会 総合的解説No.17」子どもと文化のNPO Art.31)

第6章

国立青少年教育振興機構（2014）「青少年の体験活動等に関する実態調査（平成24年度調査）」
http://www.niye.go.jp/kanri/upload/editor/84/File/gaiyou.pdf（2016年9月1日閲覧）

平凡社（1985）『大百科事典　7』p.617

農林水産省（2012）「食の未来を支える食料自給率」『aff（あふ）』12年5月号

農林水産省「平成26年度食料需給表」
http://www.maff.go.jp/j/press/kanbo/anpo/pdf/150807_2-04.pdf（2016年9月1日閲覧）

斎藤忠夫（1990）『世界の凧』保育社

田宮緑（2011）『体験する・調べる・考える　領域「環境」』萌文書林

UNCRC（2013）UNCRC-General Comment No.17（ ＝2013 鈴木善永・大屋寿朗訳「子どもの権利委員会 総合的解説No.17」子どもと文化のNPO Art.31)

第7章

中山ももこ（2016）『絵を聴く保育』かもがわ出版

新見俊昌（2010）『子どもの発達と描く活動』かもがわ出版

第8章

安道理（2016）『走れ！児童相談所』メディアランド

Cohen, Stanly.（[1972] 2002）*Folk Devils and Moral Panic: The Creation of the Mods and Rockers* 3rd ed. Routledge

Durkheim, Emile.（1987）*Suicide: a study in sociology.* The Free Press（＝1985 宮島訳『自殺論』中央公論社）

Ende, Michael.（1973）*Momo.* hienemann-Esslinger（＝1976 大島訳『モモ』岩波少年文庫）

Fraser, Gil., Andre, sky.（2002）*White-collar Sweatshop.* W W Norton & Co Inc（＝2003 森岡孝二訳『窒息するオフィス』岩波書店）

藤村正之編（2011）『いのちとライフコースの社会学』弘文堂

古市憲寿（[2011] 2015）『絶望の国の幸福な若者たち』講談社

刑部育子（1998）「「ちょっと気になる子ども」の集団への参加過程に関する関係論的分析」『発達心理学研究』9

（1）pp.1-11

原田義久（2013）「〈警察政策フォーラム〉不正受給事犯・「貧困ビジネス」の実態と対策【パネリスト発表3】」『警察政策研究』17 pp.47-49

Hochschild, Arlie., Russell.（1997）*The Time Bind : When Work Becomes Home and Home Becomes Work.* Picador（＝2012 坂口他訳『タイム・バインド』明石書店）

石田健太郎（2011）「生活時間における家事関連時間行動」藤村正之『時間資源配分と生活の質との関連をめぐる社会学的研究 』（文部科学省平成20年度〜22年度科学研究費補助金基盤研究（C）（一般）研究成果報告書）

厚生労働省雇用均等・児童家庭局総務課（2013）「子ども虐待対応の手引き」（平成25年8月改訂版）
http://www.mhlw.go.jp/seisakunitsuite/bunya/kodomo/kodomo_kosodate/dv/dl/120502_11.pdf（2016年9月1日閲覧）

厚生労働省雇用均等・児童家庭局保育課（2015）「保育施設における事故報告集計」（平成27年2月3日）
http://www.mhlw.go.jp/file/04-Houdouhappyou-11907000-Koyoukintoujidoukateikyoku-Hoikuka/0000072855.pdf（2016年9月1日閲覧）

厚生労働省社会・援護局保護課（2013）「生活保護制度の概要等について」第14回社会保障審議会生活保護基準部会資料（平成25年10月4日）
http://www.mhlw.go.jp/file/05-Shingikai-12601000-Seisakutoukatsukan-Sanjikanshitsu_Shakaihoshoutantou/ 0000025830.pdf（2016年9月1日閲覧）

久保田裕之（2009）「「家族の多様化」論再考」『家族社会学研究科』21（1）pp.78-90

Lipsky, Michael.（[1983] 2010）*Street-Level Bureaucracy: Dilemmas of the Individual in Public Service.* Russell Sage Foundation（＝1998 田尾訳『行政サービスのディレンマ ストリート・レベルの官僚制』木鐸社）

益邑千草ほか（2013）「乳児家庭全戸訪問事業における訪問拒否等対応困難事例への対応の手引き」
http://www.aiikunet.jp/wp-content/themes/aiikunet/pdf/kenkyu_tebiki.pdf（2016年12月1日閲覧）

文部科学省（2015）「『平成25年度就学援助実施状況等調査』等結果」
http://www.mext.go.jp/component/a_menu/education/detail/__icsFiles/afieldfile/2015/10/06/1362483_19_1.pdf

牟田和恵（1996）『戦略としての家族』新曜社

内閣府（2016）『子供・若者白書』

NHK放送文化研究所編（2015）『現代日本人の意識構造［第八版］』NHK出版

野村総合研究所（2015）『女性の活躍のための家事支援サービスに関する調査』野村総合研究所

尾曲美香（2015）「共働き夫婦における新家事労働：保育所入所手続きを事例として」『人間文化創成科学論』17 pp.247-255

利穂えみり（2016）「女性活躍推進を契機とするサービス需要の拡大」みずほ銀行産業調査部『みずほ産業情報』54（1）pp.344-366

Rosanvallon, Pierre.（1995）*La nouvelle question l'Etatprovidence.* Points（＝2006 北垣徹訳『連帯の新たなる哲学』勁草書房）

関根智恵・渡辺洋子・林田将来（2016）「日本人の生活時間・2015」『放送研究と調査』66（5）pp.2-27

高橋幸市・荒牧央（2014）「日本人の意識・40年の軌跡（1）−第9回「日本人の意識」調査から」『放送研究と調査』64（7）pp.2-39

Thile-Wittig, Malia.（1992）*Interfaces between Families and the Institutional Environment.*（＝1995 家庭経営学部会訳「家族と生活関連の諸機関との相互関連」『転換期の家族』産業統計研究社 pp.254-266）

上野加代子（2010）「児童虐待の社会学」『小児科』51（2）pp.117-124

渡辺洋子（2016）「男女の家事時間の差はなぜ大きいままなのか」『放送研究と調査』66（12）pp.50-63

山脇由貴子（2016）『告発 児童相談所が子供を殺す』文藝春秋

吉田耕平（2013）「児童養護施設の職員が抱える向精神薬投与への揺らぎとディレンマ」『福祉社会学研究所』10 pp.125-147

ユニセフイノチェンティ研究所・国立社会保障・人口問題研究所・阿部彩・竹沢純子（2013）『先進国における子どもの幸福度 日本との比較 特別編集版』https://www.unicef.or.jp/library/pdf/labo_rc11ja.pdf（2016年9月1日閲覧）

第9章

阿比留久美（2015）「子どもと大人が共に地域で『つながる』、地域を『つくる』」日本子どもを守る会編『子ども白書2015「子どもを大切にする国」をめざして』本の泉社 pp.174-176

ベネッセ教育総合研究所（2016）『第5回幼児の生活アンケート』http://berd.benesse.jp/up_images/research/YOJI_all_P01_65.pdf（2016年9月1日閲覧）

橋本真紀（2014）「保育園（所）・幼稚園における他機関，地域資源との連携—予防的支援の観点から」京都市子育て支援総合センターこどもみらい館：第6回共同機構研修会 平成26年11月21日

厚生労働省（2007）「地域子育て支援事業 実施のご案内」（平成28年9月2日）http://www.mhlw.go.jp/bunya/kodomo/pdf/gaido.pdf

厚生労働省（2016）「保育所等関連状況取りまとめ（平成28年4月1日）」（平成28年9月2日）http://www.mhlw.go.jp/file/04-Houdouhappyou-11907000-Koyoukintoujidoukateikyoku-Hoikuka/0000098603_2.pdf（2016年9月1日閲覧）

厚生労働省雇用均等・児童家庭局長（2015）「地域子育て支援拠点事業の実施について」http://www8.cao.go.jp/shoushi/shinseido/law/kodomo3houan/pdf/h270717/t10.pdf（2016年9月1日閲覧）

黒田学（1994）「地域社会の共同と『子どもの権利条約』」加藤西郷・楠凡之・築山崇編『子どもの権利が生きる学校・地域づくり』法政出版 pp.245-269

増山均・齋藤史夫編（2012）『うばわないで！子ども時代』新日本出版社

NHK放送文化研究所（2013）「「2013年幼児生活時間調査」の主な結果について」https://www.nhk.or.jp/bunken/summary/yoron/lifetime/pdf/130904.pdf（2016年9月1日閲覧）

内閣府（2014）「家族と地域における子育てに関する意識調査報告書 概要版」http://www8.cao.go.jp/shoushi/shoushika/research/h25/ishiki/pdf/gaiyo.pdf（2016年9月1日閲覧）

日本経済新聞「コンビニで子育て支援 富士宮市 NPOの母の目線で店舗認定」『日本経済新聞』2016年5月25日

労働政策研究・研修機構（2015）「第3回（2014）子育て世帯全国調査」http://www.jil.go.jp/press/documents/20150630.pdf（2016年9月1日閲覧）

東京都福祉保健局（2010）「認知症の人と家族を支える地域づくりの手引書」http://www.fukushihoken.metro.tokyo.jp/zaishien/ninchishou_navi/torikumi/kaigi/shikumi_tebiki/files/all.pdf（2016年9月1日閲覧）

第10章

相澤仁・林浩康（2015）『社会的養護』中央法規

児童養護施設等の社会的養護の課題に関する検討委員会・
　社会保障審議会児童部会社会的養護専門委員会（2011）
　「社会的養護の課題と将来像」（平成23年7月11日）
　http: //www.mhlw.go.jp/bunya/kodomo/syakaiteki_
　yougo/dl/08.pdf（2016年9月1日閲覧）

厚生労働省雇用均等・児童家庭局長（2005）「児童養護施
　設等のケア形態の小規模化の推進について」（平成17年
　3月30日）
　http: //www.mhlw.go.jp/bunya/kodomo/pdf/
　tuuchi-28.pdf（2016年9月1日閲覧）

厚生労働省雇用均等・児童家庭局長（2008）「里親支援機
　関事業の実施について」（平成20年4月1日）
　http: //www.mhlw.go.jp/bunya/kodomo/pdf/
　tuuchi-16.pdf（2016年9月1日閲覧）

東京都児童相談センター事業課（2016）「みんなの力で防ご
　う児童虐待」
　http: //www.fukushihoken.metro.tokyo.jp/jicen/
　others/insatsu.files/2016minna.pdf（2016年9月1日閲覧）

第11章

塙栄子（2011）「ぽぷら遊び場地図…年長さんの地図作り」
　『ぽぷら文集』ぽぷら保育園

日名子太郎・藤樫道也・細野一郎（1990）『保育内容・環
　境』学芸図書

堀田博史・松山由美子・松河秀哉・奥林泰一郎・佐藤朝美・
　中村恵・深見俊崇・森田健宏（2016）「保育でのタブレッ
　ト端末活用をイメージするカリキュラムの試行」『日本保
　育学会第69回大会発表要旨』313

勝見慶子・藤村裕一・大平和哉・竹口幸志・玉水克明
　（2016）「幼児期における個人情報保護教育の実証的研
　究」『日本教育工学会研究報告集JSET』16（4）pp.21-
　26

教育再生実行会議（2015）「これからの時代に求められる資
　質・能力と、それを培う教育、教師の在り方について―
　教育再生実行会議第七次提言」（平成27年5月14日）
　http: //www.kantei.go.jp/jp/singi/kyouikusaisei/dai30/
　siryou1.pdf（2016年12月24日閲覧）

MMD研究所・インテルセキュリティ「乳幼児のスマートフォ
　ン利用実態に関する調査」
　http: //denpanews.jp/ item/sp/20160331_8264.html
　（2016年12月24日閲覧）

文部科学省（2010）「教育の情報化に関する手引き」（平成
　22年10月29日）
　http: //sakura1.higo.ed.jp/edu-c/sidousya-yousei12/
　tebiki/tebiki2010.pdf（2016年12月24日閲覧）

文部科学省（2016）「21世紀を生き抜く児童生徒の情報活用
　能力育成のために」

http: //jouhouka.mext.go.jp/ school/pdf/shidoujirei.pdf
　（2016年12月24日閲覧）

森田健宏・堀田博史・佐藤朝美・松河秀哉・松山由美子・
　奥林泰一郎・深見俊崇・中村恵（2015）「乳幼児のメディ
　ア使用に関するアメリカでの最近の声明とわが国におけ
　る今後の課題」日本教育メディア学会『教育メディア研
　究』21（2）pp.61-77

内閣府（2015）「世界最先端IT国家創造宣言2015」（平成
　26年6月24日閣議決定）
　http: //www.kantei.go.jp/jp/singi/it2/kettei/pdf/20130614/
　siryou1.pdf（2016年12月24日閲覧）

内閣府（2016）「日本再興戦略2016―第4次産業革命に向
　けて」（平成28年6月2日）
　http: //www.kantei.go.jp/jp/singi/keizaisaisei/pdf/2016_
　zentaihombun.pdf（2016年12月24日閲覧）

楢原毅（2016）『スマホ世代の子どもたちと向き合うために教
　師が知っておくべきネット社会とデジタルのルール』小学館

Partnership for 21st Century Learning *Framework for 21st
　Century Learning*
　http: //www.p21.org/storage/documents/docs/P21_
　framework_0816.pdf（2016年12月24日閲覧）

崎野三太郎（2003）「情報と情報機器の概念」梅村匡史・小
　川哲也編『保育者・教育者のための情報教育入門』同
　文書院　pp.13-19

総務省情報通信国際戦略局（2016）「平成27年度通信利用
　動向 調査結果（概要）」
　http: //www.soumu.go.jp/johotsusintokei/statistics/
　data/160722_1.pdf（2016年12月24日閲覧）

初等教育研究会（2016）『教育研究』71（4）不昧堂出版

舘暲（2002）『バーチャルリアリティ入門』筑摩書房

田原文夫（2001）「System BigBang 番外編 システムビッグバ
　ンにどう対処するか―競争力を強化するための情報能力
　向上策」『Computer Report』41（9）日本経営研究所
　pp.18-24

2020年代に向けた教育の情報化に関する懇談会「「2020年
　代に向けた教育の情報化に関する懇談会」中間取りまと
　め」（平成28年4月8日）
　http//www.mext.go.jp/a_menu/shotou/zyouhou/__
　icsFiles/afieldfile/2016/04/08/1369540_01_1. pdf
　（2016年12月24日閲覧）

第12章

保育研究所編（2016）『保育情報』No.474全国保育団体連
　絡会

神田英雄（1997）『0歳から3歳―保育・子育てと発達研究を

むすぶ』全国保育団体連絡会

厚生労働省（2012）「平成23年度全国母子世帯調査結果報告」
http://www.mhlw.go.jp/stf/houdou/2r9852000002
j6es-att/2r9852000002j6rz.pdf（2016年9月1日閲覧）

厚生労働省（2014）「平成25年度国民生活基礎調査の概況」
http://www.mhlw.go.jp/toukei/saikin/hw/k-tyosa/
k-tyosa13/dl/16.pdf（2016年9月1日閲覧）

厚生労働省（2016）「平成27年国民生活基礎調査の概況」
http://www.mhlw.go.jp/toukei/saikin/hw/k-tyosa/
k-tyosa15/dl/16.pdf（2016年9月1日閲覧）

斎藤公子（1980）『さくら・さくらんぼのリズムとうた―ヒトの子を人間に育てる保育の実践』群羊社

全国保育団体連絡会・保育研究所編（2016）『保育白書2016』ひとなる書房

コラム（1）

厚生労働省（2011）『平成22年乳幼児身体発育調査報告書結果の概要』http://www.mhlw.go.jp/toukei/list/73-22.html（2017年3月1日閲覧）

コラム（2）

体育科学センター調整力委員会（1980）「幼稚園における体育カリキュラムの作成に関する研究」日本体育学会編

『体育の科学』pp.8-152.

コラム（3）

Vygotsky, L. S.（1934）Thinking and Speech（=1962 柴田義松訳『思考と言語』明治図書）

Keller, A. et al.,（1978）*Dimensions of self-concept in preschool children, Developmental Psychology,* 14, pp.483-489.

コラム（7）

田中敏之（2016）『男が働かない、いいじゃないか』講談社

付録

長谷川摂子作・ふりやなな画（1990）『めっきらもっきらどおんどん』福音館書店

久津摩英子（2003）『心と心がつながるわらべうたあそびのレシピ』日本幼年教育研究会

町田嘉章・浅野建二編（1962）『わらべうた―日本の伝承童謡』岩波文庫

佐藤志美子（1996）『心育てのわらべうた―乳児から小学生まで年齢別指導・教材集』ひとなる書房

武田京子（2016）「子どもに文化を手渡す活動」日本家政学会『児童学事典』丸善出版

執筆者（肩書は2017年4月）

編著者　　齋藤　政子（明星大学教育学部専任教員）　はじめに、第1章、付録、コラム〔1〕〔2〕〔3〕

編集幹事　石田健太郎（明星大学教育学部専任教員、上智大学非常勤講師）　第8章、コラム〔7〕

著者（執筆順）

赤沼　陽子（元武蔵野幼稚園園長、明星大学非常勤講師）　第2章

山下　晶子（明星大学教育学部特任教員、元川崎市公立保育所所長）　第3章

小川貴代子（竹早教員保育士養成所専任教員、明星大学非常勤講師）　第4章

神代　洋一（NPO法人東京少年少女センター理事長、明星大学非常勤講師）　第5章、第6章第1節、コラム〔6〕

藤田久美子（柚木武蔵野幼稚園教員）　第6章第2節

柿田比佐子（東京家政大学非常勤講師、元東京都立幼稚園教諭、明星大学非常勤講師）　第6章第2節、第7章、コラム〔5〕

西垣美穂子（明星大学教育学部専任教員）　第9章

奥田　晃久（明星大学教育学部特任教員、元東京都児童相談所長、厚生労働省「小児からの臓器提供に関する作業班」委員）　第10章

松川　秀夫（明星大学教育学部専任教員）　第11章

田中登志江（元所沢市公立保育所所長、明星大学非常勤講師）　第12章

井上　宏子（明星大学教育学部特任教員、実践女子大学非常勤講師、元日野市公立幼稚園園長）　コラム〔4〕

林　　亜貴（明星大学教職センター実習指導員、元私立幼稚園教諭）　コラム〔8〕

絵　小川貴代子（口絵、第2章、第4章、付録）／柿田比佐子（第6章、第7章）／林　亜貴（コラム〔8〕）

資料協力（敬称略・順不同）

大武美千代／原田小夜子／中山ももこ／幾島博子／下田麻美（第5章挿絵）／北相模美恵子／株式会社 汐文社／大阪市大正区保健福祉課／特定非営利活動法人 ふれあいの家−おばちゃんち／ベネッセ教育総合研究所／社会福祉法人 あすなろ福祉会　風の子保育園（静岡県）／社会福祉法人 戸越ひまわり福祉会　大崎ひまわり保育園（東京都）／学校法人 金子学園　武蔵野幼稚園・柚木武蔵野幼稚園／NPO法人 三樹会　認定こども園ぽぷら（群馬県）／一般社団法人 日本玩具協会

DTP編集　丸山朋恵／株式会社粂川印刷

ブックデザイン・表紙デザイン　丸山朋恵

カバー・口絵デザイン　Art Direction & Editorial Design goldfish design 山本義明

カバー写真　ぽぷら遊び場地図（認定こども園ぽぷら 提供）

表紙絵　節分の絵（柿田比佐子 提供）

安心感と憧れが育つ ひと・もの・こと
—環境との対話から未来の希望へ—

2017年4月25日　初版第1刷

編著者　　齋　藤　政　子

発行者　　大　橋　有　弘

発行所　　明 星 大 学 出 版 部

〒191-8506 東京都日野市程久保2−1−1
電話 042-591-9979

JASRAC（出）許諾第170223061−01号　　　　　　　©Masako Saito, et al., 2017

ISBN　978-4-89549-205-8

印刷・製本　信濃印刷株式会社